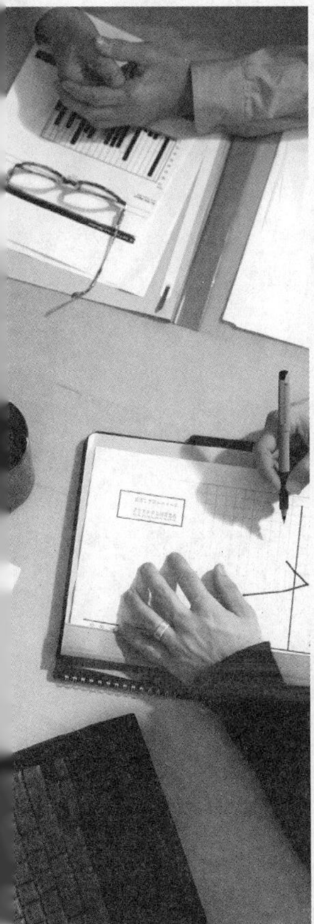

"十二五"职业教育国家规划教材
经全国职业教育教材审定委员会审定

全国商业职业教育教学指导委员会推荐教材

高等职业教育财经类**名师精品**规划教材

U0877503

TAX ACCOUNTING

税务会计（第2版）

杨则文 主编
黄玑 副主编

人民邮电出版社
北京

图书在版编目（CIP）数据

税务会计 / 杨则文主编. -- 2版. -- 北京 : 人民邮电出版社, 2018.8（2021.6重印）
高等职业教育财经类名师精品规划教材
ISBN 978-7-115-48116-0

Ⅰ. ①税… Ⅱ. ①杨… Ⅲ. ①税务会计－高等职业教育－教材 Ⅳ. ①F810.62

中国版本图书馆CIP数据核字(2018)第052631号

内 容 提 要

本书从职业教育国家规划教材立项原则和要求出发，遵循会计教材的编写逻辑，按照从原始凭证、记账凭证、会计账簿到会计报表的会计核算工作过程编写。本书包括导言和 9 个业务项目，分别为走进税务会计、增值税的会计核算、消费税的会计核算、关税的会计核算、企业所得税的会计核算、个人所得税的会计核算、资源类税收的会计核算、财产类税收的会计核算、行为目的类税收的会计核算、税务检查与账务调整。

本书适用于高职高专财会类专业的“税务会计”课程，也可供在职会计人员和其他学习者参考。

◆ 主　　编　杨则文
副 主 编　黄　玑
责任编辑　刘　琦
责任印制　焦志炜

◆ 人民邮电出版社出版发行　　北京市丰台区成寿寺路 11 号
邮编　100164　　电子邮件　315@ptpress.com.cn
网址　http://www.ptpress.com.cn
北京天宇星印刷厂印刷

◆ 开本：787×1092　1/16
印张：18.75　　2018 年 8 月第 2 版
字数：486 千字　　2021 年 6 月北京第 5 次印刷

定价：49.80 元

读者服务热线：(010)81055256　印装质量热线：(010)81055316
反盗版热线：(010)81055315
广告经营许可证：京东市监广登字 20170147 号

前 言

Preface

税务会计、财务会计和管理会计是现代企业会计的三大分支，税务会计是一门融税法、会计准则和会计方法于一体的专业会计。本书教学内容重点突出了税务会计岗位的操作技能训练，同时也兼顾了税务会计知识的完整性，内容包括如何从会计核算资料得到各税种的计税依据并进行相应的会计处理，如何通过会计流程得到填报纳税申报表所需的各项数据并进行相关核算，如何进行纳税申报并缴纳税款等，目的是在财务会计与税法之间搭建一座桥梁，培养精通税法的会计人才。因此，本书编写遵循的是会计教材的编写逻辑，而不是纳税实务或税法教材编写的逻辑。换言之，本书遵循的是从原始凭证、记账凭证到会计账簿，再到会计报表的会计核算工作过程，而不是从征税范围、纳税人、税率到计算，再到缴纳税费的工作过程。

本书编写成员来自首批 28 所国家示范院校之一的广州番禺职业技术学院税法国家精品课程教学团队，由杨则文担任主编。他有着在税务局工作 5 年的行业经历和 30 年的职业教育工作经验，具有教授、高级会计师职称和中国注册会计师、中国注册税务师执业资格，是国家"万人计划"教学名师、国家示范"金融管理与实务"专业带头人、国家精品课程和国家精品资源共享课"税法"主持人、国家金融专业教学资源库核心课程"银行授信业务"主持人，主编或编著国家级规划教材 6 部。副主编黄玑是连续两届全国高职会计技能大赛一等奖获奖团队的指导教师，获国家级优秀指导教师奖。编委会成员中的企业兼职教师杨华军，为学校审计专业指导委员会主任委员、中国注册会计师、中国注册税务师，现任广东金算盘税务师事务所有限责任公司法人代表。本书编写团队成员的教学经验和行业经验丰富，有较高的教学水平和专业理论水平。

本书具体的编写分工如下。杨则文编写导言、项目二和项目九，黄玑编写项目一和项目六，刘水林编写项目四、项目七和项目八，杨柳编写项目三，陶润润编写项目五，杨华军参与教材的整体设计和修改定稿。

本书的不足之处，恳请读者指正。意见和建议发往电子邮箱：yangzewen@126.com。

本书得以付梓，要特别感谢广州番禺职业技术学院财经学院税法教学团队，更要感谢人民邮电出版社的责任编辑，他们的帮助给了编者完成任务和追求创新的动力。

编 者

2018 年 5 月

目录
Contents

导言

走进税务会计

职业能力目标

1. 了解税务会计的基本概念
2. 熟悉税务会计岗位工作任务
3. 了解税务会计与财务会计的联系和区别
4. 了解我国税制体系

典型工作任务

1. 分析企业会计岗位中的专职或兼职税务会计岗位设置情况
2. 走访一家中型企业的会计部门，了解其税务会计的分工及职责
3. 上网搜索企业招聘信息，分析招聘会计人员条件中的涉税要求

项目引例

广东省公布 2018 年首批重大税收违法案件

让"诚实守信者一路绿灯，违法失信者寸步难行"。进入 2018 年，广东省国税局和广东省地税局陆续在各自门户网站公布了 2018 年第一批重大税收违法案件的相关信息：截至 2 月 7 日，共有 62 户纳税户上榜。

其中，广东省地税局公布的 5 家纳税户重大税收违法案件的性质均为偷税，例如，广东今来药业有限公司在 2012 年 1 月至 2015 年 12 月，主要采取偷税手段，进行虚假的纳税申报，不缴或者少缴应纳税款 324.72 万元；而上榜国税"黑名单"企业的重大税收违法案件的性质，多为虚开增值税专用发票或者虚开用于骗取出口退税、抵扣税款的其他发票，个别案件性质为偷税。如经广东省广州市国家税务局西区稽查局检查，发现广州安振经贸有限公司，在 2012 年 1 月 1 日至 2015 年 11 月 30 日，以欺骗手段，骗取国家出口退税款 36.75 万元，另有其他涉税违法问题，涉及税款 8 130.94 万元。税务机关依照《中华人民共和国税收征收管理法》等相关法律法规的有关规定，对该公司处以追缴税款 8 167.68 万元的行政处理、处以罚款 1 万元的行政处罚，并将其法定代表人余秀兰依法移送司法机关，并对负有直接责任的财务负责人追查责任。

税务会计就技术层面来讲是一种方法体系，就工作安排来讲是一种职业岗位，在

日常工作中往往指在这个岗位工作的人。税收会计涉及纳税人与国家的法律关系，责任重大。导言部分将从不同的角度讲述什么是税务会计。

模块一 认知税务会计

税务会计是关于纳税及其会计处理的方法体系，是适应国家税收管理和纳税人经营管理的需要，将会计的基本理论、基本方法同纳税活动相结合而形成的融税法实施和会计核算为一体的一门专业会计。税务会计进行应纳税款的计算、税款缴纳及退补税款的核算，都离不开财务会计的方法体系；税务会计为纳税人进行纳税筹划、纳税控制，需要借助于管理会计的方法体系。因此，税务会计、财务会计与管理会计已成为现代企业会计体系中相互联系的最基本的三大重要组成部分。

一、熟悉税务会计的含义

税务会计是纳税人以国家税法为准绳，运用会计学的理论和方法，在财务会计连续、系统、全面地对企业经济活动进行核算和监督的基础上，对税款的形成、计算和缴纳事项进行确认、计量、记录和报告的一门专业会计。

税务会计是企业会计的一个特殊领域。其职能是以财务会计为基础，对财务会计中的涉税事项和按会计准则进行的会计处理与国家税法不一致的会计事项，或者出于纳税筹划的目的而需要进行纳税调整或重新计算的事项进行专门的核算和监督。因此，税务会计并不是要求企业在财务会计的凭证、账簿和报表之外再设一套完整的会计账表，一般情况下也没有必要建立独立的账务处理程序或会计核算组织形式。税务会计是利用现有的企业财务会计核算体系和会计核算组织形式来对企业的税收资金运动进行核算和监督的，即它借助于财务会计的会计凭证、账簿和报表以及会计核算方法来进行各种税务处理。其资料大多来源于财务会计，并对财务会计的资料按照税法的要求进行重新计算和调整之后，再融于财务会计账簿或财务会计报告之中。

知识窗

税务会计发展现状

当今世界上大多数发达国家的税务会计都是相对独立、自成体系的。在国际上，税务会计受到普遍重视，已经发展成为一门重要的专业会计分支，它与财务会计、管理会计共同构成会计学科的三大部分。美国著名会计学家E·S·亨德里克森曾经说过："在很多小企业，会计的目的就是编制所得税申报表，甚至不少企业若不是为了纳税就根本不会记账，即使对于大公司来说，纳税也是会计师们的一个主要问题。"

在我国，税务会计的历史还很短，其原因是中华人民共和国成立后，在相当长的一段时间内实行高度集中的计划经济体制，国家将所有者和管理者的身份合二为一，与此相适应，企业也都实行财务会计与税务会计合二为一的会计管理模式，财务会计与税务会计在核算口径上没有任何差异。在当时的情况下，这种一致的会计管理模式既有利于国家对企业实施综合、全面的管理，也有利于计算上缴国家的财政收入。随着我国社会主义市场经济体制的建立，财务会计与税务会计合一的管理模式所固有的局限性越来越突出，这一模式中的某些规定过细、过死在很大程度上是因为其中包含了税法的基本要求。因此，为了适应社会主义市场经济的需要，我国于 1994 年对税制和会计制度进行了重大改革，从此我国步入税务会计核算的起步阶段。随着市场经济体制的不断完善，税务会计的核算将逐渐与财务会计的核算处于同等重要的地位。

二、了解税务会计的特点

税务会计虽然与财务会计有着很多相同点和紧密的联系，但是作为一种相对独立的会计，与财务会计相比，有其不同的特点。

（一）税法的制约性

税法的制约性是指税务会计以国家税收法令为依据，按照税法规定对税款的形成、计算、申报和缴纳进行核算与监督。税务会计所核算和监督的税收资金的法定性源于税收所固有的强制性、无偿性和固定性的形式特征。税收的形式特征决定了企业的税收资金运动完全受制于税法。企业发生的各种应税行为必须按照税法规定缴纳各种税收，税务会计必须按照法律预先规定的课税对象和适用税率计算应交税款，并按照法定的程序定期申报和缴纳税款，因此税务会计必须以税法为准绳。

从形式上说，税务会计是受财务会计准则和税法的双重因素制约的。但实际上，如果对某项经济业务的处理两者相一致，税务会计同时遵循财务会计准则和税法制约；如果对某项经济业务的处理两者不相一致，就需要按照税法的规定对财务会计的处理结果进行纳税调整。这充分体现了税务会计受法律制约的特点。税法的制约性是税务会计区别于其他专业会计的最显著特点。

（二）会计主体的特定性

不论什么性质的单位，不管其隶属于哪个部门或哪个行业，只要被确认为纳税人，在处理税务会计事项时都必须依照税法，运用税务会计核算的专门方法对其经济业务进行核算和监督，这就使得税务会计成为企事业单位涉税活动进行核算和监督的一个基本手段。如果一个企事业单位或机关团体不是税法规定的纳税人，则不需要按照税务会计的要求进行税务会计核算。即使作为纳税人，税务会计的核算内容只是纳税人的税务活动过程中所表现的有关经济业务，税务会计只对这部分内容进行核算和监督。因此，税务会计是根据其核算对象是否涉及税收来确定其税务会计主体地位的。

（三）核算目的的双重性

税务会计核算需要兼顾国家和纳税人两方面的利益，应正确处理好国家、纳税人和职工个人之间的分配关系。一方面，税务会计要保护国家利益，严格遵守国家的税收法律及有关规定，保证国家税收政策的落实和国家税收收入的及时足额入库；另一方面，税务会计又要维护纳税人的合法权益，在遵守税法的前提下，通过税务会计的纳税筹划，尽最大可能降低纳税人的税收成本。同时，由于职工个人应缴纳的个人所得税主要是由税务会计代扣代缴的，因而税务会计还需要处理好职工个人利益与国家利益之间的关系。

三、理解税务会计的前提

税务会计的目标是提供有助于纳税人税务决策的信息，而纳税人错综复杂的经济业务会使纳税人的会计实务存在种种不确定因素。因此要保证税务会计信息质量，要正确确认和计量，必须明确税务会计的基本前提。虽然税务会计以财务会计为基础，财务会计中的基本前提有些也适用于税务会计，但因税务会计具有法定性等特点，其基本前提也具有特殊性。

（一）纳税主体

纳税主体是指税法规定的直接负有纳税义务的经济实体，包括单位和个人。正确界定纳税主体，就是要求每个纳税主体应与其他纳税主体分开，保持单独的会计记录并报告其纳税状况。纳税主体与财务会计中的会计主体有密切联系，但不一定等同。会计主体是财务会计为之服务的特定单位或组织，会计处理的数据和提供的财务信息被严格限制在一个特定的、独立的或相对独立的经营单位之内。而纳税主体必须是能够独立承担纳税义务的纳税人。在一般情况下，会计主体应是纳税主体。但在特定情况下，两者不一定重合。在某些垂直领导的行业，如铁路、银行，通常由总机构集中纳税，其基层单位是会计主体，但不是纳税主体。又如，在对稿酬征纳个人所得税时，其纳税人（稿酬收入者）并非会计主体，而作为扣缴义务人的出版社或杂志社则成为这一纳税事项的会计主体。税务会计的一项基本前提，就是应侧重从会计主体的角度来理解和应用纳税主体。

（二）持续经营

持续经营意味着该纳税人将继续存在足够长的时间以实现其现在的承诺，税务会计假定该纳税人在可以预期的将来还将继续存在并将持续正常经营。这是税收会计跨期摊配业务赖以存在的前提，如预期所得税在将来被继续课征，某些费用可以在未来进行摊销，某些未来的费用可以在本会计期间预提，等等。这是所得税税款递延、亏损前溯或后转以及暂时性差异能够存在并且能够使用“纳税影响会计法”进行所得税跨期摊配的理论依据。

（三）货币时间价值

货币在周转使用中因时间因素而形成的差额价值，称为货币的时间价值。这一基本因素已成为税收立法、税收征管所必须考虑的重要前提，因此，各个税种都明确规定纳税义务发生时间的确认原则、申报期限和缴纳期限。正因为如此，递延确认收入或加速确认费用可以产生相应的货币时间价值优势。在税收筹划实践中，人们逐步认识到最少纳税和最迟纳税具有同样的重要性。与此同时，政府及财税部门也深感货币时间价值原则的重要性，十分注重税收的及时性。这就要求税务会计必须按时确认收入、按规定期间确认费用，准确核算不同会计期间的应纳税额。

（四）纳税会计期间

持续经营假设下，税务会计主体是一个长期经营单位，其经营活动是连续不断的。为保证在税法规定的纳税期限内及时、足额缴纳税款，需要将纳税会计主体持续不断的生产经营活动划分为一定期间，以便纳税人据此及时计算、缴纳税款、结算账目、编制报告，从而披露税务会计信息。这种将纳税会计主体的经营期人为地划分为一段段首尾相接、等间距的较短期间，便是纳税会计分期。被划分出的这些期间便是纳税会计期间。如我国企业所得税法规定的纳税年度是自公历 1 月 1 日起至 12 月 31 日止的，大部分税种则规定以一个月为基本的纳税会计期间。

四、熟悉税务会计的对象

税务会计对象是指税务会计核算与监督的客体，它是纳税人因纳税所引起的会计要素的变化，包括应纳税款的形成、缴纳、退补等经济活动所引起的资金运动。税务会计对象具体包括以下几个方面。

（一）经营收入

经营收入是企业在生产、经营过程中，销售产品（商品）、提供劳务以及其他事项所取得的收入，它是企业资金运动的终点，也是下一个资金运动循环的起点。由成品（商品）资金转化为货币资金，既包含用于补偿已消耗掉的各项成本（费用），也包括实现的税金、利润。企业的经营收入是计算上缴税款的重要依据，它不仅是计算增值税、消费税等流转税的依据，也是计算企业所得税的基础。因此，正确地核算和监督企业的经营收入，是税务会计的重要内容。

（二）成本费用

成本费用是企业在生产经营过程中物化劳动和活劳动耗费的货币表现。成本费用主要反映企业资金的垫支和耗费，是企业资金补偿的尺度。生产经营的成本费用与其收入的差额，反映企业生产经营活动的盈利状况、劳动生产率的高低等情况。企业生产经营过程中成本费用的计算是否合理、合法、准确，直接关系到税款特别是所得税计算和缴纳的正确性。因此，正确地核算和监督企业生产经营的成本费用，是税务会计的重要内容。

（三）经营成果

经营成果是指企业在一定会计期间实现的利润（或亏损），它包括营业利润和营业外收支净额。企业利润总额的形成及其分配的正确性影响到企业所得税应纳税所得额的确定及其计算和缴纳。尤其是企业按会计准则和会计制度的规定进行当期损益的确认、成本费用的扣除，与按税法规定计算的应纳税所得额之间往往存在差异，则需要在计算缴纳所得税时，按税法规定予以纳税调整。因此，正确地核算和监督企业的经营成果，是税务会计的重要内容。

（四）税款计算与缴纳

不同类别的税种，其计税依据、计算方法、征收办法等内容各不相同，同一种税对不同行业、不同性质企业的会计处理办法也有所不同。因此，各税种应纳税款的计算、缴纳方法也不一致。税务会计应严格按照税法规定，根据会计准则要求，正确计算应纳税款，按照法定程序编制纳税申报表，正确、及时地解缴税款入库。而这项以货币表现经济活动的业务工作，只能由税务会计来完成。因此，正确地核算和监督税款的计算、解缴过程及其结果是税务会计的重要内容。

（五）税收减免

税收减免是国家为了贯彻鼓励或扶植政策，对某些纳税人或征税对象采取减少征税或免予征税的特殊规定。减税免税是税法的原则性和灵活性相结合的具体体现，具有鲜明的目的性和较强的针对性。税收减免意味着纳税人少缴税款和征税机关少收税款，它必须严格按照税法规定的管辖权限、减免范围和减免幅度进行计算与审批。纳税人对减免税款，应按国家规定进行会计核算和正确使用。因税收减免而引起纳税人收回退还的税款，是通过税务会计计算、申报、收纳和登记的，因此，正确地核算和监督税收减免，是税务会计的重要内容。

五、理解税务会计与财务会计的联系和区别

（一）税务会计与财务会计的联系

如前所述，税务会计这项工作并不是在财务会计之外完全独立存在的，它以财务会计为基础，其核算资料来源于财务会计。会计人员在日常核算工作中一般按照财务会计的要求进行账务处理，只是在处理纳税业务时，会在必要的时候在财务会计基础上进行调整。某些业务可能既是财务会计的业务，也是税务会计的业务，两者并不能完全区分开来。从企业会计机构的设置看，也可以不专门设置税务会计机构或专职人员。

税务会计与财务会计的联系取决于税法与会计的联系。一方面，税法必须借助于会计技术才能得以实施，申报纳税是建立在会计核算基础上的；另一方面，税法对会计也产生重要影

响，税法使会计实务的处理更加规范化，它直接影响会计对某些会计方法的选择。税务与会计相互联系、相互影响、相互制约、相互促进，决定了财务会计与税务会计之间密不可分的内在关系。

（二）税务会计与财务会计的区别

1．会计目标不同

财务会计通过对纳税人所有经济业务进行记录和核算，最后编制资产负债表、利润表、现金流量表以及有关附表，全面地反映纳税人的财务状况、经营成果和现金流量，并将这些报表定期报送给投资人、债权人、企业主管部门、财税部门以及其他信息需要者，为债权人、投资者的投资决策提供有用的信息，同时也为国家进行宏观经济管理提供信息资料。

税务会计核算的目的是保证纳税人依法纳税，使纳税人的纳税行为既符合国家税法，又能够合理节税。税务会计定期编制的报表主要是纳税申报表及其附表，在报表中应列明计税依据、应缴税款、未缴税款、退补税款等内容，并将这些报表连同纳税人的财务会计报表一起报送主管税务机关，使其服务于国家税务征收管理的需要。

2．会计核算范围不同

税务会计核算的范围仅限于纳税人生产经营活动中的涉税业务，如税务登记、核算计税依据、计算应纳税款、申报纳税、税款的解缴与退库、进行账务调整、纳税筹划等。税务会计核算要求全面地反映纳税人的税款应缴、已缴、欠缴等情况。而对纳税人与税收无关的业务不予核算。

财务会计的核算范围包括纳税人在生产经营活动中引起会计要素变化的经济业务能够用货币表现的各个方面，全面地反映纳税人的财务状况、经营成果和现金流量。对纳税人可以用货币表现并引起会计要素发生变化的经济业务，不论是否涉及纳税事宜，都要通过财务会计进行核算与监督。

3．核算依据不同

财务会计进行核算应遵循会计准则，依照会计准则的规定处理企业的各种经济业务。当对某些业务的处理出现税法的规定与会计准则的规定不一致时，可以先不必考虑税法的规定，而只依据公认的会计准则进行核算。

税务会计进行核算不仅要遵循一定的会计准则，更要受税法的约束，必须严格按税法处理经济业务，强调法律与会计准则的统一性。当财务会计的规定和税法的规定相抵触时，企业可以按财务会计规定进行会计处理，但在纳税时，必须按税法的规定进行调整。

4．核算基础不同

税法与会计准则最主要的差别在于收益实现的时间和费用的可扣除性两方面。税法确认收益和费用的实现时间是收付实现制与权责发生制的结合，因为应税所得是由纳税人立即支付货币资金的能力、管理上的方便性和征收当期收入的必要性所决定的。

财务会计的核算基础是权责发生制，以求成本计算的准确性和经营成果的真实性。正因为核算基础有异，导致两者在收入、费用和利润的确认、计量上存在不一致，并由此形成会计利润与应纳税所得之间的差异。即使同一种会计处理基础在运用上也是有差异的。例如，在税前扣除项目上，虽然税法也明确规定了实行权责发生制的原则，但是在具体的确认上，税务会计与财务会计是有很多不同的。

5．核算原则不同

财务会计提供的是对外公开的信息，更着重于会计信息质量和会计要素的确认计量，要遵循客观性、可比性、相关性、一致性、权责发生制、谨慎性和实质重于形式等原则。

而税务会计是融会计与税法于一体的特种专业会计，除要遵循基本的会计核算原则外，更着重于执行税法方面的原则，包括税法优先原则、较少运用谨慎原则、积极筹划原则和接受审查原则等。在一些涉及税收及时性的原则方面，税务会计对一般会计原则的某些方面进行了必要的选择。例如，税务会计在进行账务处理时，较少运用稳健性原则，而财务会计在其整个核算过程中都要贯彻稳健性原则。

6．计算损益的程序和方式不同

财务会计是按照“收入-费用=利润”的会计等式来计算损益的，而且计算时，以资产的历史成本为基础，遵循谨慎性原则等来确认和计量损益的实现。

而税务会计是按照“法定收入项目金额-税法允许扣除的项目金额=应纳税所得额”的计算公式来计算损益的，并按照资产的历史成本原则来确认和计量损益。

知识窗

所得税会计准则

在税务会计的产生和发展过程中，有极大的推动力推动所得税的出现和不断完善，这是因为所得税的形成和计税依据直接涉及纳税人产、供、销的全过程。目前，很多国家对所得税会计的理论研究和处理方法都已达到相当科学的程度，许多国家都有专门规范所得税会计的准则，如英国发布了《递延所得税》，澳大利亚发布了《公司所得税会计》，美国财务会计准则第 96 号公告中表述了所得税会计的处理原则，并在其他文件中进行了具体化。国际会计准则委员会也公布了《国际会计准则第 12 号——所得税会计》，得到各国会计界的广泛认可。我国于 2006 年借鉴该准则发布了《企业会计准则第 18 号——所得税》，规定了所得税会计的总则、计税基础、暂时性差异、确认、计量、列报等内容。

模块二　熟悉税务会计岗位

一、熟悉税务会计的岗位目标

财务会计的岗位总目标是对外部提供真实、有用的会计信息，满足经济利益相关者对财务会计信息的需求。税务会计作为企业会计中相对独立的组成部分，其具体目标有其特定性，具体概括为以下几点。

（一）依法履行纳税义务，维护纳税人的合法权益

税务会计的基本目标是以国家税法为依据，利用财务会计提供的相关资料，及时、正确地核算、分析税务成本与费用，翔实地填报纳税申报表，足额缴纳各项税款，依法履行纳税义务，维护纳税人的合法权益。

（二）正确进行税务会计处理，协调与财务会计的信息关系

财务会计依据会计准则进行会计核算。税务会计要依据国家税法的规定对财务会计核算的信息进行调整。财务会计要保持其稳定性、谨慎性和规范性，税务会计要保持其依法性。当两者出现矛盾时，税务会计要依法处理、协调好与财务会计的关系，正确地反映税务会计信息。

（三）科学地进行纳税筹划，提高纳税人的经济效益

税收对纳税人而言是纳税人的成本与费用。在其他成本、费用不变的情况下，税收支出与企业最终效益成此消彼长的关系。因此，税务会计要科学地进行纳税筹划，事先进行税负分析与测算，选择税负较轻的纳税方案，努力降低纳税人的税务成本与费用，为纳税人寻求降低税负的有效途径。

二、了解税务会计的岗位职能

税务会计的岗位职能是指税务会计岗位本身所固有的职责和功能。税务会计是会计的一个分支，首先具有一般会计所具有的基本职能，即核算和监督职能。但受税务会计目标的制约，其基本职能的内涵及其所发挥的作用与一般会计又有所不同。税务会计与税法的密切联系，使其还具有纳税筹划的特有职能。

（一）核算职能

税务会计的核算职能是指税务会计以国家税法为准绳，按照会计准则规定，在财务会计进行了全面、真实、连续、系统的记录和核算纳税人经济活动的基础上，对税收资金运动，包括税金的形成、计算、缴纳和退补过程进行专门的核算，从而为国家组织税收收入提供可靠依据的职能。税务会计的核算职能与一般会计核算职能的区别在于该过程的起点和终点是始终贯穿着以税法为依据的税务活动的，通过这种活动可以促进纳税人加强经营管理，提高经济效益，为进一步扩大税源提供保障。

（二）监督职能

税务会计的监督职能是指税务会计依据国家现行的税法，通过运用税务会计的一系列会计方法，对纳税人应纳税款的形成、计算、申报和缴纳情况进行监督，以确保国家税收及时、足额、稳定地缴入国库的职能。由于征纳双方处于矛盾对立统一的两个方面，加上税法与会计准则和会计制度存在许多不一致，税务会计的监督职能显得格外重要。通过监督，可以保证国家税法的贯彻执行，维护税法的严肃性和保障纳税人的合法权益。

（三）筹划职能

税务会计的筹划职能是指通过对纳税活动所进行的筹谋和策划，使纳税人尽可能在税法允许的范围内优化税收负担，防范和化解纳税风险，充分保障纳税人的合法权益的职能。该职能并非单独存在，它源于税法，通过税法和会计准则提供多种选择的可能，做出有利于纳税人的决策，并将这一活动贯穿于核算和监督过程之中。

三、熟悉税务会计的岗位工作任务

税务会计作为会计的一个分支，既要以国家税法为准绳，促使纳税人认真履行纳税义务；又要使纳税人在国家税法的允许范围内，追求纳税方面的经济利益。因此，税务会计的任务主要有以下6个方面。

（1）核算和监督纳税人的依法纳税情况，做好纳税相关的账务处理，认真履行纳税义务，正确处理国家与纳税人的利益关系。

（2）按照国家税法所规定的税种、计税依据、纳税环节、税目和税率，正确计算纳税人在纳税期内的应缴税款，并进行正确的会计处理。

（3）按照税务机关的规定，及时、足额地缴纳各种税金，充分履行纳税义务，进行相应的会计处理。

（4）正确编制、及时报送会计报表和纳税申报材料，认真执行税务机关的审查意见。

（5）正确进行税收资金运动的财务分析，不断提高纳税人依法纳税的自觉性和税务管理水平，不断加强纳税人的纳税意识，提高办税能力。

（6）理顺和筹划好纳税人的税务活动与生产经营活动，减轻纳税人的税收负担，节约纳税成本，防范和化解纳税风险。在保证及时、足额完成税收上缴任务的前提下，降低纳税人的税负水平。

知识窗

某公司税务会计（兼统计、工资核算）岗位分析

一、岗位标识信息

（1）岗位名称：税务会计；

（2）隶属部门：财务部；

（3）直接上级：财务部经理。

二、岗位工作概述

根据税法和税务程序的规定，负责本公司所有税收的计算及申报工作，按时足额纳税，保障公司的利益和国家权益；公司的工资核算和综合统计工作。

三、工作职责与任务

（一）负责公司的纳税申报

（1）进行内销增值税申报；

（2）进行外销增值税的免税申报；

（3）进行外销增值税退税；

（4）进行公司所得税申报；

（5）进行个人所得税代扣代缴；

（6）进行公司房产税、车船税的申报；

（7）负责财政补贴和防洪费的缴纳；

（8）进行印花税的计算、贴花及注销。

（二）负责公司进出口业务的核销

（1）根据进出口情况核销进出口业务；

（2）领取进出口所需的业务单据。

（三）协助人事部进行劳动工资的计算

（1）与人事部合作，计算公司员工的工资奖金、加班费及各种保险基金；

（2）在规定的时间里发放各项工资。

（四）向上级有关部门报送相应的报表

（1）填写、录入公司各种财务报表；

（2）向税务、财政报送季度资产负债表、利润表及年度全套报表等；

（3）填制对外统计台账和月度报表；

（4）向上级主管单位送交统计报表或财务报表。

（五）完成上级委派的其他任务

四、工作绩效标准

（1）按时足额纳税，保证纳税申报及时准确，避免公司不必要的损失；

（2）准确核销进出口业务，保证进出口业务的顺利进行；

（3）准确计算劳动工资；

续表

（4）按时向上级报送报表。

五、岗位工作关系

（一）内部关系

（1）所受监督：在税务申报和税款缴纳方面，直接接受财务部经理的指示和监督；

（2）所施监督：监督发票使用和涉及税收的经济业务；

（3）合作关系：在进出口核销方面，向销售部取得相关的内销外销发票；在协助核算劳资方面，向人事部取得工资清单。

（二）外部关系

在进行税务申报方面，与国家税务局、地方税务局发生联系；在进出口核销方面，与外汇管理局发生联系；在缴纳税款方面，与银行发生联系。

六、岗位工作权限

（1）进出口业务的审核权；

（2）税款的缴纳权；

（3）工资的核算权、发放权、代理扣税权。

七、岗位工作时间

在公司制度规定的时间内工作，偶尔需要加班。

八、岗位工作环境

约 50%的时间在室内工作；温度湿度适宜；无噪声、粉尘等污染；照明条件良好，一般无相关的职业病发生；因申报等业务，约 50%的时间在公司外报送有关资料。

九、知识及教育水平要求

（1）财务知识；

（2）税法、税务知识；

（3）经济法知识；

（4）会计核算相关知识；

（5）计算机基础知识及常用软件知识；

（6）英语知识。

十、岗位技能要求

（1）熟悉各种税务法规及税务申报的程序；

（2）熟悉公司的各种法规及工资评审办法；

（3）有较强的计算能力、统计能力。

四、了解税务会计的日常工作

税务会计人员作为企业财务部门纳税事务处理的专门或兼职人员，其日常工作内容根据不同时间阶段主要可划分以下几项。

（一）税务会计月初的工作内容

由于大多数企业的大部分税收以月为纳税期限，大部分税款都集中在税款所属期次月的上半月申报缴纳，因而每月月初是税务会计业务量比较集中的时候。这些业务主要包括：报送上一纳税期的不同税种的纳税申报表，进行纳税申报，向国库缴纳税款，取得完税凭证。向税务机关报送各种财务报表。根据完税凭证编制税款缴纳的记账凭证，完成税务会计核算工作。

（二）税务会计平时的工作内容

由于税务会计与财务会计的基础工作是融合在一起的，在日常会计核算的基础工作中往往很难区分哪一项是财务会计的工作，哪一项是税务会计的工作。更多的时候是完成财务会计核算的同时也为税务会计完成了基础的核算。日常核算中涉及税务会计的业务主要有下列内容。

（1）根据所发生的涉及税收的经济业务的原始凭证编制记账凭证，并在“应交税费”明细账上登记。工作内容主要包括填制和审核原始凭证、填制记账凭证及登记会计账簿等。

（2）做好发票的购买、领用、开具、验收和保管工作。具体包括根据发票的用量及时去税务机关购买发票，并报送发票使用明细表。做好每张发票的领用、开具的登记工作，并将作废发票登记在备查簿中。对购入发票做好验收工作，确保发票的真实、正确，防止假发票的流入。切实做好发票的管理工作，防止发票流失。

（3）做好代扣代缴税款工作。发放工资、劳务时及时按照要求报告员工和相关人员收入情况，接受的委托加工业务涉及代扣代缴税款时，应及时报告相关情况，并按照要求及时办理有关手续。

（4）做好减免退税办理工作。根据国家有关税收优惠的法律法规及时地办理好各种减免税及优惠手续，顺利取得退税和减免税。

（5）积极配合税务机关工作人员做好对本企业的税收征管工作。主动做好情况介绍、资料提供、纳税情况汇报、配合税务检查等工作。

（6）做好相关税收政策的学习。及时解答企业内部的各种涉税事务的疑难问题。做好税法的宣传、解释工作。

（7）做好纳税筹划工作。结合本企业情况，及时提供税务筹划方案，并检查原有筹划方案的实施情况，及时调整和处理不当之处。

（8）做好其他特殊工作。如税务信息变更登记、外出经营税务登记等。

（三）税务会计月末的工作内容

（1）做好“应交税费”账户的登记工作，并将总分类账与明细账进行核对，进行月度结转，将各相关账户结出余额。

（2）结合月底扎账，根据账证记录编制各税种的纳税申报表和代扣代缴税款申报表。

（3）将开出的各种发票进行汇总，编制发票使用汇总表。编制发票领用存月报表，检查空白发票的库存数。

（4）将收到的各种发票重新进行检查，编制发票取得汇总表，并到税务机关进行认证确认。

（5）按照税务机关的规定，办理预交税款业务。

（6）对检查出来需要调整的账项，按会计制度、会计准则和税法的要求进行调整。

（四）税务会计年末的工作内容

（1）汇算清缴。对全年的涉税业务进行汇算清缴。需要调整的账项按税法进行调整。及时补交该补交的税款。

（2）编制并上报各种税务年报，并进行申报。

（3）协助税务机关做好年终税务管理相关工作。

模块三　了解我国税制体系

税务会计核算的税种有哪些？在进行会计核算之前，有必要对我国现行税制体系进行总体上的了解。我国现行税制体系的基本框架是 1994 年为适应社会主义市场经济体制的建立和实施分税制财政体制的需要而建立的，在执行过程中又经过了多次局部的调整，现行税制体系按照不同的划分方法可以归纳如下。

一、税收按照管理和使用权限划分

按管理和使用权限划分，我国税收可分为中央税、地方税、中央与地方共享税。

当前我国中央政府固定收入包括消费税、车辆购置税、关税、船舶吨税和海关代征的增值税。

地方政府固定收入包括房产税、城镇土地使用税、耕地占用税、契税、土地增值税、车船税、烟叶税、环境保护税。

中央与地方共享收入及分享比例为：①增值税，中央政府 50%，地方政府 50%。其中，海关代征的增值税全部归中央政府。②企业所得税，中央政府 60%，地方政府 40%。其中，铁路运输，国家邮政，中国工商银行，中国农业银行，中国银行，中国建设银行，国家开发银行，中国农业发展银行，中国进出口银行，中国石油天然气股份有限公司，中国石油化工股份有限公司和海洋石油、天然气企业缴纳的部分全部归中央政府。③个人所得税，中央政府 60%，地方政府 40%。④资源税，海洋石油企业缴纳的部分归中央政府（目前暂不征税），其余部分归地方政府。⑤印花税，股票交易印花税收入归中央政府，其他印花税收入归地方政府。⑥城市维护建设税，铁道部、各银行总行、各保险总公司集中缴纳的部分归中央政府，其余归地方政府。

由于税收的归属级别不同，我国税收征收管理机构包括税务局和海关，其中，税务局负责各项税收、非税收入及各项社会保险费的征管；海关负责关税和船舶吨税的计算，并负责代征进口环节的增值税和消费税。税务局以国家税务总局为主与省（自治区、直辖市）政府双重领导管理体制。

二、税收按照征税对象划分

按征税对象的不同来划分，是税收分类最主要的方法。按照这种方法，我国目前开征的 18 种税收大体可分为以下五类。

（一）对商品和劳务的征税

对商品和劳务的征税简称商品劳务税，也称流转税，它是对商品和劳务交易征收的一类税收。对商品和劳务的征税是与商品和劳务的流转紧密联系在一起的。商品和劳务无处不在，又处于不断流动之中，这就决定了对商品和劳务的征税的范围十分广泛。商品劳务税的计征，只问收入有无，而不管经营好坏、成本高低、利润大小，因而能够及时足额地保证财政收入。商品劳务税一般采用比例税率或定额税率，计算简便，易于征收。商品劳务税形式上由商品生产者或销售者缴纳，但其税款常附着于卖价，易转嫁给消费者负担，而消费者却不会直接感受到税负的压力。由于以上这些原因，商品劳务税一直是我国的主体税种。

我国当前开征的商品劳务税主要有增值税、消费税和关税。

（二）对所得的征税

对所得的征税简称所得税，是对纳税人在一定时期的合法收入总额减除成本费用和法定允许扣除的其他各项支出后的余额（即应纳税所得额）征收的税。所得税按照纳税人负担能力（即所得）的大小和有无来确定税收负担，实行“所得多的多征，所得少的少征，无所得的不征”的原则。因此，它对调节国民收入分配、缩小纳税人之间的收入差距有着特殊的作用。

我国当前开征的所得税主要有企业所得税和个人所得税。

（三）对资源的征税

对资源的征税是对开发、利用和占有国有自然资源的单位和个人征收的一类税收。征收这类税有两个目的：一是取得资源消耗的补偿基金，保护国有资源的合理开发利用；二是调节资源级差收入，以利于企业在平等的基础上开展竞争。

我国目前对资源的征税主要有资源税、耕地占用税、城镇土地使用税和土地增值税。

（四）对财产的征税

对财产的征税是对纳税人所拥有或属其支配的财产数量或价值额征收的税。包括对财产的直接征收和对财产转移的征收。开征这类税收在为国家取得财政收入的同时，对提高财产的利用效果、限制财产不必要的占有量也有一定作用。

我国目前对财产的征税主要有房产税、契税、车船税和车辆购置税。

（五）对行为的征税

对行为的征税也称行为税，它一般是指针对某些特定行为或为达到特定目的而征收的一类税收。征收这类税，或是为了对某些特定行为进行限制、调节，或只是为了开辟地方财源，达到特定的目的。这类税的设置比较灵活，其中有些税种具有临时税的性质。

我国目前对行为的征税主要有：印花税、城市维护建设税、船舶吨税、烟叶税和环境保护税。

三、税收按其他方法划分

（一）按税负能否转嫁划分

税负转嫁是指税法上规定的纳税人将自己所缴纳的税款转移给他人负担的过程。按税负能否转嫁可以将各税种划分为直接税和间接税。

直接税是指由纳税人直接负担、不易转嫁的税种。直接税的纳税人，不仅在表面上有纳税义务，而且实际上也是税收承担者，即纳税人与负税人一致。如所得税、财产税均属于直接税。

间接税是指纳税人能将税负转嫁给他人负担的税种。间接税的纳税人，虽然表面上负有纳税义务，但是实际上可以将自己的税款用提高价格或提高收费标准等方法转嫁给消费者或其他相关者负担，即纳税人与负税人不一致。如商品劳务税就是由商品和劳务的购买者即消费者最终负担的。

（二）按税收与价格的关系划分

按照税收与价格的关系划分，税收可以分为价内税和价外税。凡在征税对象的计税价格之中包含税款的税，都称为价内税，如我国现行的消费税。这些税的计税销售额是包含该税款的销售额。凡在征税对象的计税价格之中不包含税款的税，都称为价外税，如我国现行的增值税，其计税销售额是不含该税款的销售额的。

（三）按税收的计税标准划分

税收按其计税依据的不同，可分为从价税和从量税。从价税是以征税对象的价值量为标准计算征收的税收。税额的多少会随着价格的变动而相应增减。从量税是按征税对象的重量、件数、容积、面积等为标准，采用固定税额征收的税收。从量税具有计算简便的优点。但税收收入不能随价格高低而增减。

引例分析

违反税收法律法规，不单涉案公司会受到处理，相关人员也会因触犯刑律受到法律制裁，我们从中能够得到如下几点教训。一是税务会计必须以真实的财务会计信息为基础，以税法为准绳，根据会计准则和税法的要求组织会计核算。二是税务会计人员在任何情况下都不能偏离自己的岗位目标，既要维护纳税人利益又要依法履行纳税义务。三是税务会计人员在非法的经济利益面前一定要保持清醒的头脑，一时贪念可能导致终身后悔。

项目小结

税务会计是在财务会计基础上根据税法要求对税款进行核算和监督的一种专门会计。它具有税法的制约性、会计主体的特定性、核算目的的双重性等特点。税务会计有其特定的核算前提和核算对象，它与财务会计既有紧密的联系，又有区别。税务会计岗位围绕履行纳税义务和维护纳税人权益两方面的目标，有其特定的岗位职能和工作任务。我国现行税制体系包括 18 个税种，这些税种构成税务会计核算的主要内容。

项目内容图示

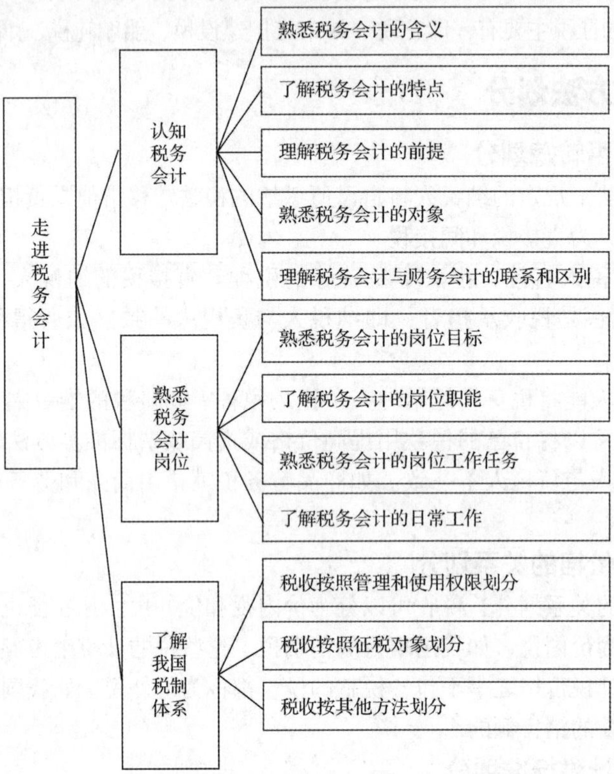

项目一 增值税的会计核算

职业能力目标

1. 能计算增值税应纳税额并进行会计核算
2. 能准确填写增值税纳税申报表

典型工作任务

1. 判别哪些货物、哪些单位或个人应缴纳增值税
2. 根据纳税人的会计记录确定增值税的计税依据
3. 根据纳税人的销售记录核算销项税额
4. 判断纳税人的视同销售行为并核算应纳增值税
5. 根据纳税人的购货记录核算进项税额
6. 判断纳税人不得抵扣的进项税额并进行核算
7. 核算一般纳税人的应纳税额
8. 核算简易办法计税纳税人的应纳税额
9. 核算增值税出口退税
10. 填制并报送增值税纳税申报表
11. 核算税款缴纳与减免

项目引例

宏伟机械制造公司的增值税纳税申报工作

广州市宏伟机械制造有限责任公司为增值税一般纳税人，主要从事复印机和速印机的生产、进口以及销售。公司地址为：广州市北京路×××号，主管税务机关为广州市越秀区税务局第三税务分局，统一社会信用代码为 445678954096680012，开户银行为工商银行广州北京路支行，银行账号为 2008829581012123211，法定代表人为刘明辉，财务负责人为张希，税务会计为李军。该公司的材料采用实际成本法计价，产品销售成本于月末一次结转。201×年 4 月月初增值税余额为未交增值税 2 540 元。本月发生如下业务。

【业务1】4月1日，向天天商场销售复印机产品100台，单价1 500元，适用税率为13%，开具增值税专用发票。已办理委托收款手续，款项尚未收到。双方协议的付款条件为5/10，3/20，*n*/40，折扣仅适用于不含税售价。经估计，客户最可能付款的时间是10天内。

【业务2】4月2日，从东莞市联志达新材料有限公司购进原材料硅胶板4 000件，单价40元，增值税专用发票注明货款160 000元，税款20 800元，材料已验收入库，款项已通过银行支付。

【业务3】4月4日，将上月购进的1 000件不合要求的原材料硅胶板退还给供货方，款项45 200元已收存银行，取得红字增值税专用发票。

【业务4】4月4日，将去年买进的交易性股票全部出售并将款项全部转存银行基本户，购进时支付的价款为210 000元，以280 000元出售（不考虑交易费用），未开具发票。

【业务5】4月5日，为扩大经营规模，买进一间营业店面，取得的增值税发票注明价格为120万元，适用税率为9%，增值税税额为10.8万元，款项尚未支付。

【业务6】4月6日，销售给某小规模纳税人一台复印机，开具普通发票，标明售价为1 695元，款项已收存银行。

【业务7】4月7日，购入运输用汽车一台，税控机动车销售统一发票上注明价款250 000元，税款32 500元，款项已通过银行转账支付。

【业务8】4月7日，发现上月购进的原材料硅胶板100件因管理不善而被毁损，不能继续用于生产，购进时取得的增值税发票注明该材料单价40元，适用税率13%。经批准作为管理费用处理。

【业务9】4月8日，收到银行进账单，通知天天商场已付清货款，按本企业有关规定，给予了5%的销售折扣。

【业务10】4月9日，将本公司位于广东清远市的一间营业门面出售，该门面店于2015年12月购置，当时购置价格为200万元，现以284万元的价格出售（含税）。公司选择简易计税办法计缴增值税，开具增值税专用发票，款项已收具。

【业务11】4月10日，申报缴纳上月应纳税额2 540元，款项已通过银行转账支付。

【业务12】4月11日，从天津市某材料有限公司购进原材料硒鼓500个，单价400元，取得的增值税专用发票注明货款200 000元，税款26 000元，开出支票以支付货款。同时，以银行存款支付运输费用和装卸费用，取得增值税专用发票注明运输费用3 000元，税率9%，增值税270元，取得增值税专用发票注明装卸费2 000元，税率6%，增值税120元。为购买材料，公司还支付了保险公司保险费2 120元，取得增值税专用发票，注明保险费2 000元，税率6%，增值税120元。材料尚未验收入库，所有款项均已支付。

【业务13】4月12日，委托某修理厂修理机器，取得增值税专用发票注明修理费8 000元，税款1 040元，款项已通过银行转账支付。

【业务14】4月16日，接受某一小规模纳税人的复印机保养业务，为该单位的10台复印机提供普通保养服务，开具普通发票收取1 272元，款项已收存银行。

【业务15】4月18日，销售200台复印机给北京立津百货公司，价税款共计339 000元，并由公司车队提供运输和装卸服务，合同约定运输费5 000元，装卸费1 000元，车队未独立核算。开具增值税专用发票，所有款项均未收取。

【业务16】4月19日，外购一批食用油，发放给职工作为第一季度的福利品，取得普通发票，注明款项共计11 300元，款项已通过银行转账支付。

【业务17】4月20日，因仓管人员管理不当，人为损坏一批复印机，其实际生产成本为52 000元，经计算所耗费的原材料及有关货物的进项税金为5 000元。

【业务18】4月22日，从境外进口了250千克用于晶片周转设备的原材料PEEK原料，每千克的到岸价格折合人民币为800元，合计200 000元，进口关税税率为15%，适用增值税税率为13%。材料已验收入库，款项已通过银行转账支付。

【业务 19】4 月 23 日，将自产的复印机 10 台捐赠给某小学，其实际生产成本为 1 000 元/台，开具增值税专用发票。

【业务 20】4 月 25 日，发货给外省的分支机构 200 台复印机，用于销售，开具增值税发票注明货款 300 000 元，增值税 39 000 元，款项已收。由公司承担送货费用，运输单位开具给本公司的增值税专用发票上注明运费 5 000 元，建设基金 1 000 元，对应增值税 540 元，装卸费 1 000 元，增值税 60 元，款项已通过银行转账支付。

【业务 21】4 月 26 日，采取以旧换新的方式销售复印机 100 台，每台按原价 1 500 元折价 25%，开具增值税专用发票，所收旧货作为材料处理，款项已收存银行。

【业务 22】4 月 27 日，销售公司自用的 2012 年购进的小汽车一台，原入账价值为 95 000 元，已提折旧 30 000 元，售价 60 000 元（购进时因不允许抵扣而未抵过进项税），由车管所开具机动车统一发票，款项已收存银行。

【业务 23】4 月 28 日，从小规模纳税人处购入辅助材料零件一批，价值 9 000 元，取得普通发票，款项已通过银行转账支付。

【业务 24】4 月 29 日，没收逾期仍未收回的生产材料包装物押金 6 780 元。

【业务 25】4 月 30 日，外购一批工程物资，用于企业新办公楼的建造，取得的普通发票注明款项为 226 000 元，款项尚未支付。

【业务 26】4 月 30 日，将多余的 10 件原材料硅胶板销售，开具普通发票注明销售款项为 565 元，收取现金。

【业务 27】4 月 30 日，上门为已过保修期限的客户修理复印机，开具增值税专用发票，注明修理费用 600 元，增值税税额 78 元，收取现金。

【业务 28】4 月 30 日，用新研发的一批新型速印机 10 台对另一公司进行投资，由于是新研发的产品，市场尚未有同类产品销售，公司暂时未确定其销售价格，该产品的生产成本为 3 000 元/台，产品成本利率为 10%，开具增值税专用发票，投资前双方不具有关联关系，交易具有商业性质。投资额占对方股份比例为 1%。

【业务 29】4 月 30 日，由于质量问题，本月 25 日发给外省分支机构的复印机有 10 台被退回，但是，购买方未在增值税专用发票系统填开并上传《开具红字增值税专用发票信息表》，未能开具红字发票，款项已通过银行退回，产品验收入库，其成本为 9 000 元，假如退货时公司已结转当月销售成本。

【业务 30】4 月 30 日，公司为某单位对外提供设计服务取得收入 500 000 元，开具增值税专用发票注明价款 500 000 元，增值税税额 30 000 元，款项已收存银行。

【业务 31】4 月 30 日，接受某公司提供的产品设计服务，取得增值税专用发票注明价款 10 000 元，增值税税额 600 元。款项已通过银行支付，取得的增值税专用发票未通过发票平台勾选用于抵扣。

【业务 32】4 月 30 日，公司将闲置的厂房及其内置设备对外租赁（合同分签），开具增值税专用发票注明当期厂房租赁金额 8 000 元，增值税税额 720 元，设备租赁金额 4 000 元，增值税税额 520 元，所有款项均已收存银行。

【业务 33】4 月 30 日，公司将某项商标权对外出售，开具增值税专用发票注明转让金额 200 000 元，增值税税额 12 000 元，款项收存银行。该商标权账面余额为 220 000 元，已累计摊销 60 000 元。

【业务 34】4 月 30 日，为客户提供送货上门服务，聘请某小规模纳税人提供运输服务，收到对方开具的普通发票，支付价税款 2 060 元，款项尚未支付。

【业务 35】4 月 30 日，公司通过 EMS 向所有客户寄出邀请函，邀请客户到公司参加新产品发布会，收到邮政部门开具的增值税专用发票注明邮寄费用 4 500 元，增值税税额 405 元，款项通过银行转账支付。

【业务 36】4 月 30 日，支付劳务派遣单位当月用工费用 230 000 元，收到对方开具的增值税专用发票，注明费用 230 000 元，适用税率 6%，增值税税额 13 800 元，款项已通过银行转账支付。双方的劳务派遣合同中只约定给劳务派遣公司总的劳务派遣费费用，未分劳务派遣费费用和被派遣劳动者的工资、福利和社保费用。

【业务37】4月30日，办公室负责人报销本月差旅费用，交来酒店业开具的增值税专用发票一张，注明住宿费3 000元，适用税率6%，增值税税额180元，另外交来普通发票一张，注明餐饮费用657.2元，款项通过银行转入报销人个人银行账户。

【业务38】4月30日，将公司2015年12月在外县租入的一栋办公楼以月租金10万元转租给另一公司，租期5年，双方签订合同并一次性收取3个月的租金30万元（含税），开具增值税专用发票，款项已收存银行。公司采用简易计税方式计算应纳税额。

【业务39】4月30日，将公司2016年12月在外县购入的一栋办公楼以月租金12万元转租给另一公司，租期5年，双方签订合同并一次性收取6个月的租金72万元，款项已收存银行。公司采用一般计税方式计算应纳税额。

【业务40】4月30日，因公司将多余的仓库对外提供仓储服务而取得含税收入61.80万元，公司采用简易计税法对该服务计税。

【业务41】4月30日，结转相关增值税明细账（除特别注明的外，所有扣税凭证均已通过本省增值税发票查询平台，选择用于申报抵扣）。

上述业务是在增值税的会计核算中常见的，应该怎样进行会计核算呢？

模块一　增值税会计核算基础

增值税是对在我国境内销售货物或者提供加工、修理修配劳务（以下简称劳务），销售服务、无形资产、不动产以及进口货物的单位和个人，就其取得货物、劳务、服务、无形资产、不动产过程中产生的增值额作为计税依据而征收的一种流转税。增值税的征税范围具体包括生产、批发、零售和进口四个环节的货物，加工和修理修配劳务，交通运输服务、邮政服务、电信服务、建筑服务、金融服务、现代服务、生活服务，以及转让的无形资产或销售的不动产。我国增值税自1994年以来，一直在财政收入中占据主导地位，是我国第一大税种。

一、增值税核算的会计主体

我国目前对在中华人民共和国境内销售货物或者加工、修理修配劳务，销售服务、无形资产、不动产以及进口货物的单位和个人，征收增值税，依法应该缴纳增值税的单位和个人为增值税核算的会计主体，需要依法进行增值税的会计核算。在我国依法应该缴纳增值税的单位和个人是指在我国境内销售货物，提供加工、修理修配劳务，进口货物，提供交通运输服务、邮政服务、电信服务、建筑服务、金融服务、现代服务、生活服务，以及转让无形资产或销售不动产的单位和个人。

单位是指企业、行政单位、事业单位、社会团体及其他单位。个人是指个体工商户和其他个人。

境外的单位或者个人在境内发生应税行为，在境内未设有经营机构的，以购买方为增值税扣缴义务人。财政部和国家税务总局另有规定的除外。

为了便于征管，我国借鉴国际通行的做法，将增值税纳税人按其经营规模大小及会计核算健全与否，划分为“一般纳税人”和“小规模纳税人”。一般纳税人采用购进扣税法计税，而对于小规模纳税人，采取简易办法计税。

（一）小规模纳税人

小规模纳税人是指年销售额在规定标准以下，并且会计核算不健全，不能按规定报送有关税务资料的增值税纳税人。所称会计核算不健全是指不能正确核算增值税的销项税额、进项税额和应纳税额。

自 2018 年 5 月 1 日起，年应税销售额未超过 500 万元（含 500 万元）的纳税人为小规模纳税人；年应税销售额超过 500 万元的纳税人为一般纳税人。财政部和国家税务总局可以根据试点情况对年应税销售额标准进行调整。

年应税销售额超过小规模纳税人标准的其他个人按小规模纳税人纳税；不经常发生应税行为的单位和个体工商户可选择按小规模纳税人纳税。

年应税销售额是指纳税人在连续不超过 12 个月的经营期内累计应征增值税销售额，含减、免税销售额，发生境外应税行为销售额以及按规定已从销售额中差额扣除的部分。如果该销售额为含税的，应按照适用税率或征收率换算为不含税的销售额。

（二）一般纳税人

小规模纳税人以外的增值税纳税人，为增值税一般纳税人。

但要注意以下几个方面。

（1）年应税销售额未超过规定标准的纳税人，会计核算健全，能够提供准确税务资料的，可以向主管税务机关办理一般纳税人资格登记，成为一般纳税人。能够准确提供税务资料，是指能够按照增值税规定如实填报增值税纳税申报表及其他税务资料，按期申报纳税。是否做到“会计核算健全”和“能够准确提供税务资料”，由小规模纳税人的主管税务机关认定。

（2）年应税销售额超过规定标准的其他个人不属于一般纳税人。

（3）不经常发生应税行为的单位和个体工商户可选择按照小规模纳税人纳税。另外，兼有销售货物、提供加工修理修配劳务以及应税行为，且不经常发生应税行为的单位和个体工商户也可选择按照小规模纳税人纳税。

（三）扣缴义务人

境外的单位或者个人在境内提供应税劳务，在境内未设有经营机构的，以其境内代理人为扣缴义务人；在境内没有代理人的，以购买方为扣缴义务人。

境外的单位或者个人在境内发生应税行为，在境内未设有经营机构的，以购买方为增值税扣缴义务人。

二、增值税核算的会计期间

（一）纳税期限

增值税核算以增值税的纳税申报期间为会计期间，除按季纳税的纳税人以外，其他纳税人均为按月申报。增值税的纳税期间分别为 1 日、3 日、5 日、10 日、15 日、1 个月或 1 个季度。其中，以 1 个季度为纳税期间仅适用于小规模纳税人、银行、财务公司、信托投资公司、信用社，以及财政部和国家税务总局规定的其他纳税人。纳税人的具体纳税期间，由主管税务机关根据纳税人应纳税额的大小分别核定；不能按照固定期间纳税的，可以按次纳税。

（二）缴纳期限

纳税人以 1 个月或者 1 个季度为 1 个纳税期的，自期满之日起 15 日内申报纳税；以 1 日、3 日、5 日、10 日或 15 日为 1 个纳税期的，自期满之日起 5 日内预缴税款，于次月 1 日起 15 日内申报纳税并结清上月应纳税款。由此可见，缴纳期限小于1个月的，平时只是预缴税款，以1个月为1个申报期。

扣缴义务人解缴税款的期限，按照对纳税人的规定执行。

纳税人进口货物，应当自海关填发税款缴纳书之日起15日内缴纳税款。

纳税人出口适用税率为零的货物，可以按月向税务机关申报办理该项出口货物的退税。

三、增值税核算的会计科目

为了准确地反映企业增值税的应交、已交、欠交等情况，税务会计应当在“应交税费”科目下设置明细科目。但是不同的纳税人所设置的明细科目有所不同，一般有以下情况。

（一）小规模纳税人设置的明细科目

由于小规模纳税人采用简易办法征收增值税，只按“不含税销售额×征收率”计算其应纳税额，因此，只需在“应交税费”科目下设置“应交增值税”“转让金融商品应交增值税”“代扣代缴增值税”三个二级明细科目。

（二）一般纳税人设置的明细科目

由于一般纳税人采用购进扣税法核算增值税，其核算的内容较多，因此，企业可设置以下科目核算相关的内容。但要注意的是，并不是所有企业都需要设置所有的明细科目，不同的企业可以根据自己业务的特征选择设置不同的明细核算科目。这些明细科目主要包括以下两个方面。

（1）“应交增值税”“未交增值税”“预交增值税”“待抵扣进项税额”“待认证进项税额”“待转销项税额”“增值税留抵税额”“简易计税”“转让金融商品应交增值税”“代扣代缴增值税”等十个二级明细科目。①“应交增值税”明细科目采用多栏式账户记账，借方以“进项税额”为主，主要反映一般纳税人购进货物、加工修理修配劳务、服务、无形资产或不动产而支付或负担的、准予从销项税额中抵扣的增值税税额等；贷方以“销项税额”为主，反映一般纳税人销售货物、加工修理修配劳务、服务、无形资产或不动产应收取的增值税税额等；贷方发生额如果大于借方发生额，则表示企业当期有应交未交的增值税税额，应转入“未交增值税”明细账，期末借方余额表示企业尚未抵扣的增值税税额。②“未交增值税”明细科目采用三栏式账户记账，核算一般纳税人月度终了从“应交增值税”或“预交增值税”明细科目转入当月应交未交、多交或预缴的增值税额，以及当月交纳以前期间未交的增值税额。③“预交增值税”明细科目，核算一般纳税人转让不动产、提供不动产经营租赁服务、提供建筑服务、采用预收款方式销售自行开发的房地产项目等，以及按其他规定应预缴的增值税额。④“待抵扣进项税额”明细科目，核算一般纳税人已取得增值税扣税凭证并经税务机关认证，按规定准予以后期间从销项税额中抵扣的进项税额。具体是指实行纳税辅导期管理的一般纳税人取得的尚未交叉稽核比对的增值税扣税凭证上注明或计算的进项税额。⑤“待认证进项税额”明细科目，核算一般纳税人由于未经税务机关认证而不得从当期销项税额中抵扣的进项税额。包括：一般纳税人已取得增值税扣税凭证、按规定准予从销项税额中抵扣，但尚未经税务机关认证的进项税额；一般纳税人已申请稽核但尚未取得稽核相符结果的海关缴款书进项税额。⑥“待转销项税额”明细科目，核算一般纳税人销售货物、加工修理修配劳务、服务、无形资产或不动产，已确认相关收入（或利得）但尚未发生增值税纳税义务而需于以后期间确认为销项税额的增值税额。⑦“增值税留抵税额”明细科目，核算兼有销售服务、无形资产或者不动产的原增值税一般纳税人，截止到纳入营改增试点之日前的增值税期末留抵税额按照现行增值税制度不得从销售服务、无形资产或者不动产的销项税额中抵扣的增值税留抵税额。⑧“简易计税”明细科目，核算一般纳税人采用简易计税方法发生的增值税计提、扣减、预缴、缴纳等业务。⑨“转让金融商品应交增值税”明细科目，核算增值税纳税人转让金融商品发生的增值税税额。⑩“代扣代交增值税”明细科目，核算纳税人购进在境内未设经营机构的境外单位或个人在境内的应税行为代扣代缴的增值税。

（2）“应交增值税”明细账内设置的“进项税额”“销项税额抵减”“已交税金”“转出未交增值税”“减免税款”“出口抵减内销产品应纳税额”等借方专栏及“销项税额”“出口退税”“进项税额转出”“转出多交增值税”等贷方专栏。“进项税额”“销项税额”核算内容已在前面阐述，此处只对其他科目进行介绍。①“销项税额抵减”，在差额征税时，记录一般纳税人按照现行规定因扣减销售额而减少的销项税额；②“已交税金”记录一般纳税人当月已交纳的应交增值税；③ “转出未交增值税”记录一般纳税人月度终了转出应交未交的增值税额；④ “减免税款”专栏，记录一般纳税人按现行规定准予减免的增值税额；⑤“出口抵减内销产品应纳税额”，记录实行“免、抵、退”办法的一般纳税人按规定计算的出口货物的进项税抵减内销产品的应纳税额；⑥“出口退税”记录一般纳税人出口货物、加工修理修配劳务、服务、无形资产按规定退回的增值税额；⑦“进项税额转出”记录一般纳税人购进货物、加工修理修配劳务、服务、无形资产或不动产等发生非正常损失以及其他原因而不应从销项税额中抵扣，按规定转出的进项税额；⑧“转出多交增值税”记录一般纳税人月度终了转出多交的增值税额。

四、增值税的税率、征收率

（一）增值税税率

1．基本税率

增值税一般纳税人销售或者进口货物，提供加工、修理修配劳务，提供有形动产租赁服务，除适用低税率、零税率征收率范围外，税率均为13%。

2．低税率

1）9%

（1）纳税人销售或者进口下列货物，适用 9%的低税率。①农产品（粮食）、食用植物油、食用盐；②自来水、暖气、冷气、热水、煤气、石油液化气、天然气、沼气、居民用煤炭制品、二甲醚；③图书、报纸、杂志、音像制品、电子出版物；④饲料、化肥、农药、农机、农膜；⑤国务院规定的其他货物。

（2）纳税人提供交通运输服务、邮政服务、基础电信服务、建筑服务、不动产租赁服务，销售不动产，转让土地使用权，税率为9%。

2）6%

纳税人提供现代服务（租赁服务除外）、增值电信服务、金融服务、生活服务、销售无形资产（转让土地使用权除外），税率为6%。

3．零税率

（1）纳税人出口货物，税率为零；但是，出口货物不包括国家禁止出口的货物（天然牛黄、麝香、铜和铜基合金等）和国家限制出口的部分货物（矿砂及精矿、钢铁初级产品、原油、车用汽油、煤炭、原木、尿素产品、山羊绒、鳗鱼苗、某些援外货物等）。

（2）境内单位和个人提供国际运输服务；提供航天运输服务；向境外单位提供的完全在境外消费的相关服务[包括研发服务、合同标的物在境外的合同能源管理服务、设计服务、广播影视节目（作品）的制作和发行服务、软件服务、电路设计及测试服务、信息系统服务、业务流程管理服务、离岸服务外包业务及转让技术]及财政部和国家税务总局规定的其他服务，税率为零。

（二）征收率

考虑到小规模纳税人经营规模小，并且会计核算不健全，难以按上述税率计税和使用增值税专用发票抵扣进项税额，因此，实行按销售额与征收率计算应纳税额的简易办法。除部分不动产销售和租赁行为的征收率为 5%以外，小规模纳税人销售货物、提供劳务发生应税行为，增值税征收率为 3%。另外，部分采用简易计税办法的一般纳税人销售货物、提供劳务或发生特定应税行为，也适用 3%的征收率。

知识窗

暂按 5%征收率征收增值税的范围

1. 销售不动产

（1）一般纳税人销售其 2016 年 4 月 30 日前取得的不动产，可以选择适用简易计税方法，按照 5%的征收率计算应纳税额。

（2）小规模纳税人销售其取得的不动产（不含个体工商户销售购买的住房和其他个人销售不动产），按照 5%的征收率计算应纳税额。

（3）房地产开发企业中的一般纳税人，销售自行开发的房地产老项目，可以选择适用简易计税方法按照 5%的征收率计税。

（4）房地产开发企业中的小规模纳税人，销售自行开发的房地产项目，按照 5%的征收率计税。

（5）其他个人销售其取得（不含自建）的不动产（不含其购买的住房），按照 5%的征收率计算应纳税额。

（6）个人销售购买不足 2 年的住房，按 5%的征收率全额征收增值税；个人销售购买 2 年及以上的住房免征增值税（不含“北上广深”），“北上广深”非普通住房按 5%差额征税，普通住房免税。

2. 不动产经营租赁服务

（1）一般纳税人出租其 2016 年 4 月 30 日前取得的不动产，可以选择适用简易计税方法，按照 5%的征收率计算应纳税额。

（2）小规模纳税人出租其取得的不动产（不含个人出租住房），应按照 5%的征收率计算应纳税额。

（3）其他个人出租其取得的不动产（不含住房），应按照 5%的征收率计算应纳税额。

（4）个人出租住房，应按照 5%的征收率减按 1.5%计算应纳税额。

模块二 一般纳税人销项税额的核算

一、应纳税额的计算

我国现行增值税一般纳税人应纳税额的计算采用购进扣税法，纳税人在销售时按照销售额收取税款（构成销项税额），购进时按照购进额支付或负担税款（构成进项税额），二者相抵的余额为应纳税款。这样就相当于仅对增值部分征税。计算公式如下。

应纳税额=当期销项税额−当期进项税额

销项税额=不含税销售额×适用税率

二、销售额的确定

（一）基本规定

销售额是指纳税人销售货物、提供应税劳务或应税服务、转让无形资产或不动产收取的全部价款和价外费用，但不包括向购买方收取的销项税额。“价外费用”是指价外收取的手续费、补贴、基金、集资费、返还利润、违约金（延期付款利息）、包装费、包装物租金、储备费、优质费、运输装卸费、代收款项、代垫款项以及其他各种性质的价外收费。但不包括同时符合下列条件的项目。

（1）代为收取并符合以下规定的政府性基金或者行政事业性收费：①由国务院或者财政部批准设立的政府性基金，由国务院或者省级人民政府及其财政、价格主管部门批准设立的行政事业性收费；②收取时开具省级以上（含省级）财政部门监（印）制的财政票据；③所收款项全额上缴财政。

（2）以委托方名义开具发票代委托方收取的款项。

（3）销售货物的同时代办保险等而向购买方收取的保险费，以及向购买方收取的代购买方缴纳的车辆购置税、车辆牌照费（销售方对此类代收费用开具发票的除外）。

其他价外费用，无论是否属于纳税人的收入，均应并入销售额计算征税。在企业会计核算中，销售额主要反映在“主营业务收入”账户的贷方。

纳税人按照人民币以外的货币结算销售额的，应当折合成人民币计算，折合率可以选择销售额发生的当天或者当月1日的人民币汇率中间价。纳税人应当在事先确定采用何种折合率，确定后12个月内不得变更。

（二）差额征税项目销售额的确定

（1）提供建筑服务适用简易计税方法的，其销售额为全部价款和价外费用扣除支付的分包款后的余额。

（2）房地产开发企业中的一般纳税人销售其开发的房地产项目（简易计税的老项目除外），其销售额为全部价款和价外费用扣除受让土地时向政府部门支付的土地款后的余额。

（3）其他个人销售其取得（不含自建）的不动产（不含住房），以全部价款和价外费用减去不动产购置原价后的余额为销售额。

（4）金融商品转让，以卖出价扣除买入价后的余额为销售额。

（5）经纪代理服务。以取得的全部价款和价外费用，扣除向委托方收取并代为支付的政府性基金或者行政事业性收费后的余额为销售额（可扣除的项目除列举外，其他一律不得扣除，且扣除项目的发票不得开具专用发票）。

（6）融资租赁和融资性售后回租业务。提供融资租赁服务以收取的全部价款和价外费用，扣除支付的借款利息、发行债券利息和车辆购置税后的余额为销售额；提供融资性售后回租服务以取得的全部价款和价外费用（不含本金），扣除对外支付的借款利息、发行债券利息后的余额作为销售额。

（7）提供旅游服务。纳税人提供旅游服务，可以选择以取得的全部价款和价外费用，扣除向旅游服务购买方收取并支付给其他单位或者个人的住宿费、餐饮费、交通费、签证费、门票费和支付给其他接团旅游企业的旅游费用后的余额为销售额。选择上述办法计算销售额的纳税人，向旅游服务购买方收取并支付的上述费用，不得开具增值税专用发票，可以开具普通发票。

（8）航空运输企业的销售额不包括代收的机场建设费和代售其他航空运输企业客票而代收转付的价款。

（9）一般纳税人提供客运场站服务，其销售额为其取得的全价扣除支付给承运方运费后的余额。

（10）劳务派遣服务。以取得的全部价款和价外费用，扣除代用工单位支付给劳务派遣员工的工资、福利和为其办理社会保险及住房公积金后的余额为销售额（选择差额纳税：5%；一般纳税人也可选择一般计税：6%；小规模纳税人也可选择简易计税：3%）。

注意：上述凭证中属于增值税扣税凭证的，其进项税额不得从销项税额中抵扣（不得一票两用）。

三、发票购买及开具

确定销项税额的原始凭证是销售发票上列示的增值税额。为此，我们先要了解发票及其使用方法。

（一）发票适用范围

目前，我国纳税人在经营活动中使用的发票主要有增值税发票和普通发票。

1．增值税发票

纳税人常用的增值税发票有增值税专用发票和增值税普通发票。从发票开具来看，增值税一般纳税人可以自行开具增值税专用发票、增值税普通发票和增值税电子普通发票；增值税小规模纳税人目前除部分试点小规模纳税人（住宿业、鉴证咨询业、建筑业、工业以及信息传输、软件和信息技术服务业、租赁业、商务服务业、科学研究和技术服务业以及居民服务、修理和其他服务业等小规模纳税人）能开具增值税专用发票外，其他纳税人只能自行开具增值税普通发票、增值税电子普通发票，如若客户需要增值税专用发票，需要向税务机关申请代开；其他纳税人如自然人，同样只能通过代开方式开具增值税专用发票和增值税普通发票。从受票方来说，增值税专用发票只能开具给除自然人外的增值税纳税人，而增值税普通发票可以开具给所有的受票对象。

增值税专用发票是增值税一般纳税人和部分试点小规模纳税人销售货物、提供应税劳务或应税服务、转让无形资产或不动产开具的发票，是购买方支付增值税额并可按照增值税有关规定据以抵扣增值税进项税额的凭证。如本项目引例中，广州市宏伟机械制造公司 4 月 18 日销售复印机给北京立津百货公司开具的增值税专用发票，如表 1-1 所示。

增值税专用发票在增值税一般纳税人、试点小规模纳税人和税务机关为增值税小规模纳税人代开时使用。属于下列情形之一的，不得开具增值税专用发票。

（1）向消费者个人销售货物、提供应税劳务、应税服务，转让无形资产或者不动产的；

（2）销售货物、提供应税劳务或应税行为适用免征增值税规定的；

（3）试点外小规模纳税人销售货物、提供应税劳务、服务，转让无形资产或者不动产的；

（4）经纪代理服务中，向委托方收取的政府性基金或者行政事业性收费；

（5）金融商品转让；

表 1-1　　　　增值税专用发票记账联

4400134120　　**广东增值税专用发票**　　N005560101　　4400134120 05560101

（全国统一发票监制章 广东 国家税务总局监制）

此联不作报销、扣税凭证使用

开票日期：201×年4月18日

购买方	名　称：北京立津百货公司 纳税人识别号：44011131027838808238 地址、电话：北京市朝阳区东大桥路102号 开户行及账号：工行北京朝阳支行440306611845900			密码区	67/*+3*0/611*++0/+0*/*+3+2/9 *11*+66666**066611*+66666* 1**+216***6000*261*2*4/*547 203994+-42*6 151*6915361/3*		
货物或应税劳务、服务名称	规格型号	单位	数量	单价	金额	税率	税额
复印机	1813L	台	200	1500.00	300000.00	13%	39000.00
运输费		次	1	5000.00	5000.00	13%	650.00
装卸费		次	1	1000.00	1000.00	13%	130.00
合　计					￥ 306000.00		￥ 39780.00
价税合计（大写）	⊗叁拾肆万伍仟柒佰捌拾元整				（小写）　￥ 345780.00		
销售方	名　称：广州市宏伟机械制造有限责任公司 纳税人识别号：44567895409668001213 地址、电话：广州市北京路132号 开户行及账号：工行广州北京路支行2008829581012			备注	（宏伟机械制造有限责任公司 445678954096680 发票专用章）		

收款人：刘欢欢　　复核：李园园　　开票人：黄小路　　销售方：章

国税函（2014）257号浙江印钞厂

第一联：记账联　销售方记账凭证

（6）旅游服务，向旅游服务购买方收取并支付给其他单位或者个人的住宿费、餐饮费、交通费、签证费、门票费和支付给其他接团旅游企业的旅游费用；

（7）有形动产融资性售后回租服务，向承租方收取的有形动产价款本金；

（8）一般纳税人销售自己使用过的固定资产，按简易办法依 3%征收率减按 2%征收增值税的；

（9）销售旧货；

（10）提供劳务派遣服务选择差额纳税，向用工单位收取用于支付给劳务派遣员工工资、福利和为其办理社会保险及住房公积金的费用；

（11）商业企业一般纳税人零售烟、酒、食品、服装、鞋帽（不包括劳保专用部分）、化妆品等消费品；

（12）一般纳税人的单采血浆站销售非临床用人体血液，可以按照简易办法依照 3%征收率计算应纳税额，但不得对外开具增值税专用发票。

2．其他发票

其他发票是指除增值税发票以外的各类发票。包括通用机打发票、机动车销售统一发票和定额发票等。

（二）发票购买及开具

一般纳税人应通过增值税防伪税控系统使用专用发票，包括领购、开具、缴销、认证纸质专用发票及其相应的数据电文。

纳税人销售货物、提供应税劳务或发生应税行为，应当向索取增值税专用发票的购买方开具增值税专用发票，并在增值税专用发票上分别注明销售额和销项税额。遇到不需开具增值税专用发票或不能开具增值税专用发票的情况，开具普通发票。

四、一般纳税人销项税额的会计核算

企业销售货物，提供加工修理修配劳务、服务，转让无形资产或不动产，按应收或已收的金额，借记“银行存款”“应收账款”“应收票据”等科目，按取得的收入金额，贷记“主营业务收入”“其他业务收入”“固定资产清理”等科目，按规定计算的销项税额（或采用简易计税方法计算的应纳增值税额），贷记“应交税费——应交增值税（销项税额）”或“应交税费——简易计税”科目。发生销售退回，应根据税务机关开具的红字增值税专用发票做相反的会计分录。

按照国家统一的会计制度确认收入或利得的时点早于按照增值税制度确认增值税纳税义务发生时点的，应将相关销项税额计入“应交税费——待转销项税额”科目，待实际发生纳税义务时再转入“应交税费——应交增值税（销项税额）”或“应交税费——简易计税”科目。

按照增值税制度确认增值税纳税义务发生时点早于按照国家统一的会计制度确认收入或利得的时点的，应将应纳增值税额，借记“应收账款”科目，贷记“应交税费——应交增值税（销项税额）”或“应交税费——简易计税”科目，按照国家统一的会计制度确认收入或利得时，应按扣除增值税销项税额后的金额确认收入。

（一）一般销售

1．销售货物

一般纳税人采取直接收款方式销售货物，不论货物是否发出，均以收到销售款或取得索取销售款凭据的当天为纳税义务发生时间，先开具发票的，以开具发票的当天为纳税义务发生时间；纳税人采取托收承付和委托银行收款方式销售货物的，发出货物并办妥托收手续的当天为纳税义务发生时间。

通常情况下，销项税额在销售发票上是单独一栏注明的，增值税的应税销售额不包括向购买方收取的销项税额，但由于在实际生活中，销项税额与销售额同时收取，从便于消费者购买的整体支付考虑，常常出现纳税人将销售货物的销售额和销项税额合并定价的情况。遇到这种情况，在计税时先要将含税销售额换算为不含税销售额，其换算公式如下。

销售额=含税销售额÷（1+税率）

增值税一般纳税人（包括纳税人自己或代其他部门）向购买方收取的价外费用和应税的包装物押金，应视为含税收入，在征税时应换算为不含税收入再并入销售额。

【工作实例 1-1】广州富光机械设备制造有限公司向某造纸厂出售造纸机 5 台，每台不含税售价 36 000 元。富光机械公司开具增值税专用发票注明价款为 180 000 元，税款为 23 400 元，款项均已通过银行收讫。则其会计处理如下。

以旧换新是指纳税人在销售自己的货物时，有偿收回货物的行为。企业如果采用“以旧换新”方式销售产品，销售额与收购旧货金额不得相互抵减。但考虑到金银首饰以旧换新的特殊情况，对金银首饰以旧换新业务，可以按销售方实际收取的不含增值税的全部价款征收增值税。

借：银行存款　　203 400
　　贷：主营业务收入　　180 000
　　　　应交税费——应交增值税（销项税额）　　23 400

【工作实例 1-2】大通公司采取“以旧换新”方式销售一批产品，产品的市场不含税价格为 5 000 元，收回的旧货作为材料处理，以 1 000 元回购。大通公司共收到 4 650 元。则其会计处理如下。

借：银行存款　　4 650
　　原材料　　1 000

贷：主营业务收入　5 000
应交税费——应交增值税（销项税额）　650

2．销售应税劳务

销售应税劳务，提供劳务同时收讫销售款或取得索取销售款凭据的当天为纳税义务时间。

【**工作实例 1-3**】乐峰公司为一般纳税人，现为大良公司加工一批材料（为其他经营业务），加工完毕，开具增值税专用发票，取得含税收入 5 650 元，款项已收存银行。其会计处理如下。

借：银行存款　5 650
贷：其他业务收入　5 000
应交税费——应交增值税（销项税额）　650

3．提供应税服务

纳税人发生应税行为并收讫销售款项或者取得索取销售款项凭据的当天为纳税义务发生时间，先开具发票的，以开具发票的当天为纳税义务发生时间。增值税扣缴义务发生时间为纳税人增值税纳税义务发生的当天。

【**工作实例 1-4**】广州华丰物流公司为客户提供交通运输服务，开出的增值税专用发票注明价款不含税价格为 50 000 元，适用税率为 9%，增值税税额为 4 500 元，款项已收存银行。相关会计处理如下。

借：银行存款　54 500
贷：主营业务收入——运输　50 000
应交税费——应交增值税（销项税额）　4 500

【**工作实例 1-5**】广州新马创意公司为一般纳税人，现为客户提供广告设计服务，向客户收取设计款 10 600 元（含税），开具增值税专用发票，款项已收存银行。相关会计处理如下。

销项税额=10 600÷（1+6%）×6%=600（元）

借：银行存款　10 600
贷：主营业务收入——广告设计　10 000
应交税费——应交增值税（销项税额）　600

4．转让金融产品

纳税人从事金融商品转让的，金融商品所有权转移的当天为纳税义务发生时间。

金融商品转让，实行差额征税，按照卖出价扣除买入价后的余额为销售额，买入价和卖出价都是指原价，是证券本身的价格，买入价不包括购进过程中支付的各税税金，卖出价不得扣除税金费用。转让金融商品出现的正负差，以盈亏相抵后的余额为销售额。若相抵后出现负差，可结转下一纳税期与下期转让金融商品销售额相抵，但年末时仍出现负差的，不得转入下一个会计年度，因此，金融商品转让每年第一期申报表期初余额一定为零。金融商品的买入价，可以选择按照加权平均法或者移动加权平均法进行核算，选择后 36 个月内不得变更。

【**工作实例 1-6**】君好公司有三种作为交易性金融资产的股票，分别于 10 月、11 月和 12 月进行转让，其中 10 月转让的股票购入价是 120 600 元（其中 600 元为佣金等费用）0，卖出价是 154 500 元；11 月转让的股票购入价是 320 000 元，卖出价是 300 000 元；12 月转让的股票购入价是 48 万元，卖出价是 53 万元。为了简化核算，这里的卖出价都不含其他费用，11 月和 12 月的买入价也不考虑其他费用。君好公司相关会计处理如下。

（1）10 月取得转让收入。

借：银行存款　　154 500
　　贷：交易性金融资产　　120 000
　　　　投资收益　　34 500

（2）计算应纳增值税。

销售额=154 500−120 000=34 500（元）

销项税额=34 500÷（1+6%）×6%≈1 952.83（元）

借：投资收益　　1 952.83
　　贷：应交税费——转让金融商品应交增值税　　1 952.83

（3）缴纳增值税。

借：应交税费——转让金融商品应交增值税　　1 952.83
　　贷：银行存款　　1 952.83

（4）11月取得转让收入。

借：银行存款　　300 000
　　投资收益　　20 000
　　贷：交易性金融资产　　320 000

（5）计算可抵扣税额。

投资收益为负数（−2万元），则可结转下月抵扣税额为：

20 000÷（1+6%）×6%≈1 132.08（元）

借：应交税费——转让金融商品应交增值税　　1 132.08
　　贷：投资收益　　1 132.08

（6）12月取得转让收入。

借：银行存款　　530 000
　　贷：交易性金融资产　　480 000
　　　　投资收益　　50 000

（7）计算应纳增值税。

销售额=530 000−480 000=50 000（元）

销项税额=50 000÷（1+6%）×6%≈2 830.19（元）

借：投资收益　　2 830.19
　　贷：应交税费——转让金融商品应交增值税　　2 830.19

（8）缴纳增值税。

实际缴纳增值税额=2 830.19−1 132.08=1 698.11（元）

借：应交税费——转让金融商品应交增值税　　1 698.11
　　贷：银行存款　　1 698.11

如果12月的转让还是亏损或者12月没有转让金融商品，按规定不能再留到下一年度再抵扣，需结转投资收益。假设本例中12月没有转让商品，则年末时

借：投资收益　　1 132.08
　　贷：应交税费——转让金融商品应交增值税　　1 132.08

结转后“应交税费——转让金融商品应交增值税”账户，下一年初没有余额。

5．转让无形资产

按现行规定，纳税人提供技术转让、技术开发和与之相关的技术咨询、技术服务收入以

及个人转让著作权，在符合法律规定的条件下可免税，其他无形资产的转让要按 6%的税率进行纳税。

【工作实例 1-7】君好公司与上海某公司签订了一项售出合同，售出产品为一项服装类商标权，增值税专用发票上注明的价格为 500 000 元，税额为 30 000 元。该商标权账面余额为 285 000 元，已累计摊销 75 000 元。君好公司相关会计处理如下。

借：银行存款　530 000
　　累计摊销　75 000
　　贷：无形资产——商标权　285 000
　　　　应交税费——应交增值税（销项税额）　30 000
　　　　资产处置损益　290 000

6．销售不动产

销售不动产，是指转让不动产所有权的业务活动。不动产，是指不能移动或者移动后会引起性质、形状改变的财产，包括建筑物、构筑物等。企业销售不动产，应作为“固定资产清理”核算。一般纳税人销售其 2016 年 5 月 1 日后取得(不含自建)的不动产，应适用一般计税方法，以取得的全部价款和价外费用为销售额计算应纳税额。纳税人应以取得的全部价款和价外费用减去该项不动产购置原价或者取得不动产时的作价后的余额，按照 5%的预征率在不动产所在地预缴税款后，向机构所在地主管税务机关进行纳税申报；一般纳税人销售其 2016 年 5 月 1 日后自建的不动产，应适用一般计税方法，以取得的全部价款和价外费用为销售额计算应纳税额。纳税人应以取得的全部价款和价外费用，按照 5%的预征率在不动产所在地预缴税款后，向机构所在地主管税务机关进行纳税申报；一般纳税人转让其 2016 年 4 月 30 日前取得（不含自建）的不动产，可以选择适用简易计税方法计税，以取得的全部价款和价外费用扣除不动产购置原价或者取得不动产时的作价后的余额为销售额，按照 5%的征收率计算应纳税额；如果转让的是其 2016 年 4 月 30 日前自建的不动产，也可以选择适用简易计税方法计税，以取得的全部价款和价外费用为销售额，按照 5%的征收率计算应纳税额。纳税人应按照上述计税方法向不动产所在地主管地税机关预缴税款，向机构所在地主管国税机关申报纳税。以上纳税人也可选择适用一般计税方法计税，其处理方法与转让 2016 年 5 月 1 日后取得或自建的不动产的方法一样。

【工作实例 1-8】2019 年 5 月，君好公司（一般纳税人），将去年 10 月在外市购进的一栋办公楼出售，购置原价为 560 万元，以 750 万元出售。君好公司相关会计处理如下。

（1）计算应纳税额。

应交增值税=全部价款和价外费用÷（1+9%）×9%
　　=7 500 000÷（1+9%）×9%≈619 266.06（元）

借：银行存款　7 500 000
　　贷：固定资产清理　6 880 733.94
　　　　应交税费——应交增值税（销项税额）　619 266.06

（2）预缴增值税。

2016 年 5 月 1 日后取得的不动产，在不动产所在地应预交增值税=（全部价款和价外费用−不动产购置原价或者取得不动产时的作价）÷（1+5%）×5%=（7 500 000−5 600 000）÷（1+5%）×5%≈90 476.19（元）

借：应交税费——预交增值税　90 476.19
　　贷：银行存款　90 476.19

（3）月末结转“预交增值税”明细科目。

借：应交税费——未交增值税　　90 476.19

　贷：应交税费——预交增值税　　90 476.19

【工作实例 1-9】2019 年 5 月，泰安公司（一般纳税人），将去年 11 月在外市自建的一栋厂房出售，建造价格为 600 万元，以 810 万元含税价格出售。泰安公司相关会计处理如下。

（1）计算应纳税额。

应交增值税=全部价款和价外费用÷（1+9%）×9%

=8 100 000÷（1+9%）×9%≈668 807.34（元）

借：银行存款　　8 100 000.00

　贷：固定资产清理　　7 431 192.66

　　应交税费——应交增值税（销项税额）　　668 807.34

（2）预缴增值税。

2016 年 5 月 1 日后自建的不动产，在不动产所在地预交增值税=全部价款和价外费用÷（1+5%）×5%=8 100 000÷（1+5%）×5%≈385 714.29（元）

借：应交税费——预交增值税　　385 714.29

　贷：银行存款　　385 714.29

（3）月末结转“预交增值税”明细科目。

借：应交税费——未交增值税　　385 714.29

　贷：应交税费——预交增值税　　385 714.29

【工作实例 1-10】泰华公司（一般纳税人）将 2015 年 2 月购置的外市的一栋办公楼出售，购置原价为 300 万元，出售全部收入为 480 万元（含税），公司选择简易计税办法计税。相关会计处理如下。

（1）计算应纳税额。

应交增值税=（全部价款和价外费用-不动产购置原价或者取得不动产时的作价）÷（1+5%）×5%=（4 800 000-3 000 000）÷（1+5%）×5%≈85 714.29（元）

借：银行存款　　4 800 000.00

　贷：固定资产清理　　4 714 285.71

　　应交税费——简易计税　　85 714.29

（2）预缴增值税。

在不动产所在地应预交增值税=（全部价款和价外费用-不动产购置原价或者取得不动产时的作价）÷（1+5%）×5%=（4 800 000-3 000 000）÷（1+5%）×5%≈85 714.29（元）

借：应交税费——预交增值税　　85 714.29

　贷：银行存款　　85 714.29

（3）月末结转“预交增值税”明细科目。

借：应交税费——未交增值税　　85 714.29

　贷：应交税费——预交增值税　　85 714.29

7．房地产开发企业销售自行开发的房地产项目

（1）房地产开发企业中的一般纳税人销售自行开发的房地产项目，适用一般计税方法计税，按照取得的全部价款和价外费用，扣除当期销售房地产项目对应的土地价款后的余额计算销售额。

销售额=（全部价款和价外费用-当期允许扣除的土地价款）÷（1+9%）

当期允许扣除的土地价款=（当期销售房地产项目建筑面积÷房地产项目可供销售建筑面积）×支付的土地价款

（2）一般纳税人销售自行开发的开工日期在 2016 年 4 月 30 日前的房地产老项目适用简易计税方法计税的，以取得的全部价款和价外费用为销售额，不得扣除对应的土地价款，按照 5%的征收率计税。一经选择简易计税方法计税，36 个月内不得变更为一般计税方法计税。

应交增值税=全部价款和价外费用÷（1+5%）×5%

（3）一般纳税人采取预收款方式销售自行开发的房地产项目，应在收到预收款时按照 3%的预征率预缴增值税。一般纳税人应在取得预收款的次月纳税申报期向主管国税机关预缴税款。

老项目应预交税款=预收款÷（1+5%）×3%

新项目应预交税款=预收款÷（1+9%）×3%

【工作实例 1-11】广州宝华房地产开发企业（一般纳税人），2019 年 6 月出售其自行开发的某一房地产新项目，取得全部价款和价外费用共计 990 万元，该项目对应的允许扣除的土地价款为 410 万元。相关会计处理如下。

销项税额=（全部价款和价外费用−当期允许扣除的土地价款）÷（1+9%）×9%

=（9 900 000−4 100 000）÷（1+9%）×9%≈478 899.08（元）

其中：应税销项税额=9 900 000÷（1+9%）×9%=817 431.19（元）

可扣除税额=4 100 000÷（1+9%）×9%≈338 532.11（元）

（1）确认收入。

借：银行存款	9 900 000.00
贷：主营业务收入	9 082 568.81
应交税费——应交增值税（销项税额）	817 431.19

（2）确认可扣除税额。

借：应交税费——应交增值税（销项税额抵减）	338 532.11
贷：开发产品	338 532.11

【工作实例 1-12】广州宝华房地产开发企业（一般纳税人），2019 年 5 月出售其自行开发的某一房地产老项目，取得全部价款和价外费用共计 490 万元，该项目对应的土地价款为 220 万元，企业选择简单计税方法。相关会计处理如下。

销项税额=全部价款和价外费用÷（1+5%）×5%

=4 900 000÷（1+5%）×5%≈233 333.33（元）

借：银行存款	4 900 000.00
贷：主营业务收入	4 666 666.66
应交税费——简易计税	233 333.33

（二）折扣销售、销售折扣、销售退回、销售折让、服务中止和折让

折扣销售（又称商业折扣）是按商品标明的价格扣减一定数额后销售。在发生商业折扣时，如果销售额和折扣额在同一张发票上注明的，可按折扣后的销售额计税；如果将折扣额另开一张发票，则不论其在财务上如何处理，均不得从销售额中减除折扣额。这里的折扣销售仅限于货物价格折扣，如果是实物折扣应按视同销售中“无偿赠送”处理，实物款额不能从原销售额中减除。

销售折扣（又称现金折扣），是指在采用赊销方式销售商品时，为了鼓励购货方在一定期限内尽早偿还货款，而规定一个短于规定期限的折扣。例如，规定在 10 天内付款的给予 5%的货款折扣；15 天付款的给予 3%的货物折扣；一个月的，全价付款。这种折扣发生在销售货物之后，属于

一种融资行为，折扣额不得从销售额中减除。

销售退回是指企业售出的商品由于质量、品种等不符合要求等原因而发生的退货。如果销售退回发生在确认收入之前，则直接将被退回的商品验收入库便可，无须记账，如已确认“发出商品”，则转销“发出商品”，借记“库存商品”，贷记“发出商品”；如果销售退回发生在确认收入之后，企业应在产品退回时冲减当期销售收入，同时冲减当期销售成本。

销售折让是指销货之后，作为已售产品出现品种、质量问题而给予购买方的补偿，是原销售额的减少，折让额可以从销售额中减除。

纳税人适用一般计税方法计税的，因销售折让、中止或者退回而退还给购买方的增值税税额，应当从当期的销项税额中扣减。开具增值税专用发票后，发生应税服务中止、折让、开票有误等情形，应按国家税务总局的规定开具红字增值税专用发票，未按照规定开具红字增值税专用发票的，不得扣减销项税额或者销售额。

【工作实例 1-13】文迪公司向克里公司赊销产品 100 件，单位不含税售价为 2 000 元，产品单位成本为 1 400 元，由于是老客户，双方签订合同时，给予 3%的商业折扣，文迪公司开具增值税专用发票，销售额和折扣额在同一张发票上注明：为早日收回货款，文迪公司给出 2/10，*N*/20 的付款条件，现金折扣不考虑增值税，估计克里公司会在 10 天内付款。文迪公司在发货后第 5 天，收到银行进账通知单。文迪公司相关会计处理如下。

（1）实现销售。

估计 10 天内付款，则会给予 2%的折扣，因此最可能的交易对价为 2 000×100×（1-3%）×（1-2%）=190 120（元），也即应确认的收入为 190 120 元。

但折扣发生在销售货物之后，属于一种融资行为，折扣额不得从销售额中减除，所以，应确认的销项税额=2 000×100×（1-3%）×16%=31 040（元）

借：应收账款—克里公司　　221 160
　　贷：主营业务收入　　190 120
　　　　应交税费—应交增值税（销项税额）　　31 040

（2）收到货款。

由于克里公司是在 10 天内付的款，按条件可给予 2%的现金折扣。

借：银行存款　　221 160
　　贷：应收账款——克里公司　　221 160

【工作实例 1-14】赛格公司销售 500 件产品给富粤公司，开出的增值税专用发票注明，不含税售价为 200 元/件，增值税税额为 13 000 元，该产品的单位成本为 130 元，公司已发货并确认收入。富粤公司收到货物后，发现有少量残次品，经双方协商，其中 5 件产品无条件退回，另外 495 件产品赛格公司同意折让 5%，富粤公司已在增值税专用发票系统中填开并上传 “开具红字增值税专用发票信息表”，赛格公司依此开具红字发票，5 件残次品验收入库，另外 495 件产品的货款按折后价收存银行。赛格公司的相关会计处理如下。

（1）确认收入，结转成本。

借：应收账款——富粤公司　　113 000
　　贷：主营业务收入　　100 000
　　　　应交税费——应交增值税（销项税额）　　13 000
借：主营业务成本　　65 000
　　贷：库存商品　　65 000

（2）销售退回和销售折让。

① 销售退回。

应冲减的收入=200×5=1 000（元）

应冲减的销项税额=1 000×13%=130（元）

应冲减的销售成本=130×5=650（元）

借：应收账款——富粤公司　　1 130（红字）

　　贷：主营业务收入　　1 000（红字）

　　　　应交税费——应交增值税（销项税额）　　130（红字）

借：库存商品　　650

　　贷：主营业务成本　　650

② 销售折让。

应冲减的收入=200×495×5%=4 950（元）

应冲减的销项税额=4 950×13%=643.50（元）

借：应收账款——富粤公司　　5 593.50（红字）

　　贷：主营业务收入　　4 950.00（红字）

　　　　应交税费——应交增值税（销项税额）　　643.50（红字）

（3）收到货款。

应收货款=113 000−1 130−5 593.50=106 276.50（元）

或者：应收货款=200×495×（1−5%）×（1+13%）=106 276.50（元）

借：银行存款　　106 276.50

　　贷：应收账款——富粤公司　　106 276.50

（三）预收款销售

1. 预收款销售货物

纳税人采取预收货款方式销售货物，货物发出的当天为纳税义务发生时间，但生产销售生产工期超过 12 个月的大型机械设备、船舶、飞机等货物，收到预收款或者书面合同约定的收款日期的当天为纳税义务发生时间。

纳税人在收到预收款项时，不确认收入，也不确认税金，借记“银行存款”账户，贷记“预收账款”账户；在发出产品时，才确认收入和增值税销项税额，借记“预收账款”“银行存款”等账户，贷记“主营业务收入”“应交税费——应交增值税（销项税额）”账户，会计处理同一般销售业务。

【工作实例 1-15】广州德鑫公司与华立公司（双方均为一般纳税人）签订供货合同，约定德鑫公司在 3 个月内为华立公司提供所需产品，产品定价为 500 元/件，共 300 件，华立公司在签订合同时先预付货款的 30%，余款和税金在收到货物时结清。相关会计处理如下。

（1）收到订金。

借：银行存款　　45 000

　　贷：预收账款——华立公司　　45 000

（2）开具增值税专用发票，发出货物。

借：预收账款——华立公司　　169 500

　　贷：主营业务收入　　150 000

　　　　应交税费——应交增值税（销项税额）　　19 500

（3）收到余款。

借：银行存款　124 500

　　贷：预收账款——华立公司　124 500

2．预收款租赁有形动产

纳税人采取预收款方式提供有形动产租赁服务的，收到预收款的当天为纳税义务发生时间。

【工作实例 1-16】广州荣华设备租赁公司出租给客户两台数控机床，采用预收租金方式，预收半年租金 16.95 万元（含税），开具增值税专用发票，款项已收存银行。相关会计处理如下。

销项税额=169 500÷（1+13%）×13%=19 500（元）

当月应确认的收入=（169 500−19 500）÷6=25 000（元）

预收租金=（150 000−25 000）=125 000（元）

借：银行存款　169 500

　　贷：主营业务收入——租赁　25 000

　　　　预收账款　125 000

　　　　应交税费——应交增值税（销项税额）　19 500

3．预收款出租不动产

纳税人提供租赁服务采取预收款方式的，其纳税义务发生时间为收到预收款的当天。不论是否收取款项或提供服务，如果纳税人发生应税行为时先开具发票，其纳税义务发生时间为开具发票的当天。此外，纳税人出租与机构所在地不在同一县（市）的不动产，按规定需要在项目所在地或不动产所在地主管国税机关预缴税款。

不同时间点取得的不动产出租，适用以下不同的计税方法。

（1）一般纳税人出租其 2016 年 5 月 1 日后取得的不动产，适用一般计税方法计税。不动产所在地与机构所在地不在同一县（市、区）的，纳税人应按照 3%的预征率向不动产所在地主管国税机关预缴税款，向机构所在地主管国税机关申报纳税。

应预缴税款=含税销售额÷（1+3%）×3%

（2）一般纳税人出租其 2016 年 4 月 30 日前取得的不动产（包括以直接购买、接受捐赠、接受投资入股、自建以及抵债等各种形式取得的不动产，不包括房地产开发企业自行开发的房地产项目），可以选择适用简易计税方法，按照 5%的征收率计算应纳税额。不动产所在地与机构所在地不在同一县（市、区）的，纳税人应按照上述计税方法向不动产所在地主管国税机关预缴税款，向机构所在地主管国税机关申报纳税。

应预缴税款=含税销售额÷（1+5%）×5%

【工作实例 1-17】久发公司系增值税一般纳税人，2019 年 6 月 1 日将该公司 2019 年 2 月在外县买进的一栋楼房出租给如意公司，租期 5 年，双方签订合同并一次性收取 6 个月租金 72 万元（含税），公司采用一般计税方法计算应纳税额。久发公司相关会计处理如下。

（1）收到租金，确认收入，计算应纳税额。

应纳税额=720 000÷（1+9%）×9%≈59 449.54（元）

当月应确认的收入=（720 000-59 449.54）÷6=660 550.46÷6≈110 091.74（元）

预收租金=660 550.46-110 091.74=550 458.72（元）

借：银行存款　720 000

　　贷：其他业务收入　110 091.74

　　　　预收账款——如意公司　550 458.72

　　　　应交税费——应交增值税（销项税额）　59 499.54

（2）预缴税款。

应预缴税款=含税销售额÷（1+3%）×3%=720 000÷（1+3%）×3%≈20 970.87（元）

借：应交税费——预交增值税　　20 970.87

　贷：银行存款　　20 970.87

（3）月末结转“预交增值税”明细科目。

借：应交税费——未交增值税　　20 970.87

　贷：应交税费——预交增值税　　20 970.87

【工作实例 1-18】久发公司系增值税一般纳税人，2019 年 6 月 1 日将该公司 2015 年 3 月在外县买进的一栋办公楼以月租金 12 万元出租给如意公司，租期 3 年，双方签订合同并一次性收取 6 个月的资金 72 万元，公司采用简易计税方式计算应纳税额。久发公司相关会计处理如下。

（1）收到租金，确认收入，计算应纳税额。

应纳税额=720 000÷（1+5%）×5%≈34 285.71（元）

当月收入=（720 000−34 285.71）÷6=685 714.29 ÷ 6≈114 285.72（元）

预收租金=685 714.29−114 285.72=571 428.57（元）

借：银行存款　　720 000.00

　贷：其他业务收入　　114 285.72

　　预收账款——如意公司　　571 428.57

　　应交税费——简易计税　　34 285.71

（2）预缴税款。

应预缴税款=含税销售额÷（1+5%）×5%=720 000÷（1+5%）×5%≈34 285.71（元）

借：应交税费——预交增值税　　34 285.71

　贷：银行存款　　34 285.71

（3）月末结转“未交增值税”明细科目。

借：应交税费——未交增值税　　34 285.71

　贷：应交税费——预交增值税　　34 285.71

（四）赊销和分期收款销售

纳税人采取赊销和分期收款方式销售货物，书面合同约定的收款日期的当天为纳税义务发生时间，无书面合同的或者书面合同没有约定收款日期的，货物发出的当天为纳税义务发生时间。《企业会计准则》认为，分期收款销售方式下，企业将商品交付给购货方，通常表明与商品所有权有关的风险和报酬已经转移给购货方，在满足收入确认的其他条件时，应当根据应收款项的公允价值（或现行售价）一次确认收入。如果合同或协议价款的收取采用递延方式，实质上具有融资性质的，合同或协议价款与其公允价值之间的差额，应当在合同或协议期间采用实际利率法进行摊销，计入当期损益（冲减财务费用）。企业在发出商品时，借记“长期应收款”，贷记“主营业务收入”“未实现融资收益”，因为确认收入的时点早于按照增值税制度确认增值税纳税义务发生的时点，还应确认“应交税费——待转销项税额”，同时结转销售成本。在合同约定的收款日期，企业应开具发票，收取款项，确认应纳税款，借记“银行存款”“应交税费——待转销项税额”，贷记“长期应收款”“应交税费——应交增值税（销项税额）”；同时确认融资收益，借记“未实现融资收益”，贷记“财务费用”。

【工作实例 1-19】2019 年 1 月 1 日，神舟公司采用分期收款方式向东方公司出售一套大型设备，合同约定价款为 2 000 万元，分 5 年于每年年末收款，每年收取的款项为 400 万元。该设备的现销价格为 1 600 万元，成本为 1 500 万元。此项销售的收款期为 5 年，高于正常的收款期 3 年，具有融资性质。经测试，适用的实际利率为 7.93%。神舟公司的相关会计处理如下。

（1）销售成立，确认收入。

借：长期应收款　22 600 000

　　贷：主营业务收入　16 000 000

　　　　未实现融资收益　4 000 000

　　　　应交税费——待转销项税额　2 600 000

同时结转成本。

借：主营业务成本　15 000 000

　　贷：库存商品　15 000 000

（2）2019 年 12 月 31 日，开具增值税专用发票，收取款项。

借：银行存款　4 520 000

　　应交税费——待转销项税额　520 000

　　贷：长期应收款　4 520 000

　　　　应交税费——应交增值税（销项税额）　520 000

同时冲减财务费用

应确认的融资收益=1 600×7.93%×1=126.88（万元）

借：未实现融资收益　1 268 800

　　贷：财务费用　1 268 800

以后各年收取款项时，应按照应收款项的摊余成本与实际利率计算确定的金额确定融资收益，冲减财务费用。

（五）委托代销

纳税人委托其他纳税人代销货物，收到代销单位的代销清单或者收到全部或者部分货款的当天为纳税义务发生时间，未收到代销清单及货款的，发出代销货物满 180 天的当天为纳税义务发生时间。委托代销主要有收手续费和视同买断两种方式，而视同买断方式又分可退回和不可退回两种方式。

1．收取手续费方式委托代销

纳税人如果采用收手续费方式委托其他纳税人代销货物，价格由委托方确定，受托方不可自定售价，其收入为双方约定的手续费收入。委托方在发出商品时不确认收入，也不确认增值税额，借记“委托代销商品”，贷记“库存商品”，在收到代销清单时才确认收入和增值税额，借记“应收账款”“银行存款”等科目，贷记“主营业务收入”“应交税费——应交增值税（销项税额）”，同时确认手续费用等。

【工作实例 1-20】宇通公司委托晨明公司销售产品 100 件，指定销售价格为 1 000 元/件，该产品成本为 600 元/件，增值税税率为 13%。代销合同规定，晨明公司仍按每件 1 000 元售给顾客，宇通公司按售价的 10%支付晨明公司手续费。晨明公司在当月售完全部产品 100 件。宇通公司在收到晨明公司交来的代销清单时，向晨明公司开具增值税专用发票，注明价款 100 000 元，增值税 13 000 元。宇通公司的相关会计处理如下。

（1）发出产品。

借：委托代销商品　60 000

　　贷：库存商品　60 000

（2）收到代销清单，开具发票，确认收入和手续费用，结转成本。

借：应收账款——晨明公司　113 000
　　贷：主营业务收入　100 000
　　　　应交税费——应交增值税（销项税额）　13 000

借：销售费用——代销手续费　10 000
　　贷：应收账款——晨明公司　10 000

借：主营业务成本　60 000
　　贷：委托代销商品　60 000

（3）收到晨明公司汇来的货款净额。

借：银行存款　103 000
　　贷：应收账款——晨明公司　103 000

2．视同买断方式

纳税人如果采用视同买断方式委托其他纳税人代销货物，受托方可自定售价，其收入为进销差价，如果双方约定代销商品不可退回，则销售方在发出商品时即可确认收入和增值税税额，其处理与普通销售基本相同；如果双方约定，可退回没有代销出去的商品，则在发出商品时不能确认收入，而应在收到代销清单时确认收入和增值税税额。

【工作实例 1-21】华威公司委托亚力公司销售产品 20 件，协议价为每件 800 元，该商品成本为每件 600 元，增值税税率为 13%。月底，华威公司收到亚力公司开来的代销清单，已销售 10 件，开具增值税专用发票。代销协议规定，亚力公司可以将没有代销出去的商品退回给华威公司。亚力公司实际销售时每件售价 850 元。华威公司的相关会计处理如下。

（1）将产品交付亚力公司。

借：委托代销商品　12 000
　　贷：库存商品　12 000

（2）收到代销清单。

借：应收账款——亚力公司　9 040
　　贷：主营业务收入　8 000
　　　　应交税费——应交增值税（销项税额）　1 040

借：主营业务成本　6 000
　　贷：委托代销商品　6 000

（3）收到亚力公司汇来的货款。

借：银行存款　9 040
　　贷：应收账款——亚力公司　9 040

（六）视同销售

企业如果发生下列行为，虽然没有转让货物的所有权，或者是无偿转让货物的所有权，但按规定都应视同销售并征收增值税，这些行为有：①将货物交付他人代销；②销售代销货物；③设有两个以上机构并实行统一核算的纳税人，将货物从一个机构移送给不在同一县（市）的其他机构用于销售；④将自产或委托加工的货物用于免税项目、简易计税项目；⑤将自产、委托加工货物用于集体福利或个人消费；⑥将自产、委托加工或购买的货物分配给股东或投资者；⑦将自产、委托加工或购买的货物作为投资，提供给其他单位或个体工商户；⑧将自产、委托加工或购买的货物无偿赠送他人。

单位或者个体工商户向其他单位或者个人无偿提供服务，单位或者个人向其他单位或者个人无偿转让无形资产或者不动产，应视同销售服务、无形资产或不动产，但用于公益事业或者以社会公众为对象的除外。

纳税人发生视同销售货物行为，应按下列顺序确定其销售额：①按纳税人最近时期同类货物、同类服务、无形资产或者不动产的平均销售价格确定；②按其他纳税人最近时期同类货物、同类服务、无形资产或者不动产的平均销售价格确定；③按组成计税价格确定，公式为：组成计税价格=成本×（1+成本利润率）。

成本利润率由国家税务局确定。如果视同销售或售价明显偏低的货物是属于应征消费税的货物，其组成计税价格中应加计消费税税额；属于从价定率征收消费税的货物，其组价公式中的成本利润率需按消费税的有关规定计算。

税法规定，纳税人发生视同销售货物行为，除将货物交付他人代销及销售代销货物外，纳税义务发生时间为货物移送的当天；纳税人发生视同提供应税服务的、转让无形资产或不动产的，服务、无形资产转让完成的当天或者不动产权属变更的当天为纳税义务发生时间。

纳税人发生视同销售业务的具体核算内容如下。

货物视同销售的第三种情形，“设有两个以上机构并实行统一核算的纳税人，将货物从一个机构移送至其他机构用于销售，但相关机构设在同一县（市）的除外”，从整个公司角度看，并没有经济利益流入，不符合会计收入确认条件；第四种情形，“将自产或委托加工的货物用于免税项目、简易计税项目”，所有权并未转移，且无经济利益流入企业，不符合收入确认条件；第八种情形，“将自产、委托加工或购买的货物无偿赠送他人”，从税法角度看所有权发生改变，但并无经济利益流入，或者虽可能发生经济利益流入，但难以可靠计量，因此不符合收入确认条件；其余5种情形，要么引起资产增加，要么引起负债减少，这是经济利益流入的结果，符合会计收入确认条件。

将货物交付其他单位或者个人代销的行为视同销售货物，销售代销货物的行为视同销售货物，这两项行为都与一般的销售货物没有实质区别，此处不再展开。

1．将自产或委托加工的货物用于集体福利或个人消费

企业将自产或委托加工的货物用于集体福利或个人消费，应视同销售，按规定应计交增值税，会计上因为减少了对职工的债务，因此，确认收入，结转成本。将货物移送集体福利项目时，借记“应付职工薪酬”等，贷记“库存商品”“应交税费——应交增值税（销项税额）”。

【工作实例 1-22】凤祥公司因建造职工浴室，将自产产品钢材转用于在建工程，该批钢材的实际成本为250 000元，税务机关认定的计税价格为300 000元。凤祥公司的会计处理如下。

借：在建工程——职工浴室	339 000	
贷：主营业务收入		300 000
应交税费——应交增值税（销项税额）		39 000

2．将自产、委托加工或购买的货物分配给股东或投资者

将自产、委托加工或购买的货物分配给股东或投资者，产品所有权属已经转移，应视同销售，按规定应计交增值税。在产品移送时，应确认收入，同时确认销项税额。如果货物对外流出，货物的所有权发生改变，为保证货物继续流转，不论从增值税链条还是从企业所得税扣除凭证考虑，允许对一般纳税人开具专用发票，对小规模纳税人开具普通发票。借方记“应付职工薪酬”“应付股利”“营业外支出”等科目，贷方记“主营业务收入”“应交税费——应交增值税（销项税额）”。纳税人开具专用发票时，要注意两点：一是视同销售的货物如果属于免税货物，不得开具增值税专用发票；二是向消费者个人视同销售的货物，不得开具增值税专用发票。

【**工作实例 1-23**】大马公司以自产的一批产品作为福利发放给员工，该批产品实际成本为 30 000 元，税务机关核定的计税价格为 40 000 元。大马公司的相关会计处理如下。

借：应付职工薪酬——非货币性福利　　45 200
　贷：主营业务收入　　40 000
　　　应交税费——应交增值税（销项税额）　　5 200

3．将自产、委托加工或购买的货物无偿赠送他人。

以自产、委托加工或购买的货物等无偿赠送他人不是日常的经营活动，只是偶尔发生，另外，无偿赠送他人并无经济利益流入，在会计上不符合收入确认条件，不能做收入处理，而应该按成本结转。

【**工作实例 1-24**】华夏公司为促进产品销售，实行买一送一的促销策略，本月所送的产品实际成本为 3 000 元，计税价格为 4 000 元。华夏公司的相关会计处理如下。

借：销售费用　　3 520
　贷：主营业务收入　　3 000
　　　应交税费——应交增值税（销项税额）　　520

【**工作实例 1-25**】华夏公司将成本为 100 万元的自产货物对外捐赠，该产品的市场价格为 200 万元。华夏公司的相关会计处理如下。

借：营业外支出　　1 260 000
　贷：库存商品　　1 000 000
　　　应交税费——应交增值税（销项税额）　　260 000

4．将自产、委托加工或购买的货物作为投资，提供给其他单位或个体工商户

将自产、委托加工或购买的货物对外投资分以下几种情况：一是投资行为对被投资企业不形成控股，此行为相当于非货币性资产交换，如此行为具有商业性质，并且换出的资产和换入的资产的公允价值能够可靠计量，应确认收入，计交税款。二是投资行为对被投资企业不形成控股，但该非货币性资产交换不具有商业性质，或者换出资产和换入资产的公允价值均不能可靠计量，则会计上不确认收入，但税法规定应视同销售计交税款。三是投资行为对被投资企业形成控股合并，属同一控制下的企业合并，应当按合并日被合并方所有者权益账面价值的份额作为长期股权投资的初始投资成本，产品按成本予以结转，不计交税款。四是投资行为对被投资企业形成控股合并，但属于非同一控制下的企业合并，应按公允价值确认收入，计交税款。产品对外投资涉及税务的具体的账务处理方法如下。

（1）具有商业性质的非控股投资。

【**工作实例 1-26**】紫云公司以自产的一批产品对桑达公司进行投资，占对方公司股份的 8%，该产品的成本为 200 万元，市场公允价值为 300 万元，投资双方此前无关联关系，交易具有商业性质。紫云公司的相关会计处理如下。

借：可供出售金额资产——桑达公司　　3 390 000
　贷：主营业务收入　　3 000 000
　　　应交税费——应交增值税（销项税额）　　390 000
借：主营业务成本　　2 000 000
　贷：库存商品　　2 000 000

（2）不具有商业性质的非控股投资。

【工作实例 1-27】紫云公司以自产的一批产品对天地公司进行投资，占对方公司股份的5%，该产品的成本为 140 万元，不能取得市场公允价值，交易不具有商业性质。税务机关确认该产品的计税价格为200万元。紫云公司的相关会计处理如下。

借：可供出售金额资产——天地公司　　1 660 000
　　贷：库存商品　　1 400 000
　　　　应交税费——应交增值税（销项税额）　　260 000

（3）非同一控制下的企业合并。

【工作实例 1-28】泰丰公司以自产的一批产品对集团外的科健公司进行投资，占对方公司股份的 60%，该产品的成本为 4 000 万元，市场公允价值为 6 000 万元。泰丰公司的相关会计处理如下。

借：长期股权投资——泰丰公司　　67 800 000
　　贷：主营业务收入　　60 000 000
　　　　应交税费——应交增值税（销项税额）　　7 800 000
借：主营业务成本　　40 000 000
　　贷：库存商品　　40 000 000

5．单位或者个体工商户向其他单位或者个人无偿提供服务，单位或者个人向其他单位或者个人无偿转让无形资产或者不动产

向其他单位或者个人无偿提供服务，视同提供应税服务缴纳增值税（以公益活动为目的或者以社会公众为对象的除外）。类似增值税无偿赠送货物行为，视提供应税服务对象开具相应发票。

【工作实例 1-29】广州爱信科技公司无偿为某一客户（生产企业）设计工艺流程，该设计服务的市场计税价格为 50 000 元，该批设计服务人工成本为 30 000 元，适用的增值税税率为6%。相关会计处理如下。

视同销售计算的税额=50 000×6%=3 000（元）

借：营业外支出　　33 000
　　贷：应交税费——应交增值税（销项税额）　　3 000
　　　　应付职工薪酬　　30 000

（七）特殊业务的处理

企业日常经营活动中还可能发生混合销售、兼营、没收逾期包装物押金、出售旧固定资产等行为，它们的处理亦涉及增值税的计缴问题。

1．混合销售

混合销售是指纳税人的一项销售行为既涉及服务又涉及货物。从事货物的生产、批发或者零售的单位和个体工商户的混合销售行为，按照销售货物缴纳增值税；其他单位和个体工商户的混合销售行为，按照销售服务缴纳增值税。此处所称从事货物的生产、批发或者零售的单位和个体工商户，包括以从事货物的生产、批发或者零售为主，并兼营销售服务的单位和个体工商户。

自 2017 年 5 月 1 日起，纳税人销售活动板房、机器设备、钢结构件等自产货物的同时，提供建筑、安装服务，应分别核算货物和建筑服务的销售额，分别适用不同的税率或者征收率。

【工作实例 1-30】达尔公司向客户销售一批空调，由公司送货上门并安装，向客户收取空调价税款 3 390 元，收取安装费 226 元，开具增值税专用发票。款项已收存银行。其会计处理如下。

借：银行存款　　3 616
　　贷：主营业务收入　　3 200
　　　　应交税费——应交增值税（销项税额）　　416

2．兼营

纳税人兼营销售货物、劳务、服务、无形资产或者不动产，适用不同税率或者征收率的，应当分别核算适用不同税率或者征收率的销售额；未分别核算的，从高适用税率。

纳税人兼营免税、减税项目的，应当分别核算免税、减税项目的销售额；未分别核算的，不得免税、减税。

【工作实例 1-31】广州华丰物流公司为客户提供交通运输服务，开具货物增值税专用发票，取得含税收入 54.5 万元；另外，该公司还为客户提供了仓储服务、装卸搬运服务、收派服务等物流辅助服务，开具增值税专用发票，取得含税收入 42.4 万元。以上款项均已收存银行。华丰公司的相关会计处理如下。

（1）取得运输收入。

借：银行存款　　545 000
　　贷：主营业务收入——运输　　500 000
　　　　应交税费——应交增值税（销项税额）　　45 000

（2）取得物流辅助收入。

借：银行存款　　424 000
　　贷：其他业务收入——物流　　400 000
　　　　应交税费——应交增值税（销项税额）　　24 000

3．包装物销售、出租、出借及押金没收

（1）包装物如随同产品出售单独计价，应按销售处理，计征增值税，借记“银行存款”“应收账款”等科目，贷记“其他业务收入”“应交税费——应交增值税（销项税额）”等科目。

（2）如果是随同产品出售而出租包装物，租金应作为价外费用计入销售额而计征增值税。

（3）如果企业没有发生销售行为，单独出租包装物，应作为有形动产租赁服务计征增值税。

（4）企业出借包装物，没有收入，不确认收入，无须交税，包装物成本计入“销售费用”。

（5）包装物押金的处理。税法规定，纳税人为销售货物而出租或出借包装物收取的押金，单独记账核算，且在规定的期限内（一般为 1 年）收回的，押金退还的，可不并入销售额，不征收增值税。但酒类产品收取的包装物押金，除销售啤酒、黄酒外，无论是否返还，以及会计上如何核算，都应并入当期销售额计税。对按规定不并入销售额计税的包装物押金，如果超过合同或双方协议约定的期限或者超过 1 年未收回，并且押金不再退还的，则应按所包装货物的适用税率计算销售额。由于逾期包装物押金为含税收入，需换算成不含税价再并入销售额，其计算公式如下。

逾期包装物押金销售额=逾期包装物押金÷（1＋适用税率）

【工作实例 1-32】赤海公司销售产品（非酒类）的同时出借一批包装物给红星公司，收取包装物押金 4 520 元，该批包装物的实际成本为 3 000 元，双方适用的增值税税率均为 13%，一年后，红星公司未归还包装物，赤海公司没收了其押金。赤海公司的相关会计处理如下。

（1）收取押金。

借：银行存款　　4 520
　　贷：其他应付款——红星公司（存入保证金）　　4 520

（2）没收押金。

借：其他应付款——红星公司（存入保证金） 4 520

贷：其他业务收入 4 000

应交税费——应交增值税（销项税额） 520

【工作实例 1-33】星源酒业公司销售 1 000 千克白酒给华润商场，同时因出借包装物而向华润商场收取押金 6 780 元，该批包装物的实际成本为 5 000 元，双方适用的增值税税率均为13%。星源酒业公司的相关会计处理如下。

由于是酒类产品，包装物押金在收取时就应征收增值税。（注：此处不讨论消费税，有关消费税的处理，在项目二中会有详细介绍）

（1）收取押金。

借：银行存款 6 780

贷：其他应付款——华润商场（存入保证金） 6 780

（2）计税。

借：其他应付款——华润商场（存入保证金） 780

贷：应交税费——应交增值税（销项税额） 780

4．出售旧固定资产

纳税人销售自己使用过的固定资产（以下简称“已使用过的固定资产”），应区分不同情形征收增值税。

（1）销售自己使用过的 2009 年 1 月 1 日以后购进或者自制的固定资产，按照适用税率征收增值税。

（2）纳税人出售下列固定资产，按简易办法依 3%征收率减按 2%征收增值税：①为简易计税增值税项目、免征增值税项目、集体福利或者个人消费购入的固定资产使用后再销售；②购进属于集体福利和个人消费的小汽车、摩托车、游艇使用后再销售的固定资产；③因政策原因未抵扣过增值税的旧固定资产；④纳税人购进或者自制固定资产时为小规模纳税人，认定为一般纳税人后销售该固定资产；⑤增值税一般纳税人发生按简易办法征收增值税应税行为，销售其按照规定不得抵扣且未抵扣进项税额的固定资产。

纳税人适用按照简易办法依 3%征收率减按 2%征收增值税政策的，按下列公式确定销售额和应纳税额：

销售额=含税销售额÷（1+3%）

应纳税额=销售额×3%

减免税额=销售额×1%

自 2016 年 2 月 1 日起，纳税人销售自己使用过的固定资产，适用简易办法依照 3%征收率减按 2%征收增值税政策的，可以放弃减税，按照简易办法依照 3%征收率缴纳增值税，并可以开具增值税专用发票。

【工作实例 1-34】星源酒业公司为一般纳税人，因更新设备而将公司 2010 年购置的一条旧生产线出售，该生产线购进时的初始成本为 200 万元，对应进项增值税额为 34 万元（按规定已抵税），至出售时，已提折旧累计 48 万元，按不含税售价 140 万元成交，开具增值税专用发票，款项已收存银行。星源公司的相关会计处理如下。

（1）转入清理。

借：固定资产清理　　1 520 000
　　累计折旧　　480 000
　　贷：固定资产　　2 000 000

（2）取得出售价款。

借：银行存款　　1 582 000
　　贷：固定资产清理　　1 400 000
　　　　应交税费——应交增值税（销项税额）　　182 000

（3）结转损益。

损益=140-152=-12（万元）

借：资产处置损益　　120 000
　　贷：固定资产清理　　120 000

【工作实例 1-35】星源酒业公司为一般纳税人，因更新设备而将公司的一条旧生产线出售，该生产线购进时的初始成本为 351 万元，购置该设备时，星源酒业公司为增值税小规模纳税人，当时按规定未抵税，至出售时，已提折旧累计 108 万元，按含税售价 226.6 万元成交，开具普通发票，款项已收存银行。星源公司的相关会计处理如下。

（1）转入清理。

借：固定资产清理　　2 430 000
　　累计折旧　　1 080 000
　　贷：固定资产　　3 510 000

（2）取得出售价款。

不含税销售额=226.6÷（1+3%）=220（万元）

销项税额=220×3%=6.6（万元）

借：银行存款　　2 266 000
　　贷：固定资产清理　　2 200 000
　　　　应交税费——简易计税　　66 000

（3）确认减免税额。

减免税额=220×（3%-2%）=2.2（万元）

借：应交税费——简易计税　　22 000
　　贷：其他收益——政府补助　　22 000

（4）结转损益。

损益=220-243=-23（万元）

借：资产处置损益　　230 000
　　贷：固定资产清理　　230 000

模块三　一般纳税人进项税额的核算

进项税额，是指纳税人购进货物、加工修理修配劳务、服务、无形资产或者不动产，支付或者负担的增值税额。在同一项购销业务中，销售方收取的销项税额，就是购买方支付的进项税额。最初记录这一事项的是增值税专用发票（简称专用发票）。如本项目引例中，广州市宏伟机械制造公司 4 月 2 日从东莞联志达新材料公司购进甲种原材料取得的增值税专用发票（抵扣联）如表 1-2 所示。

表 1-2　　增值税专用发票抵扣联

4400133140　　广东增值税专用发票　　N008945237　　4400133140 08945237

全国统一发票监制章 广东 国家税务总局监制

开票日期：201×年4月2日

购买方		密码区
名　　称：	广州市宏伟机械制造有限责任公司	67/*+3*0/611*++0/+0*/*+3+2/9
纳税人识别号：	44567895409668001213	*11*+66666**066611*+66666*
地址、电话：	广州市北京路132号	1**+216***6000*261*2*4/*547
开户行及账号：	工行广州北京路支行2008829581012	203994+-42*64151*6915361/3*

货物或应税劳务、服务名称	规格型号	单位	数量	单价	金额	税率	税额
硅胶板		件	4000	40.00	160000.00	13%	20800.00
合　　计					¥ 160000.00		¥ 20800.00
价税合计（大写）	⊗壹拾捌万零捌佰元整				（小写）¥ 180800.00		

销售方		备注
名　　称：	东莞市联志达新材料有限公司	联志达新材料有限公司 4419003102468758 发票专用章
纳税人识别号：	44190031024687588082	
地址、电话：	东莞市平康路587号	
开户行及账号：	建行东莞平康分理处4105648231461	

收款人：张小平　　复核：刘向天　　开票人：辛雷平　　销售方：章

国税函（2014）257号浙江印钞厂

第二联：抵扣联 购买方抵扣凭证

每个一般纳税人都会有收取的销项税额和支付的进项税额。增值税的核心就是用纳税人收取的销项税额抵扣其支付的进项税额，其余额为纳税人实际应缴纳的增值税税额。

一、准予从销项税额中抵扣的进项税额

一般纳税人因支付购进款项而取得的增值税扣税凭证上记载的增值税额，在符合条件的情况下，可抵减销项税额。增值税扣税凭证包括增值税专用发票、海关进口增值税专用缴款书、农产品收购发票（升级版税控设备开具的增值税普通发票标注“收购”二字）、农产品销售发票和完税凭证。

准予从销项税额中抵扣的进项税额，限于下列增值税扣税凭证上注明的增值税额和按规定的扣除率计算的进项税额。且可以抵扣的条件是“合同流”“资金流”“发票流”“货物流”“四流”相符，否则不予抵扣。

（1）从销售方或者提供方取得的增值税专用发票上注明的增值税额（含税控机动车销售统一发票，下同），需要注意的是，纳税人初次购买增值税税控系统专用设备以及为维护税控设备而缴纳的技术维护费可凭购买增值税税控系统专用设备取得的增值税专用发票和技术维护费发票，在增值税应纳税额中全额抵减（抵减额为价税合计额），不足抵减的可结转下期继续抵减，所以，此处的增值税专用发票不作为增值税抵扣凭证，其进项税额不得从销项税额中抵扣[现行制度规定，企业初次购买增值税税控系统专用设备支付的费用以及缴纳的技术维护费允许在增值税应纳税额中全额抵减，按规定抵减的增值税应纳税额，借记“应交税费——应交增值税（减免税

款)”科目(小规模纳税人应借记“应交税费——应交增值税”科目),贷记“管理费用”等科目];

(2)从海关取得的海关进口增值税专用缴款书上注明的增值税额;

(3)免税农产品,按买价和适用扣除率计算的扣税金额,以及部分农产品(如液体乳及乳制品、酒及酒精、植物油)按现行政策实行核定扣除计算的扣除金额;

(4)从境外单位或者个人购进服务、无形资产或者不动产,自税务机关或者扣缴义务人取得的解缴税款的完税凭证上注明的增值税额;

(5)过桥过路通行费发票计算抵扣的金额:增值税一般纳税人支付的道路通行费,按照收费公路通行费增值税电子普通发票上注明的增值税额抵扣进项税额。其中,高速公路通行费的计税率为是3%,一级、二级公路通行费的计税率为5% 。

纳税人支付的桥、闸通行费,暂凭取得的通行费发票上注明的收费金额,按照下列公式计算可抵扣的进项税额:

桥、闸通行费可抵扣进项税额=桥、闸通行费发票上注明的金额÷(1+5%)×5%

增值税一般纳税人取得的增值税专用发票(包括增值税专用发票、税控“机动车销售统一发票”),自2017年7月1日起,应在开具之日起360日内办理认证,并在认证通过的次月申报期内,向主管税务机关申报抵扣进项税额(当月认证当月抵扣);纳税人从海关取得的进口增值税专用缴款书,实行“先比对,后抵扣”的办法,在缴款书开具之日起360天内到主管税务机关比对,比对成功后的次月,在申报期内进行抵扣;取得农产品收购发票目前不需要认证,也没有抵扣期限;从境外单位或者个人购进服务、无形资产或者不动产,自税务机关或者扣缴义务人处取得的税收解缴凭证目前不需要认证,也没有抵扣期限;过桥过路费发票不是增值税专用发票,所以也不需要认证。

目前,增值税一般纳税人取消增值税专用发票扫描认证,通过增值税发票税控开票软件登录本省增值税发票查询平台,查询、选择用于申报抵扣、出口退税或者代办退税的增值税发票信息,通过增值税发票查询平台未查询到对应发票信息的,仍可进行扫描认证。如果取得的增值税扣税凭证未通过以上方式进行申报抵扣,相关进项税额需通过“待认证进项税额”进行核算。

二、可抵扣进项税额的核算

一般纳税人购进货物、加工修理修配劳务、服务、无形资产或不动产,按应计入相关成本费用或资产的金额,借记“在途物资”或“原材料”“库存商品”“生产成本”“无形资产”“固定资产”“管理费用”等科目,按当月已认证的可抵扣增值税额,借记“应交税费——应交增值税(进项税额)”科目,按当月未认证的可抵扣增值税额,借记“应交税费——待认证进项税额”科目,按应付或实际支付的金额,贷记“银行存款”“应付账款”“应付票据”等科目,发生退货的,如原增值税专用发票已做认证,应根据税务机关开具的红字增值税专用发票做相反的会计分录;如原增值税专用发票未做认证,应将发票退回并做相反的会计分录。具体的核算方法如下。

(一)购进货物、无形资产、不动产或接受劳务、应税服务

1.购进材料物资

增值税一般纳税人从国内采购货物或接受劳务,从销售方或者提供方取得的增值税专用发票上注明的增值税额,经申报可抵扣的,可进行抵扣,尚未申请抵扣的扣税凭证,先通过“待认证进项税额”进行核算。

【工作实例 1-36】广州富光公司（一般纳税人）从其供应商处购进一批生产材料，收到对方开具的增值税专用发票，标明材料价款为 100 000 元，税款 13 000 元，支付运费取得增值税专用发票，注明运输费 500 元，税款 45 元，支付装卸费取得增值税专用发票，注明装卸费 300 元，税款 18 元，材料采用实际成本法计价，已验收入库，款项均已通过银行付讫，所有发票均尚未通过增值税发票查询平台查询、选择用于抵扣。其会计处理如下。

采购总成本=100 000+500+300=100 800（元）

待认证进项税额=13 000+45+18=13063（元）

借：原材料——主要原料	100 800
应交税费——待认证进项税额	13 063
贷：银行存款	113 863

2．购进固定资产

自 2009 年 1 月 1 日起，一般纳税人购进（包括接受捐赠、接受实务投资等）或者自制（包括改扩建、安装等）固定资产发生的进项税额，取得增值税发票或海关进口增值税专用缴款书，申请抵扣通过后可从销项税额中抵扣。但是，纳税人购进固定资产发生下列情形的，进项税额不得抵扣而应计入固定资产成本。①将固定资产用于简易应税项目；②将固定资产用于免税项目；③将固定资产用于集体福利或个人消费。另外，2013 年 8 月 1 日（含）以后购入的自用的应征消费税的摩托车、汽车、游艇，其进项税额准予从销项税额中抵扣。

【工作实例 1-37】广州帕克公司（一般纳税人）购入生产用设备一台，收到对方开具的增值税专用发票，标明设备价款为 560 000 元，税款 89 600 元，设备已验收投入使用，开出不带息商业承兑汇票以抵付货款，发票已通过增值税发票查询平台查询、选择用于抵扣。其会计处理如下。

借：固定资产——生产设备	560 000
应交税费——应交增值税（进项税额）	72 800
贷：应付票据	632 800

【工作实例 1-38】广州维维公司（一般纳税人）购入一套音响设备，用于职工娱乐活动室，该套音响设备的价格为 50 000 元，取得增值税专用发票注明增值税额为 6 500 元，设备已安装调试完毕，款项已通过银行支付。其会计处理如下。

借：固定资产	56 500
贷：银行存款	56 500

3．购进无形资产

外购无形资产取得可抵扣发票后， 按照增值税发票所计金额计提增值税进项税额。

【工作实例 1-39】广州达尔公司（一般纳税人）与上海某公司签署商标权购买合同，购入一项服装类商标权，增值税专用发票上注明价款 350 000 元，税额 21 000 元，总计 371 000 元，发票已通过增值税发票查询平台查询、选择用于抵扣，款项已用银行存款支付。其会计处理如下。

借：无形资产——商标权	350 000
应交税费——应交增值税（进项税额）	21 000
贷：银行存款	371 000

4．购进不动产

适用一般计税方法的纳税人，2016 年 5 月 1 日后取得并在会计制度上按固定资产核算的不动产或者 2016 年 5 月 1 日后取得的不动产在建工程。取得不动产，包括以直接购买、接受捐赠、接受投资入股、自建以及抵债等各种形式取得不动产，不包括房地产开发企业自行开发的房地产项目。

纳税人 2016 年 5 月 1 日后购进货物和设计服务、建筑服务，用于新建不动产，或者用于改建、扩建、修缮、装饰不动产，取得可抵扣发票并办理认证手续，按照增值税发票所计金额计提增值税进项税额。

按规定不得抵扣且未抵扣进项税额的固定资产、无形资产、不动产，发生用途改变，用于允许抵扣进项税额的应税项目，可在用途改变的次月按照下列公式计算可以抵扣的进项税额：

可以抵扣的进项税额=固定资产、无形资产、不动产净值÷（1+适用税率）×适用税率

上述可以抵扣的进项税额应取得合法有效的增值税扣税凭证。

【工作实例 1-40】广州荣耀公司（一般纳税人）购进一栋办公大楼，取得的扣税凭证注明购进价款 580 万元，适用税率 9%，增值税税额 52.2 万元，款项已通过银行支付，所取得的发票已通过增值税发票查询平台查询、选择用于抵扣。相关会计处理如下。

借：固定资产——办公楼　　5 800 000

　　应交税费——应交增值税（进项税额）　　522 000

　　贷：银行存款　　6 322 000

【工作实例 1-41】广州耀华公司（一般纳税人）2019 年 6 月新建一栋办公楼，请 A 设计院进行图纸设计，支付价款合计 120 万元；税款 7.2 万元，请 B 公司提供建筑服务，支付价款合计 600 万元，税款 54 万元；建造过程领用本企业外购的建筑材料钢材 30 万元，购进时已全额抵扣进项税额 3.9 万元。以上业务均取得合法有效的增值税专用发票。相关会计处理如下：

分析：购进设计和建筑服务可抵扣的进项税额=7.2+54=61.2（万元）

领用已全额抵扣税款的钢材，其税额无需再特殊处理

账务处理：

（1）购进设计和建筑服务。

借：在建工程——办公楼　　7 200 000

　　应交税费——应交增值税（进项税额）　　612 000

　　贷：银行存款　　7 812 000

（2）领用钢材。

借：在建工程——办公楼　　300 000

　　贷：工程物资　　300 000

【工作实例 1-42】广州耀华公司（一般纳税人）2019 年 6 月对原值 1 000 万元的厂房进行改造，购进改造物资，支付价款 100 万元，税款 13 万元，当月全部用于改造工作，外购改造服务，支付价款 50 万元，税款 4.5 万元。以上业务均取得合法有效的增值税专用发票。相关会计处理如下：

分析：公司外购工程物资和改造服务共支付 150 万元，对应可抵扣税额=13+4.5=17.5（万元）

借：在建工程　　1 500 000

　　应交税费——应交增值税（进项税额）　　175 000

　　贷：银行存款　　1675 000

5．接受应税劳务

一般纳税人接受加工、修理修配劳务，取得增值税专用发票，发票申请抵扣成功后，其进项税额可予以抵扣。

【工作实例 1-43】安泰公司（A 级一般纳税人）委托外单位加工一批材料物资，收到对方开具的增值税专用发票，注明加工费 4 500 元，税额为 720 元，发票已通过增值税发票查询平台查询、选择用于抵扣，款项已通过银行支付。其会计处理如下。

借：委托加工物资　　4 500
　　应交税费——应交增值税（进项税额）　　585
　　贷：银行存款　　5 085

6．接受投资或捐赠

一般纳税人接受投资者的实务投资，或接受实务捐赠，其进项税额的处理与普通购进货物一样，在取得增值税专用发票并通过认证的情况下，其进项税额可予以抵扣。纳税人按确认的投资或捐赠货物的价值，借记"原材料""库存商品""固定资产"等科目，按发票注明的增值税额，借记"应交税费——应交增值税（进项税额）"，按确认的投资价值或捐赠价值，贷记"实收资本""股本""资本公积""营业外收入"等科目。

【工作实例 1-44】豪杰公司接受机构投资者安倩公司的投资，安倩公司投入一批可直接出售的商品，所开具的增值税专用发票标明该批商品的价款为 1 500 000 元，税款 195 000 元，商品已验收入库，发票已通过认证，双方以该价格作为安倩公司的投资额。其会计处理如下。

借：库存商品　　1 500 000
　　应交税费——应交增值税（进项税额）　　195 000
　　贷：实收资本——安倩资本　　1 695 000

7．接受应税服务

一般纳税人国内接受应税服务，取得增值税专用发票，按税法规定符合抵扣条件可在本期申报抵扣的进项税额，借记"应交税费——应交增值税（进项税额）"科目，按应计入相关项目成本的金额，借记"主营业务成本""其他业务成本"等科目，按照应付或实际支付的金额，贷记"应付账款""应付票据""银行存款"等科目。购入货物发生的退货或接受服务中止，做相反的会计分录。

【工作实例 1-45】广州华丰物流公司委托北京一物流公司承担一项运输业务，取得该公司开具的增值税专用发票，价款 30 000 元，税额为 2700 元，款项已通过银行转账支付。华丰公司的会计处理如下。

借：主营业务成本　　30 000
　　应交税费——应交增值税（进项税额）　　2700
　　贷：银行存款　　32700

8．购进旅客运输服务

纳税人购进国内旅客运输服务，其进项税额允许从销项税额中抵扣。如果纳税人未取得增值税专用发票，暂时按照以下规定确定进项税额：

（1）取得增值税电子普通发票的，为发票上注明的税额；

（2）取得注明旅客身份信息的航空运输电子客票行程单的，为按照下列公式计算进项税额：

航空旅客运输进项税额=（票价+燃油附加费）÷（1+9%）×9%

（3）取得注明旅客身份信息的铁路车票的，为按照下列公式计算的进项税额：

铁路旅客运输进项税额=票面金额÷（1+9%）×9%

（4）取得注明旅客身份信息的公路、水路等其他客票的，按照下列公式计算进项税额：

公路、水路等其他旅客运输进项税额=票面金额÷（1+3%）×3%

【工作实例 1-46】广州华丰物流公司职工李耀祥出差，会计收到注明李耀祥的航空运输电子客票行程单，其票价加燃油附加费金额共计 3 270 元。财务给予报销，以现金支付报销费用。华丰公司的会计处理如下。

可抵扣进项税额=（票价+燃油附加费）÷（1+9%）×9%

=3 270÷（1+9%）×9%=270（元）

借：管理费用　　3 000

应交税费——应交增值税（进项税额）　　270

贷：库存现金　　3 270

（二）购进免税农产品

一般纳税人购进农产品，自 2017 年 7 月 1 日起，取得一般纳税人开具的增值税专用发票或海关进口增值税专用缴款书的，以增值税专用发票或海关进口增值税专用缴款书上注明的增值税额为进项税额；从按照简易计税方法依照 3%征收率计算缴纳增值税的小规模纳税人取得增值税专用发票的，以增值税专用发票上注明的金额和 9%的扣除率计算进项税额；取得（开具）农产品销售发票或收购发票的，以农产品销售发票或收购发票上注明的农产品买价和 9%的扣除率计算进项税额；纳税人购进用于生产销售或委托受托加工 13%税率货物的农产品，按照 10%的扣除率计算进项税额。纳税人购进农产品既用于生产销售或委托受托加工 13%税率货物又用于生产销售其他货物服务的，应当分别核算用于生产销售或委托受托加工 13%税率货物和其他货物服务的农产品进项税额。未分别核算的，统一以增值税专用发票或海关进口增值税专用缴款书上注明的增值税税额为进项税额，或以农产品收购发票或销售发票上注明的农产品买价和 9%的扣除率计算进项税额。按买价扣除按规定可扣除的进项税额后的余额，借记“原材料”“库存商品”等，按规定可扣除的进项税额，借记“应交税费——应交增值税（进项税额）”，按实际已付或应付的价款，贷记“库存现金”“银行存款”“应付账款”等。需要注意的是：纳税人从批发、零售环节购进适用免征增值税政策的蔬菜、部分鲜活肉蛋而取得的普通发票，不得作为计算抵扣进项税额的凭证。

另外，根据现行规定，对部分生产销售液体乳及乳制品、酒及酒精、植物油以及各省市依据规定扩大试点范围的农产品实行核定扣除计算可抵扣进项税额。核定扣除有三种具体实施办法，分别为投入产出法、成本法、参照法，核心方法是投入产出法和成本法。

【工作实例 1-47】大通公司从某一农场购进一批可直接出售的农产品，所开具的增值税普通发票（标注“收购”二字）标明该批农产品的价款为 20 000 元，产品已验收入库，货款已通过银行转账支付。其会计处理如下。

借：库存商品　　18200

应交税费——应交增值税（进项税额）　　1800

贷：银行存款　　20 000

（三）进口货物

企业进口货物，应依法缴纳增值税，并从海关取得“海关进口增值税专用缴款书”。如本项目引例中，广州市宏伟机械制造公司 4 月 22 日进口货物缴纳进口增值税后取得如表 1-3 所示专用缴款书。

纳税人进口货物凡已缴纳了增值税的，不论是否已经支付货款，其取得的“海关进口增值税专用缴款书”均可作为增值税进项税额的抵扣凭证。自 2013 年 7 月 1 日起，增值税一般纳税人进口货物取得的属于增值税扣税范围的海关缴款书，需经税务机关稽核比对相符后，其增值税额方能作为进项税额在销项税额中抵扣。纳税人进口货物取得的属于增值税扣税范围的海关缴款书，自 2017 年 7 月 1 日起，应自开具之日起 360 天内向主管税务机关报送“海关完税凭证抵扣清单”（电子数据），申请稽核比对。对稽核比对结果为相符的海关缴款书，纳税人应在税务机关提供稽核比对结果的当月纳税申报期内申报抵扣，逾期则其进项税额不予抵扣。

表 1–3　　海关进口增值税专用缴款书

黄埔　海关　进口增值税　专用缴款书

收入系统：税务系统　　填发日期：201×年4月22日　　号码No.201 × 0422432–L06

<table>
<tr><td rowspan="3">收款单位</td><td>收入机关</td><td colspan="3">中央金库</td><td rowspan="3">缴款单位或人</td><td>名　称</td><td colspan="2">广州市宏伟机械制造有限责任公司</td></tr>
<tr><td>科　目</td><td>进口增值税</td><td>预算级次</td><td>中央</td><td>账　号</td><td colspan="2">2008829581012</td></tr>
<tr><td>收款国库</td><td colspan="3">工行开发区支行
36020057112003233342</td><td>开户银行</td><td colspan="2">工行广州北京路支行</td></tr>
<tr><td>税号</td><td>货物名称</td><td>数量</td><td>单位</td><td colspan="2">组成计税价格（¥）</td><td>税率（%）</td><td colspan="2">税款金额（¥）</td></tr>
<tr><td>445</td><td>PEEK原料</td><td>250</td><td>kg</td><td colspan="2">230 000.00</td><td>13%</td><td colspan="2">29 900.00</td></tr>
<tr><td colspan="6">金额人民币（大写）⊗贰拾伍万玖仟玖佰元整</td><td>合计（¥）</td><td colspan="2">259 900.00</td></tr>
<tr><td>申请单位编号</td><td>4401980222</td><td>报关单编号</td><td colspan="3">52012011236</td><td rowspan="4">填制单位
中华人民共和国黄埔海关
单证专用章
制单人：
复核人：</td><td colspan="2" rowspan="4">收款国库（银行）
工商银行
广州北京路支行
201×年4月22日
转讫</td></tr>
<tr><td>合同(批文)号</td><td>25468168</td><td>运输工具（号）</td><td colspan="3">粤珠139</td></tr>
<tr><td>缴款期限</td><td>201×年5月7日前</td><td>提/装货单号</td><td colspan="3">USCHINA4583</td></tr>
<tr><td>备注</td><td colspan="5"></td></tr>
</table>

第一联（收据）国库收款签章后交缴款单位或缴纳人

从填发缴款书之日起限15日内缴纳（期末遇法定节假日顺延），逾期按日征收税款总额万分之五的滞纳金

【**工作实例 1-48**】富粤进出口公司从国外购进一台大型设备，关税完税价格折合人民币为 300 000 元，该设备适用的关税税率为 15%，增值税税率为 13%。设备已验收合格投入使用，从海关取得海关进口增值税专用缴款书（已经税务机关稽核比对相符），标明增值税计税价格为 345 000 元，税款 44850 元，款项已通过银行转账支付。其会计处理如下。

借：固定资产　　345 000
　　应交税费——应交增值税（进项税额）　　44 850
　　贷：银行存款　　389 850

（四）从境外单位或者个人购进服务、无形资产或者不动产

企业如果从境外单位或者个人购进服务、无形资产或者不动产，从税务机关或者扣缴义务人处取得的解缴税款的完税凭证上注明的增值税额可抵扣。

【**工作实例 1-49**】广州帕克公司从英国进口一台大型设备，并由此接受了英国格林公司的技术指导，支付技术指导费共 63 600 元（含税）。英国格林公司在中国境内未设有经营机构，帕克公司办理扣缴增值税手续，取得解缴税款的完税凭证，并将扣税后的价款支付给格林公司。书面合同、付款证明和格林公司的对账单齐全。帕克公司的会计处理如下。

（1）扣缴增值税税款。

借：应交税费——应交增值税（进项税额）　　3 600
　　贷：银行存款　　3 600

（2）支付价款。

借：在建工程　　60 000

贷：银行存款　　60 000

三、增值税的加计抵减

（一）适用对象

自 2019 年 4 月 1 日至 2021 年 12 月 31 日，生产、生活性服务业纳税人允许按照当期可抵扣进项税额加计 10%，抵减应纳税额。这里的生产、生活性服务业纳税人，是指提供邮政服务、电信服务、现代服务、生活服务取得的销售额占全部销售额的比重超过 50%的纳税人。具体标准如下：

1. 2019 年 3 月 31 日前设立的纳税人，自 2018 年 4 月至 2019 年 3 月期间的销售额（经营期不满 12 个月的，按照实际经营期的销售额）符合规定条件的，自 2019 年 4 月 1 日起适用加计抵减政策。

2. 2019 年 4 月 1 日后设立的纳税人，自设立之日起 3 个月的销售额符合规定条件的，自登记为一般纳税人之日起适用加计抵减政策。

3. 纳税人确定适用加计抵减政策后，当年内不再调整，以后年度是否适用，根据上年度销售额计算确定。

4. 纳税人可计提但未计提的加计抵减额，可在确定适用加计抵减政策当期一并计提。

（二）加计抵减额的确定办法

纳税人应按照当期可抵扣进项税额的 10%计提当期加计抵减额。

按照现行规定不得从销项税额中抵扣的进项税额，不得计提加计抵减额；已计提加计抵减额的进项税额，按规定作进项税额转出的，应在进项税额转出当期，相应调减加计抵减额。计算公式如下：

当期计提加计抵减额=当期可抵扣进项税额×10%

当期可抵减加计抵减额=上期末加计抵减额余额+当期计提加计抵减额−当期调减加计抵减额

（三）加计抵减办法

纳税人应按照现行规定计算一般计税方法下的应纳税额（以下称抵减前的应纳税额）后，区分以下情形加计抵减：

1. 抵减前的应纳税额等于零的，当期可抵减加计抵减额全部结转下期抵减；

2. 抵减前的应纳税额大于零，且大于当期可抵减加计抵减额的，当期可抵减加计抵减额全额从抵减前的应纳税额中抵减；

3. 抵减前的应纳税额大于零，且小于或等于当期可抵减加计抵减额的，以当期可抵减加计抵减额抵减应纳税额至零。未抵减完的当期可抵减加计抵减额，结转下期继续抵减。

（四）不得加计抵减的情形

纳税人出口货物劳务、发生跨境应税行为不适用加计抵减政策，其对应的进项税额不得计提加计抵减额。

纳税人兼营出口货物劳务、发生跨境应税行为且无法划分不得计提加计抵减额的进项税额，按照以下公式计算：

不得计提加计抵减额的进项税额 = 当期无法划分的全部进项税额 × 当期出口货物劳务和发生跨境应税行为的销售额 ÷ 当期全部销售额

（五）核算办法

纳税人应单独核算加计抵减额的计提、抵减、调减、结余等变动情况。不得骗取适用加计抵减政策或虚增加计抵减额。加计抵减政策执行到期后，纳税人不再计提加计抵减额，结余的加计抵减额停止抵减。

四、不得从销项税额抵扣的进项税额

并不是纳税人支付的所有进项税额都可以从销项税额中抵扣。当纳税人购进的货物或接受的应税劳务不是用于增值税应税项目，而是用于非应税项目、免税项目或用于集体福利、个人消费等情况时，其支付的进项税额就不能从销项税额中抵扣。具体内容如下。

（1）用于简易计税方法计税项目、免征增值税项目、集体福利或者个人消费的购进货物、加工修理修配劳务、服务、无形资产和不动产。

其中涉及的固定资产、无形资产、不动产，仅指专用于上述项目的固定资产、无形资产（不包括其他权益性无形资产）、不动产。

其他权益性无形资产，包括基础设施资产经营权、公共事业特许权、配额、经营权（包括特许经营权、连锁经营权、其他经营权）、经销权、分销权、代理权、会员权、席位权、网络游戏虚拟道具、域名、名称权、肖像权、冠名权、转会费等。

对纳税人涉及的固定资产、无形资产（不包括其他权益性无形资产）、不动产项目的进项税额，凡发生专用于简易计税方法计税项目、免征增值税项目、集体福利或者个人消费项目的，该进项税额不得予以抵扣；发生兼用于增值税应税项目和上述项目情况的，该进项税额准予全部抵扣。

纳税人购进其他权益性无形资产无论是专用于简易计税方法计税项目、免征增值税项目、集体福利或者个人消费，还是兼用于上述项目，均可以抵扣进项税额。

纳税人的交际应酬消费属于个人消费。

（2）非正常损失的购进货物，以及相关的加工修理修配劳务和交通运输服务。

（3）非正常损失的在产品、产成品所耗用的购进货物（不包括固定资产）、加工修理修配劳务和交通运输服务。

（4）非正常损失的不动产，以及该不动产所耗用的购进货物、设计服务和建筑服务。

（5）非正常损失的不动产在建工程所耗用的购进货物、设计服务和建筑服务。

纳税人新建、改建、扩建、修缮、装饰不动产，均属于不动产在建工程。

（6）购进的贷款服务、餐饮服务、居民日常服务和娱乐服务。

（7）财政部和国家税务总局规定的其他情形。

另外，因进货退出、折让，应税服务终止等原因而使所购货物、服务减少，其所对应的已抵扣的进项税额亦应转出，不再进行抵扣。

五、不得抵扣进项税额的会计核算

（一）用于简易计税方法计税项目、免征增值税项目、集体福利或者个人消费的购进货物、加工修理修配劳务、服务、无形资产和不动产

一般纳税人购进货物、加工修理修配劳务、服务、无形资产或不动产，用于简易计税方法计税项目、免征增值税项目、集体福利或个人消费等，其进项税额按照现行增值税制度规定不得从销项税额中抵扣的，取得增值税专用发票时，应借记相关成本费用或资产科目，借记“应交税费——待认证进项税额”科目，贷记“银行存款”“应付账款”等科目，经税务机

关认证后，应借记相关成本费用或资产科目，贷记“应交税费——应交增值税（进项税额转出）”科目。

【**工作实例 1-50**】赛格公司从某小规模纳税人处购入一批材料，对方开具普通发票，注明总售价为 3 605 元，款项已通过银行支付，材料采用实际成本法计价，已验收入库。其会计处理如下。

借：原材料　　3 605

　　贷：银行存款　　3 605

【**工作实例 1-51**】广州德鑫公司从冬青公司购进一批材料，用于免税产品的生产，取得对方开具的增值税专用发票，注明价款 800 000 元，增值税额 104 000 元，开出并承兑一张商业汇票给冬青公司，面值 928 000 元。其会计处理如下。

借：原材料　　904 000

　　贷：应付票据——冬青公司（商业承兑汇票）　　904 000

（二）非正常损失对应的进项税额

【**工作实例 1-52**】德盛公司因仓库管理员失职而损坏了一批生产材料和一批产品，其中材料的购进成本为 48 000 元，对应已入账进项税额为 6240 元，产品的入库成本为 210 000 元，为生产该批产品而购进的材料的对应税额为 16 575 元。经保险公司审核确认，应由保险公司赔偿的金额为 180 000 元。其会计处理如下。

（1）发生毁损。

借：待处理财产损溢——待处理流动资产损溢　　280 815

　　贷：原材料——原料及主要材料　　48 000

　　　　库存商品　　210 000

　　　　应交税费——应交增值税（进项税额转出）　　22 815

（2）批准处理。

借：其他应收款——保险公司　　180 000

　　营业外支出　　100 815

　　贷：待处理财产损溢——待处理流动资产损溢　　280 815

（三）进货退出或折让

企业购进货物后发生退货或折让，其相应的进项税额应从发生进货退出或折让当期的进项税额中扣减。购买方取得专用发票已用于申报抵扣的，购买方可在增值税发票管理新系统（以下简称“新系统”）中填开并上传《开具红字增值税专用发票信息表》（以下简称《信息表》），在填开《信息表》时不填写相对应的蓝字专用发票信息，应暂依《信息表》所列增值税税额从当期进项税额中转出，待取得销售方开具的红字专用发票后，与《信息表》一并作为记账凭证。购买方取得专用发票未用于申报抵扣、但发票联或抵扣联无法退回的，购买方填开《信息表》时应填写相对应的蓝字专用发票信息。销售方开具专用发票尚未交付购买方，以及购买方未用于申报抵扣并将发票联及抵扣联退回的，销售方可在新系统中填开并上传《信息表》。销售方填开《信息表》时应填写相对应的蓝字专用发票信息。主管税务机关通过网络接收纳税人上传的《信息表》，系统自动校验通过后，生成带有“红字发票信息表编号”的《信息表》，并将信息同步至纳税人端系统中。销售方凭税务机关系统校验通过的《信息表》开具红字专用发票，在新系统中以销项负数开具。红字专用发票应与《信息表》一一对应。纳税人也可凭《信息表》电子信息或纸质资料到税务机关对《信息表》内容进行系统校验。

税务机关为小规模纳税人代开专用发票，需要开具红字专用发票的，按照一般纳税人开具红字专用发票的方法处理。

纳税人需要开具红字增值税普通发票的，可以在所对应的蓝字发票金额范围内开具多份红字发票。红字机动车销售统一发票需与原蓝字机动车销售统一发票一一对应。

购货方在取得销货方转来的红字发票联、抵扣联后，用红字冲销原入账内容。

【工作实例 1-53】2019 年 6 月 8 日，华通公司（社会统一信用代码为：445678954096680023）发现从明泳公司（社会统一信用代码为：445678954096680018）购入的印刷设备投入使用后因存在严重问题而不能正常生产，该设备的购买价格为 350 000 元，税款为 45 500 元，款项尚未支付，但发票已通过本省增值税发票查询平台，选择用于申报抵扣且已经抵扣增值税进项税额。经与明泳公司沟通后，对方同意退货，在增值税专用发票系统中填开并上传“开具红字增值税专用发票信息表”（见表 1-4），并从销货方取得红字发票，设备退回。其会计处理如下。

借：固定资产　　　　　　　　　　　　　　　　　　　　　　350 000

　　应交税费——应交增值税（进项税额）　　　　　　　　　　45 500

　　贷：应付账款——明泳公司　　　　　　　　　　　　　　　　395 500

表 1-4　　**开具红字增值税专用发票信息表**

填开日期：2019 年 6 月 8 日

销售方	名称	华通公司	购买方	名称	明泳公司	
	纳税人识别号	445678954096680023		纳税人识别号	445678954096680018	
开具红字专用发票内容	货物（劳务服务）名称	数量	单价	金额	税率	税额
	印刷设备	1 台	350 000	350 000	13%	45500
	合计	—	—	350 000	—	45500
说明	一、购买方☐ 对应蓝字专用发票抵扣增值税销项税额情况： 1. 已抵扣☐√ 2. 未抵扣☐ 对应蓝字专用发票的代码：＿＿＿＿＿　号码：＿＿＿＿＿ 二、销售方☐ 对应蓝字专用发票的代码：＿＿＿＿＿　号码：＿＿＿＿＿					
红字专用发票信息表编号						

【工作实例 1-54】宇华公司发现从供应商鼎升公司处所购的一批材料不符合合同约定的品质，经与对方协商后确定对该批材料按 8%给予折让，该批材料原购入价格为 120 000 元，税额为 19 200 元，款项尚未支付，但发票已通过本省增值税发票查询平台，选择用于申报抵扣且已经抵扣增值税进项税额。宇华公司在增值税专用发票系统中填开并上传《开具红字增值税专用发

票信息表》，并从销货方取得红字发票。其会计处理如下。

折让金额=120 000×8%=9 600（元）

冲减的进项税额=9 600×13%=1 248（元）

借：应付账款——鼎升公司　　10 848

　　应交税费——应交增值税（进项税额）　　1 248（红字）

　　贷：原材料　　9 600

（四）接受的应税服务中止

【工作实例 1-55】广州明泳公司与广州华丰物流公司（双方均为 A 级一般纳税人）签订合同，接受华丰公司为其提供购进货物的运输服务，明泳公司于签订协议时通过银行支付运输服务款项 6.54 万元，取得华丰公司开具的增值税专用发票，会计入账。后由于前往目的地的道路遭遇洪水被冲毁，双方同意中止履行合同。明泳公司将尚未在本省增值税发票查询平台查询、选择用于抵扣的专用发票退还给华丰公司，收到对方公司返还的运费，转存银行。明泳公司相关会计处理如下。

（1）支付运费。

借：在途物资　　60 000

　　应交税费——待认证进项税额　　5 400

　　贷：银行存款　　65 400

（2）服务中止。

借：在途物资　　60 000（红字）

　　应交税费——待认证进项税额　　5 400（红字）

　　贷：银行存款　　65 400（红字）

模块四　一般纳税人应纳税额的核算

如前所述，增值税一般纳税人应纳税额=当期销项税额-当期进项税额。

当期销项税额小于当期进项税额不足抵扣时，其不足部分可以结转下期继续抵扣。

因此，要确定纳税人的应纳税额，首先要确定纳税人当期的销项税额和进项税额，下面以项目引例为例，对增值税一般纳税人应纳税额的确定进行说明。

引例分析

广州市宏伟机械制造有限责任公司为增值税一般纳税人，主要从事复印机和速印机的生产、进口以及销售，所生产、销售的产品属于增值税的征税范围，在 4 月的各项业务中，【业务 1】、【业务 4】、【业务 6】、【业务 10】、【业务 15】、【业务 20】、【业务 26】、【业务 33】均为销售产品、多余材料、不动产及无形资产，应计税；【业务 19】为对外捐赠，【业务 28】为对外投资，视同销售，应计税；【业务 21】为采用以旧换新方式销售产品，应计税；【业务 22】为出售未抵过税的小汽车，按出售旧固定资产处理，应计税；【业务 24】为没收逾期包装物押金，应计税；【业务 27】为提供应税劳务，应计税；【业务 14】、【业务 30】为提供服务，应计税；【业务 32】、【业务 38】、【业务 39】为出租动产、不动产，应计税；【业务 29】为发生退货，但是对方未上传

“开具红字增值税专用发票信息表”，未能开具红字发票，因此，销项税额不予转销；【业务 2】、【业务 5】、【业务 7】、【业务 12】为购进货物、不动产，产生可抵扣进项税额；【业务 13】、【业务 35】、【业务 36】、【业务 37】为接受劳务、服务，产生可抵扣进项税额；【业务 18】为从国外进口材料，产生可抵扣进项税额；【业务 20】为销售产品，但是由本单位免费提供运输服务，产生可抵扣进项税额；【业务 31】为接受应税服务，但发票未认证，产生待认证进项税额；【业务 3】为购货退出，冲减可抵扣进项税额，做进项税额转出；【业务 16】为所用货物用于职工福利，其进项税额不能抵扣；【业务 23】、【业务 34】为简易计税方法的购货及接受劳务，其进项税额不能抵扣；【业务 25】为所购货物未取得专用发票的，其进项税额不能抵扣；【业务 8】、【业务 17】为所购货物、所生产产品发生毁损，进项税额应转出，不予抵扣；【业务 9】为收回货款，发生现金折扣，不影响增值税税额；【业务 11】为缴纳上期税款，不影响当期税额。

上述业务的会计分录分别如下。

【业务 1】4 月 1 日，向天天商场销售复印机。

估计 10 天内付款，则会给予 5%的折扣，最可能收取的对价为 150 000×（1-5%）=142 500（元）。

借：应收账款——天天商场　　162 000
　　贷：主营业务收入——复印机　　150 000
　　　　应交税费——应交增值税（销项税额）　　19 500

【业务 2】4 月 2 日，购进硅胶板。

借：原材料——原料及主要材料（硅胶板）　　160 000
　　应交税费——应交增值税（进项税额）　　20 800
　　贷：银行存款　　180 800

【业务 3】4 月 4 日，硅胶板退货。

借：银行存款　　45200
　　贷：原材料　　40 000
　　　　应交税费——应交增值税（进项税额转出）　　5 200

【业务 4】4 月 4 日，转让金融商品。

（1）取得转让收入。

借：其他货币资金——存出投资款　　280 000
　　贷：交易性金融资产　　210 000
　　　　投资收益　　70 000

（2）计算应纳增值税。

含税销售额=280 000-210 000=70 000.00（元）

不含税销售额=70 000÷（1+6%）≈66 037.74（元）

销项税额=70 000-66 037.74=3 962.26（元）

借：投资收益　　3 962.26
　　贷：应交税费——转让金融商品应交增值税　　3 962.26

【业务 5】4 月 5 日，购买不动产。

借：固定资产——店面　　1 200 000
　　应交税费——应交增值税（进项税额）　　108 000
　　贷：应付账款　　1 308 000

【业务 6】4 月 6 日，销售复印机。

借：银行存款　1695
　贷：主营业务收入——复印机　1 500
　　应交税费——应交增值税（销项税额）　195

【业务7】4月7日，购入运输用汽车。

借：固定资产——运输汽车　250 000
　应交税费——应交增值税（进项税额）　32 500
　贷：银行存款　282 500

【业务8】4月7日，上月购进的硅胶板毁损。

借：管理费用　4 520
　贷：原材料——原料及主要材料（硅胶板）　4 000
　　应交税费——应交增值税（进项税额转出）　520

【业务9】4月8日，收到天天商场货款。

借：银行存款　162 000
　贷：应收账款——天天商场　162 000

【业务10】4月9日，出售外市店面。

（1）计算应纳税额。

应交增值税=（全部价款和价外费用-不动产购置原价或者取得不动产时的作价）÷（1+5%）×5%=（2 840 000-2 000 000）÷（1+5%）×5%=40 000（元）

借：银行存款　2 840 000
　贷：固定资产清理　2 800 000
　　应交税费——简易计税　40 000

（2）预缴增值税。

在不动产所在地应预交增值税=（全部价款和价外费用-不动产购置原价或者取得不动产时的作价）÷（1+5%）×5%=40 000（元）

借：应交税费——预交增值税　40 000
　贷：银行存款　40 000

【业务11】4月10日，申报缴纳上月应纳税款。

借：应交税费——未交增值税　2 540
　贷：银行存款　2 540

【业务12】4月11日，从天津购进硒鼓。

材料采购成本=200 000+3 000+2 000+2 000=207 000（元）

进项税额=26 000+270+120+120=26510（元）

借：在途物资——原料及主要材料（硒鼓）　207 000
　应交税费——应交增值税（进项税额）　26 510
　贷：银行存款　233 510

【业务13】4月12日，修理机器。

借：管理费用——设备维修　8 000
　应交税费——应交增值税（进项税额）　1 040
　贷：银行存款　9 040

【业务14】4月16日，为某小规模纳税人提供复印机保养服务。

应纳税额=1 272÷（1＋6%）×6%＝72（元）

借：银行存款　　1 272

　　贷：其他业务收入　　1 200

　　　　应交税费——应交增值税（销项税额）　　72

【业务15】4月18日，销售复印机。

混合销售，合并计税，应纳税额=（300 000+5 000+1 000）×13%＝39780（元）

借：应收账款　　345 780

　　贷：主营业务收入——复印机　　306 000

　　　　应交税费——应交增值税（销项税额）　　39 780

【业务16】4月19日，外购食用油，作为职工福利品。

借：应付职工薪酬——非货币性福利　　11 300

　　贷：银行存款　　11 300

【业务17】4月20日，人为损坏一批复印机。

借：待处理财产损溢——待处理流动资产损溢　　57 000

　　贷：库存商品——复印机　　52 000

　　　　应交税费——应交增值税（进项税额转出）　　5 000

【业务18】4月22日，进口PEEK原料。

PEEK原料采购成本=200 000×（1+15%）=230 000（元）

应交税费=230 000×13%=29900（元）

借：原材料——原料及主要材料（PEEK原料）　　230 000

　　应交税费——应交增值税（进项税额）　　29 900

　　贷：银行存款　　259 900

【业务19】4月23日，捐赠复印机。

视同销售处理，用最近时期同类货物的平均销售价格（1 500 元/台）作为计税价格。

销项税额 1 500×10×13%＝1950（元）

借：营业外支出——捐赠支出　　11 950

　　贷：库存商品——复印机　　10 000

　　　　应交税费——应交增值税（销项税额）　　1 950

【业务20】4月25日，发货给分支机构复印机，承担送货费用。

（1）销售。

借：银行存款　　339 000

　　贷：主营业务收入——复印机　　300 000

　　　　应交税费——应交增值税（销项税额）　　39 000

（2）支付运杂费。

借：销售费用——运杂费　　7 000

　　应交税费——应交增值税（进项税额）　　600

　　贷：银行存款　　7 600

【业务21】4月26日，以旧换新销售复印机。

材料价值=1 500×100×25%=37 500（元）

借：银行存款　　132 000

　　原材料　　37 500

贷：主营业务收入——复印机 150 000
应交税费——应交增值税（销项税额） 19 500

【业务 22】4 月 27 日，销售个人未抵税小汽车。

（1）汽车转入清理。

借：固定资产清理 65 000
累计折旧 30 000
贷：固定资产——汽车 95 000

（2）收取转让款。

不含税销售额=60 000÷（1+3%）≈58 252.43（元）

销项税额=60 000−58 252.43=1 747.57（元）

借：银行存款 60 000
贷：固定资产清理 58 252.43
应交税费——简易计税 1 747.57

（3）确认减免税额。

减免税额=58 252.43×1%≈582.52（元）

借：应交税费——简易计税 582.52
贷：其他收益——政府补助 582.52

（4）结转损益。

损益=58 252.43−65 000=−6 747.57（元）

借：资产处置损益 6 747.57
贷：固定资产清理 6 747.57

【业务 23】4 月 28 日，从小规模纳税人处购入零件。

借：原材料——辅助材料（零件） 9 000
贷：银行存款 9 000

【业务 24】4 月 29 日，没收逾期包装物押金。

不含税金额=6 780÷（1+13%）=6 000（元）

销项税额=6 000×13%=960（元）

借：其他应付款 6 780
贷：营业外收入——包装物押金 6 000
应交税费——应交增值税（销项税额） 780

【业务 25】4 月 30 日，外购工程物资用于建造新办公楼。

借：工程物资 226 000
贷：应付账款 226 000

【业务 26】4 月 30 日，销售多余硅胶板。

借：库存现金 565
贷：其他业务收入——硅胶板销售 500
应交税费——应交增值税（销项税额） 65

【业务 27】4 月 30 日，为客户修理复印机。

借：库存现金 678
贷：其他业务收入——修理劳务 600
应交税费——应交增值税（销项税额） 78

【业务28】4月30日，用新型速印机对外投资。

由于投资额占对方股份比例较低，不形成控制，不是对子公司的投资，且交易具有商业性质，应视同销售，确认收入和销项税额。

不含税销售额=3 000×10×（1+10%）=33 000（元）

销项税额=33 000×13%=4290（元）

借：长期股权投资——成本　　37290

　　贷：主营业务收入　　33 000

　　　　应交税费——应交增值税（销项税额）　　4290

【业务29】4月30日，外省分支机构退回10台复印机。

未能开具红字发票，因此，销项税额不予转销，所退金额只能是销售价格。

（1）冲减收入。

借：主营业务收入　　15 000

　　贷：银行存款　　15 000

（2）产品入库。

借：库存商品　　9 000

　　贷：主营业务成本　　9 000

【业务30】4月30日，对外提供设计服务。

借：银行存款　　530 000

　　贷：其他业务收入　　500 000

　　　　应交税费——应交增值税（销项税额）　　30 000

【业务31】4月30日，接受设计服务，发票未认证。

借：制造费用　　10 000

　　应交税费——待认证进项税额　　600

　　贷：银行存款　　10 600

【业务32】4月30日，出租厂房和设备。

厂房租金应纳税额=8 000×9%=720（元）

设备租金应纳税额=4 000×13%=520（元）

借：银行存款　　13 240

　　贷：其他业务收入　　12 000

　　　　应交税费——应交增值税（销项税额）　　1 240

【业务33】4月30日，转让无形资产。

借：银行存款　　212 000

　　累计摊销　　60 000

　　贷：无形资产　　220 000

　　　　应交税费——应交增值税（销项税额）　　12 000

　　　　资产处置损益　　40 000

【业务34】4月30日，接受小规模纳税人的运输服务。

借：销售费用　　2 060

　　贷：应付账款　　2 060

【业务35】4月30日，寄邀请函给客户。

借：销售费用　　4 500
　　应交税费——应交增值税（进项税额）　　405
　　贷：银行存款　　4 905

【业务 36】4 月 30 日，支付劳务用工费用。

借：管理费用　　230 000
　　应交税费——应交增值税（进项税额）　　13 800
　　贷：银行存款　　243 800

【业务 37】4 月 30 日，职工报销差旅费。

借：管理费用　　3 657.20
　　应交税费——应交增值税（进项税额）　　180.00
　　贷：银行存款　　3 837.20

【业务 38】4 月 30 日，转租外县的办公楼。

（1）收到租金，确认收入，计算应纳税额。

纳税人采用预收款方式出租不动产，收到预收款的当天为纳税义务发生时间。

应纳税额=300 000÷（1+5%）×5%≈14 285.71（元）

当月租金收入=（300 000−14 285.71）÷3=285 714.29 ÷ 3≈95 238.10（元）

预收租金=285 714.29−95 238.10=190 476.19（元）

借：银行存款　　300 000
　　贷：其他业务收入　　95 238.10
　　　　预收账款　　190 476.19
　　　　应交税费——简易计税　　14 285.71

（2）预缴税款

应预缴税款=含税销售额÷（1+5%）×5%=300 000÷（1+5%）×5%≈14 285.71（元）

借：应交税费——预交增值税　　14 285.71
　　贷：银行存款　　14 285.71

【业务 39】4 月 30 日，转租外县的办公楼。

（1）收到租金，确认收入，计算应纳税额。

应纳税额=720 000÷（1+9%）×9%≈59 449.54（元）

当月租金收入=（720 000−59 449.54）÷6=660 550.46 ÷ 6=110 091.74（元）

预收租金=660 550.46−110 091.74=550 458.72（元）

借：银行存款　　720 000.00
　　贷：其他业务收入　　110 091.74
　　　　预收账款　　550 458.72
　　　　应交税费——应交增值税（销项税额）　　59 449.54

（2）预缴税款。

应预缴税款=含税销售额÷（1+9%）×3%=720 000÷（1+9%）×3%≈19 816.51（元）

借：应交税费——预交增值税　　19 816.51
　　贷：银行存款　　19 816.51

【业务 40】4 月 30 日，取得仓储服务收入

简易计税，征收率为 3%，不含税收入=618 000÷（1+3%）=600 000（元）

应纳税额=600 000×3%=18 000（元）

借：银行存款　　　　618 000

　　贷：其他业务收入　　　　600 000

　　　　应交税费——简易计税　　　　18 000

【业务 41】4 月 30 日，结转未交增值税。

（1）当期销项税额=19 500+195+72+39 780+1 950+39 000+19 500+780+65
+78+4 290+30 000+1 240+12 000+59 449.54=227 899.54（元）

（2）简易计税=40 000+1 747.57−582.52+14 285.71+18 000=73 450.76（元）

（3）转让金融商品应交增值税=3 962.26（元）

（4）当期可抵扣进项税金=20 800+108 000+32 500+26 510+1 040+29 900+600
+405+13 800+180=233 735（元）

（5）进项税额转出=5 200+520+5 000=10 720（元）

（6）待认证进项税额=600（元）

（7）预缴增值税=40 000+14 285.71+19 816.51=74 102.22（元）

（8）当期应交增值税余额=（227 899.54+10 720）−233 735
=238 619.54−233 735
=4 884.54（元）

当期销项税金>当期进项税金，企业应转出未交增值税，会计处理如下。

借：应交税费——应交增值税（转出未交增值税）　　　　4 884.54

　　贷：应交税费——未交增值税　　　　4 884.54

当期“预交增值税”转入“未交增值税”。

借：应交税费——未交增值税　　　　74 102.22

　　贷：应交税费——预交增值税　　　　74 102.22

未交增值税余额=4 884.54−64 103.89=69 217.68（元）

应交税费余额=4 884.54−74 102.22+73 450.76+3 962.26−600=7 595.34（元）

有关该公司纳税业务的账簿登记内容如表 1-5 ~ 表 1-10 所示

表 1–5　　**应交税费——转让金融商品交增值税三栏账**　　单位：元

201×年		凭证		摘要	借方	贷方	借或贷	余额
月	日	字	号					
4	4	记	05	出售股票		3 962.26	贷	3 962.26

表 1–6　　**应交税费——简易计税三栏账**　　单位：元

201×年		凭证		摘要	借方	贷方	借或贷	余额
月	日	字	号					
4	10	记	11	出售营业门面		40 000	贷	40 000
4	27	记	27	销售汽车		1 747.57	贷	41 747.57
4	27	记	28	销售汽车	582.52		贷	41 165.05
4	30	记	45	转租办公楼		14 285.71	贷	55 450.76
4	30	记	50	提供仓储服务		18 000	贷	73 450.76

表 1-7　　应交税费——预交增值税三栏账　　单位：元

201×年		凭证		摘要	借方	贷方	借或贷	余额
月	日	字	号					
4	10	记	11	出售营业门面	40 000		借	40 000
4	30	记	45	转租办公楼	14 285.71		借	54 285.71
4	30	记	48	出租办公楼	19 816.51		借	74 102.22
4	30	记	52	结转预交增值税		74 102.22	平	0

表 1-8　　应交税费——待认证进项税额三栏账　　单位：元

201×年		凭证		摘要	借方	贷方	借或贷	余额
月	日	字	号					
4	30	记	38	接受设计服务	600		借	600

表 1-9　　应交税费（增值税）明细账　　单位：元

201×年		凭证		摘要	借方							贷方					借或贷	余额
月	日	字	号		合计	进项税额	销项税额抵减	已交税金	转出未交增值税	减免税款	出口抵减内销产品应纳税额	合计	销项税额	出口退税	进项税额转出	转出多交增值税		
4	1	记	01	销售								19 500	19 500				贷	19 500
4	2	记	02	购料	20 800	20 800											借	1 300
4	4	记	03	退料								5 200			5 200		贷	3 900
4	5	记	07	买不动产	108 000	108 000											借	104 100
4	6	记	08	销售								195	195				借	103 905
4	7	记	09	购车	32 500	32 500											借	136 405
4	7	记	10	材料毁损								520			520		借	135 885
4	11	记	15	购料	26 510	26 510											借	162 395
4	12	记	16	修理机器	1 040	1 040											借	163 435
4	16	记	17	提供服务								72	72				借	163 363
4	18	记	18	销售								39 780	39 780				借	123 583
4	20	记	20	产品毁损								5 000			5 000		借	118 583
4	22	记	21	进口原料	29 900	29 900											借	148 483
4	23	记	22	捐赠								1 950	1 950				借	146 533

续表

201×年		凭证		摘要	借方							贷方					借或贷	余额
月	日	字	号		合计	进项税额	销项税额抵减	已交税金	转出未交增值税	减免税款	出口抵减内销产品应纳税额	合计	销项税额	出口退税	进项税额转出	转出多交增值税		
4	25	记	23 24	销售，承担运费	600	600						39 000	39 000				借	108 133
4	26	记	25	销售								19 500	19 500				借	88 633
4	29	记	31	没收押金								780	780				借	87 853
4	30	记	33	销售								65	65				借	87 788
4	30	记	34	提供劳务								78	78				借	87 710
4	30	记	35	投资								4 290	4 290				借	83 420
4	30	记	38	提供服务								30 000	30 000				借	53 420
4	30	记	39	租赁								1 240	1 240				借	52 180
4	30	记	40	转让无形资产								12 000	12 000				借	40 180
4	30	记	42	寄邀请函	405	405											借	40 585
4	30	记	43	劳务用工费	13 800	13 800											借	54 385
4	30	记	44	职工差旅费	180	180											借	54 565
4	30	记	49	出租房产								59 449.54	59 449.54				贷	4 884.54
4	30	记	51	转出未交税金	4 884.54				4 884.54								平	0
4	30	记		月末结账	238 619.54	233 735			4 884.54			238 619.54	227 899.54		10 720		平	0

表 1-10　**应交税费——未交增值税三栏账**　单位：元

201×年		凭证		摘要	借方	贷方	借或贷	余额
月	日	字	号					
4	1			期初余额			贷	2 540
4	8	记	08	缴纳税金	2 540		平	0
4	30	记	51	转出未交增值税		4 884.54	贷	4 884.54
4	30	记	52	结转预交增值税	74 102.22		借	69 217.68
4	30			月末结账	76 642.22	4 884.54	借	69 217.68

模块五　简易办法计税的核算

简易计税方法是按照销售额与征收率的乘积计算应纳税额，不得抵扣进项税额。税法规定，小规模纳税人采用简易计税法计缴增值税；一般纳税人销售自产的特殊货物，发生财政部和国家税务总局规定的特定应税行为，可选择按照简易办法计缴增值税，但一经选择，36 个月内不得变更。实行简易办法计税的纳税人按下列公式计缴税款。

应纳税额=不含税销售额×征收率

不含税销售额=含税销售额÷（1+征收率）

一、小规模纳税人应纳税额的核算

小规模纳税人经营规模小，且会计核算不健全，因此，实行按销售额与征收率计算应纳税额的简易办法。小规模纳税人增值税征收率为 3%，但销售和租赁不动产有关事项按 5%征收率计税。

（一）小规模纳税人销售业务的核算

小规模纳税人销售货物、提供应税劳务或应税服务，转让无形资产或不动产，目前除试点的住宿业、鉴证业、建筑业、工业以及信息传输、软件和信息技术服务业可开具专票外，其他纳税人只能开具普通销货发票，不能使用增值税专用发票；如遇购货方需要增值税专用发票，可以申请由主管税务机关代开发票。

1．普通销售

小规模纳税人销售货物或提供劳务，按不含税销售额贷记“主营业务收入”，按照简易办法计算的增值税额贷记“应交税费——应交增值税”，按实际已收或应收金额借记“银行存款”“应收账款”等科目。

【工作实例 1-56】雷汉公司为增值税小规模纳税人，公司销售主营产品一批，开出普通发票，注明总售价为 2 575 元，款项已收存银行。其会计处理如下。

不含税售价=2 575÷（1+3%）=2 500（元）

应纳税额=2 500×3%=75（元）

借：银行存款	2 575
贷：主营业务收入	2 500
应交税费——应交增值税	75

【工作实例 1-57】敏俊公司为增值税小规模纳税人，公司销售一批自产产品给某一增值税一般纳税人，对方要求提供增值税专用发票，增值税专用发票上注明售价为 15 000 元，税款为 450 元，款项已收存银行。其会计处理如下。

借：银行存款	15 450
贷：主营业务收入	15 000
应交税费——应交增值税	450

2．销售旧固定资产和旧货

小规模纳税人（除其他个人外，下同）销售自己使用过的固定资产和出售旧货，减按 2%征收率征收增值税。按下列公式确定销售额和应纳税额。

销售额=含税销售额÷（1+3%）

应纳税额=销售额×2%

所称旧货，是指进入二次流通的具有部分使用价值的货物（含旧汽车、旧摩托车和旧游艇），但不包括自己使用过的物品。

小规模纳税人销售自己使用过的固定资产，应开具普通发票，不得由税务机关代开增值税专用发票。

小规模纳税人销售自己使用过的除固定资产以外的物品，应按3%的征收率征收增值税。

【工作实例 1-58】敏俊公司为增值税小规模纳税人，将一台已停用的生产设备出售，开具的普通发票注明售价为4 120元，款项已收存银行。其会计处理如下。

销售额=4 120÷（1+3%）=4 000（元）

应纳税额=4 000×2%=80（元）

减免税款=120-80=40（元）

（1）取得价税款。

借：银行存款　　4 120

　贷：固定资产清理　　4 000

　　应交税费——应交增值税　　120

（2）确认减免税额。

借：应交税费——应交增值税　　40

　贷：其他收益——政府补助　　40

3．出售、出租不动产

小规模纳税人销售或出租不动产，按照5%的征收率计算应纳税额，不动产所在地与机构所在地不在同一县（市、区）的，纳税人应按照上述计税方法向不动产所在地主管国税机关预缴税款，向机构所在地主管国税机关申报纳税。

【工作实例 1-59】伟杰公司为增值税小规模纳税人，将自己一间闲置不用的店面出租，收到当月租金5 500元，款项收存银行。相关会计处理如下。

借：银行存款　　5 500.00

　贷：其他业务收入　　5 238.10

　　应交税费——应交增值税　　261.90

（二）小规模纳税人购进业务的核算

小规模纳税人购进货物、劳务、服务、无形资产和不动产，不论是否取得增值税专用发票，都不能抵扣进项税额，其支付的进项税额直接计入所购货物的成本。

小规模纳税人初次购买增值税税控系统专用设备支付的费用以及缴纳的技术维护费允许在增值税应纳税额中全额抵减，按规定抵减的增值税应纳税额应直接冲减“应交税费——应交增值税”科目。

“应交税费——应交增值税”科目期末如为借方余额，应根据其流动性在资产负债表中的“其他流动资产”项目或“其他非流动资产”项目列示；如为贷方余额，应在资产负债表中的“应交税费”项目列示。

【工作实例 1-60】雷汉公司为增值税小规模纳税人，外购一批生产材料，取得普通发票，注明总购进价格为 5 000 元，货款已通过银行支付。其会计处理如下。

借：原材料　5 000

　贷：银行存款　5 000

【工作实例 1-61】雷汉公司为增值税小规模纳税人，从某一增值税纳税人处购进一批生产材料，取得增值税专用发票，注明价格为 10 000 元，税款为 1 300 元，货款已通过银行支付。其会计处理如下。

借：原材料　11 300

　贷：银行存款　11 300

【工作实例 1-62】伟杰公司为增值税小规模纳税人，以银行存款支付税控系统专用设备技术维护费 400 元。相关会计处理如下。

（1）支付维护费。

借：管理费用　400

　贷：银行存款　400

（2）抵减应纳税额。

借：应交税费——应交增值税　400

　贷：管理费用　400

二、一般纳税人按简易办法纳税应纳税额的核算

一般纳税人在特定条件下，可选择简易办法计算缴纳增值税，具体情况如下。

1. 自 2014 年 7 月 1 日起，出售未抵扣过税款的旧固定资产，出售自己使用过的物品和旧货。

一般纳税人销售自己使用过的按规定不得抵扣且未抵扣进项税额的固定资产，销售自己使用过的物品和旧货，均适用按简易办法按照 3%征收率减按 2%征收增值税。此部分内容在模块二一般纳税人销售税额的核算里已作详细介绍，此处不再阐述。

2. 一般纳税人销售自产的下列货物，自 2014 年 7 月 1 日起，可选择按照简易办法依照 3%征收率计算缴纳增值税，一经选择，36 个月内不得变更。

（1）县级及县级以下小型水力发电单位生产的电力。小型水力发电单位，是指各类投资主体建设的装机容量为 5 万千瓦以下（含 5 万千瓦）的小型水力发电单位。

（2）建筑用和生产建筑材料所用的砂、土、石料。

（3）以自己采掘的砂、土、石料或其他矿物连续生产的砖、瓦、石灰（不含黏土实心砖、瓦）。

（4）用微生物、微生物代谢产物、动物毒素、人或动物的血液或组织制成的生物制品。

（5）自来水。对属于一般纳税人的自来水公司销售自来水按简易办法依照 3%征收率征收增值税，不得抵扣其购进自来水取得增值税扣税凭证上注明的增值税税款。

（6）商品混凝土（仅限于以水泥为原料生产的水泥混凝土）。

企业销售上述产品，按规定可自行开具增值税专用发票。

3. 一般纳税人销售货物属于下列情形之一的，自 2014 年 7 月 1 日起，暂按简易办法依照3%征收率计算缴纳增值税。

（1）寄售商店代销寄售物品（包括居民个人寄售的物品在内）。

（2）典当业销售死当物品。

（3）经国务院或国务院授权机关批准的免税商店零售的免税品。

企业销售上述产品，按规定可自行开具增值税专用发票。

4. 一般纳税人发生下列特定应税服务，可选择简易计税方法按 3%计税，一经选择，36 个月内不得变更。

（1）公共交通运输服务。

（2）经认定的动漫企业为开发动漫产品提供的服务。

（3）电影放映服务、仓储服务、装卸搬运服务、收派服务和文化体育服务。

（4）以清包工方式提供的建筑服务。

（5）为甲供工程提供的建筑服务。

（6）纳入试点之日前取得的有形动产为标的物提供的经营租赁服务。

（7）纳入试点之日前签订的尚未执行完毕的有形动产租赁合同。

（8）为建筑工程老项目提供的建筑服务。

5. 纳税人发生下列特定应税行为，可在不动产所在地按 5%预缴税款后，向机构所在地主管税务机关进行纳税申报，但一经选择，36 个月内不得变更。

（1）销售其 2016 年 4 月 30 日前取得或者自建的不动产。

（2）房地产开发企业销售自行开发的房地产老项目。

（3）出租其 2016 年 4 月 30 日前取得的不动产。（公路经营企业中的一般纳税人收取试点前开工的高速公路的车辆通行费，可依照 5%的征收率减按 3%征收）

【工作实例 1-63】珠江自来水公司为增值税一般纳税人，经主管税务机关核定，其出售的自来水按简易办法依照 3%征收率征收增值税，该公司共出售价值 618 000 元（含税）的自来水，开具增值税专用发票给客户，发票总售价为 600 000 元，税款总额为 18 000 元，款项已收存银行。其会计处理如下。

借：银行存款　　618 000

　　贷：主营业务收入　　600 000

　　　　应交税费——简易计税　　18 000

【工作实例 1-64】广州至恒典当行为增值税一般纳税人，出售其一客户的死当物品，开具增值税专用发票，注明价款 32 000 元，税款 960 元，款项已收存银行。其会计处理如下。

借：银行存款　　32 960

　　贷：其他业务收入　　32 000

　　　　应交税费——简易计税　　960

广州易辉公司为增值税小规模纳税人，主要从事运动服的生产和销售，纳税人识别号为3327873307953211232。其法定代表人为黄广胜，财务负责人兼税务会计为黄欣。该公司 201×年 3 月月初无增值税相关余额，3 月相关业务如下。

（1）3 月 3 日，销售给某小型超市一批运动衣，销售收入 4 000 元（含税），款项已收存银行。

（2）3 月 10 日，购进布料一批，货款 5 000 元，增值税 650 元，款项已通过银行转账支付，材料已验收入库，材料采用实际成本计价。

（3）3 月 13 日，销售一批运动衣给消费者，销售收入 10 000 元（含税），款项已收存银行。

（4）3 月 23 日，销售给某制造企业运动衣一批，取得销售收入 15 000 元（不含税），开具增值税专用发票，款项已收存银行。

其相关会计如下如下。

（1）3 月 3 日，销售产品。

不含税销售额=4 000÷（1+3%）≈3 883.5（元）

增值税额=3 883.5×3%≈116.5（元）

借：银行存款	4 000.00
贷：主营业务收入	3 883.50
应交税费——应交增值税	116.50

（2）3 月 10 日，购进布料。

借：原材料	5 650
贷：银行存款	5 650

（3）3 月 13 日，销售产品。

不含税销售额=10 000÷（1+3%）≈9 708.74（元）

增值税额=10 000−9 708.74=291.26（元）

借：银行存款	10 000
贷：主营业务收入	9 708.74
应交税费——应交增值税	291.26

（4）3 月 23 日，销售产品。

借：银行存款	154 500
贷：主营业务收入	15 000
应交税费——应交增值税	450

本月应纳税额=116.5+291.26+450=857.76（元）

模块六　出口退税的核算

我国的出口退（免）税，是指在国际贸易业务中，对我国报关出口的货物，退还或免征国内各生产和流通环节的增值税和消费税。即对增值税出口货物实行零税率，对消费税出口货物免税。出口货物适用零税率，不但出口环节不必纳税，而且还可以退还以前环节已纳税款。这就是我们通常所说的“出口退税”。

一、确定政策适用范围

1．出口免税并退税

出口免税是指对货物、劳务或服务在出口销售环节不征增值税、消费税，这是把货物、劳务或服务出口环节与出口前的销售环节都同样视为一个征税环节。出口退税是指对货物、劳务或服务在出口前实际承担的税收，按规定的退税率计算后予以退还。

下列出口货物和劳务，除另有规定外，给予免税并退税：① 出口企业出口货物；② 出口企业或其他单位视同出口货物；③ 出口企业对外提供加工修理修配劳务。

对境内单位和个人提供的国际运输服务，向境外单位提供的研发服务和设计服务，航天运输服务，往返香港、澳门、台湾的交通运输服务以及在香港、澳门、台湾提供的交通运输服务，境内单位和个人向境外单位提供广播影视节目（作品）的制作和发行服务，技术转让服务、软件服务、电路设计及测试服务、信息系统服务、业务流程管理服务，以及合同标的物在境外的合同能源管理服务，离岸服务外包业务实行增值税零税率。

2．出口免税不退税

出口免税指对货物在出口销售环节不征增值税、消费税，出口不退税是指适用这个政策的出口货物因在前一道生产、销售环节或进口环节是免税的，因此，出口时该货物的价格中本身就不含税，也无须退税。

3．出口不免税也不退税

对国家限制或禁止出口的某些货物或劳务，不免税也不退税。

二、确定增值税退税率

出口货物退税率，是出口货物的实际退税额与退税计税依据的比例。具体规定如下。

（1）除财政部和国家税务总局根据国务院决定而明确的增值税出口退税率（以下称退税率）外，出口货物的退税率为其适用税率。

国家会根据对外贸易的实际情况对退税率做出及时的调整，在申报出口退税时应查询国家税务总局发布的出口退税率文库，按照当时的有关规定执行。

（2）退税率的特殊规定。

① 外贸企业购进按简易办法征税的出口货物、从小规模纳税人购进的出口货物，其退税率分别为简易办法实际执行的征收率、小规模纳税人征收率。上述出口货物取得增值税专用发票的，退税率按照增值税专用发票上的税率和出口货物退税率孰低的原则确定。

② 出口企业委托加工修理修配货物，其加工修理修配费用的退税率，为出口货物的退税率。

③ 出口服务的纳税人的适用退税率为其在境内提供对应服务的增值税税率。

（3）适用不同退税率的货物劳务，应分开报关、核算并申报退（免）税，未分开报关、核算或划分不清的，从低适用退税率。

三、计算增值税退税额

我国增值税出口退税的计算有两种方法。一是“免、抵、退”办法，主要适用于自营出口或者委托外贸企业出口自产货物的生产企业；二是“先征后退”办法，主要适用于收购货物出口的外（工）贸企业。

发生应税行为的境内单位和个人属于增值税一般计税方法的适用增值税零税率。生产企业实行“免、抵、退”税办法。外贸企业分两种情形：如果属于外购应税服务出口的实行“免、退”税办法；如果属于直接将适用增值税零税率应税服务出口的，视同生产企业连同其出口货物统一实行“免、抵、退”税办法，如自行开发设计的应税服务项目出口。

（一）“免、抵、退”计算方法

生产企业自营出口或者委托外贸企业代理出口的自产货物，除另有规定外，一律实行“免、抵、退”税的办法。其中，“免”税，是指生产企业出口的自产货物，免征本企业生产销售环节的增值税；“抵”税，是指生产企业出口的自产货物所耗用的原材料、零部件、燃料、动力等所含应予退还的进项税额，抵顶内销货物应纳税额；“退”税，是指生产企业出口的自产货物应抵顶的进项税额大于应纳税额时，对未抵顶完的部分予以退税。具体计算步骤如下。

（1）当期应纳税额=内销货物应纳税额-（当期进项税额-不得免征和抵扣的税额）-上期期末留抵税额。

（2）不得免征和抵扣的税额=离岸价×汇率×（征税率-退税率）-不得免征和抵扣抵减额。

（3）不得免征和抵扣抵减额=免税购进材料×（征税率-退税率）。

（4）免抵退税额=离岸价×汇率×出口退税率-免抵退税额抵减额。

（5）免抵退税额抵减额=免税购进材料×出口退税率。

（6）当期免抵税额=当期免抵退税额-当期应退税额。

如果没有免税购进材料，则不需计算不得免征和抵扣抵减额和免抵退税额抵减额。

（二）外贸企业出口货物采用“先征后退”的计算方法

由于外贸企业出口销售环节免征增值税，其购进货物已纳的增值税在报关出口后按照规定的退税率予以退还。

四、出口退（免）税的会计核算

为核算企业出口退（免）税业务，企业应设置“应交税费——应交增值税（出口退税）”“应收出口退税款”“应交税费——应交增值税（出口抵减内销应纳税额）”等账户。具体的会计核算方法及内容如下。

（一）对外贸易企业

对外贸易企业在出口货物时，按出口销售额确认收入、应收款或已收款，将计算确认的出口退税额借记“应收出口退税款”，贷记“应交税费——应交增值税（出口退税）”，在收到退税款时转销“应收出口退税款”。

【工作实例 1-65】2019 年 4 月 9 日，某对外贸易企业报关出口销售商品 20 万美元，该商品国内购进价格为 85 万元，适用退税率为 13%，美元汇率为 6.23，该退税款于 6 月 8 日收到。其会计处理如下。

（1）确认收入。

借：应收账款——美元户（USD 200 000）	1 246 000	
贷：主营业务收入		1 246 000

（2）确认退税额=850 000×13%=110 500（元）

借：应收出口退税款	110 500	
贷：应交税费——应交增值税（出口退税）		110 500

（3）2019 年 6 月 8 日收到退税款。

借：银行存款	110 500	
贷：应收出口退税款		110 500

（二）生产出口企业

生产企业在货物出口并确认收入实现时，根据出口销售额（FOB 价）确认收入、应收款或已收款，月末根据《免抵退税汇总申报表》中计算出的“免抵退税不予免征和抵扣税额”借记“主营业务成本”，贷记“应交税费——应交增值税（进项税额转出）”，根据《免抵退税汇总申报表》中计算出的“应退税额”借记“应收出口退税款”，贷记“应交税费——应交增值税（出口退税）”，根据《免抵退税汇总申报表》中计算出的“免抵税额”借记“应交税费——应交增值税（出口抵减内销应纳税额）”，贷记“应交税费——应交增值税（出口退税）”，收到出口退税款时借记“银行存款”，贷记“应收出口退税款。

【工作实例 1-66】某生产型外商投资企业，适用的销售货物的征税税率为 13%，退税率适用 9%，某月有关经营业务如下。8 日，用银行存款购进原材料专用发票注明价款为 200 万元，进项税额 26 万元通过认证可抵扣； 13 日，出口货物 25 万美元，款项未收，汇率为 6.82；20 日，内销货物不含税销售额为 100 万元，款项已收。

（1）8 日，国内购进材料。

借：原材料	2 000 000	
应交税费——应交增值税（进项税额）	260 000	
贷：银行存款		2 260 000

（2）13 日，确认外销收入。

借：应收账款——美元户（USD 250 000）	1 705 000	
贷：主营业务收入		1 705 000

（3）20 日，确认内销收入。

借：银行存款	1 130 000	
贷：主营业务收入		1 000 000
应交税费——应交增值税（销项税额）		130 000

（4）月末，计算不得免征和抵扣税额。

应交税费=250 000×6.82×（13%−9%）=68 200（元）

借：主营业务成本	68 200	
贷：应交税费——应交增值税（进项税额转出）		68 200

（5）月末，计算免抵退税额、应退税额。

免抵退税额=250 000×6.82×9%=153 450（元）

当期应纳税额=130 000−（260 000−68200）=61 800（元）

留抵税额

∵期末留抵税额<当期免抵退税额

∴当期应退税额=期末留抵税额=61 800（元）

借：应收出口退税款	61 800	
贷：应交税费——应交增值税（出口退税）		61 800

（6）月末，计算免抵税额。

免抵税额=153 450−61 800=91 650（元）

借：应交税费——应交增值税（出口抵减内销应纳税额）	91 650	
贷：应交税费——应交增值税（出口退税）		91 650

模块七　纳税申报表的填报

纳税申报是纳税程序的核心环节。纳税人无论有无销售额，均应按主管税务机关核定的纳税期限填报纳税申报表，并于次月 1 日至 15 日，向当地税务机关申报纳税并结清上月应纳税款。

一、填报内容及纳税地点

（一）填报内容

纳税申报的核心是填写并报送纳税申报表及相关资料。

（1）增值税一般纳税人填报的内容：1 份主表、4 份附表和增值税减免税申报明细表。从事建筑、房地产、金融和生活服务业务的增值税一般纳税人还应填写营改增税负分析测算明细表，主表为增值税纳税申报表；附表分别是本期销售情况明细，本期进项税额明细，服务、不动产和无形资产扣除项目明细，税额抵减情况表和不动产分期抵扣计算表。

（2）小规模纳税人填报的内容：小规模纳税人申报纳税时应填报“小规模纳税人增值税纳税申报表”。

（二）纳税地点

纳税人应向主管税务机关提交申报表及要求的相关资料，并向以下税务机关申报纳税。

（1）固定业户应当向其机构所在地主管税务机关申报纳税。总机构和分支机构不在同一县（市）的，应当分别向各自所在地主管税务机关申报纳税；经国家税务总局或其授权的税务机关批准，也可由总机构汇总向总机构所在地主管税务机关申报纳税。总分支机构不在同一县（市），但在同一省（自治区、直辖市、计划单列市）范围内的，经省（自治区、直辖市、计划单列市）财政厅（局）和国家税务局批准，可以由总机构汇总向总机构所在地的主管税务机关申报缴纳增值税。

（2）固定业户到外县（市）临时从事生产、经营活动的，应当向其机构所在地主管税务机关申请开具“外出经营活动税收管理证明”，向其机构所在地主管税务机关申报纳税。未持有其机构所在地主管税务机关核发的“外出经营活动税收管理证明”，到外县（市）销售货物或者应税劳务的，应当向销售地主管税务机关申报纳税；未向销售地主管税务机关申报纳税的，由其机构所在地主管税务机关补征税款。

（3）非固定业户销售货物、应税劳务或发生应税行为，应当向销售地或应税劳务应税行为发生地主管税务机关申报纳税；未申报纳税的，由其机构所在地或者居住地主管税务机关补征税款。

（4）进口货物，应当由进口人或其代理人向报关地海关申报纳税。

（5）其他个人提供建筑服务，销售或者租赁不动产，转让自然资源使用权，应向建筑服务发生地、不动产所在地、自然资源所在地主管税务机关申报纳税。

（6）扣缴义务人应当向其机构所在地或者居住地主管税务机关申报缴纳扣缴的税款。

二、填写纳税申报表

（一）一般纳税人纳税申报表的填写

现行制度下，增值税一般纳税人应向主管税务机关填报 1 份主表、4 份附表和增值税减免税申报明细表。具体填列的内容以本项目引例中的企业业务为例填报，填报内容如表 1-11～表 1-17 所示。在申报纳税时还就提供“资产负债表”“利润表”等税务机关要求提供的资料。

表 1-11

增值税纳税申报表

（适用于增值税一般纳税人）

根据《中华人民共和国增值税暂行条例》和《交通运输业和部分现代服务业营业税改征增值税试点实施办法》的规定制定本表。纳税人不论有无销售额，均应按主管税务机关核定的纳税期限按期填报本表，并向当地税务机关申报。

税款所属时间：自 201×年 4 月 1 日至 201×年 4 月 30 日 填表日期：201×年 5 月 5 日 金额单位：元至角分

纳税人识别号 | 4 | 4 | 5 | 6 | 7 | 8 | 9 | [illegible] | [illegible] | 0 | 9 | 6 | 6 | 8 | 0 | 0 | 1 | 2 | 1 | 3 |　所属行业：工业

纳税人名称	（公章）	法定代表人姓名	刘明辉	注册地址	广州北京路 132 号	营业地址	广州北京路 132 号
开户银行及账号	工行广州北京路支行 200[illegible]29581012	企业登记注册类型		制造业		电话号码	84356723

	项目	栏次	一般货物、劳务和应税服务		即征即退货物、劳务和应税服务	
			本月数	本年累计	本月数	本年累计
销售额	（一）按适用税率计税销售额	1	2 600 501.40			
	其中：应税货物销售额	2	962 000			
	应税劳务销售额	3	600			
	纳税检查调整的销售额	4				
	（二）按简易办法计税销售额	5	3 648 728.62			
	其中：纳税检查调整的销售额	6				
	（三）免、抵、退办法出口销售额	7			—	—
	（四）免税销售额	8			—	—
	其中：免税货物销售额	9			—	—
	免税劳务销售额	10			—	—
税款计算	销项税额	11	231 861.8			
	进项税额	12	233 735			
	上期留抵税额	13		—		—
	进项税额转出	14	10 720			
	免抵退货物应退税额	15			—	—
	按适用税率计算的纳税检查应补缴税额	16			—	—
	应抵扣税额合计	17=12+13-14-15+16	223 015	—		—
	实际抵扣税额	18（如 17<11，则为 17，否则为 11）	223 015			
	应纳税额	19=11-18	8 864.80			

续表

项目		栏次	一般货物、劳务和应税服务		即征即退货物、劳务和应税服务	
			本月数	本年累计	本月数	本年累计
税款计算	期末留抵税额	20=17-18	0	—		—
	简易计税办法计算的应纳税额	21	74 033.28			
	按简易计税办法计算的纳税检查应补缴税额	22			—	—
	应纳税额减征额	23	582.52			
	应纳税额合计	24=19+21-23	82 297.56			
税款缴纳	期初未缴税额（多缴为负数）	25	2 540			
	实收出口开具专用缴款书退税额	26			—	—
	本期已缴税额	27=28+29+30+31	76 642.22			
	（1）分次预缴税额	28	74 102.22	—		—
	（2）出口开具专用缴款书预缴税额	29		—	—	—
	（3）本期缴纳上期应纳税额	30	2 540			
	（4）本期缴纳欠缴税额	31				
	期末未缴税额（多缴为负数）	32=24+25+26-27	8 195.34			
	其中：欠缴税额（≥0）	33=25+26-27		—		—
	本期应补（退）税额	34=24-28-29	8 195.34	—		—
	即征即退实际退税额	35	—	—		
	期初未缴查补税额	36			—	—
	本期入库查补税额	37			—	—
	期末未缴查补税额	38=16+22+36-37			—	—
授权声明	如果你已委托代理人申报，请填写以下资料： 为代理一切税务事宜，现授权 （地址） 为本纳税人的代理申报人， 任何与本申报表有关的往来文件，都可寄予此人。 授权人签字：		申报人声明	本纳税申报表是根据国家税收法律法规及相关规定填报的，我确定它是真实的、可靠的、完整的。 声明人签字：刘明辉		

以下由税务机关填写：

收到日期：　　接收人：　　主管税务机关盖章：

表 1-12

增值税纳税申报表附列资料（一）

（本期销售情况明细）

税款所属时间：201×年 4 月 1 日至 201×年 4 月 30 日

纳税人名称：（公章）　　　　　　　　　　　　　　　　　　　　金额单位：元至角分

项目及栏次				开具增值税专用发票		开具其他发票		未开具发票		纳税检查调整		合计			服务、不动产和无形资产扣除项目本期实际扣除金额	扣除后	
				销售额	销项（应纳）税额	销售额	销项（应纳）税额	销售额	销项（应纳）税额	销售额	销项（应纳）税额	销售额	销项（应纳）税额	价税合计		含税（免税）销售额	销项（应纳）税额
				1	2	3	4	5	6	7	8	9=1+3+5+7	10=2+4+6+8	11=9+10	12	13=11-12	14=13÷（100%+税率或征收率）×税率或征收率
一、一般计税方法计税	全部征税项目	13%税率的货物及加工修理修配劳务	1	954600	124 098	2000	260	6000	780			962 600	125 138	—	—	—	—
		13%税率的服务、不动产和无形资产	2	4000	520							4000	520				
		9%税率的货物及加工修理修配劳务	3											—	—	—	—
		9%税率的服务、不动产和无形资产	4	668 550.46	60 169.54							668 550.46	60 169.54				
		6%税率	5	700 000	42 000	1 200	72	264 150.94	15 849.06			965 350.94	57 921.06	1 023 272	210 000	813 272	46 034.26

续表

一、一般计税方法计税	其中：即征即退项目	即征即退货物及加工修理修配劳务	6	—	—	—	—	—	—	—	—			—	—	—	—
		即征即退服务、不动产和无形资产	7	—	—	—	—	—	—	—	—						
二、简易计税方法计税	全部征税项目	6%征收率	8							—	—			—	—	—	—
		5%征收率的货物及加工修理修配劳务	9a							—	—			—	—	—	—
		5%征收率的服务、不动产和无形资产	9b	2 990 476.19	149 523.81					—	—	2 990 476.19	149 523.81	3 140 000	2 000 000	1 140 000	54 285.71
		4%征收率	10							—	—			—	—	—	—
		3%征收率的货物及加工修理修配劳务	11			658 252.43	19 747.57			—	—	658 252.43	19 747.57	—	—	—	—
		3%征收率的服务、不动产和无形资产	12							—	—						

续表

项目		栏次														
二、简易计税方法计税 · 全部征税项目	预征率 5%	13a							—	—						
	预征率 %	13b							—	—						
	预征率 %	13c							—	—						
其中：即征即退项目	即征即退货物及加工修理修配劳务	14	—	—	—	—	—	—	—	—			—	—	—	—
	即征即退服务、不动产和无形资产	15	—	—	—	—	—	—	—	—						
三、免抵退税	货物及加工修理修配劳务	16	—	—		—		—	—	—		—	—	—	—	—
	服务、不动产和无形资产	17	—	—		—		—	—	—		—				—
四、免税	货物及加工修理修配劳务	18				—		—	—	—		—	—	—	—	—
	服务、不动产和无形资产	19	—	—		—		—	—	—		—				—

表 1-13

增值税纳税申报表附列资料（二）

（本期进项税额明细）

税款所属时间：201× 年 4 月 1 日 至 201× 年 4 月 30 日

纳税人名称：（公章）

广州市宏伟机械制造有限责任公司 公章

金额单位：元至角分

一、申报抵扣的进项税额				
项目	栏次	份数	金额	税额
（一）认证相符的增值税专用发票	1=2+3			
其中：本期认证相符且本期申报抵扣	2	13	2 069 500	203 835
前期认证相符且本期申报抵扣	3			
（二）其他扣税凭证	4=5+6+7+8a+8b	1	230 000	29 900
其中：海关进口增值税专用缴款书	5	1	230 000	29 900
农产品收购发票或者销售发票	6			
代扣代缴税收缴款凭证	7		—	
加计扣除农产品进项税额	8a	—	—	
其他	8b			
（三）本期用于购建不动产的扣税凭证	9		1 200 000	10 800
（四）本期用于抵扣的旅客运输服务扣税凭证	10	—	—	
（五）外贸企业进项税额抵扣证明	11	—	—	
当期申报抵扣进项税额合计	12=1+4+11			233 735

二、进项税额转出额		
项目	栏次	税额
本期进项税额转出额	13=14 至 23 之和	10 720
其中：免税项目用	14	
集体福利、个人消费	15	

续表

项目	栏次	税额		
非正常损失	16	5 520		
简易计税方法征税项目用	17			
免抵退税办法不得抵扣的进项税额	18			
纳税检查调减进项税额	19			
红字专用发票信息表注明的进项税额	20	5 200		
上期留抵税额抵减欠税	21			
上期留抵税额退税	22			
其他应作进项税额转出的情形	23			
三、待抵扣进项税额				
项目	栏次	份数	金额	税额
（一）认证相符的增值税专用发票	24	—	—	—
期初已认证相符但未申报抵扣	25			
本期认证相符且本期未申报抵扣	26			
期末已认证相符但未申报抵扣	27			
其中：按照税法规定不允许抵扣	28			
（二）其他扣税凭证	29=30至33之和			
其中：海关进口增值税专用缴款书	30			
农产品收购发票或者销售发票	31			
代扣代缴税收缴款凭证	32		—	
其他	33			
	34			
四、其他				
项目	栏次	份数	金额	税额
本期认证相符的增值税专用发票	35	13	2 069 500	203 835
代扣代缴税额	36	—	—	

表 1-14

增值税纳税申报表附列资料（三）

（服务、不动产和无形资产扣除项目明细）

税款所属时间：201× 年 4 月 1 日 至 201× 年 4 月 30 日

纳税人名称：(公章)　　　　金额单位：元至角分

项目及栏次		本期服务、不动产和无形资产价税合计额（免税销售额）	服务、不动产和无形资产扣除项目				
			期初余额	本期发生额	本期应扣除金额	本期实际扣除金额	期末余额
		1	2	3	4=2+3	5(5≤1 且 5≤4)	6=4-5
13%税率的项目	1						
9%税率的项目	2					服务	
6%税率的项目（不含金融商品转让）	3						
6%税率的金融商品转让项目	4	280 000	0	210 000	210 000	210 000	0
5%征收率的项目	5	2 840 000	0	2 000 000	2 000 000	2 000 000	0
3%征收率的项目	6						
免抵退税的项目	7						
免税的项目	8						

表 1-15

增值税纳税申报表附列资料（四）

（税额抵减情况表）

税款所属时间：201× 年 4 月 1 日 至 201× 年 4 月 30 日

纳税人名称：(公章)　　　　金额单位：元至角分

一、税额抵减情况						
序号	抵减项目	期初余额	本期发生额	本期应抵减税额	本期实际抵减税额	期末余额
		1	2	3=1+2	4≤3	5=3-4
1	增值税税控系统专用设备费及技术维护费					
2	分支机构预征缴纳税款					
3	建筑服务预征缴纳税款					
4	销售不动产预征缴纳税款	0	40 000	40 000	40 000	0
5	出租不动产预征缴纳税款	0	24 193.97	24 193.97	24 193.97	0

二、加计抵减情况							
序号	加计抵减项目	期初余额	本期发生额	本期调减额	本期可抵减额	本期实际抵减额	期末余额
		1	2	3	4=1+2-3	5	6=4-5
6							
7							
8							

表 1–16　**增值税减免税申报明细表**

税款所属时间：201×年 4 月 1 日至 201×年 4 月 30 日

纳税人名称（公章）：　　　　　　　　　　　　　　　　　　　　　　　　金额单位：元至角分

一、减税项目						
减税性质代码及名称	栏次	期初余额	本期发生额	本期应抵减税额	本期实际抵减税额	期末余额
		1	2	3=1+2	4≤3	5=3-4
合计	1					
出售旧固定资产减税	2	0	1 747.57	582.52	582.52	0
	3					
	4					
	5					
	6					
二、免税项目						
免税性质代码及名称	栏次	免征增值税项目销售额	免税销售额扣除项目本期实际扣除金额	扣除后免税销售额	免税销售额对应的进项税额	免税额
		1	2	3=1-2	4	5
合计	7					
出口免税	8		—	—	—	—
其中：跨境服务	9		—	—	—	—
	10					
	11					
	12					
	13					
	14					
	15					
	16					

另外，一般纳税人在转让不动产、提供不动产经营租赁服务、提供建筑服务、采用预收款方式销售自行开发的房地产项目等，以及按其他现行增值税制度规定预缴增值税，本处以广州市宏伟机械制造有限责任公司出售其在清远的营业门面为例，填写预缴税款表（见表 1-17）。

（二）小规模纳税人纳税申报表的填写

小规模纳税人应向主管税务机关填报“增值税纳税申报表（适用于增值税小规模纳税人）”及附列资料，附列资料有“应税服务扣除额计算”及“应税服务计税销售额计算”（见表 1-19），具体填列的内容以易辉公司 201×年 3 月业务为例填报，填报内容如表 1-18 所示。同样，在申报纳税时还要提供“资产负债表”“利润表”等税务机关要求提供的资料。

如果是提供应税服务的纳税人，除如同其他销售货物或提供劳务的一般纳税人提交的资料外，还应提交一份《应税服务扣除项目明细》。

表 1–17　　　　**增值税预缴税款表**

税款所属时间：201×年 4 月 1 日至 201×年 4 月 30 日

纳税人识别号：445678954096680012 13　　　　是否适用一般计税方法　是 □　否 □√

纳税人名称：（公章）				金额单位：元（列至角分）	
项目编号			项目名称	营业门面	
项目地址		广东清远市			
预征项目和栏次		销售额	扣除金额	预征率	预征税额
		1	2	3	4
建筑服务	1				
销售不动产	2	2 840 000	2 000 000	5%	40 000
出租不动产	3				
	4				
	5				
合计	6				
授权声明	如果你已委托代理人填报，请填写下列资料： 为代理一切税务事宜，现授权（地址）　　为本次纳税人的代理填报人，任何与本表有关的往来文件，都可寄予此人。 授权人签字：		填表人申明	以上内容是真实的、可靠的、完整的。 纳税人签字：刘明辉	

表 1–18　　　　**增值税纳税申报表**

（小规模纳税人适用）

纳税人识别号：3 3 2 6 7 8 7 3 3 0 7 9 5 3 2 1 1 2 3 2

纳税人名称（公章）：　　　　金额单位：元（列至角分）

税款所属期：201×年 3 月 1 日至 201×年 3 月 31 日　填表日期：201×年 4 月 5 日

	项目	栏次	本期数		本年累计	
			应税货物及劳务	应税服务	应税货物及劳务	应税服务
一、计税依据	（一）应征增值税不含税销售额	1	28 592.24			
	税务机关代开的增值税专用发票不含税销售额	2	15 000			
	税控器具开具的普通发票不含税销售额	3	13 592.24			
	（二）销售、出租不动产不含税销售额	4				
	税务机关代开的增值税专用发票不含税销售额	5				
	税控器具开具的普通发票不含税销售额	6				

续表

	项目	栏次	本期数		本年累计	
			应税货物及劳务	应税服务	应税货物及劳务	应税服务
	（三）销售使用过的应税固定资产不含税销售额	7（7≥8）		—		—
	其中：税控器具开具的普通发票不含税销售额	8		—		—
	（四）免税销售额	9（6=7+8+9）	28 592.24			
	其中：小微企业免税销售额	10	28 592.24			
	未达起征点销售额	11				
	其他免税销售额	12				
	（五）出口免税销售额	13（13≥14）				
	其中：税控器具开具的普通发票销售额	14				
二、税款计算	本期应纳税额	15	0			
	本期应纳税额减征额	16				
	本期免税额	17	857.77			
	其中：小微企业免税额	18	857.77			
	未达起征点免税额	19				
	应纳税额合计	20=15−16	0			
	本期预缴税额	21	0		—	—
	本期应补（退）税额	21=20−21	0		—	—

纳税人或代理人声明：	如纳税人填报，由纳税人填写以下各栏：	
此纳税申报表是根据国家税收法律的规定填报的，我确定它是真实的、可靠的、完整的。	办税人员（签章）：黄 欣	财务负责人（签章）：黄 欣
	法定代表人（签章）：黄广胜	联系电话：85213456
	如委托代理人填报，由代理人填写以下各栏：	
	代理人名称：　经办人（签章）：　联系电话： 代理人（公章）：	

表 1–19　**增值税纳税申报表（适用于增值税小规模纳税人）及附列资料**

税款所属期：　年　月　日至　年　月　日　填表日期：　年　月　日

纳税人名称（公章）：　金额单位：元（列至角分）

应税服务扣除额计算			
期初余额	本期发生额	本期扣除额	期末余额
1	2	3（3≤1＋2之和，且3≤5）	4=1＋2−3
应税服务计税销售额计算			
全部含税收入	本期扣除额	含税销售额	不含税销售额
5	6=3	7=5−6	8=7÷1.03

模块八　税款缴纳与减免的核算

一、税款缴纳

企业办税员按主管税务机关的要求进行纳税申报后，应按规定缴纳税款。如果纳税人办理了“税银联网”三方协议，纳税申报完成后，可以直接确认缴税。

【工作实例 1-67】201×年 5 月 5 日，广州市宏伟机械制造有限责任公司在进行纳税申报后，进行税款缴纳，4 月末“应交费税——未交增值税”账面余额为借方 69 800.20 元，应交税费——简易计税余额为 74 033.28 元；转让金融商品应交增值税余额为 3 962.26 元，实际应缴纳税额为 8 195.34 元。5 月 10 日，收到银行付款通知书和主管税务机关转来的税收缴款书，确认税款已缴纳。其会计处理如下。

借：应交税费——未交增值税	−69 800.20
应交税费——简易计税	74 033.28
应交税费——转让金融商品应交增值税	3 962.26
贷：银行存款	8 195.34

二、税款减免的核算

（一）税款减免形式

减免增值税分即征即退、先征后退、先征后返、直接免征和直接减征等形式。

1．即征即退

即征即退是指按税法规定应缴纳的税款，由税务机关在征税时部分或全部退还纳税人的一种税收优惠。退税机关为税务机关。如增值税一般纳税人销售其自行开发生产的软件产品，按 16%税率征收增值税后，对其增值税实际税负超过 3%的部分实行即征即退政策。增值税一般纳税人将进口软件产品进行本地化改造后对外销售，其销售的软件产品可享受以上政策。其退税额按以下公式计算。

$$即征即退税额=当期软件产品增值税应纳税额-当期软件产品销售额\times 3\%$$

$$当期软件产品增值税应纳税额=当期软件产品销项税额-当期软件产品可抵扣进项税额$$

2．先征后退

先征后退是指按税法规定缴纳的税款，由税务机关征收入库后，再由税务机关按规定的程序给予部分或全部退税的一种税收优惠。如出版社专为少年儿童出版发行的报纸和期刊、中小学学生的课本、少数民族文字出版物、盲文图书和盲文期刊等。

3．先征后返

先征后返是指税务机关正常将增值税征收入库，然后由财政机关按税收政策规定审核并返还企业所缴入库的增值税，返税机关为财政机关。如对数控机床产品实行增值税先征后返。

先征后退和先征后返是有区别的，前者由税务部门先足额征收增值税，并由税务部门定期退还已征的全部和部分增值税；而先征后返，是由税务部门先足额征收增值税，然后由财政部门将已征税款全部和部分返还给企业。

4．直接免征

直接免征是指按照税法规定对某些项目可以直接免予征税。例如，农业生产者销售的自产农产品；避孕药品和用具；古旧图书；直接用于科学研究、科学试验和教学的进口仪器、设备；外国政府、国际组织无偿援助的进口物资和设备；由残疾人的组织直接进口供残疾人专用的物品；

其他个人（不包括个体工商户）销售自己使用过的物品等。

5．直接减征

直接减征是指按应征税款的一定比例征收，目前一般是采用降低税率或按简易办法征收的方式给予优惠。如出售未抵过税的旧固定资产。

（二）税款减免的核算

1．即征即退、先征后返（退）的核算

按照先征后返（退）、即征即退的办法退还的增值税，属于以税收优惠形式给予企业的一种政府补助，此类补助用于补偿企业已经发生的相关费用，所以，企业应该在收到时直接计入当期损益（其他收益），即借记“银行存款”，贷记“其他收益——政府补助”科目。如果在收到税款之前，企业先计提应收的增值税返还额，可通过“其他应收款”进行核算。但是，先征收后返回、即征即退增值税如果是按指定用途返回的，则所返还的增值税通过“实收资本——国家投入资本”“专项应付款——××专项拨款”等进行核算，有关此部分内容，此处不进行展开。

【工作实例 1-68】广州特思丽软件开发公司主要经营业务为生产和销售计算机软件，所开发的软件均取得广东省版权局颁发的《计算机软件著作权登记证书》，符合即征即退条件，其主管税务机关为广东省税务局。201×年5月，该公司销售软件产品所获收入额为5 400 000元，软件产品销项税额为702 000元，软件产品可抵扣进项税额为520 000元。其会计处理如下。

（1）计算应退税额。

当期软件产品增值税应纳税额=702 000−520 000=182 000（元）

即征即退税额=182 000−5 400 000×3%=20 000（元）

借：其他应收款——省国税局　　20 000

　　贷：其他应收款——政府补助　　20 000

（2）收到增值税返还。

借：银行存款　　20 000

　　贷：其他收益——省税务局　　20000

2．直接免征的核算

（1）纳税人销售的项目全部免征增值税也免征企业所得税。

企业生产销售初级农产品，如蔬菜、谷物、薯类、油料、豆类、棉花、麻类、糖料、水果、坚果的种植；农作物新品种的选育；中药材的种植；林木的培育和种植；牲畜、家禽的饲养；林产品的采集；灌溉、农产品初加工、兽医、农技推广、农机作业和维修等农、林、牧、渔服务业项目；远洋捕捞等，既免征增值税也免征所得税，因此此类企业既无须反映进项税，也无须反映销项税，购物成本直接计入“原材料”等成本，销售直接确认“主营业务收入”，账上无“应交税费——应交增值税”相关记录。

【工作实例 1-69】广州东升农场主要经营农产品的生产和销售，201×年 5 月购进种子、化肥、农药等，共支出 230 000 元，当月销售农产品共收到 450 000 元，所售产品成本为 320 000元，其中材料费用为 132 000 元，人工费用为 188 000 元（实际还应有水电费、地租等费用，此处忽略不计），所有款项均已收付。

① 购买种子。

借：原材料——种子/化肥/农药　　230 000

　　贷：银行存款　　230 000

② 反映收入。

借：银行存款　　450 000
　贷：主营业务收入　　450 000

③ 结转成本。

借：主营业务成本　　320 000
　贷：原材料　　132 000
　　应付职工薪酬　　188 000

（2）纳税人销售的项目全部免征增值税但不免征企业所得税。

如果纳税人生产销售避孕药品和用具、古旧图书等物品，按税法规定免征增值税，但按规定不能免征企业所得税，则此类免税相当于企业取得来源于政府及其有关部门的财政补助，直接减免的增值税应作为征收企业所得税的收入处理，记入“其他收益——政府补助”科目。如果纳税人购进货物或劳务时已经明确要用于免税项目的生产或者销售，其购进项目的进项税额应计入采购成本。

【工作实例 1-70】广州番禺农机供应公司主要经营农业机械装备等的引进和销售，201×年 5 月因购进排灌机械、农副加工机械等农用机械共支出 452 000 元（含税），取得增值税专用发票，款项均已通过银行支付；另外，5 月因销售各项农用机械产品，开具免税货物发票，取得含税收入 791 000 元，款项均已收存银行。其会计处理如下。

① 购进。

借：库存商品——排灌机械/农副加工机械　　452 000
　贷：银行存款　　452 000

② 销售确认收入。

借：银行存款　　791 000
　贷：主营业务收入　　700 000
　　应交税费——应交增值税（销项税额）　　91 000

③ 确认减免税款。

借：应交税费——应交增值税（减免税款）　　91 000
　贷：其他收益——政府补助　　91 000

3．纳税人销售的项目部分免征增值税

按照增值税条例规定，为生产免税货物而耗用的原材料的进项税额不得抵扣，也就是要将这部分进项税转出计入成本。但是在购进项目部分用于应税项目部分用于免税项目的情况下，适用一般计税方法的纳税人，兼营简易计税方法计税项目、免征增值税项目而无法划分不得抵扣的进项税额，按照下列公式计算不得抵扣的进项税额。

不得抵扣的进项税额=当期无法划分的全部进项税额×（当期简易计税方法计税项目销售额+免征增值税项目销售额）÷当期全部销售额

【工作实例 1-71】广州某制药厂为增值税一般纳税人，201×年 5 月购进生产原料一批，税控发票注明价款 40 000 元，增值税 5200 元，材料已验收入库；当月销售应税药品 20 箱，取得不含税收入 200 000 元；销售免税药品 21 060 元，所有款项均已通过银行收付。

① 购料。

借：原材料　　40 000
　应交税费——应交增值税（进项税额）　　5200
　贷：银行存款　　45200

② 销售应税产品。

借：银行存款 226 000

贷：主营业务收入 200 000

应交税费——应交增值税（销项税额） 26 000

③ 销售免税产品。

借：银行存款 21 060

贷：主营业务收入 21 060

④ 核定免税药品不可抵扣进项税额。

应交税费=6 400÷（200 000+21 060）×21 060≈609.72（元）

借：主营业务成本 609.72

贷：应交税费——应交增值税（进项税额转出） 609.72

4．直接减征

企业如果是按降低税率或按简易办法征收的方式享受优惠，在进行账务处理时，直接按低税率或简易计税法计税处理，如小规模纳税人的账务处理，当纳税人出售旧固定资产或旧货时，按减半征收，享受的优惠记入“其他收益”处理。关于直接减征的账务处理，已在本项目的各模块内容里有阐述，此处就不再重复叙述。

【工作实例 1-72】华辉公司 201×年新招用持《就业失业登记证》人员 3 人，与其签订 1 年以上期限劳动合同并依法缴纳社会保险费，按规定可享受在 3 年内按照实际招用人数予以定额依次扣减增值税、城市维护建设税、教育费附加和企业所得税优惠，定额标准为每人每年 4 000 元。华辉公司 201×年享受此优惠政策会计处理如下。

借：应交税费——应交增值税（减免税款） 12 000

贷：其他收益——政府补助 12 000

（三）对个人的税收优惠

对于个人从事货物生产销售、提供劳务或应税服务，应交增值税的，我国增值税法采用规定起征点的方式进行征收，具体规定如下。

增值税起征点的适用范围限于个人，销售货物的起征点为月销售额 5 000～20 000 元；销售应税劳务的起征点为月销售额 5 000～20 000 元；按次纳税的起征点每次（日）300～500 元。起征点的具体标准由各省、自治区和直辖市国家税务局根据实际情况确定。

减免增值税的形式不同，其会计处理也有所不同，但是，企业享受税款减免通常都应通过“其他收益”进行核算，作为企业利润的组成部分。

（四）对小规模纳税人的税收优惠

小规模纳税人，发生增值税应税销售行为，合计月销售额未超过 10 万元（以 1 个季度为 1 个纳税期的增值税小规模纳税人，季度销售额未超过 30 万元，下同）的，免征增值税；小规模纳税人发生增值税应税销售行为，合计月销售额超过 10 万元，但扣除本期发生的销售不动产的销售额后未超过 10 万元的，其销售货物、劳务、服务、无形资产取得的销售额免征增值税；适用增值税差额征税政策的小规模纳税人，以差额后的销售额确定是否可以享受本公告规定的免征增值税政策。

按固定期限纳税的小规模纳税人可以选择以 1 个月或 1 个季度为纳税期限，一经选择，一个会计年度内不得变更。

另外，对小规模纳税人交纳的部分地方税种，可以实行减半征收，允许各地按程序在 50% 幅度内减征资源税、城市维护建设税、印花税、城镇土地使用税、耕地占用税等地方税种以及教育费附加和地方教育附加。

【**工作实例 1-73**】盛鑫公司为小规模纳税人，按季缴纳增值税，当季销售收入为 82 400 元（含税）。盛鑫公司相关会计处理如下。

（1）销售的会计分录（简化处理为一笔分录）

借：银行存款　　82 400.00

　　贷：主营业务收入　　80 000.00

　　　　应交税费——应交增值税　　2 400.00

（2）优惠政策部分

借：应交税费——应交增值税　　2 400.00

　　贷：其他收益——政府补助　　2 400.00

项目小结

增值税作为我国税收中最大的税种，目前征税的范围包括应税货物、应税劳务和应税服务。增值税是价外税，是比较特殊的一个税种，在核算时，还需要区分一般纳税人与小规模纳税人及各自采用的核算方法，如果是一般纳税人，采用一般计税方法，核算应纳增值税时，会设置 10 个二级明细科目和 10 个三级明细科目，明细核算进、销情况。如果是小规模纳税人或是采用简易计税办法的一般纳税人，在核算时，只设置“应交税费——应交增值税”“转让金融商品应交增值税”和“代扣代交增值税”3 个二级明细科目进行核算。

项目内容图示

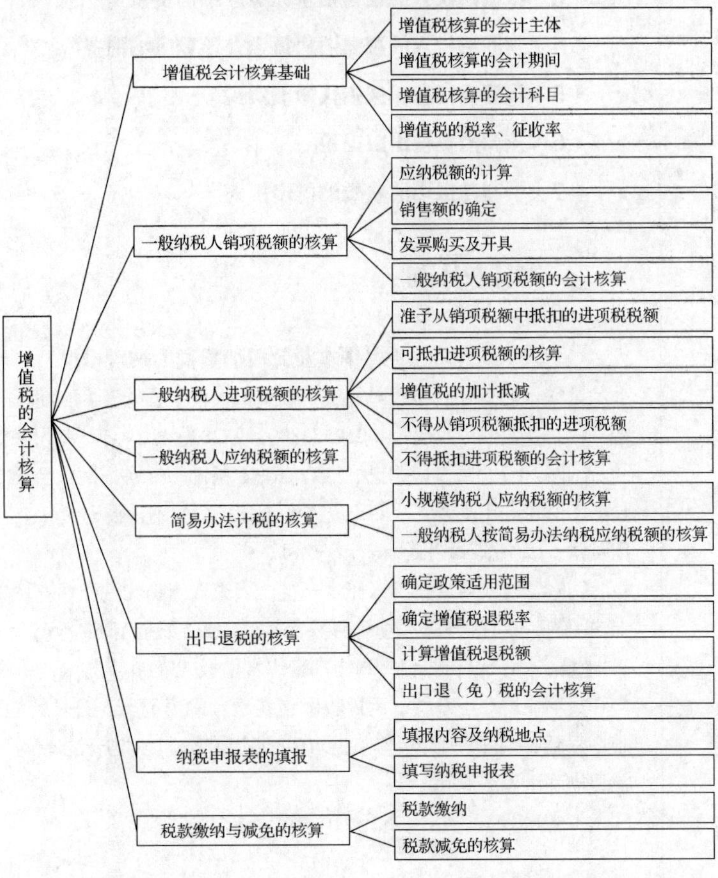

项目二
消费税的会计核算

职业能力目标

1. 能计算消费税应纳税额并进行会计核算
2. 能准确填写消费税纳税申报表

典型工作任务

1. 判别哪些货物、哪些单位或个人应缴纳消费税
2. 根据纳税人的会计记录确定消费税的计税依据
3. 根据纳税人的销售记录核算应纳消费税
4. 判断纳税人的视同销售行为并核算应纳消费税
5. 核算委托加工代扣代缴消费税
6. 核算消费税出口退税
7. 填制并报送消费税纳税申报表

项目引例

粤华木业公司消费税的纳税申报

粤华木业有限公司为增值税一般纳税人，主要从事木制地板的生产、进口以及销售，统一社会信用代码：440105733093923283。2019 年 5 月发生的各项业务如下。

【业务 1】5 月 5 日购进油漆、修理零备件原材料一批，当天取得防伪税控系统开具的增值税专用发票上注明价款 50 万元；发生不含税运费 1.4 万元，取得增值税专用发票；以上款项均以银行存款支付。

【业务 2】5 月 9 日购入原木一批，当天取得防伪税控系统开具的增值税专用发票上注明的买价 118 万元，适用增值税税率为 9%，税金 10.62 万元；以银行存款支付。

【业务 3】5 月 12 日销售自产豪华木地板 45 000 平方米，单价每平方米 280 元，均开具增值税专用发票，另外收取包装费 11.17 万元（开具普通发票），货款当天到账；截至 5 月 16 日，今年 2 月 16 日收到的一批木地板包装箱押金 5.34 万元到期，包装物确认无法退回。

【业务 4】5 月 18 日将自产 A 型木地板 4 000 平方米用于本企业办公室装修。账面成本合计 170 000 元。该 A 型地板没有同类销售价格。

【业务 5】5 月 8 日受托加工特制木地板一批（无同类售价），委托方提供橡木，合同列明材料成本 21 万元，收取加工费（不含税）11 万元，5 月 18 日完成生产，共交付委托方 1 400 平方米橡木地板，加工费 5 月 20 日全部到账。

【业务 6】5 月 12 日利用部分原木的尾料生产了一批木制工艺品，5 月 15 日销售给某商场，5 月 16 日收到对方汇来款项，价税款合计 52 300 元。

【业务 7】5 月 19 日将 4 月 10 日外购的木地板 12 000 平方米（取得专用发票，注明价款 732 000 元）全部用于涂漆生产成漆饰木地板 C 型，销售给某商业贸易公司，5 月 21 日收到对方开具的商业汇票，注明价税款合计 1 080 000 元。

【业务 8】5 月 21 日将自产 B 型号木地板 2 000 平方米无偿提供给某房地产公司，用来装修该房地产公司的样板间供客户参观，B 型地板的账面成本为 180 000 元；出厂不含税售价为每平方米 160 元。

【业务 9】5 月 22 日从西班牙进口的一批橡木原木抵达海关，关税完税价格 120 万元，关税税率为 20%；当天另一批西班牙进口橡木地板也抵达海关，关税完税价格 300 万元，关税税率为 30%，5 月 25 日均已完成报关并取得海关开具的完税凭证，原木及木地板均作为材料入账，企业采用计划成本计价材料，该原木及木地板均未验收入库，款项均已支付。

【业务 10】5 月 27 日将进口的橡木加工成 E 型木地板，5 月 29 日销售取得价税合计 824 000 元，货款当天到账；部分橡木做成工艺品，5 月 30 日销售取得价税合计 521 000 元，货款当天到账。

【业务 11】5 月 28 日用部分原木的尾料加工成一次性木筷 10 000 箱，单箱售价 50 元；5 月 29 日用进口橡木加工成高档筷子 800 箱，单箱售价 180 元，5 月 31 日两种型号的筷子全部销售给某贸易公司，因为是长期客户，购买量大，销售时一次给予 5%的折扣，并且在同一张发票上注明，货款当天到账。

【业务 12】本月期初增值税留抵 54 000 元（专用发票已经税务机关认证）。

上述业务是在消费税的会计核算中常见的，应该怎样进行会计核算呢?

模块一　消费税会计核算基础

消费税是以特定消费品为课税对象所征收的一种税。目前世界上大部分国家都开征了消费税或类似税种，我国现行消费税是 1994 年税制改革设置的一个税种，目的是调节产品结构、引导消费方向、保证财政收入。

一、消费税核算的会计主体

我国目前对列举消费品征收消费税，这些消费品包括：烟、酒、高档化妆品、贵重首饰及珠宝玉石、鞭炮焰火、成品油、摩托车、小汽车、高尔夫球及球具、高档手表、游艇、木制一次性筷子、实木地板、电池、涂料。

依法应该缴纳消费税的单位和个人为消费税核算的会计主体，需要依法进行消费税的会计核算。在我国依法应该缴纳消费税的单位和个人是指在我国境内生产、销售、委托加工和进口应税消费品的单位和个人。具体包括下列 6 点。

（1）生产销售除金银首饰、钻石及钻石饰品、铂金首饰以外的应税消费品的单位和个人。

（2）零售金银首饰、钻石及钻石饰品、铂金首饰的单位和个人。

（3）委托加工应税消费品的单位和个人。

（4）进口应税消费品的单位和个人。

（5）批发卷烟的单位和个人。

（6）销售超豪华小汽车给消费者的单位和个人。

二、消费税核算的会计期间

（一）纳税期间

税法规定消费税的纳税期间为1日、3日、5日、10日、15日、1个月或者1个季度。纳税人的具体纳税期间，由主管税务机关根据纳税人应纳税额的大小分别核定。不能按照固定期限纳税的，可以按次纳税。

（二）缴纳期限

纳税人以1个月或者1个季度为1个纳税期的，自期满之日起15日内申报纳税；以1日、3日、5日、10日或者15日为1个纳税期的，自期满之日起5日内预缴税款，于次月1日起15日内申报纳税并结清上月应纳税款；纳税人进口应税消费品，应当自海关填发海关进口消费税专用缴款书之日起15日内缴纳税款。

（三）纳税义务发生时间

（1）纳税人销售应税消费品的，纳税义务发生时间因销售结算方式不同而不同：①采取赊销和分期收款结算方式的，为书面合同约定的收款日期的当天，书面合同没有约定收款日期或者无书面合同的，为发出应税消费品的当天；②采取预收货款结算方式的，为发出应税消费品的当天；③采取托收承付和委托银行收款方式的，为发出应税消费品并办妥托收手续的当天；④采取其他结算方式的，为收讫销售款或取得索取销售款凭据的当天。

（2）纳税人自产自用应税消费品的，为移送使用的当天。

（3）纳税人委托加工应税消费品的，为纳税人提货的当天。

（4）纳税人进口应税消费品的，为报关进口的当天。

三、消费税核算的会计科目

为了准确反映企业消费税的应交、已交、欠交等情况，需要缴纳消费税的企业，应在“应交税费”账户下设置“应交消费税”明细账户进行会计核算。“应交消费税”明细账户采用三栏式账户记账，借方核算实际缴纳的消费税或待扣的消费税；贷方核算按规定应缴纳的消费税；期末贷方余额表示尚未缴纳的消费税，借方余额表示多缴纳的消费税。

为反映消费税的支出情况，缴纳消费税的企业还应设置反映税款支出的“税金及附加”账户。“税金及附加”账户核算应由销售产品、提供劳务等负担的销售税金及附加，包括消费税、城市维护建设税、资源税、土地增值税和教育费附加。全面实行“营改增”以后，房产税、土地使用税、车船使用税、印花税等相关税费也列入“税金及附加”账户核算。

“税金及附加”账户应按产品（或劳务）类别设置明细账。期末，应将“税金及附加”账户余额转入“本年利润”账户，结转后“税金及附加”账户应无余额。

四、消费税的税率

我国现行消费税采用比例税率和定额税率两种形式。对于从价征收的消费品，实行产品差别比例税率；对于从量征收的消费品，对不同产品实行不同的定额税率；对少数消费品实行从价和从量的复合税率征收。其中，比例税率适用于除卷烟以外的烟、除白酒、黄酒和啤酒以外的应税酒、高档化妆品、鞭炮、焰火、贵重首饰及珠宝玉石、摩托车、小汽车、高尔夫球及球具、高档手表、游艇、木制一次性筷子、实木地板、电池、涂料。定额税率适用于啤酒、黄酒、成品油。复合税率适用于白酒和卷烟，如表 2-1 所示。

表 2–1 消费税税目税率表

税目	税率
一、烟	
1. 卷烟	
工业	
（1）甲类卷烟【调拨价 70 元（不含增值税）/条以上（含 70 元）】	56%加 0.003 元/支
（2）乙类卷烟【调拨价 70 元（不含增值税）/条以下】	36%加 0.003 元/支
商业批发	11%加 0.005 元/支
2. 雪茄烟	36%
3. 烟丝	30%
二、酒	
1. 白酒	20%加 0.5 元/500 克（或 500 毫升）
2. 黄酒	240 元/吨
3. 啤酒	
（1）甲类啤酒	250 元/吨
（2）乙类啤酒	220 元/吨
4. 其他酒	10%
三、高档化妆品	15%
四、贵重首饰及珠宝玉石	
1. 金银首饰、铂金首饰和钻石及钻石饰品	5%
2. 其他贵重首饰和珠宝玉石	10%
五、鞭炮、焰火	15%
六、成品油（不含进口成品油）	
1. 汽油	1.52 元/升
2. 石脑油	1.52 元/升
3. 溶剂油	1.52 元/升
4. 润滑油	1.52 元/升
5. 柴油	1.2 元/升
6. 航空煤油	1.2 元/升
7. 燃料油	1.2 元/升
七、摩托车	
1. 气缸容量（排气量，下同）在 250 毫升的	3%
2. 气缸容量在 250 毫升以上的	10%
八、小汽车	
1. 乘用车	
（1）气缸容量（排气量，下同）在 1.0 升（含 1.0 升）以下的	1%
（2）气缸容量在 1.0 升以上至 1.5 升（含 1.5 升）的	3%
（3）气缸容量在 1.5 升以上至 2.0 升（含 2.0 升）的	5%
（4）气缸容量在 2.0 升以上至 2.5 升（含 2.5 升）的	9%
（5）气缸容量在 2.5 升以上至 3.0 升（含 3.0 升）的	12%

续表

税目	税率
（6）气缸容量在 3.0 升以上至 4.0 升（含 4.0 升）的	25%
（7）气缸容量在 4.0 升以上的	40%
2. 中轻型商用客车	5%
3. 超豪华小汽车	10%
九、高尔夫球及球具	10%
十、高档手表	20%
十一、游艇	10%
十二、木制一次性筷子	5%
十三、实木地板	5%
十四、电池	4%
十五、涂料	4%

注：超豪华小汽车的征收范围为每辆零售价格 130 万元（不含增值税）及以上的乘用车和中轻型商用客车。对超豪华小汽车，在生产（进口）环节按乘用车气缸容量和中轻型商用客车征收消费税基础上，在零售环节加征 10%的消费税。

模块二 一般销售税金的核算

一、应纳税额的计算

消费税应纳税额的计算，根据不同应税消费品分别实行从价定率征收、从量定额征收和从价与从量征收相结合 3 种办法（见表 2-1）。

（1）消费税采用从价征收的计税公式为：应纳税额=销售额×税率。

（2）消费税采用从量定额征收的计税公式为：应纳税额=销售数量×单位税额。

（3）消费税采用从量定额和从价定率相结合的计算公式为：应纳税额=销售数量×单位税额+销售额×税率。

二、计税销售额的确定

实行从价定率办法征税的应税消费品，计税依据为应税消费品的销售额。销售额为纳税人销售应税消费品向购买方收取的全部价款和价外费用。“价外费用”是指价外收取的基金、集资费、返还利润、补贴、违约金（延期付款利息）和手续费、包装费、储备费、优质费、运输装卸费、代收款项、代垫款项以及其他各种性质的价外收费，但下列款项不包括在内。

（1）纳税人代垫运费，同时将承运部门开具给购货方的运费发票转交给购货方的。

（2）同时符合 3 个条件代为收取的政府性基金或者行政事业性收费。

① 由国务院或者财政部批准设立的政府性基金，由国务院或者省级人民政府及其财政、价格主管部门批准设立的行政事业性收费。

② 收取时开具省级以上财政部门印制的财政票据。

③ 所收款项全额上缴财政。

其他价外费用，无论是否属于纳税人的收入，均应并入销售额计算征税。在企业会计核算中，销售额主要反映在“主营业务收入”账户的贷方，其原始凭证如表 2-2 所示。

表 2-2　　**记载消费税应税产品销售收入的原始凭证**

4400134140　　<u>广东增值税专用发票</u>　　№ 05560101

此联不作报销、扣税凭证使用　　开票日期：2019 年 5 月 2 日

<table>
<tr><td rowspan="4">购货单位</td><td>名　　称：</td><td colspan="4">广州南粤装修公司</td><td rowspan="4">密码区</td><td colspan="3">7/17<36-67*423<>22+4　加密版本：01</td></tr>
<tr><td>纳税人识别号：</td><td colspan="4">440111310278365002</td><td colspan="3">5*03-<0-4327*/>452+-　4400134140</td></tr>
<tr><td>地 址、电 话：</td><td colspan="4">广州市白云区沙太路 96 号</td><td colspan="3">5*03-<0-4327*/>452+-</td></tr>
<tr><td>开户行及账号：</td><td colspan="4">工行广州白云支行 440306611845866</td><td colspan="3">249-82154<>4*/->4651　05560101</td></tr>
<tr><td colspan="2">货物或应税劳务名称</td><td>规格型号</td><td>单位</td><td>数量</td><td>单 价</td><td colspan="2">金 额</td><td>税率</td><td>税额</td></tr>
<tr><td colspan="2">木地板</td><td>豪华</td><td>m^2</td><td>45 000</td><td>280.00</td><td colspan="2">12 600 000.00</td><td>13%</td><td>1 638 000.00</td></tr>
<tr><td colspan="2">合计</td><td></td><td></td><td></td><td></td><td colspan="2">¥12 600 000.00</td><td></td><td>¥1 638 000.00</td></tr>
<tr><td colspan="2">价税合计</td><td colspan="5">⊗ 壹仟肆佰贰拾叁万捌仟元整</td><td colspan="3">（小写）¥14 238 000.00</td></tr>
<tr><td rowspan="4">销货单位</td><td>名　　称：</td><td colspan="4">粤华木业有限公司</td><td rowspan="4">备注</td><td colspan="3" rowspan="4"></td></tr>
<tr><td>纳税人识别号：</td><td colspan="4">440105733093923283</td></tr>
<tr><td>地 址、电 话：</td><td colspan="4">广州市番禺区清河东路 320 号</td></tr>
<tr><td>开户行及账号：</td><td colspan="4">招行广州番禺支行 200882954810102</td></tr>
</table>

收款人：　　复核：　　开票人：黄丽婵　　销货单位：（章）

第一联：记账联　销货方记账凭证

纳税人销售的应税消费品，以外汇结算销售额的，其销售额的人民币折合率可以选择结算的当天或者当月 1 日的国家外汇牌价（原则上为中间价）。纳税人应在事先确定采取何种折合率，确定后 1 年内不得变更。

应税消费品的销售额，不包括应向购货方收取的增值税税款。如果纳税人应税消费品的销售额中未扣除增值税税款或者因不得开具增值税专用发票而发生价款和增值税税款合并收取的，在计算消费税时，应将含增值税的销售额换算为不含增值税税款的销售额。其换算公式如下：

应税消费品的销售额=含增值税的销售额÷（1+增值税税率或征收率）

三、计税销售数量的确定

对于按照销售数量从量定额征收的税目通常以每单位应税消费品的重量、容积或数量为计税依据。在从量定额计算方法下，应纳税额的计算取决于应税消费品的销售数量，销售数量是指纳税人生产、加工和进口应税消费品的数量，主要包括销售发票中所反映的销售数量（见表 2-2），以及其他视同销售的数量和加工及进口的数量。在企业会计核算中销售数量和视同销售数量主要反映在“库存商品”账户的贷方。

单位税额分别按 t（吨）或 L（升）核定，如纳税人应税消费品数量的计量单位与税率表不同，须按以下标准换算。

① 啤酒　1t=988L　　② 黄酒　1t=962L

③ 汽油　1t=1388L　　④ 柴油　1t=1176L

⑤ 石脑油　1t=1385L　　⑥ 溶剂油　1t=1282L

⑦ 润滑油　1t=1126L　　⑧ 燃料油　1t=1015L

⑨ 航空煤油　1t=1 246L

四、复合征税计税依据的确定

现行消费税的征税范围中，卷烟、白酒采用从量定额和从价定率相结合的复合计税方法。计税依据既要按照销售收入确定，又要按照销售数量确定。以两者计税之和为应缴消费税。

生产销售卷烟、白酒从量定额计税依据为实际销售数量。进口、委托加工、自产自用卷烟、白酒从量定额计税依据分别为海关核定的进口征税数量、委托方收回数量、移送使用数量。

知识窗

消费税的纳税环节

消费税实行单环节一次征收，除金银首饰、铂金首饰、钻石及钻石饰品改在零售环节征税、卷烟在批发环节加征一道消费税、超豪华小汽车在零售环节加征一道消费税以外，其他消费品只在生产、委托加工或进口环节征税，在以后的批发、零售等环节不再征收消费税。

五、直接销售应税消费品的核算

纳税人销售应税消费品，其纳税义务的发生时间为收讫销售款或者取得销售款凭据的当天；在销售确认时，按取得的销售收入和增值税税额，借记“银行存款”“应收账款”等账户，贷记“主营业务收入”“应交税费——应交增值税（销项税额）”账户；计算提取消费税税金时，借记“税金及附加”账户，贷记“应交税费——应交消费税”账户；结转销售成本时，借记“主营业务成本”账户，贷记“库存商品”账户；缴纳消费税税金时，借记“应交税费——应交消费税”账户，贷记“银行存款”账户；月末结转销售税金时，借记“本年利润”账户，贷记“税金及附加”账户。发生销货退回或退税时，做相反的会计分录。

【工作实例 2-1】爱迪化妆品厂当月采取直接收款方式销售高档化妆品 3 000 套，不含增值税出厂价 1 200 元/套，实际生产成本为 800 元/套，款项均已通过银行收讫。其会计处理如下。

（1）销售实现，确认收入。

	借方	贷方
借：银行存款	4 068 000	
贷：主营业务收入		3 600 000
应交税费——应交增值税（销项税额）		468 000

（2）计算应缴纳的消费税。

应纳消费税税额=360 000×15%=54 000（元）

	借方	贷方
借：税金及附加	540 000	
贷：应交税费——应交消费税		540 000

（3）结转已销产品成本。

	借方	贷方
借：主营业务成本	2 400 000	
贷：库存商品		2 400 000

（4）实际缴纳消费税税款。

	借方	贷方
借：应交税费——应交消费税	540 000	
贷：银行存款		540 000

【工作实例 2-2】广州市南粤摩托集团公司某月销售摩托车 100 辆，每辆售价 2 万元（不含增值税），货款未收。摩托车每辆成本为 1 万元，适用消费税税率为 10%。企业应做如下会计分录。

（1）销售实现，确认收入。

应向购买方收取的增值税税额=100×20 000×13%=260 000（元）

借：应收账款　　2 260 000

　　贷：主营业务收入　　2 000 000

　　　　应交税费——应交增值税（销项税额）　　260 000

（2）计算应缴纳的消费税。

应缴纳的消费税=100×20 000×10%=200 000（元）

借：税金及附加　　200 000

　　贷：应交税费——应交消费税　　200 000

（3）结转已销产品成本。

借：主营业务成本　　1 000 000

　　贷：库存商品　　1 000 000

（4）实际缴纳消费税税款。

借：应交税费——应交消费税　　200 000

　　贷：银行存款　　200 000

六、分期收款销售应税消费品的核算

分期收款销售是指商品已经售出，但货款分期收回的一种销售方式，一般适用于具有金额大、收款期限长、款项收回风险大等特点的商品交易。纳税人采取赊销和分期收款结算方式的，其纳税义务发生时间为销售合同规定收款日期的当天。

分期收款销售商品有两种情况。一是企业分期收款发出的商品数额较小，收回时间较短（通常在 3 年以下），收取的货款不具有融资性质。由于收款的时间跨度较短，在销售实现的前提下，可直接将应收的合同或协议价值直接全部确认为收入，不必考虑利息收入问题。二是企业分期收款发出的商品数额较大，收回时间较长（通常在 3 年以上），收取的货款实质上具有融资性质。由于分期收款时间较长，应考虑时间因素并合理区分销售产品的即期收入和因购买方占用企业资金的利息收益的界限。

对于第一种情况，如果符合收入实现的条件，发出商品时即确认销售全部实现。发出时，借记“应收账款”，贷记“主营业务收入”“应交税费——应交增值税（销项税额）”，同时，借记“主营业务成本”，贷记“库存商品”，分期收款时，借记“银行存款”，贷记“应收账款”；如果发出商品时不具备收入确认条件，发出时，借记“发出商品”，贷记“库存商品”，合同约定的付款日，确认部分商品销售的实现，借记“应收账款”，贷记“主营业务收入”“应交税费——应交增值税（销项税额）”，同时，借记“主营业务成本”，贷记“发出商品”。

对于第二种情况，在发出商品时，如果符合收入确认条件，借记“长期应收款”，贷记“主营业务收入”“未实现融资收益”；同时，借记“主营业务成本”，贷记“库存商品”。分期收款时，确认税款，借记“银行存款”，贷记“长期应收款”“应交税费——应交增值税（销项税额）”，同时，借记“未实现融资收益”，贷记“财务费用”。

【工作实例 2-3】华光酒厂 5 月初采用赊销方式销售粮食白酒 5 吨，不含增值税售价 60 000 元/吨，实际生产成本为 44 000 元/吨。合同约定款项在 5 月底和 6 月底分两次等额收回，商品已发出，但由于对方财务状况发生了问题，款项收回的可能性不太确认，不符合收入确认条件，而在5月底和6月底，对方公司最后都如期支付了款项。其会计处理如下。

（1）5月初发出商品。

借：发出商品　220 000

　贷：库存商品　220 000

（2）5月底收到一半货款。

借：银行存款　169 500

　贷：主营业务收入　150 000

　　应交税费——应交增值税（销项税额）　19 500

（3）结转已销产品成本。

借：主营业务成本　110 000

　贷：发出商品　110 000

（4）核算应缴纳的消费税。

应纳消费税=2.5×2 000×0.5+150 000×20%=32 500（元）

借：税金及附加　32 500

　贷：应交税费——应交消费税　32 500

（5）实际缴纳消费税税款分录略。

6月底的账务处理同上述（2）、（3）、（4）、（5）分录。

七、预收账款销售应税消费品的核算

纳税人采取预收账款结算方式销售应税消费品的，其纳税义务发生时间为发出应税消费品的当天。因此，纳税人在收到预收款项时，借记“银行存款”账户，贷记“预收账款”账户；在发出产品时，确认收入和补收货款，借记“预收账款”“银行存款”等账户，贷记“主营业务收入”“应交税费——应交增值税（销项税额）”账户；同时结转成本并计算提取消费税税金，会计处理同一般销售业务。

八、用外购已税消费品生产应税消费品的核算

纳税人外购已税消费品生产应税消费品，仍应以纳税人的销售额为依据计税。但为了避免重复征税，规定可从其应纳消费税额中扣除当期生产领用的外购已税消费品的已纳税款。

可以扣除原料已纳消费税税款的范围包括：外购已税烟丝生产的卷烟，外购已税高档化妆品生产的化妆品，外购已税珠宝玉石生产的贵重首饰及珠宝玉石（但外购已税珠宝玉石生产改在零售环节征收消费税的金银镶嵌首饰除外），外购已税鞭炮焰火生产的鞭炮焰火，外购已税摩托车生产的摩托车（如用外购两轮摩托车改装成三轮摩托车），外购的已税杆头、杆身和握把为原料生产的高尔夫球杆，外购的已税木制一次性筷子为原料生产的木制一次性筷子，外购的已税实木地板为原料生产的实木地板，外购的已税石脑油为原料生产的应税消费品，外购的已税润滑油为原料生产的润滑油，外购的已税汽油、柴油用为原料生产的甲醇汽油、生物柴油。

准予从消费税应纳税额中抵扣原料已纳消费税税款的计算方法如下。

1．实行从价定率计算应纳税额的

当期准予扣除外购应税消费品已纳税款=当期准予扣除外购应税消费品买价×外购应税消费品适用税率

当期准予扣除外购应税消费品买价=期初库存外购应税消费品买价+当期购进的外购应税消费品买价-期末库存的外购应税消费品买价

2．实行从量定额计算应纳税额的

当期准予扣除的外购应税消费品已纳税款=当期准予扣除外购应税消费品数量×外购应税消费品单位税额

当期准予扣除外购应税消费品数量=期初库存外购应税消费品数量+当期购进外购应税消费品数量-期末库存外购应税消费品数量

【工作实例 2-4】火华鞭炮厂（增值税一般纳税人）用外购已税的焰火继续加工高档焰火。2019 年 5 月销售高档焰火，开具增值税专用发票注明销售额 200 万元；本月外购焰火 80 万元，取得增值税专用发票，月初库存外购焰火 40 万元，月末库存外购焰火 60 万元，相关发票当月已认证，款项均已收付（上述价格均不含增值税）。其相关会计核算如下。

（1）外购焰火。

应交消费税=800 000×15%=120 000（元）

消费税是价内税，因为要抵扣，所以原材料入账价值=800 000-120 000=680 000（元）

借：原材料	680 000	
应交税费——应交增值税（进项税额）	104 000	
应交税费——应交消费税	120 000	
贷：银行存款		904 000

（2）销售高档焰火。

应交消费税=2 000 000×15%=300 000（元）

借：银行存款	2 260 000	
贷：主营业务收入——高档焰火		2 000 000
应交税费——应交增值税（销项税额）		260 000
借：税金及附加	300 000	
贷：应交税费——应交消费税		300 000

（3）实际缴纳消费税。

实际应缴纳消费税额=300 000-（400 000+800 000-600 000）×15%
=300 000-90 000=210 000（元）

借：应交税费——应交消费税	210 000	
贷：银行存款		210 000

模块三　视同销售税金的核算

一、视同销售计税依据的确定

纳税人用于换取生产资料和消费资料、投资入股和抵偿债务等方面的应税消费品，以纳税人同类应税消费品最高销售价格为计税依据。

纳税人自产应税消费品，自用于生产非应税产品、在建工程等其他方面视同销售的，其销售额按以下顺序确定。

（1）按纳税人当月销售同类消费品的销售价格计算。如果当月同类消费品当期销售价格高低不同，按销售数量加权平均计算。但销售价格明显偏低又无正当理由的，或者无销售价格的，不能列入加权平均计算。

（2）如果当月无销售或当月未完结的，按照同类消费品上月或最近月份的销售价格计算。

（3）如果没有同类消费品销售价格的，按组成计税价格计算。

其中，实行从价定率办法计算纳税的组成计税价格计算公式为：组成计税价格=（成本+利润）÷（1-比例税率）。实行复合计税办法计算纳税的组成计税价格计算公式为：组成计税价格=（成本+利润+自产自用数量×定额税率）÷（1-比例税率）。

公式中，“成本”是指应税消费品的产品生产成本。“利润”是指根据应税消费品的全国平均成本利润率计算的利润。全国平均成本利润率由税务总局确定为：高档手表为 20%；甲类卷烟、粮食白酒、高尔夫球及球具、游艇为 10%；乘用车为 8%；摩托车、贵重首饰及珠宝玉石为 6%；电池 4%；涂料 7%；其他为 5%。表 2-3 反映了其中一种视同销售的情况。

表 2-3　用于捐赠的应税消费品

广东省接受社会捐赠专用收据

Special-Purpose Receipt for Donation from the public of Guangdong Province

GG036450 7 8 财政

捐　赠　者：穗宝化妆品有限公司　　2019 年 5 月 30 日
Donor　　Y　M　D

支　票　号　码 Check No.			货币种类 Currency		
捐　赠　项　目 Donation Item	广州市第八届儿童节慈善义卖				
项目（捐赠金额或实物）Item（Amount or Material）	单　位 Unit	规　　格 Specification	数　量 Quantity	单　价 Unit Price	金　额 Amount
高档化妆品	箱	20×45	100	900	90 000
合计（大写）Amount（In words）	佰⊗拾玖万零仟零佰零拾零元零角零分				

第二联 收据 Receipt

收费单位（盖章）：　开票人：周会　收款人：　广东省财政厅印制
Receiver（seal）　Drawer　Payee　Printed by Guangdong provincial finance Bureau

二、以应税消费品对外捐赠的核算

企业将自产的应税消费品无偿赠送他人，应视同销售处理，计算缴纳增值税和消费税。在会计处理上，按发出应税商品的实际成本和应承担的增值税、消费税等相关税费，借记“营业外支出”科目；按发出应税消费品的实际成本，贷记“库存商品”科目；按销售额和适用税率计算的增值税税额，贷记“应交税费——应交增值税（销项税额）”科目；按应纳的消费税税额，贷记“应交税费——应交消费税”科目。

【工作实例 2-5】穗宝化妆品有限公司为了支持慈善事业，把自产未上市的高档化妆品 100 箱捐赠给广州市慈善会对外义卖。该高档化妆品无同类产品销售价格，已知该批高档化妆品的实际成本为 60 000 元。全国平均成本利润率为 5%。则赠送时该公司会计处理如下。

组成计税价格=60 000×（1+5%）÷（1-15%）≈74 117.65（元）

增值税销项税额=74 117.65×13%≈9 635.29（元）

应纳消费税=74 117.65×15%≈11 117.65（元）

（1）确认视同销售。

借：营业外支出　　69 635.29

　贷：库存商品　　60 000

　　　应交税费——应交增值税（销项税额）　　9 635.29

（2）计提消费税。

借：营业外支出　　11 117.65

　贷：应交税费——应交消费税　　11 117.65

三、以应税消费品对外投资的核算

企业将自产的应税消费品用于对外投资，提供给其他单位或个体经营者，应视同销售处理，计算缴纳增值税和消费税。在会计处理上，应按照非货币性资产交换处理，即按发出应税消费品的公允价值（含增值税税额）借记“长期股权投资”账户；按照发出应税消费品的公允价值（不含增值税税额）贷记“主营业务收入”账户，按计算的增值税税额贷记“应交税费——应交增值税（销项税额）”账户；将计提的消费税税金记入“税金及附加”账户。

【工作实例 2-6】某汽车制造厂为增值税一般纳税人，本月以自产 10 辆小汽车向甲公司投资，占甲公司注册资本的 10%，并准备长期持有。小汽车的实际成本为 80 000 元/辆，售价金额为 120 000 元/辆（不含增值税）。该厂已将小汽车交付甲公司使用。该型号小汽车适用的消费税税率为 5%。

应纳消费税= 120 000×10×5% =60 000（元）

增值税销项税额= 120 000×10×13%=156 000（元）

小汽车生产成本= 80 000×10=800 000（元）

（1）确认视同销售。

借：长期股权投资　　1 356 000

　贷：主营业务收入　　1 200 000

　　　应交税费——应交增值税（销项税额）　　156 000

（2）结转销售成本。

借：主营业务成本　　800 000

　贷：库存商品　　800 000

（3）计提消费税。

借：税金及附加　　60 000

　贷：应交税费——应交消费税　　60 000

四、以应税消费品以物易物和支付债务的核算

企业以生产的应税消费品换取生产资料、消费资料或抵偿债务、支付代购手续费的以及用于职工福利的，在税法上均应视同销售征税，在会计处理上均应做销售处理。以自产的应税消费品换取生产资料时，借记“在途物资”“材料采购”或“原材料”“应交税费——应交增值税（进项税额）”等账户（需取得对方开具的专用发票）；支付代购手续费时，借记“在途物资”“材料采购”或

“应付账款”账户；抵偿债务时，借记“应付账款”或“短期借款”“长期借款”“长期应付款”等账户。同时贷记“主营业务收入”账户，并按规定计算的增值税税额，贷记“应交税费——应交增值税（销项税额）”账户；以企业同类应税消费品的最高售价作为计税依据计算的应纳消费税税额，借记“税金及附加”账户，贷记“应交税费——应交消费税”账户，并结转销售成本。

【工作实例 2-7】天宝卷烟厂 2 月以自产的 10 个标准箱卷烟（消费税税率为 36%）换入烟丝一批，作为原材料使用，取得对方开具的专用发票上注明的增值税税款 19 500 元；以 6 个标准箱卷烟抵偿某企业货款。同类卷烟不含增值税售价 15 000 元/标准箱，生产成本为 10 000 元/标准箱。其会计处理如下。

分析：1 标准箱=250 标准条=2 500 标准包=50 000 支；

1 标准条=10 标准包=200 支；

1 标准包=20 支。

该批卷烟的价格=15 000÷250=60（元/条）

为乙类卷烟，适用消费税税率为：36%加 0.003 元/支或 36%加 150 元/箱。

（1）换取烟丝。

应纳增值税税额=15 000×10×13%=19 500（元）

借：原材料	150 000
应交税费——应交增值税（进项税额）	19 500
贷：主营业务收入	150 000
应交税费——应交增值税（销项税额）	19 500

（2）抵偿债务。

应纳增值税税额=15 000×6×13%=11 700（元）

借：应付账款	101 700
贷：主营业务收入	90 000
应交税费——应交增值税（销项税额）	11 700

（3）结转销售成本。

借：主营业务成本	160 000
贷：库存商品	160 000

（4）计算应缴纳的消费税。

应纳消费税税额=（10+6）×150+（10+6）×15 000×36%=88 800（元）

借：税金及附加	88 800
贷：应交税费——应交消费税	88 800

五、自产自用应税消费品会计处理

企业自产自用应税消费品，用于连续生产应税消费品的不纳税；用于生产非应税消费品的，于移送使用时缴纳消费税。自产自用应税消费品是一种内部结转关系，不存在销售行为，并没有因此而增加企业资金，不宜做销售处理，应按账面成本予以结转，并据其用途记入相应账户，借记“生产成本”“销售费用”“在建工程”“营业外支出”“固定资产”“管理费用”等账户；按同类消费品售价或组成计税价格计算的应交消费税也按用途记入上述相应的账户，不再通过“税金及附加”账户核算；贷记“库存商品”“自制半成品”“应交税费——应交消费税”等账户。

【工作实例 2-8】物华汽车制造厂将自产的一辆小汽车用作固定资产，同类汽车销售价格为 180 000 元，该汽车成本 110 000 元，消费税税率为 5%。其会计处理如下。

应纳消费税税额=180 000×5%=9 000（元）

借：固定资产　119 000

　贷：库存商品　110 000

　　应交税费——应交消费税　9 000

六、应税消费品包装物的核算

应税消费品连同包装物一并出售的，无论包装物是否单独计价核算，原则上均应并入应税消费品的销售额中缴纳增值税、消费税。若是实行从量计税，只计增值税，不计消费税。若是实行从价计税，两税都应计缴。而在复合计税时，对从价金额部分，计缴消费税；对从量部分，不计缴消费税。出租、出借包装物收取的押金，因逾期未收回包装物而没收的押金，也应计缴消费税。

（一）随同产品销售而不单独计价

因为包装物收入已包括在产品销售收入中，因此其应纳消费税与产品销售一并进行会计处理。包装物成本转入“销售费用”账户。

【工作实例 2-9】华美有限公司取得销售收入 110 000 元，收取增值税销项税额 14 300 元，随同出售的包装物不单独计价，一并按 10%从价征收消费税。则会计处理如下。

（1）销售应税消费品及包装物，确认收入。

借：银行存款　124 300

　贷：主营业务收入　110 000

　　应交税费——应交增值税（销项税额）　14 300

结转库存商品和包装物成本会计分录略。

（2）计算应纳消费税。

应纳消费税税额=110 000×10%=11 000（元）

借：税金及附加　11 000

　贷：应交税费——应交消费税　11 000

（二）随同产品销售而单独计价

因为包装物收入记入“其他业务收入”账户，其应纳消费税则应记入“税金及附加”账户。包装物成本转入“其他业务成本”账户。

【工作实例 2-10】天天公司销售应税消费品 200 吨，每吨不含税销售价格为 1 000 元，随同产品销售并单独计价的应纳消费税包装物 200 个，不含税单价 300 元。该消费品和包装物的增值税税率均为 13%，消费税税率为 10%。该公司会计处理如下。

（1）销售应税消费品及包装物，确认收入。

借：银行存款　293 800

　贷：主营业务收入　200 000

　　其他业务收入　60 000

　　应交税费——应交增值税（销项税额）　33 800

结转库存商品和包装物成本会计分录略。

（2）计算该消费品应纳的消费税。

应纳消费税税额=（200 000+60 000）×10%=26 000（元）

借：税金及附加　　26 000

　　贷：应交税费——应交消费税　　26 000

（三）随同商品销售出租、出借包装物收取押金，逾期没收

随同商品销售而收取的包装物押金，除酒类产品外的其他包装物押金，如果单独记账核算，时间在 1 年以内，又未过期的，不并入销售额征税；因逾期（1 年为限）未收回包装物不再退还的押金，应并入销售额征税。

逾期包装物押金为含税收入，需换算成不含税价再并入销售额；包装物的征税税率为所包装货物适用税率。

啤酒、黄酒以外的其他酒类产品收取的押金，无论是否逾期一律并入销售额征税。

因啤酒、黄酒从量计征消费税，因此，出售啤酒、黄酒而收取的包装物押金，无论是否逾期，均不缴纳消费税，但逾期时，需要计征增值税。

没收押金，按没收的押金借记“其他应付款”账户，按应缴纳的增值税贷记“应交税费——应交增值税（销项税额）”账户，按其差额贷记“其他业务收入”账户。这部分没收的押金收入应缴的消费税借记“税金及附加”账户，贷记“应交税费——应交消费税”账户。包装物成本转入“其他业务成本”账户。

【工作实例 2-11】爱迪企业销售高档化妆品一批，出借包装物时收取押金 1 500 元。因包装物逾期未归还，没收押金。该包装物适用增值税税率为 13%，消费税税率为 15%。其相关会计处理如下。

应纳增值税税额=1 500÷（1+13%）×13%≈172.57（元）

应纳消费税税额=1 500÷（1+13%）×15%≈199.12（元）

借：其他应付款　　1 500.00

　　贷：应交税费——应交增值税（销项税额）　　172.57

　　　　其他业务收入　　1 327.43

借：税金及附加　　199.12

　　贷：应交税费——应交消费税　　199.12

结转包装物成本会计分录略。

【工作实例 2-12】华光酒厂 5 月销售白酒 500 千克，不含税售价为 20 000 元，另收取包装物押金 2 260 元。其相关会计处理如下。

（1）确认收入与应付款。

借：银行存款　　24 860

　　贷：主营业务收入　　20 000

　　　　应交税费——应交增值税（销项税额）　　2 600

　　　　其他应付款　　2 260

（2）计算包装物押金增值税。

借：其他应付款　　260

　　贷：应交税费——应交增值税（销项税额）　　260

（3）计算消费税。

销售白酒应缴纳消费税额=20 000×20%+500×2×0.5=4 500（元）

包装物押金应缴纳消费税额=2 260÷（1+13%）×20%=400（元）

借：税金及附加　　4 500

　　其他应付款　　400

　　贷：应交税费——应交消费税　　4 900

模块四　委托加工税金的核算

一、委托加工计税销售额的确定

委托加工的应税消费品其销售额的确定与自产自用视同销售的应税消费品基本相同，但有两点区别：一是销售额按照代收代缴税款的受托方的同类消费品的销售价格计算；二是组成计税价格的计算原理相同，但公式中的分子不同，计算公式如下。

（1）实行从价定率办法计算纳税的组成计税价格计算公式为：组成计税价格=（材料成本+加工费）÷（1-比例税率）。

（2）实行复合计税办法计算纳税的组成计税价格计算公式为：组成计税价格=（材料成本+加工费+委托加工数量×定额税率）÷（1-比例税率）。

式中，“材料成本”是指委托方所提供加工材料的实际成本。委托加工应税消费品的纳税人，必须在委托加工合同上如实注明（或以其他方式提供）材料成本；凡未提供材料成本的，委托方所在地主管税务机关有权核定其材料成本。“加工费”是指受托方加工应税消费品向委托方所收取的全部费用（包括代垫辅助材料的实际成本）。

由于消费税为单环节征收，委托加工应税消费品已由受托方代收代缴税款，因此，委托方将收回的应税消费品，以不高于受托方的计税价格出售的，不再缴纳消费税；委托方以高于受托方的计税价格出售的需按照规定申报缴纳消费税，在计税时准予扣除受托方已代收代缴的消费税。

收回后用于连续生产应税消费品的，准予从应纳消费税税额中按当期生产领用数量计算扣除委托加工收回的应税消费品已纳消费税税款。可以扣除的范围与外购已税消费品生产应税消费品扣除当期生产领用的外购已税消费品的已纳税款的范围相同。当期准予扣除委托加工收回的应税消费品已纳消费税税款的计算公式如下。

当期准予扣除的委托加工应税消费品已纳税款=期初库存的委托加工应税消费品已纳税款+当期收回的委托加工应税消费品已纳税款-期末库存的委托加工应税消费品已纳税款

二、委托加工方的核算

委托方在委托加工发出货物时，因发出的货物不同，会计核算账户也不尽相同。若发出的是材料，则通过“委托加工物资”账户核算；若发出的是自制半成品，则应在“自制半成品”账户下增设“委托外部加工”明细账户核算；若发出的是在产品，则应在“生产成本”账户下增设“委托外部加工”明细账户核算。委托加工应税消费品应缴纳的消费税也应区分不同情况记入上述账户。

（一）委托加工应税消费品收回后直接用于销售

按规定，这种情况不再缴纳消费税，委托方应将受托方代收代缴的消费税随同应支付的加工费一并计入委托加工应税消费品的成本，借记“委托加工物资”“生产成本”“自制半成品”等账户，贷记“应付账款”“银行存款”等账户。

【工作实例 2-13】天宝卷烟厂委托万通公司加工烟丝，天宝卷烟厂和万通公司均为一般纳税人。卷烟厂提供烟叶的账面价值为 55 000 元，万通公司收取加工费 20 000 元，增值税 2 600 元，万通公司代扣代缴消费税。卷烟厂做如下相应的会计处理。

（1）发出材料。

借：委托加工物资　55 000

　贷：原材料　55 000

（2）支付加工费。

借：委托加工物资　20 000

　应交税费——应交增值税（进项税额）　2 600

　贷：银行存款　22 600

（3）支付代扣代缴消费税。

代扣代缴消费税=（55 000+20 000）÷（1−30%）×30%

≈32 142.86（元）

借：委托加工物资　32 142.86

　贷：银行存款　32 142.86

（4）加工的烟丝入库。

借：库存商品　107 142.86

　贷：委托加工物资　107 142.86

烟丝销售时，不再缴纳消费税。

（二）委托加工应税消费品收回后用于连续生产应税消费品

这种情况下按规定准予抵扣的，委托方按应支付的加工费，借记“委托加工物资”等账户；按受托方代收代缴的消费税款，借记“应交税费——应交消费税”账户；按根据加工费计算的增值税额，借记“应交税费——应交增值税（进项税额）”账户；按支付的加工费与增值税、消费税之和，贷记“应付账款”“银行存款”等账户。待连续生产的最终消费品销售时，按最终应税消费品应缴纳的消费税税额，借记“税金及附加”账户，贷记“应交税费——应交消费税”账户。这样，在“应交税费——应交消费税”账户中这两笔借、贷发生额的差额即为委托方实际应缴纳的消费税。

【工作实例 2-14】续前例，假定天宝卷烟厂委托加工后的烟丝，还需再加工成卷烟，则做如下相应的会计处理。

发出材料、支付加工费时，会计分录同前。

（1）支付代扣消费税。

借：应交税费——应交消费税　32 142.86

　贷：银行存款　32 142.86

（2）加工的烟丝入库。

借：原材料——烟丝　75 000

　贷：委托加工物资　75 000

【**工作实例 2-15**】假如天宝卷烟厂委托加工的烟丝收回后，经过进一步加工后作为卷烟对外销售。假设当月销售 3 个标准箱，每标准条调拨价 60 元，期初库存委托加工应税烟丝已纳消费税 2 580 元，期末库存委托加工应税烟丝已纳消费税税额 19 880 元，有关会计分录如下。

（1）取得收入。

借：银行存款　　50 850

　　贷：主营业务收入（250×60×3）　　45 000

　　　　应交税费——应交增值税（销项税额）　　5 850

（2）计提消费税。

应纳消费税税额=150 000×0.003+45 000×36%=16 650（元）

借：税金及附加　　16 650

　　贷：应交税费——应交消费税　　16 650

（3）当月准予抵扣的消费税税额=2 580+32 142.86−19 880=14 842.86（元）

当月实际上缴的消费税=16 650−14 842.86=1 807.14（元）

借：应交税费——应交消费税　　1 807.14

　　贷：银行存款　　1 807.14

三、受托加工方的核算

受托方可按本企业同类消费品的销售价格计算代扣代缴消费税税款，若没有同类消费品销售价格的，按照组成计税价格计算。

【**工作实例 2-16**】续前例，万通公司作为受托方为天宝卷烟厂将烟叶加工成烟丝，按组成计税价格计算，税率为 30%。其相关会计处理如下。

（1）收取手续费。

借：银行存款　　22 600

　　贷：主营业务收入　　20 000

　　　　应交税费——应交增值税（销项税额）　　2 600

（2）收取代扣税金。

借：银行存款　　32 142.86

　　贷：应交税费——应交消费税　　32 142.86

模块五　进出口税金的核算

一、进口应税消费品核算

进口应税消费品在按规定缴纳进口环节关税、增值税之外，还应缴纳消费税，其所缴纳的消费税应计入该项应税消费品的成本，按采购成本和应缴纳的消费税，借记“固定资产”“在途物资”“材料采购”“原材料”等账户；按支付的准予抵扣的增值税税额，借记“应交税费——应交增值税（进项税额）”账户；按采购成本与缴纳的增值税、消费税之和，贷记“银行存款”“应付账款”等账户。

（1）实行从价定率办法的应税消费品按组成计税价格计算进口环节的应纳税额，其计算公式如下：

组成计税价格=（关税完税价格+关税）÷（1-消费税比例税率）

应纳税额=组成计税价格×比例税率

公式中“关税完税价格”，是指海关核定的关税计税价格。

（2）实行从量定额办法的应税消费品按照进口数量计算应纳消费税税额，其计算公式如下：

应纳税额=应税消费品数量×消费税单位税额

（3）实行从价定率和从量定额混合征收办法的应税消费品按组成计税价格和进口数量计算消费税应纳税额，其计算公式如下：

应纳税额=组成计税价格×消费税比例税率+应税消费品数量×消费税定额税额

组成计税价格=（关税完税价格+关税+进口数量×消费税定额税率）÷（1-消费税比例税率）

表2-4反映了进口货物的应纳消费税。

表2-4　　**进口货物消费税完税凭证**

黄埔海关进口消费税专用缴款书

收入系统：税务系统　　填发日期：　2019年5月10日　　号码 No. 20130111011001770-L02

收款单位	收入机关	中央金库			缴款单位（人）	名称	广州南华有限公司
	科目	进口关税	预算级次	中央		账号	200882954810102
	收款国库	工行开发区支行 3602005711200323456				开户银行	招商银行广州番禺支行

税号	货物名称	数量	单位	组成计税价格（¥）	税率（%）	税款金额（¥）
略	高档化妆品	20	箱	344 470.59	15.0000	51 670.59

金额人民币（大写）	伍万壹仟陆佰柒拾元伍角玖分	合计（¥）	51 670.59

申请单位编号	4401980017	报关单编号	52012011101	填制单位	收款国库（银行）
合同（批文）号	25468479	运输工具（号）	粤珠139	黄埔海关缴款书专用章	招商银行股份有限公司广州番禺支行营业部 2019.12.10 转讫 (19)
缴款期限	2019年5月25日前	提/装货单号	USCHINA4589		
备注	一般征税 USD6.1 国际代码：320400745573807USA			制单人 520926 复核人：罗慧	

第一联：（收据）国库收款签章后交缴款单位或缴款人

从填发缴款书之日起限15日内缴纳（期末遇法定节假日顺延），逾期按日征收税款总额万分之五的滞纳金。

【工作实例2-17】广州南华有限公司从国外购进高档化妆品一批，进价为40 000美元，关税税率假定为20%，增值税税率为13%，假定当日汇率为100美元=610元人民币。高档化妆品可直接对外出售，所有款项均已通过银行支付。

组成计税价格=（40 000+40 000×20%）÷（1-15%）×6.1≈344 470.59（元）

应付买价折合人民币=40 000×6.1=244 000（元）

应纳关税税额=40 000×6.1×20%=48 800（元）

应纳消费税税额=344 470.59×15%≈51 670.59（元）

应纳增值税税额=344 470.59×13%≈44 781.18（元）

采购成本合计=244 000+48 800+51 670.59=344 470.59（元）

做会计分录如下。

借：库存商品　　344 470.59

　　应交税费——应交增值税（进项税额）　　44 781.18

　　贷：银行存款　　389 251.77

二、出口货物退（免）税的核算

（一）出口货物退（免）税的计算

按规定应予退税的出口应税消费品，其退税额的计算分为以下情况。

（1）从量定额征收部分，按货物报关出口的数量计算，公式如下：

应退消费税税额=出口数量×单位税额

（2）从价定率征收部分，按外贸企业从工厂购进货物时征收消费税的价格计算，公式如下：

应退消费税税额=出口货物的工厂销售额×税率

公式中，工厂销售额为不含增值税的销售额；税率和单位税额即征收消费税时所适用的税率和单位税额。

（二）出口货物退（免）税的核算

生产企业直接出口自产应税消费品时，按规定予以免税，不计算应缴消费税，也不需进行消费税的账务处理。

委托外贸企业代理出口应税消费品的生产企业，依据其实际出口数量免征消费税，不予办理退还消费税。但如按规定实行先税后退的办法，应由生产企业先交消费税，待外贸企业办理报关出口后再向税务机关申请退税，所退税款应由外贸企业退还给生产企业。生产企业在计算缴纳消费税时，按应交消费税额，借记“应收账款”科目，贷记“应交税费——应交消费税”科目。应税消费品出口收到外贸企业退回的税金时，借记“银行存款”科目，贷记“应收账款”科目。发生退关、退货而补交已退的消费税，做相反的会计分录。

生产企业将应税消费品销售给外贸企业，由外贸企业自营出口的，双方各自进行如下会计处理。

1．生产企业销售时，反映应纳消费税

借：税金及附加

　　贷：应交税费——应交消费税

2．自营出口外贸企业

（1）申请退税。

借：应收出口退税款

　　贷：主营业务成本

（2）实际收到退款。

借：银行存款

　　贷：应收出口退税款

出口后，若发生退关或退货则做相反的分录。

【工作实例 2-18】爱迪化妆品厂 4 月 20 日将一批自产高档化妆品（消费税税率为 15%，增值税出口退税率假定 13%）销售给英华外贸公司，不含税售价 700 000 元，生产成本 550 000 元。款项以银行存款结清。英华公司 5 月 1 日将该批高档化妆品出口美国，离岸价格 150 000 美元（当日外汇牌价1∶6.3）。

（1）爱迪化妆品厂将高档化妆品售给英华外贸公司。

① 确认收入。

借：银行存款　791 000

　　贷：主营业务收入　700 000

　　　　应交税费——应交增值税（销项税额）　91 000

② 计算应纳消费税。

借：税金及附加　105 000

　　贷：应交税费——应交消费税　105 000

③ 实际缴纳消费税税款。

借：应交税费——应交消费税　105 000

　　贷：银行存款　105 000

④ 结转已销产品成本。

借：主营业务成本　550 000

　　贷：库存商品　550 000

（2）英华外贸公司购入该高档化妆品。

① 验收入库。

借：库存商品　700 000

　　应交税费——应交增值税（进项税额）　91 000

　　贷：银行存款　791 000

② 报关出口化妆品。

借：应收账款——美元户（US$150 000）　945 000

　　贷：主营业务收入　945 000

借：主营业务成本　700 000

　　贷：库存商品　700 000

③ 根据爱迪厂转来有关单据，报关出口后申请退消费税和增值税。

借：应收出口退税款——增值税　91 000

　　　　　　　　　——消费税　105 000

　　贷：应交税费——应交增值税（出口退税）　91 000

　　　　主营业务成本　105 000

④ 收到出口退税。

借：银行存款　196 000

　　贷：应收出口退税款——增值税　91 000

　　　　　　　　　　　——消费税　105 000

【工作实例 2-19】苏州瑞德酒业有限责任公司委托苏州瑞德进出口贸易有限责任公司代理出口一批葡萄酒。葡萄酒的销售额为人民币 30 万元，增值税税率为 13%，增值税退税率为 9%，消费税税率为 10%。瑞德酒业公司委托出口葡萄酒适用先税后退消费税政策。已在主管税务机关办理出口退税的审批手续。其相关会计处理如下。

出口消费品应纳增值税=300 000×9%=27 000（元）

出口消费品应退增值税税额=300 000×9%=27 000（元）

不予退回的增值税=39 000−27 000=12 000（元）

出口消费品应退消费税=300 000×10%=30 000（元）

（1）瑞德酒业公司确认应纳消费税。

借：应收账款　　30 000

　　贷：应交税费——应交消费税　　30 000

（2）瑞德酒业公司确认出口消费品销售额。

借：应收账款　　300 000

　　贷：主营业务收入　　300 000

（3）报关出口办理退税手续后。

借：应收出口退税款——增值税　　27 000

　　　　　　　　　——消费税　　30 000

　　贷：应交税费——应交增值税（出口退税）　　27 000

　　　　应收账款　　30 000

（4）结转不予退还的增值税。

借：主营业务成本　　12 000

　　贷：应交税费——应交增值税（进项税额转出）　　12 000

（5）收到退税税额。

借：银行存款　　57 000

　　贷：应收出口退税款——增值税　　27 000

　　　　　　　　　　　——消费税　　30 000

引例分析

粤华木业公司主营业务是木制地板的生产、进口以及销售，实木地板属于消费税的征税范围。对该公司 5 月的各项业务进行分析如下。

【业务 1】和【业务 2】按项目一增值税购进的会计核算做会计分录，不直接涉及消费税。

【业务 3】为对外正常销售，应确认消费税[45 000×280+111 700÷（1+13%）]×5%≈（12 600 000+98 849.56）×5%=12 698 849.56×5%=634 942.48（元）。另包装箱押金 5.34 万元到期，应确认消费税税额 53 400÷（1+13%）×5%≈47 256.64×5%=2 362.83（元）。

会计分录如下。

（1）销售木地板及收取价外费用。

借：银行存款　　14 349 700.00

　　贷：主营业务收入　　12 698 849.56

　　　　应交税费——应交增值税（销项税额）　　1 650 850.44

（2）包装物押金。

借：其他应付款　　53 400.00

　　贷：其他业务收入　　47 256.64

　　　　应交税费——应交增值税（销项税额）　　6 143.36

借：税金及附加　　2 362.83

　　贷：应交税费——应交消费税　　2 362.83

（3）提取消费税。

借：税金及附加　634 942.48

　贷：应交税费——应交消费税　634 942.48

【业务4】为视同销售，应确认消费税额。

应纳消费税=170 000×（1+5%）÷（1−5%）×5%≈9 394.74（元）

会计分录如下。

借：在建工程　179 394.74

　贷：库存商品　170 000.00

　　应交税费——应交消费税　9 394.74

【业务5】为受托加工，应由公司代扣代缴消费税，应扣消费税税额为（210 000+110 000）÷（1−5%）×5%≈16 842.11（元）。

会计分录如下。

（1）确认收入。

借：银行存款　124 300

　贷：其他业务收入　110 000

　　应交税费——应交增值税（销项税额）　14 300

（2）代收税金。

借：银行存款　16 842.11

　贷：应交税费——应交消费税　16 842.11

【业务6】5月15日销售的木制工艺品一批，不属于消费税的征税范围。

【业务7】该业务属于用消费税已税产品生产应税产品行为，按照规定，可以扣除已纳消费税款，在纳税申报时直接扣除。因此，该笔业务应缴纳消费税为：1 080 000÷（1+13%）×5%−732 000×5%≈47 787.61−36 600=11 187.61（元）。

（1）买材料有关消费税的处理。

购买材料的消费税=732 000×5%=36 600（元）

借：应交税费——应交消费税　36 600

　贷：银行存款　36 600

（2）销售时有关消费税的处理。

销售产品应交消费税=1 080 000÷（1+13%）×5%≈47 787.61（元）

借：税金及附加　47 787.61

　贷：应交税费——应交消费税　47 787.61

（3）实际缴纳税款的处理。

借：应交税费——应交消费税　11 187.61

　贷：银行存款　11 187.61

【业务8】为视同销售，应确认消费税额=2 000×160×5%=16 000（元）

借：销售费用　237 600

　贷：库存商品　180 000

　　应交税费——应交增值税（销项税额）　41 600

　　应交税费——应交消费税　16 000

【业务 9】进口原木不属于消费税征税范围。进口橡木地板应向海关缴纳进口消费税税额，且该消费税直接计入采购成本。

应纳进口消费税税额=3 000 000×（1+30%）÷（1−5%）×5%

≈205 263.16（元）

借：材料采购　　205 263.16

　　贷：银行存款　　205 263.16

【业务 10】工艺品销售不属于消费税征税范围。木地板销售业务应确认消费税=824 000÷（1+13%）×5%≈36 460.18（元）。

借：税金及附加　　36 460.18

　　贷：应交税费——应交消费税　　36 460.18

【业务 11】5 月 31 日销售了两批一次性木筷，其中 5 月 28 日生产的一次性木筷属于消费税的征税范围，故需要缴纳消费税。而 5 月 29 日生产的高档筷子则无须缴纳消费税；销售时一次给予 5%的折扣，并且在同一张发票上注明，该笔业务应确认消费税=10 000×50×（1−5%）×5%=23 750 元。

借：税金及附加　　23 750

　　贷：应交税费——应交消费税　　23 750

【业务 12】期初留抵增值税与消费税没有直接关系。

模块六　纳税申报表的填报

纳税申报的关键任务是填报纳税申报表。国家税务总局先后统一印发了《卷烟批发环节消费税纳税申报表》《酒类应税消费品消费税纳税申报表》《成品油消费税纳税申报表》《电池消费税纳税申报表》《涂料消费税纳税申报表》《其他应税消费品消费税纳税申报表》6 种适用于不同产品的纳税申报表。不同的纳税人应根据自身应税消费品的生产销售情况选择不同的纳税申报表。

一、纳税申报表的填制

现以应用比较广泛的《其他应税消费品消费税纳税申报表》说明消费税纳税申报表的填列方法。

（一）《其他应税消费品消费税纳税申报表》的填报

其他应税消费品消费税纳税人在纳税申报时应使用全国统一的《其他应税消费品消费税纳税申报表》以及相关的 4 个附表。

《其他应税消费品消费税纳税申报表》如表 2-5 所示，表中的数据主要来源于“主营业务收入”账户的贷方本月发生额合计，如有视同销售的应结合“库存商品”账户的贷方发生额分析填列。

表 2-5　**其他应税消费品消费税纳税申报表**

税款所属期：2019 年 5 月 1 日至 2019 年 5 月 31 日

纳税人名称（公章）：粤华木业有限公司　　纳税人识别号：440105733093923283

填表日期：2019 年 6 月 05 日　　金额单位：元（列至角分）

项目 应税消费品名称	适用税率	销售数量	销售额	应纳税额
实木地板	5%	64 400	15 275 798.79	763 789.94
木制一次性筷子	5%	10 000	475 000.00	23 750.00
合计	—	—	—	787 539.94

本期准予抵减税额：36 600 本期减（免）税额： 期初未缴税额：	声明 **此纳税申报表是根据国家税收法律的规定填报的，我确定它是真实的、可靠的、完整的。** 经办人（签章）： 财务负责人（签章）： 联系电话：
本期缴纳前期应纳税额： 本期预缴税额： 本期应补（退）税额：750 939.94 期末未缴税额：750 939.94	（如果你已委托代理人申报，请填写） 授权声明 为代理一切税务事宜，现授权________（地址）________为本纳税人的代理申报人，任何与本申报表有关的往来文件，都可寄予此人。 授权人签章：

以下由税务机关填写

受理人（签章）：　　受理日期：　年　月　日　　受理税务机关（章）：

（二）《本期准予扣除税额计算表》的填报（见表 2-6）

表 2-6　**本期准予扣除税额计算表**

税款所属期：2019 年 05 月 01 日至 2019 年 05 月 31 日

纳税人名称（公章）：粤华木业有限公司　　纳税人识别号：440105733093923283

填表日期：2019 年 06 月 05 日　　金额单位：元（列至角分）

项目	应税消费品名称	实木地板			合计
当期准予扣除的委托加工应税消费品已纳税款计算	期初库存委托加工应税消费品已纳税款				—
	当期收回委托加工应税消费品已纳税款				—
	期末库存委托加工应税消费品已纳税款				—
	当期准予扣除委托加工应税消费品已纳税款				
当期准予扣除的外购应税消费品已纳税款计算	期初库存外购应税消费品买价	732 000			—
	当期购进应税消费品买价				—
	期末库存外购应税消费品买价				—
	外购应税消费品适用税率	5%			—
	当期准予扣除外购应税消费品已纳税款	36 600			36 600
本期准予扣除税款合计		36 600			36 600

（三）《准予扣除消费税凭证明细表》的填报（见表 2-7）

表2-7 准予扣除消费税凭证明细表

税款所属期：2019 年 05 月 01 日至 2019 年 05 月 31 日

纳税人名称（公章）：粤华木业有限公司　　纳税人识别号：440105733093923283

填表日期：2019 年 06 月 05 日　　金额单位：元（列至角分）

应税消费品名称	凭证类别	凭证号码	开票日期	数量	金额	适用税率	消费税税额
实木地板	记		4 月 10 日	12 000	732 000	5%	36 600
合计	—	—	—	—	—	—	36 600

（四）《本期代收代缴税额计算表》的填报（见表 2-8）

表 2-8 本期代收代缴税额计算表

税款所属期：2019 年 05 月 01 日至 2019 年 05 月 31 日

纳税人名称（公章）：粤华木业有限公司　　纳税人识别号：440105733093923283

填表日期：2019 年 06 月 05 日　　金额单位：元（列至角分）

项目 \ 应税消费品名称	实木地板			合计
适用税率	5%			—
受托加工数量	1 400			—
同类产品销售价格				—
材料成本	210 000			—
加工费	110 000			—
组成计税价格	336 842.11			—
本期代收代缴税款	16 842.11			16 842.11

（五）《生产经营情况表》的填报（见表 2-9）

表 2-9 生产经营情况表

税款所属期：2019 年 05 月 01 日至 2019 年 05 月 31 日

纳税人名称（公章）：粤华木业有限公司　　纳税人识别号：440105733093923283

填表日期：2019 年 06 月 05 日　　金额单位：元（列至角分）

项目 \ 应税消费品名称				
生产数量				
销售数量				
委托加工收回应税消费品直接销售数量				
委托加工收回应税消费品直接销售额				
出口免税销售数量				
出口免税销售额				

二、纳税申报表的报送

按照规定的格式填列的消费税纳税申报表应在规定的时间内报送主管税务局，目前主要的报送方式是直接报送和网上申报。直接报送是将纳税申报表直接送达主管税务局的办税服务大厅，由税务工作人员签收。网上报送是目前广泛采用的经济快捷的报送方式，具体操作方法参照增值税网上申报办理。

纳税人无论有无销售额，均应按主管税务机关核定的纳税期限填报纳税申报表，并于次月 1 日至 15 日内，向当地税务机关申报纳税并结清上月应纳税款。

项目小结

我国对 15 种特定应税产品在征收增值税的基础上再征收一道消费税，大部分产品在生产环节征收，部分产品在批发、零售环节征收，进口环节或委托加工也需要缴纳消费税。消费税的计算分为 3 种，视不同的产品而定，分别是从价计征、从量计征与复合计征。企业的消费税支出一般通过“税金及附加”账户核算，其核算内容包括一般销售税金的核算、视同销售税金的核算、委托加工税金的核算、进出口税金的核算，最终填报纳税申报表，并在规定时间内提交给税务机关。出口应税消费品的，可以按照规定申请退税或免税。

项目内容图示

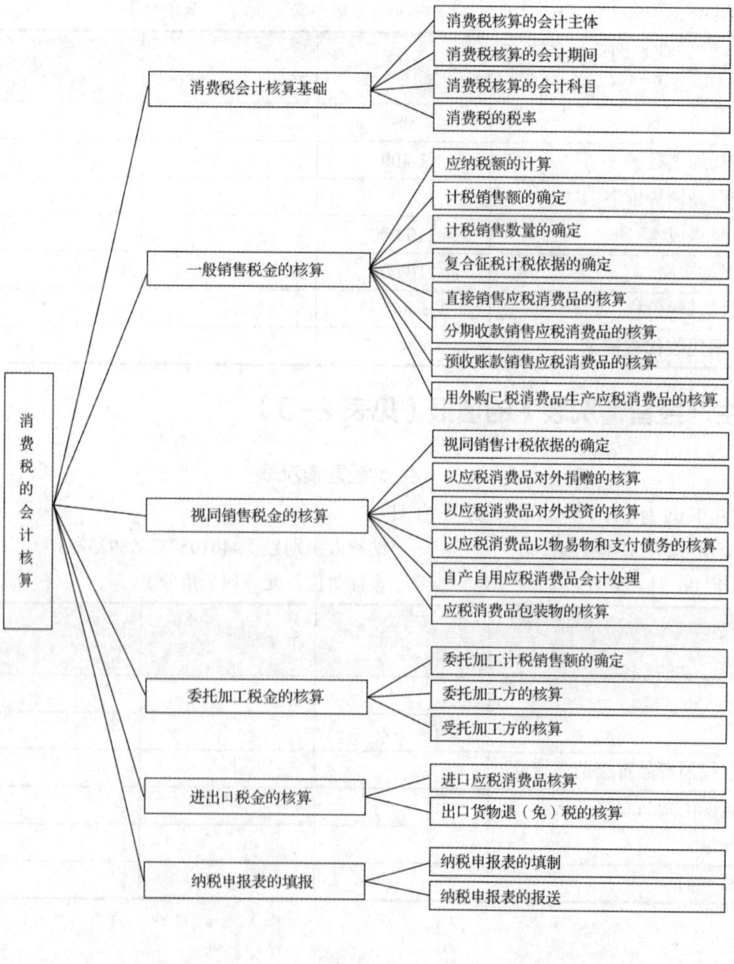

项目三 关税的会计核算

职业能力目标

1. 能计算关税应纳税额并进行会计核算
2. 能准确填写进出口报关单和税款专用缴款书

典型工作任务

1. 判别哪些货物、哪些单位或个人应缴纳关税
2. 根据纳税人的会计记录确定关税的计税依据
3. 根据纳税人的会计记录核算应纳进口关税
4. 根据纳税人的会计记录核算应纳出口关税
5. 填制并报送进出口报关单
6. 根据海关税款缴款书完成关税缴纳

项目引例

广州黑石贸易有限公司关税的纳税申报

广州黑石贸易有限公司主要从事金属材料、五金交电和矿产品的进出口业务，拥有进出口经营权，单位代码为 5235648951，纳税人识别号为 440105984567861618。2019 年 5 月发生的各项业务如下。

【业务 1】从日本购入一批未锻轧锑用于生产，货物于 5 月 5 日运达广州港，该货物采用实际成本计价。该货物的成交价格见商业发票（表 3-1）。运抵广州港的运杂费如表 3-2 所示，保险费率为 0.25%。汇率 1：6.21。

【业务 2】从德国进口一批蓝宝石衬底用于销售，5 月 6 日运抵广州港。商业发票列明的总价款为 EUR 300 000 FOB Hamburg，有关运保费结算清单列明运保费 12 000 欧元，收到进口佣金 9 000 欧元，支付进口港务费 10 000 元和外运劳务费 9 000 元。汇率 1：8.58。原始凭证略。

【业务 3】接受国内一家企业委托代理从美国进口一批人造石墨，5 月 10 日运抵广州港。已收到对方预付进口外汇 110 000 美元。该批货物的到岸价格为 110 000 美元，代理手续费按到岸价格的 5%收取。汇率 1：6.21。原始凭证略。

【业务 4】向美国出口合金生铁 5 吨，以到岸价格 317 360 美元成交，其中境外运费为 4 680 美元，保险费为 2 980 美元。出口佣金为明佣，按 4%计算。收款方式为信用证。汇率 1∶6.21。5 月 15 日运抵广州海关监管场所。原始凭证略。

【业务 5】5 月 20 接受兴隆公司委托出口一批铬铁到荷兰，合同注明成交价格为 68 000 欧元（FOB）。代理手续费为 3%。汇率为 1∶8.58。原始凭证略。

上述业务是在关税的会计核算中常见的，应该怎样进行会计核算？

模块一　关税会计核算基础

典型工作任务：
判别哪些货物、哪些单位或个人应缴纳关税

关税是海关依法对进出关境的货物和物品征收的一种流转税，包括进口关税和出口关税。目前我国对大部分的商品征收进口关税，而只选择对少数商品征收出口关税。因此，我们通常所称的关税主要指进口关税。征收关税可以抵御外来竞争和保护国内产业，是一国（或地区）贯彻对外贸易政策的重要手段，也是经济政策的重要体现。

一、关税核算的会计主体

关税核算的会计主体是负有关税纳税义务的单位和个人。

关税的征税对象是准予进出境的货物和物品，其中货物是指贸易性商品，包括进口商品和出口商品，物品是指入境旅客随身携带的行李物品、个人邮递物品、各种运输工具上的服务人员携带进口的自用物品、馈赠物品以及其他方式进境的个人物品。

关税的纳税人包括两种：一种是贸易性进出口商品的纳税人，另一种是非贸易性进出口物品的纳税人。贸易性进出口商品的纳税人包括进口货物的收货人以及出口货物的发货人。非贸易性进出口物品的纳税人包括该物品的所有人和推定为所有人的人。一般情况下，对于携带进境的物品，推定其携带人为所有人；对分离运输的行李，推定相应的进出境旅客为所有人；以邮递方式进境的物品，推定其收件人为所有人；以邮递或其他运输方式出境的物品，推定其寄件人或托运人为所有人。

实际业务中，进出口关税的会计主体分为生产性企业和流通性外贸企业。根据是否具有进出口经营权，这两类企业的具体业务又可分为享有进出口经营权的企业自营进出口和不拥有进出口经营权委托代理进出口两种情况。

二、关税核算的会计期间

（一）纳税期间

《中华人民共和国海关法》（以下简称《海关法》）规定，进口货物自运输工具申报进境之日起 14 日内，出口货物在货物运抵海关监管区后装货的 24 小时以前，由进出口货物的纳税义务人向货物进（出）境地海关申报。我国进出口货物关税的征收，在报关环节由海关代征，因此，报关环节同时就是关税的纳税申报环节。

（二）缴纳期限

关税纳税义务人应当自海关填发税款缴款书之日起 15 日内（如果遇到税款缴款的最后期限是星期六、星期日或者法定节假日的，则缴款期限自动顺延到下一个工作日），持税款缴款书向银行缴纳税款。

纳税人因不可抗力或者在国家税收政策调整的情形下，不能按期缴纳税款的，经海关总署批准，可以延期缴纳税款，但是最长不得超过 6 个月。纳税人未按期缴纳税款且没有申请延期缴税的，从滞纳税款之日起，按日加收万分之五的滞纳金。

三、关税核算的会计科目

为了准确地反映企业关税的应交、已交、欠交等情况，需要缴纳关税的企业，应在“应交税费”科目下增设“应交关税”明细科目进行会计核算，也可以分别设置“应交进口关税”“应交出口关税”明细科目。“应交关税”明细科目采用三栏式结构，借方核算实际缴纳的关税；贷方核算企业在进出口报关时经海关核准应缴纳的关税；期末贷方余额表示应缴纳而尚未缴纳的关税。不单独核算进口关税的生产企业也可以不设置“应交税费——应交关税”账户，而在实际缴纳关税时，直接借记成本类账户，贷记“银行存款”账户。

对于关税支出的核算，进口关税应直接计入进口货物的成本；出口关税应当计入“税金及附加”科目。

四、关税的税率

我国关税税率是由进出口税则来反映的。进出口税则是一国政府根据国家关税政策和经济政策，通过一定的立法程序制定公布实施的进出口货物和物品应税的关税税率表。进出口税则以税率表为主体，通常还包括实施税则的法令、使用税则的有关说明和附录等。

1．确定进口货物的关税税率

我国进口税则设有最惠国税率、协定税率、特惠税率、普通税率、关税配额税率等税率。其中，最惠国税率适用原产于共同适用最惠国待遇条款的世界贸易组织成员国的进口货物，原产于与我国签订含有相互给予最惠国待遇条款的双边贸易协定的国家和地区的进口货物，以及原产于我国境内的进口货物；协定税率适用原产于与我国签订含有关税优惠条款的区域性贸易协定的国家或者地区的进口货物；特惠税率适用原产于与我国签订含有特殊关税优惠条款的贸易协定的国家或者地区的进口货物；普通税率适用原产于以上所列以外国家或者地区的进口货物，以及原产地不明的进口货物；关税配额税率适用按照国家实行关税配额管理、关税配额内的进口货物。除上述税则税率以外，对进口货物在一定期限内可以实行暂定税率。

适用最惠国税率的进口货物有暂定税率的，应当适用暂定税率；适用协定税率、特惠税率的进口货物有暂定税率的，应当从低适用税率；适用普通税率的进口货物，不适用暂定税率。

2．确定出口货物的关税税率

我国仅对少数资源性产品及高能耗、高污染产品征收出口关税，出口关税税率包括出口税则税率、出口暂定税率和特别出口税率。其中，出口税则税率分 20%、30%、40%、50%共 4 个税级。出口暂定税率是国家为了在短期内鼓励或限制某些商品的出口而设立的税率，在适用税率时，如适用出口税率的货物有暂定税率的，应当适用暂定税率。特别出口关税是对部分商品在出口税则税率的基础上加征的出口关税。

【引例分析——业务1—业务5】

广州黑石贸易有限公司进出口的货物均属于关税的征税范围，因而是进出口关税的会计主体，应就其自营和代理进出口业务进行会计核算。利用 2019 年版《中华人民共和国海关进出口税则》查找确定该公司的进出口货物关税税率，具体如下。

【业务 1】从加拿大进口未锻轧锑的最惠国税率为 3%，2019 年暂定税率为 1%，因此该公司应以 1%的暂定税率缴纳进口关税。

【业务 2】从德国进口蓝宝石衬底的最惠国税率为 4%，2019 年暂定税率为 1%，因此该公司应以 1%的暂定税率缴纳进口关税。

【业务 3】从美国进口人造石墨的最惠国税率为 6.5%，2019 年暂定税率为 3%，因此该公司应以 3%的暂定税率代理缴纳进口关税。

【业务 4】出口到美国的合金生铁 2019 年的税则税率为 20%，无出口暂定税率，因此该公司应以 20%的税率缴纳出口关税。

【业务 5】代理出口到荷兰的铬铁 2019 年的出口税则税率为 40%，暂定税率为 15%，因此该公司应以 15%的暂定税率代理缴纳出口关税。

模块二 一般进口货物关税的核算

一、计税依据的确定

典型工作任务：
根据纳税人的会计记录确定进口关税的计税依据

《中华人民共和国进出口关税条例》第十八条规定，进口货物的完税价格，由海关以符合条件的成交价格以及该货物运抵中华人民共和国境内输入地点起卸前的运输及其相关费用、保险费为基础审查确定。成交价格不能确定时，完税价格由海关依法估定。

（一）成交价格的调整项目

进口货物的成交价格是指卖方向中国境内销售该货物时买方为进口该货物向卖方实付、应付的，并按照规定调整后的价格总额，包括直接支付的价款和间接支付的价款。间接支付通常是指这两种情况：一是由于卖方欠买方债务，在成交价格中扣减的债务；二是卖方欠第三方债务，由买方向第三方间接支付卖方债务。

1．应计入进口货物的成交价格的费用

（1）由买方负担的购货佣金以外的佣金和经纪费；

（2）由买房负担的在审查确定完税价格时与该货物视为一体的容器的费用；

（3）由买方负担的包装材料费用和包装劳务费用；

（4）与该货物的生产和向中国境内销售有关的，由买方以免费或低于成本的方式提供并可以按适当比例分摊的料件、工具、模具、消耗材料及类似货物的价款，以及在境外开发、设计的相关费用。

（5）作为该货物向中国境内销售条件，买方必须支付的、与该货物有关的特许权使用费。

（6）卖方直接或者间接从买方获得的该货物进口后转售、处置或者使用的收益。

2．不应计入成交价格的费用

（1）厂房、机械、设备等货物进口后进行建设、安装、装配、维修和技术服务的费用。

（2）进口货物运抵境内输入地点起卸后的运输及其相关费用、保险费。

（3）进口关税及国内税收。

（二）关税完税价格的计算

进口货物以我国口岸到岸价格（CIF）、到岸价格加佣金价格（CIFC）、到岸价格加战争险价格（CIPW）成交的，经海关审定后，可直接按此实际成交价格作为完税价格。实际业务中较为常见其他成交价格包括：

（1）FOB 价格。以境外口岸离岸价（FOB）成交的，应另加货物从发货口岸到达我国口岸所发生的运杂费和保险费作为关税的关税价格。计算公式如下。

关税完税价格=FOB+运杂费+保险费

或　　　　　　　　　　　=（FOB+运杂费）÷（1−保险费率）

（2）CFR 价格。以成本加运费（CFR）成交的，应另加保险费作为关税价格。计算公式如下。

关税完税价格=CFR÷（1−保险费率）

确定进口货物成交价格的相关原始凭证包括商业发票（见表 3-1）、货运发票（见表 3-2）和保险单等。

表 3–1　　　　**记载成交价格和相关费用的原始凭证（商业发票）**

WINNER STEELS TRADING CO.LTD

THE 1ST STREET，Nagoya

COMMERCIAL INVOICE

To: GUANGZHOU BLACK STONE TRADING CO.LTD
HUAXIAROAD IFC RM3801 ZHUJIANGXINCHENG,
GUANGZHOU 510600,PR.CHINA

Date May.3.2019
Invoice No.2019SDT001
Contract No.WST2019089
L/C No.WST98900

From: Nagoya　　　　**To:** GUANGZHOU

SHIPPING MARK	QUANTITIES AND DESCRIPTIONS	UNIT PRICE	AMOUNET
			FOB Nagoya, JAPAN
N/M	ABOUT 60 CARTONS OF UNFORGING STEELS	USD50.00/KG	USD150 000.00

SAY TOTAL: USD ONE HUNDRED AND FIFTY THOUSAND ONLY.
WE HEREBY CERTIFY THAT THE CONTENTS OF INVOICE HEREIN ARE TURE AND CORRECT.

表 3-2 货运发票

丸全昭和（广州）物流有限公司

Maruzen Showa Logistics Co.,Ltd.

Room M912, Times Square,28 Tianhe North Road,Tianhe District, Guangzhou,P.R.C.

Tel(86)20 38968788 Fax:(86)20 38968788

To: ***Black Stone (Guangzhou) Trading Co.,Ltd.***

FREIGHT INVOICE

EX Montreal To Guangzhou

***Commodity**	**Unforging Antimony**
***Port of Loading**	WINNER STEELS TRADING CO.LTD. THE 1ST STREET，Nagoya
***Port of Discharge**	**Guangzhou**
***ETD**	**2019/05/02**
***Vessel & Voyage**	**OCCL ZHOUSHAN 125S**
***Invoice #**	**2019SDT001**
***Cargo Volume:**	**40HQ × 1**

MONGZ15234 G.W.(KGS) 3009

Freight (Montreal CY/CY –Guangzhou)

(1)	Ocean Freight	USD	370	Per 40HQ	1	RMB	2 297.7
(2)	FAF	USD	280	Per 40HQ	1	RMB	1 738.8
(3)	YAS	USD	45	Per 40HQ	1	RMB	279.45
(4)	SASPick Charge	USD	250	Per 40HQ	1	RMB	1 552.5
(5)	Container Drayage	USD	220	Per 40HQ	1	RMB	1 366.2

Total Amount: **RMB 7 234.65**

USD 6.21

二、自营进口货物关税的会计核算

（一）生产性企业自营进口货物关税的会计核算

典型工作任务：
根据纳税人的会计记录核算应纳进口关税

生产性企业自营进口货物，应以到岸价格（成本、保险费和运费的加总）作为完税价格确定的基础并计算应纳税额。单独核算进口关税的生产企业在计提关税时，借记“材料采购”“原材料”或“固定资产”科目，贷记“应交税费——应交进口关税”科目；缴纳关税时，借记“应交税费——应交进口关税”科目，贷记“银行存款”科目。不单独核算进口关税的企业，一般可以不通过“应交税费——应交进口关税”科目核算，而是将应交进口关税与进口材料的价款、境外运费和保险费、境内费用一并计入进口材料成本。缴纳关税时，借记“材料采购”或“原材料”科目，贷记“银行存款”科目。

【引例分析——业务 1】

【业务 1】的会计处理如下：

（1）接到银行转来单证，支付货款时：

借：在途物资——进口材料采购——未锻轧锑　　931 500

　　贷：银行存款——美元户（$150 000×6.21）　　931 500

（2）支付境外运费和保险费时：

由表 3-2 运费发票可知，货物运抵广州港前的运杂费折合人民币为 7 234.65 元。

保险费=（931 500+7 234.65）÷（1−0.25%）×0.25%≈2 352.72（元）

运费和保险费总额=7 234.65+2 352.72=9 587.37（元）

借：在途物资——进口材料采购——未锻轧锑　　9 587.37

　　贷：银行存款——美元户　　9 587.37

（3）货物到达口岸，计提进口关税，缴纳进口税费时：

关税完税价格=931 500+7 234.65+2 353.72=941 087.37（元）

应交进口关税=941 087.37×1%≈9 410.87（元）

应交进口环节增值税=（941 087.37+9 410.87）×13%≈950 498.24 × 13%=123 564.77（元）

借：在途物资——进口材料采购——未锻轧锑　　9 410.87

　　贷：应交税费——应交进口关税　　9 410.87

借：应交税费——应交增值税（进项税额）　　123 564.77

　　应交税费——应交进口关税　　9 410.87

　　贷：银行存款　　132 975.64

（4）原材料清关后入库时：

借：原材料——未锻轧锑　　950 498.24

　　贷：在途物资——进口材料采购——未锻轧锑　　950 498.24

（二）外贸企业自营进口货物关税的会计核算

外贸企业自营进口货物的，按应纳的进口关税，借记“在途物资”或“库存商品”科目，贷记“应交税费——应交进口关税”科目；缴纳关税时，借记“应交税费——应交进口关税”，贷记“银行存款”科目。不单独核算关税的外贸企业也可以直接借记“材料采购”，贷记“银行存款”“应付账款”等科目。

【引例分析——业务 2】

【业务 2】的会计处理如下：

（1）接到银行传来境外单据，经审核无误支付境外货款时：

借：在途物资——进口商品采购——蓝宝石衬底　　2 574 000

　　贷：银行存款——欧元户（€300 000×8.58）　　2 574 000

（2）收到运保费结算清单，支付运保费时：

借：在途物资——进口商品采购——蓝宝石衬底　　102 960

　　贷：银行存款——欧元户（€12 000×8.58）　　102 960

（3）收到进口佣金时：

借：银行存款——欧元户（€9 000×8.58）　　77 220

　　贷：在途物资——进口商品采购——蓝宝石衬底　　77 220

（4）货物到港，计提关税和消费税时：

关税完税价格=2 574 000+102 960−77 220=2 599 740（元）

进口关税=2 599 740×1%=25 997.4（元）

进口环节消费税=（2 599 740+25 997.4）÷（1−10%）×10%=291 748.6（元）

借：在途物资——进口商品采购——蓝宝石衬底　　317 746

　　贷：应交税费——应交进口关税　　25 997.40

　　　　　　　　——应交进口消费税　　291 748.60

（5）缴纳税费（关税、消费税和增值税）时：

应交进口环节增值税=（2 599 740+25 997.4）÷（1−10%）×13%≈379 273.18（元）

借：应交税费——应交进口关税　　25 997.40

　　　　　　——应交进口消费税　　291 748.60

　　　　　　——应交增值税（进项税额）　　379 273.18

　　贷：银行存款　　697 019.18

（6）支付进口港务费和外运劳务费时：

借：在途物资——进口商品采购——蓝宝石衬底　　19 000

　　贷：银行存款——人民币户　　19 000

（7）进口货物清关入库时：

借：库存商品——库存进口商品——蓝宝石衬底　　2 936 486

　　贷：在途物资——进口商品采购——蓝宝石衬底　　2 936 486

三、代理进口货物关税的会计核算

在代理进口业务中，作为受托方的外贸企业向海关缴纳的关税只是代垫代付款项，将向委托方如数收回。因此外贸企业代理进口业务在缴纳进口关税时，应借记“应交税费——应交进口关税”账户，贷记“银行存款”账户；收到委托方交来的税款时，借记“银行存款”账户，贷记“预收账款”账户。

【引例分析——业务 3】

【业务 3】的会计处理如下：

（1）收到委托单位预付进口外汇时：

借：银行存款——美元户（$110 000×6.21）　　683 100

　　贷：预收账款——委托单位　　683 100

（2）收到进口单证向境外支付货款时：

借：预收账款——委托单位　　683 100

　　贷：银行存款——美元户（$110 000×6.21）　　683 100

（3）计算缴纳代理进口商品相关税费时：

应交进口关税=683 100×3%=20 493（元）

应交进口增值税=（683 100+20 493）×13%=91 467.09（元）

借：应交税费——应交进口关税　　20 493

　　　　　　——应交增值税（进项税额）　　91 467.09

贷：银行存款　　111 960.09

借：预收账款——委托单位　　111 960.09

贷：应交税费——应交进口关税　　20 493

——应交增值税（进项税额）　　91 467.09

（4）向委托单位结算代理手续费时：

手续费收入=683 100×5%=34 155（元）

销项税额=34 155÷（1+6%）×6%≈1 993.30（元）

借：预收账款——委托单位　　34 155

贷：其他业务收入——代销代购收入　　32 221.70

应交税费——应交增值税（销项税额）　　1 933.30

（5）收到委托单位的结欠款时：

借：银行存款　　146 115.09

贷：预收账款——委托单位　　146 115.09

模块三　出口货物关税的核算

一、计税依据的确定

出口货物的完税价格，由海关以该货物向境外销售的成交价格为基础审查确定，并应包括货物运至我国境内输出地点装卸前的运输和相关费用、保险费，但其中包括的出口关税税额，应当扣除。

我国出口货物完税价格相当于贸易术语离岸价格（FOB）减去出口关税。在会计核算中，出口完税价格相当于主营业务收入贷方减去出口关税。其计算公式为

> **典型工作任务：**
> 根据纳税人的会计记录确定出口关税的计税依据

出口货物完税价格=FOB 价格÷（1+出口关税税率）

以 CFR 价格（境外口岸成本加运费）成交的，其关税完税价格计算公式为

出口货物完税价格=（CFR−运费）÷（1+出口关税税率）

以 CIF 价格（境外口岸到岸价格）成交的，其关税完税价格计算公式为

出口货物完税价格=（CIF−运费−保险费）÷（1+出口关税税率）

确定出口货物成交价格的相关原始凭证包括商业发票、货运发票和保险单等。

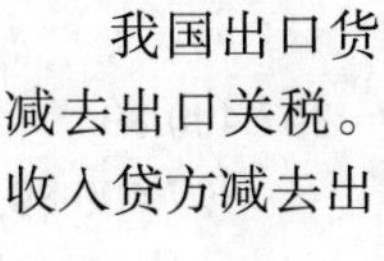

二、自营出口货物关税的会计核算

生产企业或外贸企业的自营出口业务，应在“税金及附加”账户下核算出口产品应缴纳的关税，并在期末将发生的关税转入“本年利润”账户。同时，在“应交税费”账户下设“应交税费——应交出口关税”账户。计提关税时，借记“税金及附加”账户，贷记“应交税费——应交出口关税”账户；缴纳关税时，借记“应交税费——应交出口关税”账户，贷记“银行存款”账户。企业也可以不通过“应交税费——应交出口关税”账户核算，直接在缴纳关税时借记“税金及附加”账户，贷记“银行存款”账户。

> **典型工作任务：**
> 根据纳税人的会计记录核算应纳出口关税

【引例分析——业务4】

【业务4】的会计分录如下：

（1）发出货物，向银行办妥交单手续时：

借：应收账款——应收外汇账款——××客户（$317 360×96%×6.21）　1 891 973.38

　　主营业务收入——自营出口销售收入——佣金（$317 360×4%×6.21）　78 832.22

　　贷：主营业务收入——自营出口销售收入——合金生铁　1 970 805.60

（2）支付运费和保险费时：

运保费=（4 680+2 980）×6.21=47 568.60（元）

借：主营业务收入——自营出口销售收入——合金生铁　47 568.60

　　贷：银行存款——美元户（$7 660×6.21）　47 568.60

（3）计提出口关税时：

出口货物关税关税价格=（1 970 805.6−78 832.22−47 568.60）÷（1+20%）≈1 537 004（元）

应交出口关税税额=1 537 004×20%=307 400.80（元）

借：税金及附加　307 400.80

　　贷：应交税费——应交出口关税　307 400.80

（4）实际缴纳出口关税时：

借：应交税费——应交出口关税　307 400.80

　　贷：银行存款　307 400.80

（5）收到银行结汇水单时：

借：银行存款　1 891 973.38

　　贷：应收账款——应收外汇账款——××客户　1 891 973.38

（6）期末结转缴纳关税时：

借：本年利润　307 400.80

　　贷：税金及附加　307 400.80

三、代理出口货物关税的会计核算

外贸企业作为受托方缴纳的出口关税属于代收代缴款项。出口计提关税时，借记“应付账款”账户，贷记“应交税费——应交出口关税”账户。缴纳出口关税时，应借记“应交税费——应交出口关税”账户，贷记“银行存款”账户；收到委托方交来的税款时，借记“银行存款”账户，贷记“应收账款”账户。

【引例分析——业务5】

【业务5】的会计分录如下：

（1）办理出口交单时：

借：应收账款——应收外汇账款（€68 000×8.58）　583 440

　　贷：应付账款——兴隆公司　583 440

（2）确认并代缴出口关税时：

应交出口关税=583 440÷（1+15%）×15%≈76 100.87（元）

借：应付账款——兴隆公司　76 100.87

　　贷：应交税费——应交出口关税　76 100.87

借：应交税费——应交出口关税　　76 100.87

　　贷：银行存款　　76 100.87

（3）出口收汇时：

借：银行存款　　583 440

　　贷：应收账款——应收外汇账款　　583 440

（4）确认收入时：

借：应付账款——兴隆公司（583 440×3%）　　17 503.20

　　贷：其他业务收入——代销代购收入　　16 512.45

　　　　应交税费——应交增值税（销项税额）　　990.75

（5）清算代理款项时：

借：应付账款——兴隆公司　　489 835.93

　　贷：银行存款——人民币户　　489 835.93

模块四　进出口报关单的填报和税款的缴纳

典型工作任务：

根据进出口记录填报报关单和完成税款缴纳

我国进出口货物关税的征收，在报关环节由海关代征，因此，报关环节同时就是关税的纳税申报环节。我国《海关法》规定，进口货物自运输工具申报进境之日起 14 日内，出口货物在货物运抵海关监管区后装货的 24 小时以前，由进出口货物的纳税义务人向货物进（出）境地海关申报，并应自海关填发税款缴款书之日起 15 日内，向指定银行缴纳税款。

一、填报进出口报关单

进出口货物报关单是指进出口货物收发货人或其代理人，按照海关规定的格式对进出口货物的实际情况做出书面申明，以此要求海关对其货物按适用的海关制度办理通关手续的法律文书。它既是海关监管、征税、统计以及开展稽查和调查的重要依据，又是出口退税和外汇管理的重要凭证。

【引例分析——业务 1、业务 4 进出口报关单的填制】

根据业务 1 和业务 4，广州黑石贸易有限公司填制进口报关单如表 3-3 和表 3-4 所示。

表 3–3　中华人民共和国海关进口货物报关单

预录入编号：020600993　　海关编号：　　页码/页数：

境内收货人 广州黑石贸易有限公司 5235648951	进境关别 广州海关（5100）	进口日期 20190505	申报日期	备案号
境外收货人 WINNER STEELS TRADING CO.LTD	运输方式 海运	运输工具名称及航次号	提运单号 KHLPCL20084315	货物存放地点
消费使用单位 广州黑石贸易有限公司 5235648951	贸易方式 一般贸易（0110）	征免性质 一般征税（101）	许可证号	启运港 Nagoya
合同协议号 WST2014089	贸易国（地区） 日本	启运国（地区） 日本	经停港	入境口岸 广州

续表

包装种类 纸箱	件数 60	毛重（千克） 3009	净重（千克） 3000	成交方式 FOB	运费 2/1	保费 0.25/1	杂费
随附单证及编号 随附单证 1：　　随附单证：2							
标记唛码及备注							

项号	商品编号	商品名称及规格型号	数量及单位	单价/总价/币制	原产国（地区）	最终目的国（地区）	境内目的地	征免
1	81101010	未锻轧锑	3 000 千克	50.00/150 000/USD	日本	中国	广州	
2								
3								
4								
5								
6								
7								

特殊关系确认：　价格影响确认：　支付特许权使用费确认：　自报自缴：

报关人员　报关人员证号　电话 兹申明以上内容承担如实申报、依法纳税之法律责任 申报单位　申报单位（签章）	海关批注及签章

表 3-4　**中华人民共和国海关出口货物报关单**

预录入编号：020600994　海关编号：　页码/页数：

境内收货人 广州黑石贸易有限公司 5235648951	进境关别 广州海关（5100）	进口日期	申报日期 20190523	备案号
境外收货人	运输方式 海运	运输工具名称及航次号 OCCLZHOUSHAN 1255	提运单号	
生产销售单位	监管方式 一般贸易（0110）	征免性质 一般征税（101）	许可证号	
合同协议号 WBIO50842D	贸易国（地区） 美国	运抵国（地区） 美国	指运港 纽约	离境口岸 广州

包装种类	件数	毛重（千克）	净重（千克）	成交方式 CIF	运费 02/29062.80/3	保费 502/18505.80/3	杂费
随附单证及编号 随附单证 1：　　随附单证：2							
标记唛码及备注							

项号	商品编号	商品名称及规格型号	数量及单位	单价/总价/币制	原产国（地区）	最终目的国（地区）	境内货源地	征免
1	7201500010	合金生铁	5 吨	63470/317360/USD	中国	美国		
2								

续表

项号	商品编号	商品名称及规格型号	数量及单位	单价/总价/币制	原产国（地区）	最终目的国（地区）	境内货源地	征免
3								
4								
5								
6								
7								
特殊关系确认：		价格影响确认：		支付特许权使用费确认：		自报自缴：		
报关人员　报关人员证号　电话 兹申明以上内容承担如实申报、依法纳税之法律责任 申报单位　申报单位（签章）					海关批注及签章			

知识窗

“之日”的规定

参照《中华人民共和国民法》第一百五十四条的内容，按日、月、年计算期间，开始的当天不计入，从下一天开始计算。其间最后一天的截止时间为24时，有业务时间的，到停止业务活动的时间截止。因此，在实际计算缴款期限时，“之日”应从第二日起算。

二、进出口关税的缴纳

（一）确定纳税时间和地点

纳税义务人应当自海关填发税款缴款书之日起 15 日内（如果遇到税款缴款的最后期限是星期六、星期日或者法定节假日的，则缴款期限自动顺延到下一个工作日），持税款缴款书向银行缴纳税款。

纳税人因不可抗力或者在国家税收政策调整的情形下，不能按期缴纳税款的，经海关总署批准，可以延期缴纳税款，但是最长不得超过6个月。纳税人未按期缴纳税款且没有申请延期缴税的，从滞纳税款之日起，按日加收万分之五的滞纳金。

（二）税款的缴纳方式

缴纳关税，可采取两种方式。

一是柜台支付。报关员在 POP 查询到“缴纳税费”的信息，即可到税费核注窗口领取税款缴款书去银行缴纳税费。目前，我国境内设立的各商业银行均可经收海关税款，纳税人一般可以通过自己的开户银行，将税款缴纳至当地国库或经理处。

二是网上支付。纳税义务人可通过中国电子口岸数据平台办理进出口税费的缴纳手续。

【引例分析——业务 1、业务 4 进出口关税的缴纳】

广州黑石贸易公司 5 月收到业务 1 和业务 4 的关税专用缴款书（其业务的缴款书略），该公司需自海关填发税款缴款书之日起 15 日内完成关税的缴纳入库。

项目小结

关税是海关依法对进出关境的货物和物品征收的一种流转税。具有关税纳税义务的单位和个人是关税核算的会计主体。关税的会计核算分为生产性企业自营进出口业务核算和代理进出口业务核算，以及外贸企业自营进出口业务核算和代理进出口业务核算。关税会计核算的基本流程是：首先利用关税税则查找进出口货物的适用税率，然后根据原始凭证确定关税的依据，核算应纳关税税额，进行会计分录的编写，最后填制进出口报关单和根据海关税款专用缴款书完成税款的缴纳。

项目内容图示

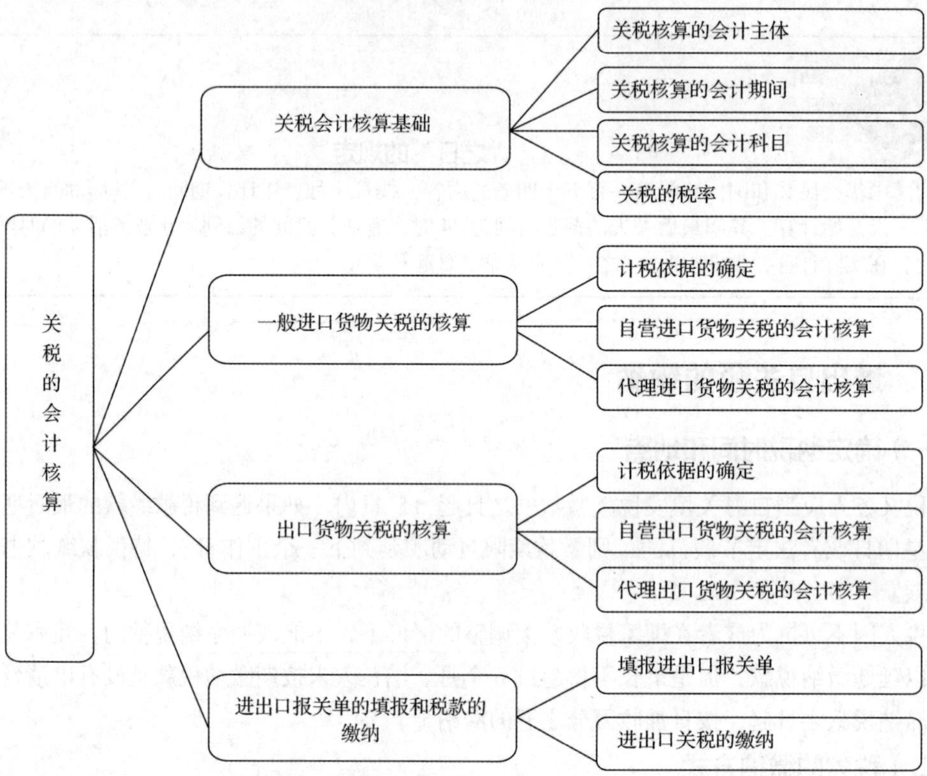

项目四
企业所得税的会计核算

职业能力目标

1. 能对各项应税收入、扣除项目进行会计核算
2. 能计算各项目的税收金额和纳税调整额
3. 能计算企业所得税应纳税额并进行会计核算
4. 能准确填写企业所得税申报表

典型工作任务

1. 判别哪些单位应缴纳企业所得税
2. 核算收入项目业务并计算应税收入
3. 核算扣除项目业务并计算扣除限额
4. 完成月度所得税费用核算
5. 计算全年应纳税所得额
6. 核算所得税费用
7. 填制并报送企业所得税纳税申报表
8. 核算缴纳的税款

项目引例

嘉膳食品有限公司企业所得税的纳税申报

嘉膳食品有限公司为居民企业，主要从事食品零售、批发，统一社会信用代码为 914401050000366281。所得税税率为 25%，增值税税率为 13%，该企业采用应付税款法核算。该公司 2019 年 11 月开办，11 月利润表无发生额。2019 年 12 月发生的各项业务如下。

【业务 1】12 月 1 日销售食品一批，货款 100 万元（不含增值税），收到购货方开出转账支票一张。该批食品成本为 60 万元。

【业务 2】12 月 2 日出租仓库，本月租金 5 000 元，收到现金。

【业务3】12月8日向广告公司支付广告费用10万元，已收到发票，并从银行转账支付。

【业务4】12月10日开出转账支票一张，支付销售人员误餐补贴9 000元。

【业务5】12月12日从银行转账支付水电费30 000元，其中销售部20 000元，管理部门10 000元。

【业务6】12月15日管理人员乙报销业务招待费用8 000元，以现金支付。

【业务7】12月19日向有意进行联营的单位支付赞助费1 000万元，用于办理联营事务，开出转账支票一张。

【业务8】12月21日货车司机因违反交通规则，被交管局罚款200元，以现金缴纳。

【业务9】12月25日计提本月工资，其中管理人员30 000元，销售部人员10 000元。

【业务10】12月25日计提本月应缴城建税7 000元，教育费附加3 000元。

【业务11】12月31日全部固定资产均已投入使用，按直线法计提本月固定资产折旧，管理用固定资产20 000元，销售部固定资产50 000元，出租仓库2 000元。

【业务12】12月31日持有A股票1 000股，成本为每股5元。不准备长期持有，12月31日，每股市价5.5元。

上述业务是企业日常会计核算中常见的，该企业当月应该怎样进行会计核算呢？又应当如何计算本年度的企业所得税呢？

模块一　企业所得税会计核算基础

> **典型工作任务**
> 判别哪些单位应缴企业所得税

企业所得税是指对我国境内的企业和其他取得收入的组织的生产经营所得和其他所得征收的所得税。我国于2007年3月16日第十届全国人民代表大会第五次会议通过《中华人民共和国企业所得税法》（以下简称《企业所得税法》），自2008年1月1日起施行。征收企业所得税的目的是调节纳税人的收入水平。

一、企业所得税核算的会计主体

在我国境内，企业和其他取得收入的组织（以下统称企业）为企业所得税的纳税人，应按规定缴纳企业所得税。但并不包括个人独资企业和合伙企业。

依法应该缴纳企业所得税的企业为企业所得税核算的会计主体，需要进行企业所得税的会计核算。应该缴纳所得税的企业具体分为居民企业和非居民企业两类。

（1）居民企业是指依法在中国境内成立，或者依照外国（地区）法律成立但实际管理机构在中国境内的企业。

（2）非居民企业，是指依照外国（地区）法律成立且实际管理机构不在中国境内，但在中国境内设立机构、场所的，或者在中国境内未设立机构、场所，但有来源于中国境内所得的企业。

非居民企业在中国境内设立机构、场所的，应当就其所设机构、场所取得的来源于中国境内的所得，以及发生在中国境外但与其所设机构、场所有实际联系的所得，缴纳企业所得税。非居民企业在中国境内未设立机构、场所的，或者虽设立机构、场所但取得的所得与其所设机构、场所没有实际联系的，应当就其来源于中国境内的所得缴纳企业所得税。

本项目以居民企业所发生的经济业务为例，进行会计处理介绍。

二、企业所得税核算的会计期间

企业所得税按纳税年度计算。纳税年度自公历1月1日起至12月31日止。

企业在一个纳税年度中间开业或者终止经营活动，使该纳税年度的实际经营期不足12个月

相关链接

中华人民共和国企业所得税实施细则

的，应当以其实际经营期为一个纳税年度。企业依法清算时，应当以清算期间作为一个纳税年度。

企业所得税会计核算应当按照权责发生制的规定，于每月月末计提当月应承担的所得税费用，并按税法规定的缴纳期限缴纳该纳税期间应缴企业所得税税款。年度终了时，按资产负债表债务法确定本年度的所得税费用，并对本年已计提金额进行调整。

（一）纳税期间

按照税法规定，企业所得税按年计算，按月或季预缴，年终汇算清缴，多退少补。

预缴，是指企业在还不能准确核算一个纳税年度应交所得税时，为了保证税款及时入库，先采取对一个月或一个季度内应纳税所得额的实际发生数计算缴纳税款，或以上一年度应纳税所得额按月或按季的平均数计算缴纳税款。

汇算清缴，是指在年度终了后，对全年应纳税所得额进行结算，全年应纳税款如果小于预缴总数，多缴的就予以退还；如果大于预缴总款，少缴的就予以补缴。

（二）缴纳期限

（1）企业所得税分月或者分季预缴。企业应当自月份或者季度终了之日起 15 日内，向税务机关报送预缴企业所得税纳税申报表，预缴税款。

（2）企业应当自年度终了之日起 5 个月内，向税务机关报送年度企业所得税纳税申报表，并汇算清缴，结清应缴应退税款。

三、企业所得税核算的会计科目

为了准确地反映企业所得税的应交、已交、欠交等情况，需要缴纳企业所得税的企业，应在“应交税费”科目下增设“应交企业所得税”明细科目进行会计核算，该科目属于负债类科目。“应交企业所得税”明细科目采用三栏式账户记账，借方核算实际缴纳的企业所得税；贷方核算按规定应缴纳的企业所得税；期末贷方余额表示尚未缴纳的企业所得税，借方余额表示多缴纳的企业所得税。

为反映当期应承担的企业所得税费用，设置“所得税费用”科目进行核算，该科目属于损益类科目。借方核算本期应计提金额，贷方核算转入“本年利润”的所得税费用；期末无余额。

采用资产负债表债务法时，为核算根据所得税会计准则确认的可抵扣暂时性差异产生的递延所得税资产，设置“递延所得税资产”科目，该科目为资产类科目。为核算根据所得税会计准则确认的应纳税暂时性差异产生的递延所得税负债，设置“递延所得税负债”科目，为负债类科目。

四、企业所得税的税率

我国现行企业所得税税目税率如表 4-1 所示。

表 4–1　　企业所得税税目税率表

税目	税率	适用范围
基本税率	25%	居民企业；在中国境内设立机构、场所的非居民企业
优惠税率	20%	符合条件的小型微利企业
	15%	国家重点扶持的高新技术企业
低税率	20%（减按10%征收）	国家规划布局内的重点软件企业和集成电路设计企业；非居民企业在中国境内未设立机构、场所的，或者虽设立机构、场所但取得的所得与其所设机构、场所没有实际联系的，应就其来源于中国境内的所得计征（预提所得税税率）

自 2019 年 1 月 1 日至 2021 年 12 月 31 日，符合规定条件的小型微利企业，年应纳税所得额低于 100 万元、100 万元到 300 万元的部分，分别减按 25%、50%计入应纳税所得额，按 20%的税率缴纳企业所得税；自 2018 年 1 月 1 日起，对经认定的技术先进型服务企业（服务贸易类），减按 15%的税率征收企业所得税。

模块二　收入项目的核算

一、收入总额的确认与核算

按照《中华人民共和国企业所得税法》的规定，企业以货币形式和非货币形式从各种来源取得的收入，为收入总额。具体包括以下内容。

（1）销售货物收入，指企业销售库存商品、产成品、半成品、原材料、包装物、低值易耗品以及其他货物取得的收入。

（2）提供劳务服务收入，指企业从事建筑安装、交通运输、仓储、邮政、信息传输、计算机服务、住宿、餐饮、金融、商务服务、科学研究、技术服务、地质勘查、水利管理、环境管理、公共设施管理、居民服务、教育、卫生、社会保障、社会福利、文化、体育、娱乐和其他劳务服务活动取得的收入。

（3）转让财产收入，指企业转让固定资产、无形资产、股权、股票、债券、债权等所取得的收入。

（4）股息、红利等权益性投资收益，指企业凭借权益性投资从被投资方分配取得的收入，包括股息、红利、联营分利等。

（5）利息收入，指企业将资金提供他人使用或他人占用本企业资金所取得的利息收入，包括存款利息、贷款利息、债券利息、欠款利息等收入。

（6）租金收入，指企业提供固定资产、包装物和其他资产的使用权取得的收入。

（7）特许权使用费收入，指企业提供专利权、非专利技术、商标权、著作权以及其他特许权的使用权而取得的收入。

（8）接受捐赠收入，指企业接受捐赠的货币和非货币资产。

（9）其他收入，包括企业资产盘盈或溢余收入、罚款收入、逾期未返还的包装物押金、因债权人原因确实无法支付的应付款项、债务重组收入、非货币性资产交换实现的收入、政府补助（财政拨款、税收返还等）、视同销售收入、依法收取并纳入财政管理的行政事业性收费和政府性基金、已做坏账损失处理后又收回的应收账款，以及国务院规定的其他收入。

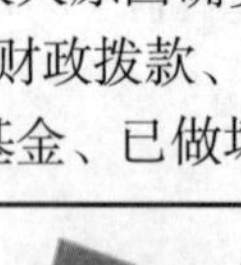

知识窗

视同销售收入

企业发生非货币性资产交换，以及将货物、财产、劳务用于捐赠、偿债、赞助、集资、广告、样品、职工福利或者利润分配等用途的，应当视同销售货物、转让财产或者提供劳务，但国务院财政、税务主管部门另有规定的除外。

议一议： 运输公司收取运输费和装卸费是否属于应缴企业所得税的收入范围呢？

在企业会计核算中，上述收入应分别按相关会计规定进行账务处理。

下面以粤海服装有限公司情况为例说明。

粤海服装有限公司的基本情况

粤海服装有限公司为增值税一般纳税人，于 2016 年 2 月成立，主要从事服装的生产和销售，统一社会信用代码为 91440105733092228 2。企业所得税税率为 25%，属查账征收企业，每季预缴，年终汇算清缴。2018 年年末未分配利润为-150 万元，2019 年 1—11 月部分明细账如表 4-2 所示。

表 4-2　　2019 年 1—11 月部分明细账　　单位：元

总分类账户	明细分类账户	1—11 月发生额	
		借方	贷方
主营业务收入	服装		10 194 251.26
其他业务收入			110 000.00
	仓库出租		110 000.00
主营业务成本	服装	6 701 702.70	
其他业务成本	仓库出租	18 050.00	
税金及附加		173 302.27	
财务费用		12 229.10	
	手续费	12 229.10	
管理费用		1 412 190.55	
	工资	483 200.00	
	社保	62 816.00	
	福利	356 636.40	
	业务招待费	30 000.00	
	折旧	78 704.56	
	办公用品	105 230.69	
	车辆费用	196 146.40	
	工会经费	29 700.00	
	职工教育经费	69 756.50	
销售费用		663 230.91	
	广告费	33 000.00	
	业务招待	83 533.91	
	车辆租赁费	5 952.00	
	工资	386 500.00	
	社保	154 245.00	
生产成本		7 977 145.34	
	原材料	6 222 822.14	
	工资	1 319 040.00	
	公积金	263 808.00	
	社保	171 475.20	
制造费用		712 703.90	
	水费	63 121.74	
	电费	122 854.84	
	劳保费	5 538.85	
	工资	201 520.00	
	社保	26 197.60	
	折旧	293 470.87	

1—11月的会计利润为1 323 545.73元。2019年12月发生的各项业务如下。

典型工作任务

根据纳税人的各项收入进行会计核算

【工作实例4-1】 12月2日向广州南粤有限公司销售一批自产服装，货款100万元，增值税160 000元，货款未收。其原始凭证如表4-3所示。

企业做如下会计分录。

借：应收账款　　1 130 000

　　贷：主营业务收入　　1 000 000

　　　　应交税费——应交增值税（销项税额）　　130 000

【工作实例4-2】 12月3日为广州南粤有限公司设计厂服，收取服装设计费5 000元。（假设不考虑其他税费）企业做如下会计分录。

借：银行存款　　5 000

　　贷：其他业务收入——设计费　　5 000

【工作实例4-3】 向固丰电子有限公司出售一套旧设备，原值30 000元，已提折旧10 000元，售价25 000元，（假设不考虑其他税费）企业做如下会计分录。

（1）出售设备。

借：固定资产清理　　20 000

　　累计折旧　　10 000

　　贷：固定资产　　30 000

（2）收到设备款。

借：银行存款　　25 000

　　贷：固定资产清理　　25 000

（3）结转清理。

借：固定资产清理　　5 000

　　贷：资产处置损益　　5 000

表4-3　　**产品销售收入的原始凭证**

4400134140　　广东增值税专用发票　　**№ 05583232**

此联不作报销、扣税凭证使用　　开票日期：2019年12月2日

购货单位	名　　称：	广州南粤有限公司				密码区	7/17<36-67*423<>22+4　加密版本:01		
	纳税人识别号：	9144011131027836508					5*03-<0-4327*/>452+-　4400134140		
	地 址、电 话：	广州市白云区沙太路96号					5*03-<0-4327*/>452+-		
	开户行及账号：	工行广州白云支行440306611845866					249-82154<>4*/->4651　**05560101**		
货物或应税劳务名称		规格型号	单位	数量	单价		金额	税率	税额
工作服		女装 男装	套 套	1 000 1 000	500 500		500 000 500 000	13%	65 000 65 000
合计							¥1 000 000		¥130 000
价税合计		⊗壹佰壹拾叁万元整					（小写）¥1 130 000		
销货单位	名　　称：	粤海服装有限公司				备注			
	纳税人识别号：	9144010573309222282							
	地 址、电 话：	广州市番禺区清河东路320号							
	开户行及账号：	招行广州番禺支行200882954810102							

第一联：记账联　销货方记账凭证

收款人：　　复核：　　开票人：黄丽婵　　销货单位：（章）

【工作实例 4-4】上月购入上市 A 公司股票 10 000 股，12 月 15 日 A 公司宣告发红利 0.3 元/股（税后），企业做如下会计分录。

借：应收股利 3 000

贷：投资收益 3 000

请注意：股息、红利等权益性投资收益，除国务院财政、税务主管部门另有规定外，按照被投资方做出利润分配决定的日期确认收入的实现。

【工作实例 4-5】21 日收到银行存款利息入账回单，本季存款利息 1 500 元，企业做如下会计分录。

借：银行存款 1 500

贷：财务费用——利息收入 1 500

【工作实例 4-6】向广元装饰有限公司出租一栋仓库，租期 3 年，每月租金 10 000 元，12 月 10 日收取本月租金（假设不考虑其他税费）。企业做如下会计分录。

借：银行存款 10 000

贷：其他业务收入——出租仓库 10 000

> 边学边练
>
> 判断嘉膳食品有限公司本月应如何核算收入、成本、费用

【工作实例 4-7】参加时装展览会，获得奖项，收到举办方奖励 10 000 元。（假设不考虑其他税费）企业做如下会计分录。

借：银行存款 10 000

贷：营业外收入——奖金 10 000

【工作实例 4-8】员工甲违反安全生产制度，按规定从工资中扣罚 200 元，企业做如下会计分录。

借：应付职工薪酬 200

贷：营业外收入——罚款 200

【工作实例 4-9】企业持有 A 股票 1 000 股，成本为每股 10 元。不准备长期持有，12 月 31 日，每股市价 11 元。企业做如下会计分录。

借：交易性金融资产——公允价值变动 1 000

贷：公允价值变动损益 1 000

请注意：对资产期末的公允价值变动，进行会计账务处理时，计入利润总额，但是税法在计算收入总额时并没有包含。

二、不征税收入的确认与核算

（一）财政拨款

财政拨款是指财政部门根据法律法规等有关规定，经过预算程序对国家机关以及事业单位、社会团体、企业直接拨付的经费。企业实际收到的财政拨款中的财政补贴和税收返还等，按照现行会计准则的规定，属于政府补助的范畴，与企业日常活动相关的政府补助，应当按照经济业务实质，计入其他收益或冲减相关成本费用，与企业日常活动无关的政府补助，应当计入营业外收支。除企业取得的所得税返还（退税）和出口退税的增值税进项外，一般作为应税收入征收企业所得税。

（二）行政事业性收费和政府性基金

行政事业性收费是指国家机关、事业单位、代行政府职能的社会团体及其他组织根据法律法规等有关规定，依照国务院规定程序批准，在实施社会公共管理以及在向公民、法人提供特定公共服务过程中，向特定对象收取的费用。

政府性基金是各级人民政府及其所属部门根据法律、国家行政法规和中共中央、国务院有关文件的规定，为支持某项事业发展，按照国家规定程序批准，向公民、法人和其他组织征收的具有专项用途的资金，包括各种基金、资金、附加以及专项收费等。

（三）其他不征税收入

其他不征税收入是指企业取得的，由国务院财政、税务主管部门规定专项用途并经国务院批准的财政性资金。

【工作实例 4-10】12 月 25 日，因承办该市政府举办专项活动，收到财政部门拨付财政性资金 30 000 元，并有规定资金专项用途的资金拨付文件和管理要求。企业做如下会计分录。

借：银行存款　　30 000

　　贷：营业外收入　　30 000

这项收入虽然在计算企业所得税时不计入应税收入中，但从企业财务会计的角度，根据会计准则应该记入收入项目，纳税申报时再进行调整。

三、免税收入的确认与核算

（1）国债利息收入，指企业持有国务院财政部门发行的国债取得的利息收入。如属转让国债所得应缴纳所得税。

（2）符合条件的居民企业之间的股息、红利等权益性投资收益。股息、红利是指居民企业直接投资于其他居民企业取得的投资收益，如属债权性投资利息所得则要缴纳所得税。

（3）在中国境内设立机构、场所的非居民企业从居民企业取得与该机构、场所有实际联系的股息、红利等权益性投资收益。上述企业是指连续持有居民企业的股权在 12 个月及以上、境内投资收益。

（4）符合条件的非营利组织的收入。

【工作实例 4-11】12 月 15 日，收到国债到期利息收入 50 000 元。企业做如下会计分录。

借：银行存款　　50 000

　　贷：投资收益　　50 000

同理，这项收入虽然在计算企业所得税时是免税的，但从企业财务会计的角度，根据会计准则应该记入收入项目，纳税申报时再进行调整。

模块三　扣除项目的核算

一、准予扣除项目的核算

企业实际发生的与取得收入有关的、合理的支出，包括成本、费用、税金、损失和其他支出，准予在计算应纳税所得额时扣除。准予扣除的具体项目包括以下内容。

（一）成本

成本是指企业在生产经营活动中发生的销售成本、销货成本、业务支出以及其他耗费。

（二）费用

费用是指企业在生产经营活动中发生的三大期间费用，即销售费用、管理费用和财务费用，已经计入成本的有关费用（如制造费用）除外。

（三）税金

税金是指企业发生的除企业所得税和允许抵扣的增值税以外的消费税等各项税金及其附加。包含按会计准则核算的记入“税金及附加”和“管理费用”科目的税金及附加。不包括不应由企业直接负担的税金，既不包括承担职工应负担的个人所得税，也不包括增值税和企业所得税。

（四）损失

损失是指企业在生产经营活动中发生的固定资产和存货的盘亏、毁损、报废损失，转让财产损失，呆账损失，坏账损失，自然灾害等不可抗力因素造成的损失以及其他损失。企业发生的损失，减除责任人赔偿和保险赔款后的余额，依照国务院财政、税务主管部门的规定扣除。企业已经作为损失处理的资产，在以后纳税年度又全部收回或者部分收回时，应当计入当期收入。

（五）其他支出

其他支出是指除成本、费用、税金、损失外，企业在生产经营活动中发生的与生产经营活动有关的、合理的支出。

议一议： 上述内容是否均在会计损益类账户中核算呢？

企业在发生上述业务时，应按相应会计准则或制度的规定进行业务核算。

【**工作实例 4-12**】承工作实例 4-1，向广州南粤有限公司销售的自产服装成本为 66 万元。产品出库单如表 4-4 所示。

表 4–4　　**产品出库单**

2019 年 12 月 2 日　　第 1 号

编号	名称	规格	单位	数量	单位成本	金额	备注
1	工作服	女装	套	1 000	330	330 000	南粤
2	工作服	男装	套	1 000	330	330 000	南粤
	合　计			2 000		660 000	

记账联

记账 李玉兰　　发货　　制单 方伟

月末结转已销产品成本时，企业应做如下会计分录。

借：主营业务成本　　660 000

　　贷：库存商品　　660 000

【**工作实例 4-13**】本月计提应缴城市维护建设税 7 000 元，教育费附加 3 000 元。企业应做如下会计分录。

借：税金及附加　　10 000

　　贷：应交税费——城市维护建设税　　7 000

　　　　应交税费——教育费附加　　3 000

【**工作实例 4-14**】承工作实例 4-6，向广元装饰有限公司出租的仓库，本月应计提折旧 5 000 元。（假设不考虑其他税费）企业应做如下会计分录。

借：其他业务成本　　5 000
　　贷：累计折旧　　5 000

二、限定扣除条件项目的核算

对上述准予扣除成本、费用、税金、损失和其他支出项目，企业所得税法还对其中部分项目的扣除标准做了限制性或鼓励性的规定。企业发生该项业务时，应按会计准则或制度规定进行处理，在模块四计算本年应交税金时，对超标准列支的和加计扣除的金额做纳税调整。

请注意：以下所列举的税法规定的扣除限额，均以全年发生额来计算。在本月发生该项业务时，会计处理按照单位实际业务进行处理，无须考虑该限额。为方便大家学习其各项规定对应的正常业务处理，以下逐一对应列示。

（一）职工工资、薪金

实际发生的合理的职工工资、薪金准予据实扣除。这是指企业每一纳税年度支付给在本企业任职或者受雇的员工的所有现金形式或者非现金形式的劳动报酬，包括基本工资、奖金、津贴、补贴、年终加薪、加班工资，以及与员工任职或者受雇有关的其他支出。企业安置残疾人员的，符合条件的，可在按照支付给残疾职工工资据实扣除的基础上，在计算应纳税所得额时按照支付给残疾职工工资的 100%加计扣除。

典型工作任务
核算纳税人的扣除项目业务并计算扣除限额

【工作实例 4-15】12 月 25 日，计提本月工资，其中生产工人 100 000 元，车间管理人员 10 000 元，厂部管理人员 30 000 元，销售部人员 10 000 元。企业做如下会计分录。

借：生产成本——直接人工　　100 000
　　销售费用——工资　　10 000
　　管理费用——工资　　30 000
　　制造费用——工资　　10 000
　　贷：应付职工薪酬——应付工资　　150 000

（二）职工福利费、工会经费和职工教育经费

（1）企业发生的职工福利费支出，不超过工资薪金总额 14%的部分，准予扣除。

（2）企业拨缴的工会经费，不超过工资薪金总额 2%的部分，准予扣除。

（3）企业发生的职工教育经费支出，不超过工资薪金总额 8%的部分，准予扣除；超过部分，准予在以后纳税年度结转扣除。

【工作实例 4-16】12 月 26 日，开出转账支票一张，支付员工饭堂费用 9 000 元。企业做如下会计分录。

借：管理费用——福利费　　9 000
　　贷：银行存款　　9 000

【工作实例 4-17】12 月 26 日，分别按工资总额的 2%和 8%，计提本月工会费用 3 000 元和职工教育经费 12 000 元。企业做如下会计分录。

借：管理费用——工会经费　　3 000
　　贷：应付职工薪酬——工会经费　　3 000
借：管理费用——职工教育经费　　12 000
　　贷：应付职工薪酬——职工教育经费　　12 000

（三）社会保险费（五险一金）

（1）企业依照国务院有关主管部门或者省级人民政府规定的范围和标准为职工缴纳的基本养老保险费、基本医疗保险费、失业保险费、工伤保险费、生育保险费等基本社会保险费和住房公积金，准予扣除。

（2）企业为投资者或者职工支付的补充养老保险费、补充医疗保险费，在国务院财政、税务主管部门规定的范围和标准内，准予扣除。

（3）企业依照国家有关规定为特殊工种职工支付的人身安全保险费。

【工作实例 4-18】12 月 26 日，计提本月单位按规定标准应承担的社保费，其中生产工人 20 000 元，管理人员 6 000 元，销售部人员 2 000 元，车间管理人员 2 000 元。企业做如下会计分录。

借：生产成本——社保　　20 000
　　销售费用——社保　　2 000
　　管理费用——社保　　6 000
　　制造费用——社保　　2 000
　　贷：应付职工薪酬——社保　　30 000

（四）利息费用

（1）非金融企业向金融企业借款的利息支出、金融企业的各项存款利息支出和同业拆借利息支出，准予扣除。

（2）非金融企业向非金融企业借款的利息支出，不超过按照金融企业同期同类贷款基准利率计算的数额的部分，准予扣除，超过部分不允许扣除。

【工作实例 4-19】12 月 26 日，收到建设银行扣划本月贷款利息 70 000 元回单。企业做如下会计分录。

借：财务费用——利息支出　　70 000
　　贷：银行存款　　70 000

（五）业务招待费

企业实际发生的与经营活动有关的业务招待费，按实际发生额的 60%扣除，但最高不得超过当年销售（营业）收入的 5‰，即双重约束标准。

【工作实例 4-20】12 月 27 日，管理人员乙报销业务招待费 3 000 元，以现金支付。企业做如下会计分录。

借：管理费用——业务招待费　　3 000
　　贷：库存现金　　3 000

（六）广告费和业务宣传费

企业发生的符合条件的广告费和业务宣传费支出，除国务院财政、税务主管部门另有规定外，不超过当年销售（营业）收入 15%的部分，准予扣除；超过部分，准予在以后纳税年度结转扣除。

2016 年 1 月 1 日至 2020 年 12 月 31 日，化妆品制造或销售、医药制造和饮料制造（不含酒类制造）企业发生的广告费和业务宣传费支出，不超过当年销售（营业）收入 30%的部分，准予扣除；超过部分，准予在以后纳税年度结转扣除；对签订广告费和业务宣传费分摊协议（以下简称分摊协议）的关联企业，其中一方发生的不超过当年销售（营业）收入税前扣除限额比例内的广告费和业务宣传费支出可以在本企业扣除，也可以将其中的部分或全部按照分摊协议归集至另一方扣除。另一方在计算本企业广告费和业务宣传费支出企业所得税税前扣除限额时，可将按照上述办法归集至本企业的广告费和业务宣传费不计算在内；烟草企业的烟草广告费和业务宣传费支出，一律不得在计算应纳税所得额时扣除。

【工作实例 4-21】12 月 27 日，向红日广告有限公司支付广告费用 6 000 元，开出转账支票支付。企业做如下会计分录。

借：销售费用——广告费　　6 000
　　贷：银行存款　　6 000

（七）租赁费

（1）以经营租赁方式租入固定资产而发生的租赁费，按租赁年限均匀扣除。

（2）融资租赁发生的租赁费不得直接扣除，按规定构成融资租入固定资产价值的部分应当提取折旧费用，分期扣除。

【工作实例 4-22】12 月 27 日，向东方运输有限公司租入一辆货车，租期 1 年，本月应付租金 2 000 元，未支付。企业做如下会计分录。

借：销售费用——车辆租赁费　　2 000
　　贷：应付账款——东方运输有限公司　　2 000

（八）劳动保护费

企业发生的合理的劳动保护支出，准予扣除。

【工作实例 4-23】12 月 27 日，向华润百货有限公司购入一批车间使用的劳动保护用品，金额 1 500 元，以现金支付。企业做如下会计分录。

借：制造费用—劳保费　　1 500
　　贷：库存现金　　1 500

（九）捐赠支出

企业发生的公益性捐赠支出，在年度会计利润总额 12%以内的部分，准予在计算应纳税所得额时扣除，超过年度利润总额 12%的部分，准予结转以后三年内在计算应纳税所得额时扣除。公益性捐赠，是指企业通过公益性社会团体或者县级以上人民政府及其部门，用于《中华人民共和国公益事业捐赠法》规定的公益事业的捐赠，且必须取得中央或省级财政部门统一印制的捐赠票据。非公益性捐赠不得在税前扣除。

【工作实例 4-24】12 月 27 日，通过红十字会向贫困地区小学捐赠 20 000 元助学费，收到财政部门统一印制的捐赠票据（见表 4-5），从银行转账支付。

表 4–5　　**广东省公益事业捐赠票据**

2019 年 12 月 27 日　　NO　0003211

捐赠者	粤海服装有限公司		货币种类	人民币	
捐赠项目	助学捐款				
项目（捐赠现金或实物）	单位	规格	数量	单价	金额
现金					20 000
合计	¥ 20 000				
金额合计	零佰零拾贰万零仟零佰零拾零元零角零分				

接收单位：　　主管：　　收款人：张小娴

企业做如下会计分录。

借：营业外支出　　20 000

　　贷：银行存款　　20 000

（十）固定资产的折旧费

固定资产按照直线法计算的折旧，准予扣除。企业应当自固定资产投入使用月份的次月起计算折旧；停止使用的固定资产，应当自停止使用月份的次月起停止计算折旧。

企业应当根据固定资产的性质和使用情况，合理确定固定资产的预计净残值。固定资产的预计净残值一经确定，不得变更。

固定资产计算折旧的最低年限如下。

（1）房屋、建筑物，为20年。

（2）飞机、火车、轮船、机器、机械和其他生产设备，为10年。

（3）与生产经营活动有关的器具、工具、家具等，为5年。

（4）飞机、火车、轮船以外的运输工具，为4年。

（5）电子设备，为3年。

如企业计提折旧时，年限短于上述规定，则多计提部分需要在计算应缴所得税时做纳税调整。

另外，企业在2018年1月1日至2020年12月31日期间新购进的设备、器具，单位价值不超过500万元的，允许一次性计入当期成本费用在计算应纳税所得额时扣除，不再分年度计算折旧；单位价值超过500万元的，仍按企业所得税法实施条例、《财政部　国家税务总局关于完善固定资产加速折旧企业所得税政策的通知》（财税〔2014〕75号）、《财政部　国家税务总局关于进一步完善固定资产加速折旧企业所得税政策的通知》（财税〔2015〕106号）等相关规定执行。

【工作实例4-25】12月30日，全部固定资产均已投入使用，按直线法计提本月固定资产折旧，房屋建筑物按25年，机器设备按10年，办公设备按5年，计提本月生产用设备折旧20 000元，管理用固定资产折旧40 000元。（本例不含工作实例4-14的折旧）企业做如下会计分录。

借：制造费用——折旧　　20 000

　　管理费用——折旧　　40 000

　　贷：累计折旧　　60 000

三、不得扣除项目的核算

（一）向投资者支付的股息、红利等权益性投资收益款项

股息、红利不能混入工资、薪金支出，向投资者支付的股息、红利等权益性投资收益款项不得扣除。对于如分红、借款利息支出等与受雇无关不具有合理性的项目不得作为工资、薪金支出列支。

对以前年度未分配利润进行分配时，应借记“利润分配——未分配利润”账户，贷记“应付股利”账户。计算会计利润总额时，不涉及利润分配科目，因此对该项业务会计与税法的要求一致。

【工作实例4-26】12月3日，经股东大会决议，对上年未分配利润进行分配，2元/股，共分配100万元。企业做如下会计分录。

借：利润分配——未分配利润　　1 000 000

　　贷：应付股利　　1 000 000

（二）企业所得税税款

在计提所得税款时，借记“所得税费用”账户。会计利润总额计算时未包含该账户，因此会计在计算所得税费用时同样不扣除税款，此处会计处理与税法一致。

（三）税收滞纳金

税务部门等的滞纳金、罚款和被没收财务等损失不得扣除。

【工作实例 4-27】12 月 13 日，因遗失发票，被税务局罚款 100 元。企业做如下会计分录。

借：营业外支出——罚款　　100

　　贷：银行存款　　100

（四）罚金、罚款和被没收财物的损失

这是指纳税人违反国家有关法律、法规规定，被有关部门处以的罚款以及被司法机关处以的罚金和被没收财物。本处指受行政部门处罚，对于合同违约补偿金、银行罚息等在经济活动中正常发生的罚款可税前扣除。

【工作实例 4-28】12 月 13 日，因过期支付银行贷款利息，银行扣除逾期利息 1 000 元，企业做如下会计分录。

借：营业外支出——罚款　　1 000

　　贷：银行存款　　1 000

（五）赞助支出

非广告性质的赞助支出一律不得扣除，不得扣除的赞助支出是指企业发生的与生产经营活动无关的各种非广告性质支出。

【工作实例 4-29】12 月 25 日，支付服饰行业商会赞助费 23 000 元，从银行转账支付。企业做如下会计分录。

借：营业外支出——赞助支出　　23 000

　　贷：银行存款　　23 000

（六）未经核定的准备金支出

这是指不符合国务院财政、税务主管部门规定的各项资产减值准备、风险准备等准备金支出，不包括计提的环境保护和生态恢复方面的准备金。坏账准备金、存货跌价准备金、长期股权投资减值准备金、固定资产减值准备、在建工程、减值准备和无形资产减值准备等资产减值准备计提当年不得扣除，只能在实际发生年度据实扣除。

【工作实例 4-30】12 月 30 日，库存商品中的一批服装已过时，账面成本为 10 000 元，市场价 5 000 元，企业对其计提存货跌价准备 5 000 元。企业做如下会计分录。

借：资产减值损失　　5 000

　　贷：存货跌价准备——服装　　5 000

（七）与取得收入无关的其他支出

如为取得不征税收入而支付的费用等。

【工作实例 4-31】承工作实例 4-10，承办该市政专项活动，用现金支付场地布置费用 8 000 元。企业做如下会计分录。

借：营业外支出——市政活动支出　　8 000

　　贷：库存现金　　8 000

（八）商业保险费的扣除

除国务院财政、税务主管部门规定可以扣除的其他商业保险费外，企业为投资者或者职工支付的商业保险费，不得扣除。

【工作实例 4-32】12 月 26 日，向中国人民保险公司购入员工商业保险费 3 000 元，开出转账支票支付。企业做如下会计分录。

借：管理费用——其他　　3 000
　贷：银行存款　　3 000

四、月末会计账目处理

每月末，按会计相关规定，需要将损益类账户结转本年利润，结转后，损益账户的期末余额为零。其中“本年利润”账户如为贷方发生额，则表明当月有利润，如为借方发生额，则为亏损。

【工作实例 4-33】12 月 31 日，根据上述业务结转本年利润。

借：主营业务收入　　1 000 000
　其他业务收入　　15 000
　营业外收入　　40 200
　资产处置损益　　5 000
　投资收益　　53 000
　公允价值变动损益　　1 000
　贷：主营业务成本　　660 000
　　其他业务成本　　5 000
　　营业外支出　　52 100
　　税金及附加　　10 000
　　资产减值损失　　5 000
　　财务费用　　68 500
　　管理费用　　106 000
　　销售费用　　20 000
　　本年利润　　187 600

【工作实例 4-34】12 月 30 日登记明细账，将工作实例 4-1～工作实例 4-32 记入明细账，并计算全年发生额，具体如表 4-6 所示（本表为更清晰反映各明细情况，暂不登记工作实例 4-33）。

表 4-6　　单位：元

总分类账户	明细分类账户	12 月发生额		全年发生额合计	
		借方	贷方	借方	贷方
主营业务收入	服装		1 000 000		11 194 251.26
其他业务收入			15 000		125 000
	设计费		5 000		5 000
	租金		10 000		120 000
营业外收入			40 200		40 200
	奖金		10 000		10 000
	罚款		200		200
	政府补助		30 000		30 000
资产处置损益	固定资产清理		5 000		5 000
投资收益			53 000		53 000
	股利		3 000		3 000
	国债利息		50 000		50 000

续表

总分类账户	明细分类账户	12月发生额		全年发生额合计	
		借方	贷方	借方	贷方
公允价值变动损益	交易性金融资产		1 000		1 000
主营业务成本		660 000		7 361 702.7	
其他业务成本		5 000		23 050	
营业外支出		52 100		52 100	
	捐赠	20 000		20 000	
	税务局罚款	100		100	
	银行罚款	1 000		1 000	
	赞助	23 000		23 000	
	市政活动支出	8 000		8 000	
税金及附加		10 000		183 302.27	
资产减值损失	存货跌价准备	5 000		5 000	
财务费用		70 000		82 229.1	1 500
	手续费			12 229.1	
	利息收入		1 500	0	1 500
	利息支出	70 000		70 000	
管理费用		106 000		1 518 190.55	
	工资	30 000		513 200	
	社保	6 000		68 816	
	福利	9 000		365 636.4	
	业务招待费	3 000		33 000	
	折旧	40 000		118 704.56	
	办公用品			105 230.69	
	车辆费用			196 146.4	
	工会经费	3 000		32 700	
	职工教育经费	12 000		81 756.5	
	其他	3 000		3 000	
销售费用		20 000		683 230.91	
	广告费	6 000		39 000	
	业务招待			83 533.91	
	车辆租赁费	2 000		7 952	
	工资	10 000		396 500	
	社保	2 000		156 245	
生产成本		120 000		8 097 145.34	
	原材料			6 222 822.14	
	工资	100 000		1 419 040	
	公积金			263 808	
	社保	20 000		191 475.2	

续表

总分类账户	明细分类账户	12 月发生额		全年发生额合计	
		借方	贷方	借方	贷方
制造费用		33 500		746 203.9	
	水费			63 121.74	
	电费			122 854.84	
	劳保费	1 500		7 038.85	
	工资	10 000		211 520	
	社保	2 000		28 197.6	
	折旧	20 000		313 470.87	

五、各项目的税收金额的确定

> **边学边练**
> 判断项目引例中嘉膳食品有限公司应如何计算税收金额

在计算出本月及本年的会计利润总额后，应对其收入、扣除项目的税收金额进行计算确认。其中税收金额应按上述税法规定进行计算，主要有包含以下两点。

（1）分析本年收入中不征税的收入和免税收入。

（2）分析计算本年扣除项目中可按税法规定列支的金额和不能税前扣除的金额。

【工作实例 4-35】根据收入的全年发生额，按税法规定计算应税收入如表 4-7 所示。

表 4–7　　计算应税收入　　单位：元

收入总额	账面列支金额	税收金额	收入确认	纳税调整
服装销售收入	11 194 251.26	11 194 251.26	应税收入	否
设计费收入	5 000	5 000	应税收入	否
租金收入	120 000	120 000	应税收入	否
固定资产清理收入	5 000	5 000	应税收入	否
奖金收入	10 000	10 000	应税收入	否
罚款收入	200	200	应税收入	否
政府补助收入	30 000	0	不征税收入	调减
股利收入	3 000	3 000	应税收入	否
国债利息收入	50 000	0	免税收入	调减
公允价值变动损益	1 000	0	非收入总额范围	调减

【工作实例 4-36】根据各项目全年发生额，按税法规定计算上述各项具体扣除项目的标准如表 4-8 所示。

表 4–8　　计算各项具体扣除项目的标准　　单位：元

各具体扣除项目	账面列支金额	税前扣除限额	限额计算过程及依据	是否超限额
工资	2 540 260	2 540 260	本年实际列支并发放 2 540 260	否
福利费	365 636.4	355 636.4	=2 540 260×0.14	超 10 000 元
工会经费	32 700	50 805.2	=2 540 260×0.02	否
职工教育经费	81 756.5	203 220.8	=2 540 260×0.08	否

续表

各具体扣除项目	账面列支金额	税前扣除限额	限额计算过程及依据	是否超限额
社保	444 733.8	444 733.8	按规定标准缴纳，据实扣除	否
贷款利息	70 000	70 000	向金融企业借款利息据实扣除	否
业务招待费	116 533.91	56 596.26	（11 194 251.26+125 000）×0.005=56 596.26 =116 533.91×0.6=69 920.35	超 59 937.65
广告费	39 000	1 697 887.69	（11 194 251.26+125 000）×0.15	否
车辆租赁费	7 952	7 952	经营租赁，按租赁年限均匀扣除	否
劳保费	7 038.85	7 038.85	合理支出，准予扣除	否
公益性捐赠	20 000	181 337.49	=会计利润总额（1 511 145.73×0.12）	否
折旧	432 175.43	432 175.43	符合折旧计提要求，据实扣除	否

注：其中会计利润=（1 月利润-11 月利润）1 323 545.73+（12 月利润）187 600=1 511 145.73（元）。相关知识详见本模块项目 4 和项目 5 内容。

【工作实例 4-37】根据各项目全年发生额，按税法规定计算上述不得扣除项目的标准如表 4-9 所示。

表 4-9　　计算不得扣除项目的标准　　单位：元

不得扣除项目	账面金额	税前扣除限额	依据	纳税调增金额
商业保险	3 000	0	商业保险不得扣除	3 000
分派股利	0	0	向投资者支付股利不得扣除	0
税务罚款	100	0	行政机关罚款不得扣除	100
银行罚款	1 000	1 000	经济合同违约金可以扣除	0
赞助支出	23 000	0	赞助支出不得扣除	23 000
资产减值损失	5 000	0	未经核定的准备金不得扣除	5 000
不征税收入的支出	8 000	0	不征税收入的支出不得扣除	8 000
合计	40 100	1 000		39 100

议一议：某公司直接捐赠给受灾群众的食品、药品、被服，能否在税前扣除呢？

模块四　应交税金的核算

一、亏损弥补

税法规定，企业纳税年度发生的亏损，准予向以后年度结转，用以后年度的所得弥补，高新技术企业和科技型中小企业亏损结转年限最长不得超过 10 年，其他企业结转年限最长不得超过五年。在计算本年应交所得税时，如以前年度有亏损，则按此项规定扣除后计算应交金额。

典型工作任务

完成月度所得税费用核算

会计核算时，年末将“本年利润”账户的余额结转“利润分配——未分配利润”账户，如年初“利润分配——未分配利润”为负数，即为亏损，本年利润贷方余额结转后，未分配利润即为弥补后的余额。

【工作实例 4-38】2018 年年末未分配利润为-150 万元，2019 年 1～11 月的会计利润为 1 323 545.73 元。计算企业 12 月可弥补以前年度亏损。

可弥补以前年度亏损=1 500 000-1 323 545.73=176 454.27（元）

二、当月应交所得税的核算

企业分月或者分季预缴企业所得税时，应当按照月度或者季度的实际利润额预缴；按照月度或者季度的实际利润额预缴有困难的，可以按照上一纳税年度应纳税所得额的月度或者季度平均额预缴，或者按照经税务机关认可的其他方法预缴。预缴方法一经确定，该纳税年度内不得随意变更。

在月末进行会计核算时，应按税务机关认可的办法进行所得税款的计算，并借记“所得税费用”科目，贷记“应交税费——应交企业所得税”。

【工作实例 4-39】企业按月度实际利润预缴所得税，12 月 31 日计提本月承担的企业所得税费用，12 月利润 187 600 元，所得税税率为 25%。计算本月应预缴所得税。

应预缴企业所得税=（187 600-176 454.27）×0.25≈2 786.43（元）

企业做如下会计分录。

借：所得税费用　　2 786.43

　　贷：应交税费——应交企业所得税　　2 786.43

请注意：12 月月末应按规定进行月度或季度申报和预缴。全年汇算清缴工作一般在年后完成。

三、年终汇算清缴的应纳税所得额计算

在计算应纳税所得额时，根据现行汇算清缴的要求，一般采用间接计算方法。其计算公式如下：

应纳税所得额=会计利润总额±纳税调整项目金额

纳税调整项目主要分成调增和调减项目。对应收入类项目，账载金额少于税收金额为调增，相反则为减少；对应扣除项目，账载金额大于税收金额为调增，相反为调减。

纳税调整增加额主要包括税法规定允许扣除项目中，企业已计入当期费用但超过税法规定扣除标准的金额（如超过税法规定标准的职工福利费、工会经费、职工教育经费、业务招待费、公益性捐赠支出、广告费和业务宣传费等），以及企业已计入当期损益但税法规定不允许扣除项目的金额（如税收滞纳金、罚金、罚款等）。

纳税调整减少额主要包括按税法规定允许弥补的亏损和准予免税的项目，如前五年或十年内未弥补亏损、国债利息收入和符合条件的居民企业取得的股息、红利等权益性投资收益等。

另外，企业如果发生研发费用，按规定可以加计扣除，具体规定如下。

（1）企业开发新技术、新产品、新工艺发生的研发费用，可以在计算应纳税所得额时加计扣除。自 2018 年 1 月 1 日至 2020 年 12 月 31 日未形成无形资产的，在据实扣除的基础上，再加计扣除 75%，形成无形资产的，按照无形资产成本的 175%在税前摊销。除法律另有规定外，摊销年限不得低于 10 年。

（2）自 2018 年 1 月 1 日起，企业委托境外进行研发活动所发生的费用，按照费用实际发生额的 80%计入委托方的委托境外研发费用。委托境外研发费用不超过境内符合条件的研发费用三分之二的部分，可以按规定在企业所得税前加计扣除。

【工作实例 4-40】根据工作实例 4-35～工作实际 4-37，计算收入和扣除项目的纳税调整额。

纳税调整项目金额=−30 000−50 000−1 000+59 937.65+10 000+39 100=28 037.65（元）

【工作实例 4-41】企业全年会计利润为 1 511 145.73 元，弥补亏损 150 万元，根据工作实例 4-36 和工作实例 4-40，计算本年应纳税所得额。

应纳税所得额=1 511 145.73−1 500 000+28 037.65=39 183.38（元）

四、居民企业的全年应纳税额的计算

应纳税额的计算公式如下：

应纳税额=应纳税所得额×适用税率−减免税额−抵免税额

公式中的减免税额和抵免税额，是指依照企业所得税法和国务院的税收优惠规定减征、免征和抵免的应纳税额。

典型工作任务
计算全年应纳税所得额

减免税主要包括：①符合条件的小型微利企业；②国家需要重点扶持的高新技术企业；③民族自治地方的企业应缴纳的企业所得税中属于地方分享的部分；④过渡期税收优惠。

抵免税额主要包括：①企业购置用于环境保护专用设备的投资额抵免的税额；②企业购置用于节能节水专用设备的投资额抵免的税额；③企业购置用于安全生产专用设备的投资额抵免的税额；④境外所得抵扣税额。

企业购置用于环境保护、节能节水、安全生产等专用设备的投资额，其设备投资额的 10%可以从企业当年的应纳所得税额中抵免；当年不足抵免的，可以在以后 5 个纳税年度结转抵免。

企业取得的下列所得已在境外缴纳的所得税税额，可以从其当期应纳税额中抵免，抵免限额为该项所得依照企业所得税法规定计算的应纳税额；超过抵免限额的部分，可以在以后 5 个年度内，用每年度抵免限额抵免当年应抵税额后的余额进行抵补。

（1）居民企业来源于中国境外的应税所得。

（2）非居民企业在中国境内设立机构、场所，取得发生在中国境外但与该机构、场所有实际联系的应税所得。

抵免限额应当分国（地区）不分项计算：

抵免限额=中国境内、境外所得依照企业所得税法和条例规定计算的应纳税总额×来源于某国（地区）的应纳税所得额÷中国境内、境外应纳税所得总额。

【工作实例 4-42】承工作实例 4-41，企业的所得税税率为 25%，本年已缴企业所得税为 2 786.43 元。计算本年的应纳所得税和应补缴企业所得税。

应纳所得税=39 183.38×25%≈9 795.85（元）

应补缴企业所得税=9 795.85−2 786.43=7 009.42（元）

对此补缴 7 009.42 元的会计处理，应按下面模块五的介绍进行核算。

模块五 所得税费用的核算

一、永久性差异与暂时性差异

永久性差异是指某一会计期间，由于会计制度和税法在计算收益、费用或损失时的口径不同，所产生的税前会计利润与应纳税所得额之间的差异。这种差异在本期发生，不会在以后各期转回。

如工作实例 4-36 中，业务招待费会计账面列支是 116 533.91 元，按税法税前扣除限额是 56 596.26 元，两者相差 59 937.65 元。在计缴本年所得税时，59 937.65 元不可以作为扣除项目，必须做纳税调增。即使本年确实支付了该业务招待费用，且日后也不能在税前扣除，因此属于永久性差异。

典型工作任务
核算所得税费用

暂时性差异是指企业的税前会计利润和纳税所得虽然计算的口径一致，但由于二者的确认时间不同而产生的差异。这种差异在某一时期产生以后，虽应按税法规定在当期调整，使之符合计税所得计算的要求，但可以在以后一期或若干期内转回，最终使得整个纳税期间税前会计利润和纳税所得相互一致。

在工作实例 4-37 中，资产减值损失中列支了存货跌价准备 5 000 元，在计算本年利润总额前扣除。从计算口径角度来看，存货的损耗不管从会计还是税法的角度都可以在计算利润或应纳税所得额时扣除，但税法规定必须在该项损失实际发生时扣除，因此须在存货出售时才能确认成本和计算损失，所以只有当该存货出售时，售价低于成本的损失才能在计算应纳税所得额时列支。所以该项跌价准备属于暂时性差异。

对此，会计处理目前主要有应付税款法和资产负债表债务法。

二、应付税款法的核算

应付税款法是指将本期的账面会计利润与纳税所得之间的差异，直接计入当期损益，而不递延到以后各期的方法。对暂时性差异和永久性差异处理相同。应交所得税的金额即为所得税费用的金额。

设置“所得税费用”和“应交税费——应交企业所得税”账户进行核算。“所得税费用”科目核算企业按规定从本期损益中扣除的所得税。其借方反映企业计入本期损益的所得税额；其贷方反映转入“本年利润”账户的所得税额，期末结转后该账户无余额。

【工作实例 4-43】承工作实例 4-42，本年应补缴企业所得税 7 009.42 元。做会计处理如下。

借：所得税费用	7 009.42	
贷：应交税费——应交企业所得税		7 009.42

本年所得税费用合计=2 786.43+7 009.42=9 795.85（元）

=[利润总额 1 511 145.73 元-弥补亏损 1 500 000+永久性差异（59 937.65+44 100-80 000）+暂时性差异（5 000-1 000）] ×0.25

≈9 795.85（元）

三、资产负债表债务法

资产负债表债务法，是指从资产负债表出发，比较资产负债表上列示的资产、负债，按照会计准则规定确定的账面价值与按照税法规定确定的计税基础，将两者之间的差异分为应纳税暂时性差异与可抵扣暂时性差异，确认相关的递延所得税负债与递延所得税资产，并在此基础上确定每一会计期间利润表中的所得税费用。资产负债表法从暂时性差异产生的本质出发，分析暂时性差异产生的原因以及对期末资产负债的影响。

设置“所得税费用”“递延所得税资产”“递延所得税负债”“应交税费——应交企业所得税”账户进行核算。

“所得税费用”核算企业根据会计准则确认的应从当期利润总额中扣除的所得税费用，“递延所得税资产”用来核算企业根据所得税准则确认的可抵扣暂时性差异产生的所得税资产。“递延所得税负债”用来核算企业根据所得税会计准则确认的应纳税暂时性差异产生的所得税负债。“应交税费——应交企业所得税”用来核算企业应交未交的所得税税款。

（一）可抵扣暂时性差异

可抵扣暂时性差异，是指在确定未来收回资产或清偿负债期间的应纳税所得额时，将导致产生可抵扣金额的暂时性差异。该差异在未来期间转回时会减少转回期间的应纳税所得额，减少未来期间的应交所得税。在该暂时性差异产生当期，应当确认相关的递延所得税资产。

可抵扣暂时性差异一般产生于以下情况。

（1）资产的账面价值小于其计税基础。

（2）负债的账面价值大于其计税基础。

如工作实例 4-30 中，库存商品服装期末会计账面价值为 5 000 元，但计税基础为 10 000 元，产生差异 5 000 元，本期计算应纳税所得额时未计入扣除，在未来出售该存货时，可抵扣当期应纳税所得额，属于可抵扣暂时性差异，所以本期应确认相关的递延所得税资产。

（二）应纳税暂时性差异

应纳税暂时性差异，是指在确定未来收回资产或清偿负债期间的应纳税所得额时，将导致产生应税金额的暂时性差异。该差异在未来期间转回时，会增加转回期间的应纳税所得额，即在未来期间不考虑该事项影响的应纳税所得额的基础上，由于该暂时性差异的转回，会进一步增加转回期间的应纳税所得额和应交所得税金额。在该暂时性差异产生当期，应当确认相关的递延所得税负债。

应纳税暂时性差异通常产生于以下情况。

（1）资产的账面价值大于其计税基础。

（2）负债的账面价值小于其计税基础。

如工作实例 4-9 中，交易性金融资产期末会计账面价值为 1 000×11=11 000（元），但计税基础为 1 000×10=10 000（元），产生差异 1 000（元），本期计算应纳税所得额时未计入，在未出售 A 股票时，则需增加当期应纳税所得额，所以属于应纳税暂时性差异，本期应确认相关的递延所得税负债。

（三）递延所得税的计算

递延所得税，是指按照企业会计准则规定应予确认的递延所得税资产和递延所得税负债在期末应有的金额相对于原已确认金额之间的差额，即递延所得税资产及递延所得税负债的当期发生额，但不包括直接计入所有者权益的交易或事项及企业合并的所得税影响。其计算公式如下：

递延所得税=当期递延所得税负债的增加+当期递延所得税资产的减少-当期递延所得税负债的减少-当期递延所得税资产的增加

如表 4-10 所示，如期初递延所得税资产和负债均为 0，则递延所得税=1 000×25%−5 000×25%。

表 4–10　　**暂时性差异计算表**

2019 年 12 月 31 日

项目	账面价值	计税基础	暂时性差异	
			应纳税差异	可抵扣差异
存货	5 000	10 000		5 000
交易性金融资产	11 000	10 000	1 000	
总计			1 000	5 000

（四）所得税费用的计算

利润表中的所得税费用由两个部分组成：当期所得税和递延所得税。用公式表示如下：

所得税费用=当期应交所得税+递延所得税

【工作实例 4-44】承工作实例 4-42，本年全年应交企业所得税为 9 795.85 元，已计交 2 786.43 元，应补缴企业所得税 7 009.42 元，假设期初递延所得税资产和负债均为 0。做会计处理如下。所得税费用计算表如表 4-11 所示。

借：所得税费用　　6 009.42
　　递延所得税资产　　1 250.00
　贷：应交税费——应交企业所得税　　7 009.42
　　　递延所得税负债　　250.00

表 4-11　所得税费用计算表

2019 年 12 月 31 日

<table>
<tr><td>应纳税差异①</td><td rowspan="4">税率②
25%</td><td>期末递延所得税负债③=①×②</td><td>期初递延所得税负债④</td><td>递延所得税负债增加额⑤=③-④</td></tr>
<tr><td>1 000</td><td>250</td><td>0</td><td>250</td></tr>
<tr><td>可抵扣差异⑥</td><td>期末递延所得税资产⑦=⑥×②</td><td>期初递延所得税资产⑧</td><td>递延所得税资产增加额⑨=⑦-⑧</td></tr>
<tr><td>5 000</td><td>1 250</td><td>0</td><td>1 250</td></tr>
<tr><td colspan="3">应交所得税⑩</td><td colspan="2">所得税费用=⑩+⑤-⑨</td></tr>
<tr><td colspan="3">9 795.85</td><td colspan="2">8 795.85</td></tr>
<tr><td colspan="3">已计提所得税费用</td><td colspan="2">补提所得税费用</td></tr>
<tr><td colspan="3">2 786.43</td><td colspan="2">6 009.42</td></tr>
</table>

通过比较工作实例 4-43 和工作实例 4-44 可以发现，无论采用何种方法，本期应交企业所得税均是按税法计算缴交。对于应付税款法下，所得税费用与应交金额相同，采用资产负债表债务法时，所得税费用科目除应交金额外还包括递延所得税，而递延所得税资产和负债能更加清晰地反映对日后应纳税额的影响。

模块六　纳税申报表的填报

税务会计岗位的重要工作之一就是按时准确填报纳税申报表。企业所得税纳税申报表是根据企业所得税征收与管理规程的要求，纳税人与税务机关为处理企业所得税征管事宜所使用的具有固定格式的报表。它既是纳税人或纳税代理人履行纳税义务以规范格式申报纳税的书面报告，也是税务机关据以征收、分析、评估、检查企业所得税所使用的重要资料。

一、纳税申报表的填制

目前企业所得税申报表分为预缴纳税申报表和年度纳税申报表。

典型工作任务
填制并报送企业所得税纳税申报表

（一）预缴纳税申报表的填制

预缴纳税申报表分为以下两种。

（1）《中华人民共和国企业所得税月（季）度预缴纳税申报表（A 类）》，适用于实行查账征收方式的居民企业纳税人进行预缴申报，如表 4-12 所示。

表4–12　中华人民共和国企业所得税月（季）度预缴纳税申报表（A类）

税款所属期间：2019年10月1日 至 2019年12月31日

纳税人识别号（统一社会信用代码）：□□□□□□□□□□□□□□□□□□□□

纳税人名称：粤海服装有限公司　　　　金额单位：人民币元（列至角分）

预缴方式	□ 按照实际利润额预缴	□ 按照上一纳税年度应纳税所得额平均额预缴	□ 按照税务机关确定的其他方法预缴
企业类型	□ 一般企业	□ 跨地区经营汇总纳税企业总机构	□ 跨地区经营汇总纳税企业分支机构

预缴税款计算

行次	项目	本年累计金额
1	营业收入	11 319 251.26
2	营业成本	7 384 752.70
3	利润总额	1 511 145.73
4	加：特定业务计算的应纳税所得额	
5	减：不征税收入	
6	减：免税收入、减计收入、所得减免等优惠金额（填写A201010）	
7	减：固定资产加速折旧（扣除）调减额（填写A201020）	
8	减：弥补以前年度亏损	1 500 000
9	实际利润额（3+4-5-6-7-8）\ 按照上一纳税年度应纳税所得额平均额确定的应纳税所得额	11 145.73
10	税率(25%)	25%
11	应纳所得税额（9×10）	2 786.43
12	减：减免所得税额（填写A201030）	
13	减：实际已缴纳所得税额	
14	减：特定业务预缴（征）所得税额	
15	本期应补（退）所得税额（11–12–13–14）\ 税务机关确定的本期应纳所得税额	2 786.43

汇总纳税企业总分机构税款计算

行次		项目	金额
16	总机构填报	总机构本期分摊应补（退）所得税额（17+18+19）	
17		其中：总机构分摊应补（退）所得税额（15×总机构分摊比例__%）	
18		财政集中分配应补（退）所得税额（15×财政集中分配比例__%）	
19		总机构具有主体生产经营职能的部门分摊所得税额（15×全部分支机构分摊比例__%×总机构具有主体生产经营职能部门分摊比例__%）	
20	分支机构填报	分支机构本期分摊比例	
21		分支机构本期分摊应补（退）所得税额	

附报信息

高新技术企业	□ 是 □ 否	科技型中小企业	□ 是 □ 否
技术入股递延纳税事项	□ 是 □ 否		

按 季 度 填 报 信 息

季初从业人数		季末从业人数	
季初资产总额（万元）		季末资产总额（万元）	
国家限制或禁止行业	□ 是 □ 否	小型微利企业	□ 是 □ 否

谨声明：本纳税申报表是根据国家税收法律法规及相关规定填报的，是真实的、可靠的、完整的。

纳税人（签章）：　　　　年　月　日

经办人： 经办人身份证号： 代理机构签章： 代理机构统一社会信用代码：	受理人： 受理税务机关（章）： 受理日期：　年　月　日

注：本期金额填写应注意，按月度预缴时，填写本月发生额；按季度预缴时，填写本季发生额。粤海服装有限公司按季预缴，此处暂不列示。为与国家税务总局保持一致，此处采用2018年版预缴企业所得税纳税申报表申报。

（2）《中华人民共和国企业所得税月（季）度和年度纳税申报表（B 类）》，适用于实行核定应税所得率或核定税额方式核定征收的纳税人进行预缴申报。

（二）年度纳税申报表的填制

年度纳税申报表分为以下几种。

（1）《中华人民共和国企业所得税年度纳税申报表》（A 类）及其附表，适用于实行查账征收方式的居民企业纳税人的年度申报。

（2）《中华人民共和国企业所得税年度纳税申报表》（B 类），适用于实行核定应税所得率方式核定征收的纳税人年度申报。

本处以（A 类）报表为例进行介绍。

1.《企业所得税年度纳税申报基础信息表》（A000000）

本表为必填表，填报内容包括基本经营情况、有关涉税事项情况、主要股东及分红情况三部分。纳税人填报申报表时，首先填报此表，为后续申报提供指引。

2.《中华人民共和国企业所得税年度纳税申报表（A 类）》（A100000，见表 4-13）

本表为必填表，是纳税人计算申报缴纳企业所得税的主表。

表 4-13　企业所得税年度纳税申报表主表

A100000　中华人民共和国企业所得税年度纳税申报表（A 类）　单位：元

行次	类别	项目	金额
1	利润总额计算	一、营业收入（填写 A101010\101020\103000）	11 319 251.26
2		减：营业成本（填写 A102010\102020\103000）	7 384 752.7
3		税金及附加	183 302.27
4		销售费用（填写 A104000）	683 230.91
5		管理费用（填写 A104000）	1 518 190.55
6		财务费用（填写 A104000）	80 729.10
7		资产减值损失	5 000.00
8		加：公允价值变动收益	1 000.00
9		投资收益	53 000.00
10		二、营业利润（1-2-3-4-5-6-7+8+9）	1 518 045.73
11		加：营业外收入（填写 A101010\101020\103000）	45 200.00
12		减：营业外支出（填写 A102010\102020\103000）	52 100.00
13		三、利润总额（10+11-12）	1 511 145.73
14	应纳税所得额计算	减：境外所得（填写 A108010）	
15		加：纳税调整增加额（填写 A105000）	109 037.65
16		减：纳税调整减少额（填写 A105000）	81 000.00
17		减：免税、减计收入及加计扣除（填写 A107010）	0
18		加：境外应税所得抵减境内亏损（填写 A108000）	
19		四、纳税调整后所得（13-14+15-16-17+18）	1 539 183.38
20		减：所得减免（填写 A107020）	
21		减：抵扣应纳税所得额（填写 A107030）	
22		减：弥补以前年度亏损（填写 A106000）	1 500 000.00
23		五、应纳税所得额（19-20-21-22）	39 183.38

续表

行次	类别	项目	金额
24	应纳税额计算	税率（25%）	
25		六、应纳所得税额（23×24）	9 795.85
26		减：减免所得税额（填写 A107040）	
27		减：抵免所得税额（填写 A107050）	
28		七、应纳税额（25-26-27）	9 795.85
29		加：境外所得应纳所得税额（填写 A108000）	
30		减：境外所得抵免所得税额（填写 A108000）	
31		八、实际应纳所得税额（28+29-30）	9 795.85
32		减：本年累计实际已预缴的所得税额	2 786.43
33		九、本年应补（退）所得税额（31-32）	7 009.42
34		其中：总机构分摊本年应补（退）所得税额（填写 A109000）	
35		财政集中分配本年应补（退）所得税额（填写 A109000）	
36		总机构主体生产经营部门分摊本年应补（退）所得税额（填写 A109000）	
37	附列资料	以前年度多缴的所得税额在本年抵减额	
38		以前年度应缴未缴在本年入库所得税额	

3.《一般企业收入明细表》（A101010，见表4-14）

本表适用于除金融企业、事业单位和民间非营利组织外的企业填报，反映一般企业按照国家统一会计制度规定取得收入情况。

表4-14

企业所得税年度纳税申报表附表一（1）。

A101010　　**一般企业收入明细表**　　单位：元

行次	项目	金额
1	一、营业收入（2+9）	11 319 251.26
2	（一）主营业务收入（3+5+6+7+8）	11 194 251.26
3	1. 销售商品收入	11 194 251.26
4	其中：非货币性资产交换收入	
5	2. 提供劳务收入	
6	3. 建造合同收入	
7	4. 让渡资产使用权收入	
8	5. 其他	
9	（二）其他业务收入（10+12+13+14+15）	125 000.00
10	1. 销售材料收入	
11	其中：非货币性资产交换收入	
12	2. 出租固定资产收入	120 000.00
13	3. 出租无形资产收入	
14	4. 出租包装物和商品收入	
15	5. 其他	5 000.00
16	二、营业外收入（17+18+19+20+21+22+23+24+25+26）	45 200.00

续表

行次	项目	金额
17	（一）非流动资产处置利得	5 000.00
18	（二）非货币性资产交换利得	
19	（三）债务重组利得	
20	（四）政府补助利得	30 000.00
21	（五）盘盈利得	
22	（六）捐赠利得	
23	（七）罚没利得	200
24	（八）确实无法偿付的应付款项	
25	（九）汇兑收益	
26	（十）其他	10 000.00

4.《金融企业收入明细表》（A101020）

本表仅适用于金融企业（包括商业银行、保险公司、证券公司等金融企业）填报，反映金融企业按照企业会计准则规定取得收入情况。

5.《一般企业成本支出明细表》（A102010）

适用于除金融企业、事业单位和民间非营利组织外的企业填报，反映一般企业按照国家统一会计制度的规定发生成本费用支出情况。

6.《金融企业支出明细表》（A102020）

仅适用于金融企业（包括商业银行、保险公司、证券公司等金融企业）填报，反映金融企业按照企业会计准则规定发生成本支出情况。

7.《事业单位、民间非营利组织收入、支出明细表》（A103000）

适用于事业单位和民间非营利组织填报，反映事业单位、社会团体、民办非企业单位、非营利性组织等按照有关会计制度规定取得收入、发生成本费用支出情况。

8.《期间费用明细表》（A104000）

本表适用于除事业单位和民间非营利组织外的纳税人填报，反映纳税人根据国家统一会计制度发生的期间费用明细情况。

9.《纳税调整项目明细表》（A105000，见表 4-15）

填报纳税人财务、会计处理办法（以下简称会计处理）与税收法律、行政法规的规定（以下简称税法规定）不一致，需要进行纳税调整的项目和金额。

表 4–15

企业所得税年度纳税申报表附表二（2）。

A105000

纳税调整项目明细表

行次	项目	账载金额	税收金额	调增金额	调减金额
		1	2	3	4
1	一、收入类调整项目（2+3+4+5+6+7+8+10+11）	*	*		81 000.00
2	（一）视同销售收入（填写 A105010）	*			*
3	（二）未按权责发生制原则确认的收入（填写 A105020）				
4	（三）投资收益（填写 A105030）	53 000.00	3 000.00		50 000.00

续表

行次	项目	账载金额	税收金额	调增金额	调减金额
		1	2	3	4
5	（四）按权益法核算长期股权投资对初始投资成本调整确认收益	*	*	*	
6	（五）交易性金融资产初始投资调整	*	*		*
7	（六）公允价值变动净损益		*		1 000.00
8	（七）不征税收入	*	*		30 000.00
9	其中：专项用途财政性资金（填写A105040）	*	*		30 000.00
10	（八）销售折扣、折让和退回				
11	（九）其他				
12	二、扣除类调整项目（13+14+15+16+17+18+19+20+21+22+23+24+26+27+28+29）	*	*	104 037.65	
13	（一）视同销售成本（填写A105010）	*		*	
14	（二）职工薪酬（填写A105050）	3 465 086.70	3 475 086.70	10 000.00	
15	（三）业务招待费支出	116 533.91	56 596.26	59 937.65	*
16	（四）广告费和业务宣传费支出（填写A105060）	*	*		
17	（五）捐赠支出（填写A105070）	20 000.00	20 000.00		*
18	（六）利息支出	70 000.00	70 000.00		
19	（七）罚金、罚款和被没收财物的损失	100.00	*	100.00	*
20	（八）税收滞纳金、加收利息		*		*
21	（九）赞助支出	23 000.00	*	23 000.00	*
22	（十）与未实现融资收益相关在当期确认的财务费用				
23	（十一）佣金和手续费支出				*
24	（十二）不征税收入用于支出所形成的费用	*	*	8 000.00	*
25	其中：专项用途财政性资金用于支出所形成的费用（填写A105040）	*	*	8 000.00	*
26	（十三）跨期扣除项目				
27	（十四）与取得收入无关的支出		*		*
28	（十五）境外所得分摊的共同支出	*	*		*
29	（十六）党组织工作经费				
30	（十七）其他	3 000.00		3 000.00	
31	三、资产类调整项目（32+33+34+35）	*	*	5 000.00	
32	（一）资产折旧、摊销 （填写A105080）				
33	（二）资产减值准备金		*	5 000.00	
34	（三）资产损失（填写A105090）				
35	（四）其他				
36	四、特殊事项调整项目（37+38+39+40+41+42）	*	*	109 037.65	81 000.00

续表

行次	项目	账载金额	税收金额	调增金额	调减金额
		1	2	3	4
37	（一）企业重组（填写 A105100）				
38	（二）政策性搬迁（填写 A105110）	*	*		
39	（三）特殊行业准备金（填写 A105120）				
40	（四）房地产开发企业特定业务计算的纳税调整额（填写 A105010）	*			
41	（五）有限合伙企业法人合伙方应分得的应纳税所得额	*	*		
42	（六）其他	*	*		
43	五、特别纳税调整应税所得	*	*		
44	六、其他	*	*		
45	合计（1+12+31+36+43+44）	*	*		

10.《视同销售和房地产开发企业特定业务纳税调整明细表》（A105010）

填报纳税人发生视同销售行为、房地产企业销售未完工产品、未完工产品转完工产品特定业务，会计处理与税法规定不一致，需要进行纳税调整的项目和金额。

11.《未按权责发生制确认收入纳税调整明细表》（A105020）

填报纳税人发生会计上按照权责发生制确认收入，而税法规定不按照权责发生制确认收入，需要按照税法规定进行纳税调整的项目和金额。

12.《投资收益纳税调整明细表》（A105030）

填报纳税人发生投资收益，会计处理与税法规定不一致，需要进行纳税调整的项目和金额。

13.《专项用途财政性资金纳税调整明细表》（A105040）

填报纳税人发生符合不征税收入条件的专项用途财政性资金，会计处理与税法规定不一致，需要进行纳税调整的金额。

14.《职工薪酬纳税调整明细表》（A105050）

填报纳税人发生的职工薪酬（包括工资薪金、职工福利费、职工教育经费、工会经费、各类基本社会保障性缴款、住房公积金、补充养老保险、补充医疗保险等支出），会计处理与税法规定不一致，需要进行纳税调整的项目和金额情况。纳税人只要发生职工薪酬支出，均需填报本表。

15.《广告费和业务宣传费跨年度纳税调整明细表》（A105060，见表 4-20）

填报纳税人本年发生的广告费和业务宣传费支出，会计处理与税法规定不一致，需要进行纳税调整的金额。纳税人发生以前年度广告费和业务宣传费未扣除完毕的，应填报以前年度累计结转情况。

16.《捐赠支出纳税调整明细表》（A105070）

填报纳税人发生捐赠支出，会计处理与税法规定不一致，需要进行纳税调整的项目和金额。纳税人发生以前年度捐赠支出未扣除完毕的，应填报以前年度累计结转情况。

17.《资产折旧、摊销情况及纳税调整明细表》（A105080，见表 4-21）

填报纳税人资产折旧、摊销情况及会计处理与税法规定不一致，需要进行纳税调整的项目和金额。纳税人只要发生资产折旧、摊销，均需填报本表。

表 4-16

企业所得税弥补亏损明细表

<table>
<tr><th rowspan="2">行次</th><th rowspan="2">项目</th><th>年度</th><th>当年境内所得额</th><th>分立转出的亏损额</th><th colspan="2">合并、分立转入的亏损额</th><th>弥补亏损企业类型</th><th>当年亏损额</th><th>当年待弥补的亏损额</th><th colspan="2">用本年度所得额弥补的以前年度亏损额</th><th>当年可结转以后年度弥补的亏损额</th></tr>
<tr><th></th><th></th><th></th><th>可弥补年限5年</th><th>可弥补年限10年</th><th></th><th></th><th></th><th>使用境内所得弥补</th><th>使用境外所得弥补</th><th></th></tr>
<tr><td></td><td></td><td>1</td><td>2</td><td>3</td><td>4</td><td>5</td><td>6</td><td>7</td><td>8</td><td>9</td><td>10</td><td>11</td></tr>
<tr><td>1</td><td>前十年度</td><td></td><td></td><td></td><td></td><td></td><td></td><td></td><td></td><td></td><td></td><td></td></tr>
<tr><td>2</td><td>前九年度</td><td></td><td></td><td></td><td></td><td></td><td></td><td></td><td></td><td></td><td></td><td></td></tr>
<tr><td>3</td><td>前八年度</td><td></td><td></td><td></td><td></td><td></td><td></td><td></td><td></td><td></td><td></td><td></td></tr>
<tr><td>4</td><td>前七年度</td><td></td><td></td><td></td><td></td><td></td><td></td><td></td><td></td><td></td><td></td><td></td></tr>
<tr><td>5</td><td>前六年度</td><td></td><td></td><td></td><td></td><td></td><td></td><td></td><td></td><td></td><td></td><td></td></tr>
<tr><td>6</td><td>前五年度</td><td></td><td></td><td></td><td></td><td></td><td></td><td></td><td></td><td></td><td></td><td></td></tr>
<tr><td>7</td><td>前四年度</td><td></td><td></td><td></td><td></td><td></td><td></td><td></td><td></td><td></td><td></td><td></td></tr>
<tr><td>8</td><td>前三年度</td><td></td><td></td><td></td><td></td><td></td><td></td><td></td><td></td><td></td><td></td><td></td></tr>
<tr><td>9</td><td>前二年度</td><td></td><td></td><td></td><td></td><td></td><td></td><td></td><td></td><td></td><td></td><td></td></tr>
<tr><td>10</td><td>前一年度</td><td></td><td></td><td></td><td></td><td></td><td></td><td></td><td></td><td></td><td></td><td></td></tr>
<tr><td>11</td><td>本年度</td><td>2019</td><td>1 539 183.38</td><td></td><td></td><td></td><td>100</td><td>-1 500 000</td><td>-1 500 000</td><td>-1 500 000</td><td></td><td>-1 500 000</td></tr>
<tr><td>12</td><td colspan="11">可结转以后年度弥补的亏损额合计</td><td>-1 500 000</td></tr>
</table>

18.《资产损失税前扣除及纳税调整明细表》（A105090）

填报纳税人发生资产损失，以及由于会计处理与税法规定不一致，需要进行纳税调整的项目和金额。

19.《企业重组及递延纳税事项纳税调整明细表》（A105100）

填报纳税人发生企业重组、非货币性资产对外投资、技术入股等业务所涉及的所得或损失情况，以及由于会计处理与税收规定不一致，需要进行纳税调整的项目和金额情况。

20.《政策性搬迁纳税调整明细表》（A105110）

填报纳税人发生政策性搬迁所涉及的所得或损失，由于会计处理与税法规定不一致，需要进行纳税调整的项目和金额。

21.《特殊行业准备金纳税调整明细表》（A105120）

填报保险公司、证券行业等特殊行业纳税人发生特殊行业准备金，会计处理与税法规定不一致，需要进行纳税调整的项目和金额。

22.《企业所得税弥补亏损明细表》（A106000，见表 4-16）

填报纳税人以前年度发生的亏损，需要在本年度结转弥补的金额，本年度可弥补的金额以及可继续结转以后年度弥补的亏损额。

23.《免税、减计收入及加计扣除优惠明细表》（A107010，见表 4-17）

填报纳税人本年度所享受免税收入、减计收入、加计扣除等优惠的项目和金额。

表 4–17

企业所得税年度纳税申报表附表四（4）。

A107010　　**免税、减计收入及加计扣除优惠明细表**

行次	项目	金额
1	一、免税收入（2+3+6+7+…+16）	50 000.00
2	（一）国债利息收入免征企业所得税	50 000.00
3	（二）符合条件的居民企业之间的股息、红利等权益性投资收益免征企业所得税（填写 A107011）	
4	其中：内地居民企业通过沪港通投资且连续持有 H 股满 12 个月取得的股息红利所得免征企业所得税（填写 A107011）	
5	内地居民企业通过深港通投资且连续持有 H 股满 12 个月取得的股息红利所得免征企业所得税（填写 A107011）	
6	（三）符合条件的非营利组织的收入免征企业所得税	
7	（四）符合条件的非营利组织（科技企业孵化器）的收入免征企业所得税	
8	（五）符合条件的非营利组织（国家大学科技园）的收入免征企业所得税	
9	（六）中国清洁发展机制基金取得的收入免征企业所得税	
10	（七）投资者从证券投资基金分配中取得的收入免征企业所得税	
11	（八）取得的地方政府债券利息收入免征企业所得税	
12	（九）中国保险保障基金有限责任公司取得的保险保障基金等收入免征企业所得税	
13	（十）中国奥委会取得北京冬奥组委支付的收入免征企业所得税	
14	（十一）中国残奥委会取得北京冬奥组委分期支付的收入免征企业所得税	
15	（十二）其他 1	
16	（十三）其他 2	
17	二、减计收入（18+19+23+24）	

续表

行次	项目	金额
18	（一）综合利用资源生产产品取得的收入在计算应纳税所得额时减计收入	
19	（二）金融、保险等机构取得的涉农利息、保费减计收入（20+21+22）	
20	1. 金融机构取得的涉农贷款利息收入在计算应纳税所得额时减计收入	
21	2. 保险机构取得的涉农保费收入在计算应纳税所得额时减计收入	
22	3. 小额贷款公司取得的农户小额贷款利息收入在计算应纳税所得额时减计收入	
23	（三）取得铁路债券利息收入减半征收企业所得税	
24	（四）其他	
25	三、加计扣除（26+27+28+29+30）	
26	（一）开发新技术、新产品、新工艺发生的研究开发费用加计扣除（填写A107012）	
27	（二）科技型中小企业开发新技术、新产品、新工艺发生的研究开发费用加计扣除（填写A107012）	
28	（三）企业为获得创新性、创意性、突破性的产品进行创意设计活动而发生的相关费用加计扣除	
29	（四）安置残疾人员所支付的工资加计扣除	
30	（五）其他	
31	合计（1+17+25）	50 000.00

24.《符合条件的居民企业之间的股息、红利等权益性投资收益优惠明细表》（A107011）

填报纳税人本年度享受居民企业之间的股息、红利等权益性投资收益免税项目和金额。

25.《研发费用加计扣除优惠明细表》（A107012）

填报纳税人本年度享受研发费加计扣除情况和金额。纳税人以前年度有销售研发活动直接形成产品（包括组成部分）对应材料部分未扣减完毕的，应填报以前年度未扣减情况。

26.《所得减免优惠明细表》（A107020）

填报纳税人本年度享受减免所得额（包括农、林、牧、渔项目和国家重点扶持的公共基础设施项目、环境保护、节能节水项目以及符合条件的技术转让项目等）的项目和金额。

27.《抵扣应纳税所得额明细表》（A107030）

填报纳税人本年度享受创业投资企业抵扣应纳税所得额优惠金额。纳税人有以前年度结转的尚未抵扣的股权投资余额的，应填报以前年度累计结转情况。

28.《减免所得税优惠明细表》（A107040）

填报纳税人本年度享受减免所得税（包括小微企业、高新技术企业、民族自治地方企业、其他专项优惠等）的项目和金额。

29.《高新技术企业优惠情况及明细表》（A107041）

填报纳税人本年度享受高新技术企业优惠的情况和金额。高新技术企业资格证书在有效期内的纳税人需要填报本表。

30.《软件、集成电路企业优惠情况及明细表》（A107042）

填报纳税人本年度享受软件、集成电路企业优惠的情况和金额。

31.《税额抵免优惠明细表》（A107050）

填报纳税人本年度享受购买专用设备投资额抵免税额情况和金额。纳税人有以前年度结转的尚未抵免的专用设备投资额的，应填报以前年度已抵免情况。

32.《境外所得税收抵免计算明细表》（A108000，见表 4-18）

填报纳税人本年度来源于或发生于不同国家、地区的所得，按照我国税法规定计算应缴纳和应抵免的企业所得税额。

表 4–18

企业所得税年度纳税申报表附表五（5）。

A108000 境外所得税抵免计算明细表

纳税人名称：粤海服装有限公司　　填报时间：2020 年 1 月 30 日　　金额单位：元（列至角分）

抵免方式	国家或地区	境外所得	境外所得换算含税所得	弥补以前年度亏损	免税所得	弥补亏损前境外应税所得额	可弥补境内亏损	境外应纳税所得额	税率	境外所得应纳税额	境外所得可抵免税额	境外所得税款抵免限额	本年可抵免的境外所得税款	未超过境外所得税款抵免限额的余额	本年可抵免以前年度所得税额	前五年境外所得已缴税款未抵免余额	定率抵免
	1	2	3	4	5	6（3–4–5）	7	8（6–7）	9	10（8×9）	11	12	13	14（12–13）	15	16	17
直接抵免	0	0.00	0.00	0.00	0.00	0.00	0.00	0.00	25%	0.00	0.00	0.00	0.00	0.00	0.00	0.00	0.00
间接抵免	0	0.00	0.00	*	*	0.00	0.00	0.00	25%	0.00	0.00	0.00	0.00	*	*	*	0.00
合计		0.00	0	0	0	0	0	0		0	0	0	0	0	0	0	0

经办人（签章）：　　法定代表人（签章）：

33.《境外所得纳税调整后所得明细表》（A108010）

填报纳税人本年度来源于或发生于不同国家、地区的所得，按照我国税法规定计算调整后的所得。

34.《境外分支机构弥补亏损明细表》（A108020）

填报纳税人境外分支机构本年度及以前年度发生的税前尚未弥补的非实际亏损额和实际亏损额、结转以后年度弥补的非实际亏损额和实际亏损额。

35.《跨年度结转抵免境外所得税明细表》（A108030）

填报纳税人本年度发生的来源于不同国家或地区的境外所得按照我国税收法律、法规的规定可以抵免的所得税额。

36.《跨地区经营汇总纳税企业年度分摊企业所得税明细表》（A109000）

填报跨地区经营汇总纳税企业总机构，按规定计算总分机构每一纳税年度应缴的企业所得税，总、分机构应分摊的企业所得税。

37.《企业所得税汇总纳税分支机构所得税分配表》（A109010）

填报总机构所属年度实际应纳所得税额以及所属分支机构在所属年度应分摊的所得税额。

下面以粤海服装有限公司的会计资料为例列示各表的填制。

表 4-19

企业所得税年度纳税申报表附表六（6）。

以公允价值计量资产纳税调整表

纳税人名称：粤海服装有限公司　　　　　　填报时间：2020 年 1 月 30 日

行次	项目	投资收益			处置收益							
		账载金额	税收金额	纳税调整金额	会计确认的处置收入	税收计算的处置收入	处置投资的账面价值	处置投资的计税基础	会计确认的处置所得或损失	税收计算的处置所得	纳税调整金额	纳税调整金额
		1	2	3（2−1）	4	5	6	7	8（4−6）	9（5−7）	10（9−8）	11（3+10）
1	一、交易性金融资产	11 000	10 000	−1 000								−1 000
2	二、可供出售金融资产											
3	三、持有至到期投资											
4	四、衍生工具											
5	五、交易性金融负债											
6	六、长期股权投资											
7	七、短期投资											
8	八、长期债券投资											
9	九、其他											
10	合计（1+2+3+4+5+6+7+8+9）	11 000	10 000	−1 000								−1 000

表 4-20

企业所得税年度纳税申报表附表七（7）。

广告费和业务宣传费跨年度纳税调整表（A105060）

填报时间：2020 年 1 月 30 日

纳税人名称：粤海服装有限公司　　　　　　金额单位：元（列至角分）

行次	项目	金额
1	一、本年度广告费和业务宣传费支出	39 000.00
2	减：不允许扣除的广告费和业务宣传费支出	0.00
3	二、本年度符合条件的广告费和业务宣传费支出（1−2）	39 000.00
4	三、本年计算广告费和业务宣传费扣除限额的销售（营业）收入	11 319 251.26
5	乘：税收规定的扣除率	15%
6	四、本年广告费和业务宣传费扣除限额（4×5）	1 697 887.69
7	五、本年结转以后年度扣除额（3>6，本行=3−6；3≤6，本行=0）	0.00
8	加：以前年度累计结转扣除额	0.00
9	减：本年扣除的以前年度结转额[3>6，本行=0；3≤6，本行=8 与（6−3）孰小值]	0.00
10	六、按照分摊协议归集至其他关联方的广告费和业务宣传费（10≤3 或 6 孰小值）	0.00
11	按照分摊协议从其他关联方归集至本企业的广告费和业务宣传费	0.00
12	七、本年广告费和业务宣传费支出纳税调整额（3>6，本行=2+3−6+10−11；3≤6，本行=2+10−11−9）	0.00
13	累计结转以后年度扣除额（7+8−9）	0.00

经办人（签章）：　　　　　　　　法定代表人（签章）：

表 4-21

资产折旧、摊销及纳税调整明细表

行次	项目		账载金额			税收金额					纳税调整金额
			资产原值	本年折旧、摊销额	累计折旧、摊销额	资产计税基础	税收折旧、摊销额	享受加速折旧政策的资产按税收一般规定计算的折旧、摊销额	加速折旧、摊销统计额	累计折旧、摊销额	
			1	2	3	4	5	6	7 = 5-6	8	9(2-5)
1	一、固定资产（2+3+4+5+6+7）							*	*		
2	所有固定资产	（一）房屋、建筑物						*	*		
3		（二）飞机、火车、轮船、机器、机械和其他生产设备						*	*		
4		（三）与生产经营活动有关的器具、工具、家具等						*	*		
5		（四）飞机、火车、轮船以外的运输工具						*	*		
6		（五）电子设备						*	*		
7		（六）其他						*	*		
8	其中：享受固定资产加速折旧及一次性扣除政策的资产加速折旧额大于一般折旧额的部分	（一）重要行业固定资产加速折旧（不含一次性扣除）									*
9		（二）其他行业研发设备加速折旧									*
10		（三）固定资产一次性扣除									*
11		（四）技术进步、更新换代固定资产									*
12		（五）常年强震动、高腐蚀固定资产									*
13		（六）外购软件折旧									*
14		（七）集成电路企业生产设备									*
15	二、生产性生物资产（16+17）							*	*		
16	（一）林木类							*	*		
17	（二）畜类							*	*		

续表

行次	项目	账载金额			税收金额					纳税调整金额
		资产原值	本年折旧、摊销额	累计折旧、摊销额	资产计税基础	税收折旧、摊销额	享受加速折旧政策的资产按税收一般规定计算的折旧、摊销额	加速折旧、摊销统计额	累计折旧、摊销额	
		1	2	3	4	5	6	7 = 5-6	8	9(2-5)
18	三、无形资产（19+20+21+22+23+24+25+27）						*	*		
19	（一）专利权						*	*		
20	（二）商标权						*	*		
21	（三）著作权						*	*		
22	（四）土地使用权						*	*		
23	（五）非专利技术						*	*		
24	（六）特许权使用费						*	*		
25	（七）软件						*	*		
26	其中：享受企业外购软件加速摊销政策									*
27	（八）其他						*	*		
28	四、长期待摊费用（29+30+31+32+33）						*	*		
29	（一）已足额提取折旧的固定资产的改建支出						*	*		
30	（二）租入固定资产的改建支出						*	*		
31	（三）固定资产的大修理支出						*	*		
32	（四）开办费						*	*		
33	（五）其他						*	*		
34	五、油气勘探投资						*	*		
35	六、油气开发投资						*	*		
36	合计（1+15+18+28+34+35）									
附列资料	全民所有制企业公司制改制资产评估增值政策资产						*	*		

二、纳税申报表的报送

（一）预缴纳税申报表的申报时间

纳税人应当在月份或者季度终了后 15 日内，向其所在地主管税务机关报送会计报表和预缴所得税申报表。

（二）年度纳税申报表的申报时间

年度终了后，纳税人应在 45 日内进行纳税申报；就地纳税企业和汇总纳税的总机构应在次年 5 月底前进行纳税申报。

企业在年度中间终止经营活动的，应当自实际经营终止之日起 60 日内，向税务机关办理当期企业所得税汇算清缴。企业应当在办理注销登记前，就其清算所得向税务机关申报并依法缴纳企业所得税。

请注意： 企业在纳税年度内无论盈亏，都应按照规定的期限，向主管税务机关填报企业所得税申报表和会计报表。

模块七 税款缴纳及减免的核算

一、税款缴纳的核算

（一）预缴企业所得税

企业按期填写申报表进行申报并缴纳所得税后，凭缴款回单，借记“应交税费——应交企业所得税”，贷记“银行存款”账户。

【工作实例 4-45】 粤海服装有限公司，1 月 5 日缴纳 12 月应缴企业所得税 2 786.43 元，收到电子缴款回单。企业做如下分录。

	借方	贷方
借：应交税费——应交企业所得税	2 786.43	
贷：银行存款		2 786.43

（二）年度汇算清缴后缴交企业所得税

典型工作任务
核算税款缴纳

企业办理年度汇算清缴后，提交汇算清缴报告，凭缴款回单，借记“应交税费——应交企业所得税”，贷记“银行存款”账户。如汇算清缴结果为退税，则做反方处理。

【工作实例 4-46】 2 月 1 日交纳年度汇算清缴报告后，详见主表，申报缴纳企业所得税 7 009.42 元，收到电子缴款回单。企业做如下分录。

	借方	贷方
借：应交税费——应交企业所得税	7 009.42	
贷：银行存款		7 009.42

二、所得税减免的核算

（一）优惠税率

《企业所得税法》规定：符合条件的小型微利企业，减按 20%的税率征收企业所得税；国家需要重点扶持的高新技术企业，对经认定的技术先进型服务企业（服务贸易类），减按 15%的税率征收企业所得税。

企业在汇算清缴时，按税务机关受理备案后的优惠税率进行申报，按汇算清缴报告的补退税金额进行账务处理。如申报计缴时已跨年，借记“以前年度损益调整”账户，贷记“应交税费——应交企业所得税”账户。

【工作实例 4-47】沿用粤海服装有限公司资料，见汇算清缴主表（见表 4-13），应纳税所得额为 39 183.38 元，假设企业符合优惠税率条件，并办理好税务机关备案手续，则应按如下填报，并做分录。

当年应交企业所得税=39 183.38×15%=5 877.51 元，已交企业所得税为 2 786.53 元，应补企业所得税 3 090.98 元

借：所得税费用　　3 090.98

　　贷：应交税费——应交企业所得税　　3 090.98

（二）减免所得税额

减免所得税额是指企业按税收规定实际减免的企业所得税额，包括小型微利企业、国家需要重点扶持的高新技术企业、享受减免税优惠过渡政策的企业，其法定税率与实际执行税率的差额，以及其他享受企业所得税减免税的数额。

企业在汇算清缴时，按税务机关受理备案后的减免所得税额填报上述附表五，按汇算清缴报告的补退税金额进行账务处理。如申报计缴时已跨年，借记“以前年度损益调整”账户，贷记“应交税费——应交企业所得税”账户。

（三）抵免所得税额

抵免所得税额是指企业购置用于环境保护、节能节水、安全生产等专用设备的投资额，其设备投资额的 10%可以从企业当年的应纳所得税额中抵免；当年不足抵免的，可以在以后 5 个纳税年度结转抵免。另外，企业从事《环境保护、节能节水项目企业所得税优惠目录》所列项目的所得，自项目取得第一笔生产经营收入所属纳税年度起，第一年至第三年免征企业所得税，第四年至第六年减半征收企业所得税；一个纳税年度内，居民企业技术转让所得不超过 500 万元的部分，免征企业所得税；超过 500 万元的部分，减半征收企业所得税；对于合规的集成电路设计企业和软件企业，在 2018 年 12 月 31 日前自获利年度起计算优惠期，第一年至第二年免征企业所得税；第三年至第五年按照 25%的法定税率减半征收企业所得税。

如当年足额抵免的，会计处理同上；如当年未足额抵免，不足部分在以后抵免时，应视企业执行应付税款法还是资产负债表法分别进行处理。

【工作实例 4-48】沿用粤海服装有限公司资料，见汇算清缴主表（见表 4-13），应纳所得税额为 9 795.85 元，假设企业符合抵免所得税额条件，并办理好税务机关备案或报批手续，企业购置用于环境保护专用设备的投资额抵免的税额为 50 000 元，采用应付税款法进行会计处理。则应按如下填报，并做分录。

当年应交企业所得税为 9 795.85 元，抵免所得税额 50 000 元，本年只能抵扣 9 795.85 元，余额 40 204.15 元可以在以后 5 个纳税年度结转抵免。本年已预缴企业所得税 2 786.43 元则应办理退税手续。企业做如下会计分录。

借：应交税费——应交企业所得税　　2 786.43

　　贷：所得税费用　　2 786.43

引例分析

嘉膳食品有限公司为居民企业，其所得应纳企业所得税，该企业采用应付税款法。2019 年 11 月开办，11 月无发生额，应做零申报，12 月应分别做会计处理，并计提当月所得税费用。

（1）【业务 1～业务 12】的会计分录。

① 借：银行存款 1 130 000
　　贷：主营业务收入 1 000 000
　　　　应交税费——应交增值税（销项税额） 130 000
　借：主营业务成本 600 000
　　贷：库存商品 600 000

② 借：库存现金 5 000
　　贷：其他业务收入 5 000

③ 借：销售费用——广告费 100 000
　　贷：银行存款 100 000

④ 借：销售费用——福利费 9 000
　　贷：银行存款 9 000

⑤ 借：销售费用——水电费 20 000
　　管理费用——水电费 10 000
　　贷：银行存款 30 000

⑥ 借：管理费用——业务招待费 8 000
　　贷：库存现金 8 000

⑦ 借：营业外支出 1 000
　　贷：银行存款 1 000

⑧ 借：营业外支出 200
　　贷：库存现金 200

⑨ 借：管理费用——工资 30 000
　　销售费用——工资 10 000
　　贷：应付职工薪酬——工资 40 000

⑩ 借：税金及附加 10 000
　　贷：应交税费——应交城建税 7 000
　　　　应交税费——应交教育费附加 3 000

⑪ 借：管理费用——折旧 20 000
　　销售费用——折旧 50 000
　　其他业务成本 2 000
　　贷：累计折旧 72 000

⑫ 借：交易性金融资产——A 股 5 000
　　贷：公允价值变动损益 5 000

（2）计算本年利润。

本年利润=1 000 000+5 000+5 000−（600 000+100 000+9 000+30 000+8 000+1 000+200+40 000+10 000+72 000）=135 300（元）

（3）计算扣除项目限额。

福利费项目：工资总额 40 000×14%=5 600（元）。超支 9 000−5 600=3 400（元）。

广告费项目：营业收入 1 000 000×15%=15（万元），不超支。

业务招待费项目：营业收入 1 000 000×0.005=5 000（元）；实际发生额 8 000×0.6=4 800（元），超支 8 000−4 800=3 200（元）。

赞助费 1 000 元和交通罚款 200 元，不能税前扣除。

纳税调增额=3 400+3 200+1 000+200=7 800（元）

（4）应纳税所得额和应交企业所得税。

应纳税所得额=135 300+7 800=143 100（元）

应交企业所得税=143 100×25%=35 775（元）

（5）计提所得税费用。

借：所得税费用　　35 775

　　贷：应交税费——应交企业所得税　　35 775

项目小结

企业所得税费用是企业在经营过程中的一项重要费用，作为会计人员必须能准确计算、申报，并掌握会计核算方法。本项目对 12 月的会计业务处理至全年所得税的汇算清缴的整个过程进行分步学习，包括收入项目、扣除项目、应交税费核算、所得税费用的会计处理、申报与缴纳、减免的会计处理，基本覆盖整个业务流程。通过本章的学习和训练，学习者能完成所得税会计岗位的工作。在掌握本章知识的同时，学习者还应及时关注相关新政策的变化。

项目内容图示

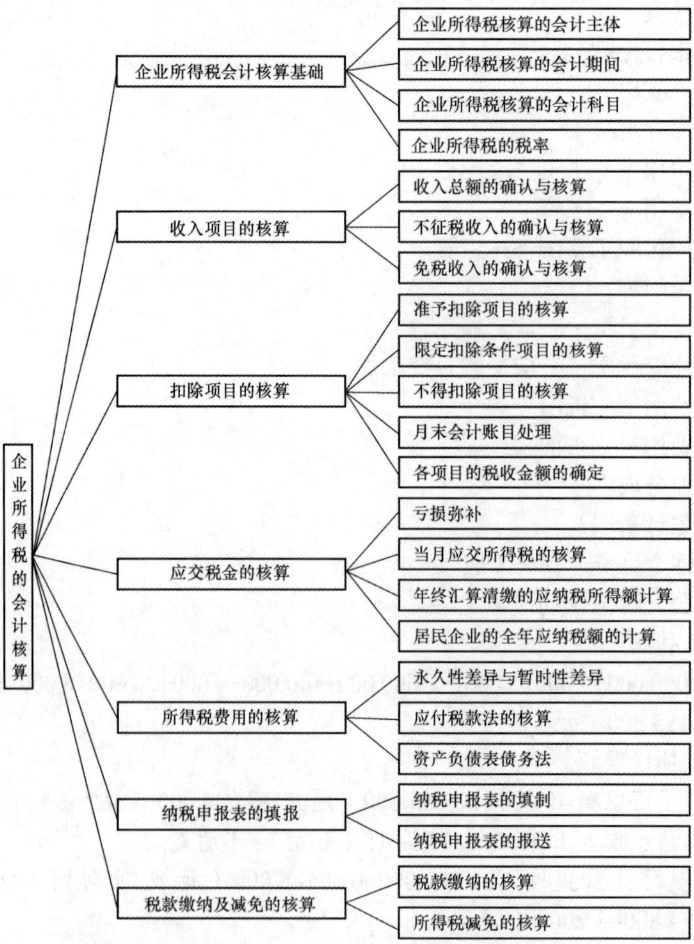

项目五
个人所得税的会计核算

职业能力目标

1. 能计算个人所得税应纳税额并进行会计核算
2. 能准确填写扣缴个人所得税报告表以及个人所得税申报表

典型工作任务

1. 判别哪些主体应缴纳个人所得税
2. 确定个人所得税的计税依据
3. 根据纳税义务人综合所得记录核算个人所得税
4. 核算非居民个人代扣代缴业务所得应缴税额
5. 核算经营所得应纳税额
6. 核算其他收入应缴税额
7. 填制并报送扣缴个人所得税报告表

项目引例

粤风传媒股份有限公司代扣代缴个人所得税的纳税申报

粤风传媒股份有限公司是位于省会城市的综合性的娱乐集团，以电影、电视、新媒体等为主要业务，纳税人识别号：440302700000851216。旗下兼营粤风出版社，该出版社主要从事报刊杂志书籍的编辑出版工作。李明是该公司的财务人员。

【业务 1】2019 年 12 月 31 日，李明整理公司 2019 年 12 月扣个税前的工资结算单（部分内容）（见表 5-1）、员工专项附加扣除信息表（见表 5-2）、1～11 月员工工资预缴个税信息表（见表 5-3）、全年一次性奖金结算单（见表 5-4）及全年员工综合所得统计表（见表 5-5）。（注：因篇幅有限，只以部分数据为例）

【业务 2】2019 年 12 月 8 日，粤风传媒邀请余艳军进行营销策划，集团以支票支付余某某报酬 3 000 元，并预扣预缴个人所得税。

【业务 3】2019 年 12 月 10 日，粤风出版社出版作家董某某的一篇影评，以银行存款支付稿酬 18 000 元，并预扣预缴个人所得税。

【业务 4】2019 年 12 月 15 日，粤风传媒购买刘某的作品，按照合同约定以转账支票支付刘某 100 000 元报酬，并预扣预缴个人所得税。

表 5-1 **工资结算单**

编制单位：粤风传媒 2019 年 12 月 31 日 单位：元

姓名	岗位工资	绩效工资	津贴	应付工资	代扣款项				
					医保（2%）	养老保险(8%)	失业保险（0.5%）	公积金(10%)	小计
Mark	4 000.00	7 000.00	1 000.00	12 000.00	0.00	0.00	0.00	0.00	0.00
张立	3 800.00	5 200.00	500.00	9 500.00	190.00	760.00	47.50	950.00	1947.50
刘铭	3 500.00	4 800.00	100.00	8 400.00	168.00	672.00	42.00	840.00	1722.00
李达	3 500.00	4 200.00	500.00	8 200.00	164.00	656.00	41.00	820.00	1681.00
刘梅	3 500.00	4 200.00	300.00	8 000.00	160.00	640.00	40.00	800.00	1640.00
吴启文	3 000.00	4 000.00		7 000.00	140.00	560.00	35.00	700.00	1435.00
潘园	3 000.00	4 000.00	200.00	7 200.00	144.00	576.00	36.00	720.00	1476.00
徐蕾	3 000.00	4 000.00		7 000.00	140.00	560.00	35.00	700.00	1435.00
陈飞	3 000.00	4 000.00	500.00	7 500.00	150.00	600.00	37.50	750.00	1537.50
合计	30 300.00	41 400.00	3 100.00	74 800.00	1256.00	5024.00	314.00	6280.00	12874.00

备注：Mark 为新聘外籍个人，在中国境内居住未满 183 天。

表 5-2 **员工附加扣除信息表**

编制单位：粤风传媒 2019 年 12 月 31 日 单位：元

项目	子女教育支出	继续教育支出	大病医疗支出	住房贷款利息支出	住房租金支出	赡养老人支出	合计
张立	500.00			500.00		1 000.00	2 000.00
刘铭	500.00			500.00		1 000.00	2 000.00
李达	1 000.00			500.00		1 000.00	2 500.00
刘梅	500.00			500.00		1 000.00	2 000.00
吴启文	500.00			500.00		1 000.00	2 000.00
潘园	1 000.00				1 500.00		2 500.00
徐蕾		400.00			1 500.00		1900.00
陈飞		400.00			1 500.00		1 900.00

备注：（1）张立、刘铭、刘梅、吴启文均有一个受教育子女，夫妻各自按月 500 元扣除子女教育支出，李达有一独生子在学历教育阶段，约定由李达扣除，潘园有两个小孩，夫妻双方各扣一半；

（2）徐蕾、陈飞在接受学历教育；

（3）张立、刘铭、李达、刘梅、吴启文均有首套住房贷款利息支出，均是夫妻双方各扣一半；

（4）潘园、徐蕾、陈飞在工作城市均无自有住房，租金支出均由他们扣除。

（5）张立、刘铭、李达、刘梅、吴启文均需赡养老师，与兄妹分摊后各自能扣除 1000 元。

表 5-3 **1-11 月员工工资预缴个税信息表**

编制单位：粤风传媒 2019 年 12 月 31 日 单位：元

项目	累计应税工资	累计免税金额	累计专项扣除	累计专项附加扣除	累计其他扣除	预扣率	速算扣除数	累计预扣预缴税额
张立	104 500.00	55 000.00	21 422.50	22 000.00	0.00	3.00%	0.00	182.33
刘铭	92 400.00	55 000.00	18 942.00	22 000.00	0.00	0.00	0.00	0.00
李达	90 200.00	55 000.00	18 491.00	27 500.00	0.00	0.00	0.00	0.00
刘梅	88 000.00	55 000.00	18 040.00	22 000.00	0.00	0.00	0.00	0.00
吴启文	77 000.00	55 000.00	15 785.00	22 000.00	0.00	0.00	0.00	0.00

续表

项目	累计应税工资	累计免税金额	累计专项扣除	累计专项附加扣除	累计其他扣除	预扣率	速算扣除数	累计预扣预缴税额
潘园	79 200.00	55 000.00	16 236.00	27 500.00	0.00	0.00	0.00	0.00
徐蕾	77 000.00	55 000.00	15 785.00	20 900.00	0.00	0.00	0.00	0.00
陈飞	82 500.00	55 000.00	16 912.50	20 900.00	0.00	0.00	0.00	0.00

表 5–4 **粤风传媒 2019 年年终奖金结算单**

序号	姓名	应发年终奖金
1	Mark	24 000
2	张立	19 200
3	刘铭	19 200
4	李达	15 000
5	刘梅	16 800
6	吴启文	12 000
7	潘园	12 000
8	徐蕾	12 000
9	陈飞	15 000
……	……	……
合计		158 900

【业务 5】2019 年 12 月 18 日，公司租用村民叶某的房屋进行电影拍摄，每月租金 2 000 元，以现金支付，并代扣个人所得税。

【业务 6】2019 年 12 月 24 日，公司为了演出需要，购入市民郝某的一辆停产的吉普车，以转账支票支付款项 10 万元，办理转让手续时缴纳税金和其他费用共计 1 万元。粤风集团代扣郝某个人所得税。

【业务 7】2019 年 12 月 25 日，为庆祝圣诞节，公司举办有奖观影活动，顾客赵某某中得一等奖，奖金 1 000 元，集团以现金支付，并代扣个人所得税。

【业务 8】2019 年 12 月 31 日，公司进行股利分红，以转账形式支付持有集团股份的投资人郭某股利 25 000 元，并代扣个人所得税。

【业务 9】2020 年 1 月 5 日，公司解缴 2019 年 12 月个人所得税 43 122.57 元（暂不交纳居民员工年终奖金的个税）。

上述业务是在个人所得税的会计核算中常见的，是否可以合并计算个人所得税的应纳税额？当事人应当自行申报纳税，还是由公司代扣代缴？

模块一 个人所得税会计核算基础

个人所得税是对个人取得的各项应税所得征收的一种税。应税所得包括：工资、薪金所得，经营所得，劳务报酬所得，稿酬所得，利息、股息、红利，财产租赁、财产转让及偶然所得等。

相关链接
中华人民共和国个人所得税法

一、个人所得税核算的会计主体

个人所得税会计核算的主体包括个人所得税纳税人和扣缴义务人。个人所得税以所得人为纳税人，以支付所得的单位或者个人为扣缴义务人。

（一）个人所得税纳税人

个人所得税的纳税义务人，包括中国公民、个体工商户、个人独资企业、合伙企业投资者以及在中国有所得的外籍人员（包括无国籍人员）和香港、澳门、台湾同胞。上述纳税义务人依据住所和居住时间两个标准，分为居民纳税义务人和非居民纳税义务人，分别承担不同的纳税义务。其中，在中国境内有住所，或者无住所而一个纳税年度内在中国境内居住累计满一百八十三天的个人，为居民个人。居民个人的征税收入为从中国境内和境外取得的所得；在中国境内无住所又不居住,或者无住所而一个纳税年度内在中国境内居住累计不满一百八十三天的个人,为非居民个人。非居民个人的征税收入为从中国境内取得的所得。纳税年度，是指自公历一月一日起至十二月三十一日止。

（二）个人所得税扣缴义务人

凡支付个人应纳税所得的企业、事业单位、机关、社团组织、军队、驻华机构、个体户等单位或者个人，为个人所得税的扣缴义务人。不包括外国驻华使领馆和联合国及其他依法享有外交特权和豁免权的国际组织驻华机构。

纳税人有中国公民身份号码的，以中国公民身份号码为纳税人识别号；纳税人没有中国公民身份号码的，由税务机关赋予其纳税人识别号。扣缴义务人扣缴税款时，纳税人应当向扣缴义务人提供纳税人识别号。

二、个人所得税核算的会计期间

居民个人取得综合所得，按年计算个人所得税；有扣缴义务人的，由扣缴义务人按月或者按次预扣预缴税款；需要办理汇算清缴的，应当在取得所得的次年三月一日至六月三十日内办理汇算清缴。

非居民个人取得工资、薪金所得，劳务报酬所得，稿酬所得和特许权使用费所得，有扣缴义务人的，由扣缴义务人按月或者按次代扣代缴税款，不办理汇算清缴。

纳税人取得经营所得，按年计算个人所得税，由纳税人在月度或者季度终了后十五日内向税务机关报送纳税申报表，并预缴税款；在取得所得的次年三月三十一日前办理汇算清缴。

纳税人取得利息、股息、红利所得，财产租赁所得，财产转让所得和偶然所得，按月或者按次计算个人所得税，有扣缴义务人的，由扣缴义务人按月或者按次代扣代缴税款。

扣缴义务人每月或者每次预扣、代扣的税款，应当在次月十五日内缴入国库，并向税务机关报送扣缴个人所得税申报表。

纳税人取得应税所得没有扣缴义务人的，应当在取得所得的次月十五日内向税务机关报送纳税申报表，并缴纳税款。

纳税人取得应税所得，扣缴义务人未扣缴税款的，纳税人应当在取得所得的次年六月三十日前，缴纳税款；税务机关通知限期缴纳的，纳税人应当按照期限缴纳税款。

居民个人从中国境外取得所得的，应当在取得所得的次年三月一日至六月三十日内申报纳税。

非居民个人在中国境内从两处以上取得工资、薪金所得的，应当在取得所得的次月十五日内申报纳税。

纳税人因移居境外注销中国户籍的，应当在注销中国户籍前办理税款清算。

三、个人所得税核算的征税范围

（一）工资、薪金所得

工资、薪金所得是指个人因任职或者受雇而取得的工资、薪金、奖金、年终加薪、劳动分红、津贴、补贴以及与任职或者受雇有关的其他所得。

（二）劳务报酬所得

指个人从事劳务取得的所得，包括从事设计、装潢、安装、制图、化验、测试、医疗、法律、会计、咨询、讲学、新闻、广播、翻译、审稿、书画、雕刻、影视、录音、录像、演出、表演、广告、展览、技术服务、介绍服务、经纪服务、代办服务以及其他劳务取得的所得。

（三）稿酬所得

稿酬所得，是指个人因其作品以图书、报刊形式出版、发表而取得的所得。

（四）特许权使用费所得

特许权使用费所得，是指个人提供专利权、商标权、著作权、非专利技术以及其他特许权的使用权取得的所得；提供著作权的使用权取得的所得，不包括稿酬所得。

（五）经营所得

经营所得，是指：

（1）个人通过在中国境内注册登记的个体工商户、个人独资企业、合伙企业从事生产、经营活动取得的所得；

（2）个人依法取得执照，从事办学、医疗、咨询以及其他有偿服务活动取得的所得；

（3）个人承包、承租、转包、转租取得的所得；

（4）个人从事其他生产、经营活动取得的所得。。

（六）利息、股息、红利所得

利息、股息、红利所得，是指个人拥有债权、股权而取得的利息、股息、红利性质的所得。利息是指个人拥有债权而取得的利息，包括存款利息、贷款利息和各种债券的利息。

（七）财产租赁所得

财产租赁所得，是指个人出租不动产、土地使用权、机器设备、车船以及其他财产取得的所得。

（八）财产转让所得

财产转让所得，是指个人转让有价证券、股权，合伙企业中的财产份额、不动产、土地使用权、机器设备、车船以及其他财产取得的所得。财产转让所得中的“财产”不仅包括有形财产，也包括无形财产。目前，我国对股票转让所得暂不征收个人所得税。

（九）偶然所得

偶然所得，是指个人得奖、中奖、中彩以及其他偶然性质的所得。得奖是指参加各种有奖竞赛活动，取得名次得到的奖金；中奖、中彩是指参加各种有奖活动，如有奖销售、有奖储蓄或者购买彩票，经过规定程序，抽中、摇中号码而取得的奖金。偶然所得应由发奖单位代扣代缴个人所得税。

居民个人取得前款第一项至第四项所得（以下称综合所得），按纳税年度合并计算个人所得税；非居民个人取得前款第一项至第四项所得，按月或者按次分项计算个人所得税。纳税人取得前款第五项至第九项所得，分别计算个人所得税。

四、个人所得税核算的会计科目

个人所得税扣缴义务人，在“应交税费”账户下设置“应交个人所得税”或者“代扣代缴个人所得税”明细账户。该账户采用三栏式结构。

代扣个人所得税时，记入“代扣代缴个人所得税”账户的贷方，缴纳个人所得税时，记入该账户的借方；纳税期满后，该账户贷方余额反映欠缴的个人所得税额。

个体工商户、个人独资企业和合伙企业，设置“应交税费——应交个人所得税”账户，核算个人所得税的计算缴纳情况。

五、个人所得税的税率

> **边学边练**
> 判断粤风传媒几笔业务适用的税率

个人所得税的税率按所得项目不同分别确定。

（一）综合所得预扣预缴税率

1．居民个人工资、薪金所得预扣预缴税率

居民个人工资、薪金个人所得税的预扣预缴适用七级超额累进税率，税率为 3%～45%，如表 5-5 所示。

表 5-5　个人所得税税率表一

（居民个人工资、薪金所得预扣预缴适用）

级数	累计预扣预缴应纳税所得	预扣率	速算扣除数
1	不超过 36 000 元	3%	0
2	超过 36 000 元至 144 000 元的部分	10%	2 520
3	超过 144 000 元至 300 000 元的部分	20%	16 920
4	超过 300 000 元至 420 000 元的部分	25%	31 920
5	超过 420 000 元至 660 000 元的部分	30%	52 920
6	超过 660 000 元至 960 000 元的部分	35%	85 920
7	超过 960 000 元的部分	45%	181 920

注：本表也适用于居民个人综合所得的税额计算。

2．居民个人劳务报酬所得预扣预缴税率

居民个人劳务报酬所得的预扣预缴适用三级超额累进税率，税率为 20%～40%，见表 5-6。

表 5-6　个人所得税税率表二

（居民个人劳务报酬所得预扣预缴适用）

级数	全年应纳税所得额	税率（%）	速算扣除数
1	不超过 20000 元的部分	20%	0
2	超过 20000 元至 50000 元的部分	30%	2 000
3	超过 50000 元的部分	40%	7 000

3．居民个人稿酬、特许权使用费所得预扣预缴税率

居民个人稿酬、特许权使用费所得的预扣预缴税率为 20%。

（二）其他收入税率

1．非居民个人工资薪金、劳务报酬、稿酬、特许权使用费所得代扣代缴税率

非居民个人工资薪金、劳务报酬、稿酬、特许权使用费个人所得税的预扣预缴适用七级超额累进税率，税率为 3%～45%，见表 5-7。

表 5-7 **个人所得税税率表三**

（非居民个人工资薪金、劳务报酬、稿酬、特许权使用费所得代扣代缴适用）

级数	当月应纳税所得额	税率（%）	速算扣除数
1	不超过 3 000 元	3	0
2	超过 3 000 元至 12 000 元的部分	10	210
3	超过 12 000 元至 25 000 元的部分	20	1 410
4	超过 25 000 元至 35 000 元的部分	25	2 660
5	超过 35 000 元至 55 000 元的部分	30	4 410
6	超过 55 000 元至 80 000 元的部分	35	7 160
7	超过 80 000 元的部分	45	15 160

2．经营所得税率

经营所得适用 5%～35%的超额累进税率，见表 5-8。

表 5-8 **个人所得税税率表四**

级数	全年应纳税所得额	税率	速算扣除数
1	不超过 30 000 元的	5%	0
2	超过 30 000 元至 90 000 元的部分	10%	4 500
3	超过 90 000 元至 300 000 元的部分	20%	10 500
4	超过 300 000 元至 500 000 元的部分	30%	40 500
5	超过 500000 元的部分	35%	65 500

（注：本表所称全年应纳税所得额是指以每一纳税年度的收入总额减除成本、费用以及损失后的余额。）

3. 利息、股息、红利所得，财产租赁所得，财产转让所得和偶然所得，适用比例税率，税率为百分之二十，个人按市场价格出租的居民住房取得的所得，暂按减 10%的税率征收个人所得税。

模块二 居民个人综合所得应纳税额的核算

一、居民个人综合所得计税依据的确定

居民个人取得工资、薪金，劳务报酬，稿酬和特许权使用费属于综合所得，在日常获取收入时由扣缴义务人预扣预缴个人所得税，年终再由纳税人进行汇算清缴。纳税人按纳税年度合并计算个人所得税，以每一纳税年度的收入额减除费用六万元以及专项扣除、专项附加扣除和依法确定的其他扣除后的余额，为应纳税所得额。

1. 收入额。工资、薪金收入按 100%计入收入额，劳务报酬所得、稿酬所得、特许权使用费所得以收入减除百分之二十的费用后的余额为收入额，稿酬所得的收入额减按百分之七十计算。

2. 专项扣除。包括居民个人按照国家规定的范围和标准缴纳的基本养老保险、基本医疗保险、失业保险等社会保险费和住房公积金等。

3. 专项附加扣除。包括子女教育、继续教育、大病医疗、住房贷款利息或者住房租金、赡养老人等 6 项支出。除大病医疗以外，子女教育、赡养老人、住房贷款利息、住房租金、继续教育，纳税人可以选择在单位发放工资薪金时，按月享受专项附加扣除政策；也可选择在次年 3 月 1 日至 6 月 30 日自行汇算清缴时申报办理扣除。具体的扣除标准如表 5-9 所示。

表 5-9　专项附加扣除表

专项附加扣除名称	扣除标准		使用范围和条件	享受扣除政策对象	享受环节	纳税人留存备查资料	补充说明
	每年	每月					
子女教育		每个子女 1000 元	学前教育：年满 3 岁至小学入学前	每个子女，每月扣除 1000 元，多个符合扣除条件的子女，每个子女均可享受扣除； 扣除人由父母双方选择确定，既可以由父母一方全额扣除，也可以父母分别扣除 500 元； 扣除方式确定后，一个纳税年度内不能变更。	预扣预缴或年度汇算清缴	境内接受教育：不需要 境外接受教育：境外学校录取通知书、留学签证等相关教育资料	入学前是指入学前的 1 个月
			学历教育：义务教育、高中阶段教育、高等教育阶段				含入学当月、寒暑假以及因病和非主观因素保留学籍的休学
继续教育		400 元	学历教育	接受教育的本人； 符合条件的本科以下学历教育，可选择本人按继续教育或父母按子女教育扣除。	预扣预缴或年度汇算清缴	不需要	最长不超过 48 个月
	3600 元		技能人员职业资格教育、专业技术人员职业资格继续教育	接受教育本人扣除	预扣预缴或年度汇算清缴	技能人员、专业技术人员职业资格证书等	取得证书月份一次性预扣 3600 元
住房贷款利息		1000 元	本人或配偶单独或共同使用商业银行或住房公积金个人住房贷款，为本人或配偶购买中国境内住房，而发生的首套住房贷款利息支出。	婚后购房：夫妻双方约定，可以选择由其中一方扣除； 婚前购房：婚后选择其中一套由购买方继续扣除，也可由夫妻双方对各自购买住房分别按标准的 50%扣除； 扣除方式确定后，一个纳税年度内不能变更。	预扣预缴或年度汇算清缴	住房贷款合同、贷款还款支出凭证等	贷款利息支出是否符合首套房政策，以办理贷款的银行、住房公积金中心认定为准
							最长不得超过 240 个月

续表

<table>
<tr><th rowspan="2">专项附加扣除名称</th><th colspan="2">扣除标准</th><th rowspan="2">使用范围和条件</th><th rowspan="2">享受扣除政策对象</th><th rowspan="2">享受环节</th><th rowspan="2">纳税人留存备查资料</th><th rowspan="2">补充说明</th></tr>
<tr><th>每年</th><th>每月</th></tr>
<tr><td rowspan="3">住房租金</td><td></td><td>1500 元</td><td>直辖市、省会（首府）城市、计划单列市以及国务院确定的其他城市</td><td rowspan="3">本人及配偶在主要工作的城市没有自有住房；
已经实际发生了住房租金支出；
如夫妻双方主要工作城市相同的，只能由一方扣除，且为签订租赁住房合同的承租人来扣除；
如夫妻双方主要工作城市不同，且无房的，可按规定标准分别进行扣除。</td><td rowspan="3">预扣预缴或年度汇算清缴</td><td rowspan="3">住房租赁合同或协议等</td><td rowspan="3">本人及配偶在同一纳税年度内，没有享受住房贷款利息专项附加扣除政策。</td></tr>
<tr><td></td><td>1100 元</td><td>除上述城市以外的市辖区户籍人口超过 100 万人的城市</td></tr>
<tr><td></td><td>800 元</td><td>除上述城市以外的，市辖区户籍人口不超过 100 万人（含）的城市</td></tr>
<tr><td rowspan="2">赡养老人</td><td></td><td>2000 元</td><td>独生子女</td><td>独生子女本人</td><td rowspan="2">预扣预缴或年度汇算清缴</td><td>不需要</td><td rowspan="2">被赡养人年满 60 周岁（含）；
被赡养人包括父母及子女均已去世的祖父母、外祖父母。</td></tr>
<tr><td></td><td>具体分摊金额</td><td>非独生子女</td><td>兄弟姐妹分摊，每人分摊的额度不能超过每月 1000 元；
具体分摊的方式：均摊、约定、指定分摊；
扣除方式确定后，一个纳税年度内不能变更。</td><td>约定或指定分摊的，需签订书面分摊协议</td></tr>
<tr><td>大病医疗</td><td>80000 元限额内据实</td><td></td><td>在医保目录范围内</td><td>发生的医药费用支出可以选择由本人或配偶扣除；
未成年子女发生的医药费可以选择由父母一方扣除。</td><td>年度汇算清缴（2020 年执行）</td><td>医药服务收费及医保报销票据原件或复印件或者医疗保障部门出具的医药费用清单等</td><td>扣除医保报销后个人负担（是指医保目录范围内的自付部分）累计超过 15000 元，且不超过 80000 元的部分</td></tr>
<tr><td colspan="8">注：本表所称父母，是指生父母、继父母、养父母；子女是指婚生子女、非婚生子女、继子女、养子女。父母之外的其他担任未成年人的监护人的，比照执行。</td></tr>
</table>

4. 其他扣除。包括个人缴付符合国家规定的企业年金、职业年金，个人购买符合国家规定的商业健康保险、税收递延型商业养老保险的支出，以及国务院规定可以扣除的其他项目。

二、居民个人综合所得应纳税额的计算

（一）居民个人综合所得预扣预缴税款的计算

1．工资、薪金所得预扣预缴税款计算方法

扣缴义务人向居民个人支付工资、薪金所得时，需要按照“累计预扣法”计算预扣预缴税款。具体方法为：

（1）计算累计预扣预缴应纳税所得额。对居民个人，按照其在本单位截至当前月份工资、薪金所得的累计收入，减除累计免税收入、累计减除费用、累计专项扣除、累计专项附加扣除和累计依法确定的其他扣除计算预扣预缴应纳税所得额。具体公式：

累计预扣预缴应纳税所得额=累计收入-累计免税收入-累计减除费用-累计专项扣除-累计专项附加扣除-累计依法确定的其他扣除

其中，本期可扣除的专项附加扣除金额，为该纳税人在扣缴义务单位截至预扣预缴当月符合政策条件的扣除金额。

（2）计算本期应预扣预缴税额。根据累计预扣预缴应纳税所得额，对照表5-3，查找适用预扣率和速算扣除数，据此计算累计应预扣预缴税额，再减除累计减免税额和累计已预扣预缴税额。如果计算本月应预扣预缴税额为负值时，暂不退税。纳税年度终了后余额仍为负值时，由纳税人通过办理综合所得年度汇算清缴，税款多退少补。

本期应预扣预缴税额=（累计预扣预缴应纳税所得额×预扣率-速算扣除数)-累计减免税额-累计已预扣预缴税额。

2．劳务报酬所得、稿酬所得、特许权使用费所得预扣预缴税款的计算方法

扣缴义务人向居民个人支付劳务报酬所得、稿酬所得、特许权使用费所得时，按以下方法按月或者按次预扣预缴个人所得税：

（1）计算预扣预缴应纳税所得额。每次收入不超过4000元的，减除费用按800元计算；当每次收入在4000元以上的，减除费用按20%计算。每次收入减除费用后的余额为收入额，其中稿酬所得的收入额减按70%计算。

（2）关于“按次”的具体规定。劳务报酬、稿酬所得、特许权使用费所得三项综合所得，属于一次性收入的，以取得该项收入为一次；属于同一项目连续性收入的，以一个月内取得的收入为一次。

稿酬所得，以每次出版、发表取得的收入为一次。个人每次以图书、报刊方式出版、发表同一作品，不论出版单位是预付还是分笔支付稿酬，或者加印该作品后再付稿酬，均应合并其稿酬所得按一次计征个人所得税；在两处或两处以上出版、发表或再版同一作品而取得稿酬所得，则可分别计算各处取得的所得或再版所得按分次所得计算缴纳个人所得税；个人的同一作品在报刊上连载，以连载完成后取得的所有收入合并为一次计算缴纳个人所得税；连载之后又出书取得稿酬所得，或先出书后又连载取得稿酬所得，应视同再版稿酬分次计算缴纳个人所得税。

个人兼有不同的劳务报酬所得，应当分别减除费用，计算缴纳个人所得税。

（3）计算预扣预缴应纳税额。根据预扣预缴应纳税所得额乘以适用预扣率计算应预扣预缴税额。其中，劳务报酬所得适用个人所得税预扣率表5-4，稿酬所得、特许权使用费所得适用20%的比例预扣率。

（二）居民个人综合所得年终汇算清缴税额的计算

居民个人的综合所得，以每一纳税年度的收入额减除费用六万元以及专项扣除、专项附加扣除和依法确定的其他扣除后的余额，为应纳税所得额。其应纳税额计算公式如下。

应纳税额=应纳税所得额×适用税率-速算扣除数

=（每年收入-60 000 元-专项扣除-专项附加扣除-其他扣除）×适用税率-速算扣除数

知识窗

“五险一金”的扣除规定

按照国家规定，单位为个人代扣代缴的医疗保险金、基本养老保险金、失业保险金、工伤保险、生育保险以及住房公积金，可从纳税义务人的应纳税所得额中扣除。广东省“三险一金”（医疗保险、养老保险、失业保险及住房公积金）个人缴付的最高比例分别为 2%、8%、0.5%和 12%。另外，对个人购买符合规定的商业健康保险产品的支出，允许在当年（月）计算应纳税所得额时予以税前扣除，扣除限额为 2400 元/年（200 元/月）。单位统一为员工购买符合规定的商业健康保险产品的支出，应分别计入员工个人工资薪金，视同个人购买，按上述限额予以扣除。

（三）居民个人全年一次性奖金应纳税额的计算

居民个人取得全年一次性奖金，符合《国家税务总局关于调整个人取得全年一次性奖金等计算征收个人所得税方法问题的通知》（国税发〔2005〕9 号）规定的，在 2021 年 12 月 31 日前，可以不并入当年综合所得，以全年一次性奖金收入除以 12 个月得到的数额，按照月度税率表，确定适用税率和速算扣除数，单独计算纳税。计算公式为：

应纳税额 = 全年一次性奖金收入 × 适用税率 – 速算扣除数

自 2022 年 1 月 1 日起，居民个人取得全年一次性奖金，应并入当年综合所得计算缴纳个人所得税。

三、居民个人综合所得应纳税额的核算

（一）每月预缴的核算

1. 工资、薪金所得预扣预缴

居民个人取得的综合所得应纳的个人所得税，由其任职单位在支付工资、薪金等时代扣代缴。工资部分的税款，实质上是职工个人工资、薪金所得的一部分。因此，在会计处理上，任职单位在代扣工资、薪金的个人所得税时，借记“应付职工薪酬”科目，贷记“应交税费——应交个人所得税”或“应交税费——代扣代缴个人所得税”科目；劳务报酬、稿酬及特许权使用费的税款，依据实际承担税款的项目，借记“管理费用”、“劳务支出”等科目，贷记“应交税费——应交个人所得税”或“应交税费——代扣代缴个人所得税”科目。代缴税款时，借记“应交税费——应交个人所得税”或“应交税费—代扣代缴个人所得税”科目，贷记“银行存款”科目。

【工作实例 5-1】中国公民李逵在广州腾达公司任职，2019 年每月应发工资均为 30 000 元，每月减除费用 5000 元，“三险一金”等专项扣除为 4 500 元，享受子女教育、赡养老人两项专项附加扣除共计 2000 元，没有减免收入及减免税额等情况。

1—3 月，公司应当按照以下方法为李逵计算各月应预扣预缴税额：

1 月：(30 000-5 000-4 500-2 000）× 3%=555 元；

2月：(30 000×2-5 000×2-4 500×2-2 000×2）×10%-2 520-555=625元；

3月：(30 000×3-5 000×3-4 500×3-2 000×3）×10%-2 520-555-625=1 850元；

上述计算结果表明，由于 2 月累计预扣预缴应纳税所得额为 37000 元，已适用 10%的税率，因此2月和3月应预扣预缴有所增高。

（1）腾达公司1月在向李逵支付工资时扣缴个人所得税，编制会计分录。

借：应付职工薪酬　　30 000

　　贷：应交税费——应交个人所得税　　555

　　　　其他应付款——社保及住房公积金　　4 500

　　　　银行存款　　24 945

（2）腾达公司代缴个人所得税时，编制会计分录。

借：应交税费——应交个人所得税　　555

　　贷：银行存款　　555

单位在计算代扣个人所得税时，应按每个职工分别计算，在进行会计核算时，按为所有职工代扣税款的合计金额编制会计分录。

2．劳务报酬所得、稿酬所得、特许权使用费所得预扣预缴

居民个人取得劳务报酬、稿酬、特许权使用费所得，由支付单位代为预扣预缴。

【工作实例 5-2】居民个人黄小英 2019 年 3 月取得劳务报酬所得 3 000 元。

这笔所得在3月应预扣预缴税额的计算过程如下：

收入额：3 000-800=2 200元

应预扣预缴税额：2 200×20%=440元

【工作实例 5-3】某居民个人杨晓 2019 年 4 月取得稿酬所得 40 000 元。

这笔所得在4月应预扣预缴税额计算过程为：

收入额：（40 000-40 000×20%）×70%=22 400元

应预扣预缴税额：22 400×20%=4480元

（二）汇算清缴

纳税人取得综合所得，如属于以下情况，需要办理汇算清缴：

1. 在两处或者两处以上取得综合所得，且综合所得年收入额减去专项扣除的余额超过6万元；

2. 取得劳务报酬所得、稿酬所得、特许权使用费所得中一项或多项所得，且综合所得年收入额减去专项扣除的余额超过6万元；

3. 纳税年度内预缴税额低于应纳税额的。

需要办理汇算清缴的，纳税人应当在取得所得的次年 3 月 1 日至 6 月 30 日内办理汇算清缴。扣缴义务人应向纳税人提供其个人所得和已扣缴税款等信息。

【工作实例 5-4】中国公民李华在广州腾达公司任职，2019 年全年取得综合应纳税所得额为 180 000元，公司在2019年已为李逵预缴了个人所得税 16 356元。

综合所得应纳税额=应纳税所得额×适用税率-速算扣除数

=180 000×20%-16 920=19 080（元）

应补缴税额=19 080–16 356=2 724（元）

李逵应于2020年的3月1日至6月30内办理汇算清缴。

模块三　非居民个人代扣代缴业务应缴税额的核算

典型工作任务
核算劳务报酬所得应纳个人所得税

一、工资薪金应纳税额的核算

（一）工资薪金所得计税依据的确定

非居民个人的工资、薪金所得，以每月收入额减除费用五千元后的余额为应纳税所得额，不扣除专项附加扣除。非居民个人在中国境内从两处以上取得工资、薪金所得的，应当在取得的次月十五日内向税务机关申报纳税。

（二）工资薪金所得应纳税额的计算

非居民个人工资薪金所得税应纳税额的计算公式如下：

应纳税额=应纳税所得额×适用税率-速算扣除数

=（每月收入-5 000）×适用税率-速算扣除数

二、劳务报酬应缴税额的核算

（一）劳务报酬所得计税依据的确定

劳务报酬按“次”计算缴纳税款，属于一次性收入的，以取得该项收入为一次；属于同一项目连续性收入的，以一个月内取得的收入为一次。“同一项目”，是指劳务报酬所得列举具体劳动项目中的某一单项。个人兼有不同的劳务报酬所得，应当分别减除费用，计算缴纳个人所得税。

劳务报酬所得，以收入减除百分之二十的费用后的余额为收入额。

（二）劳务报酬所得应纳税额的计算

应纳税额=应纳税所得额×适用税率-速算扣除数

=每次收入额×（1-20%）×适用税率-速算扣除数

（三）劳务报酬所得应纳税额的核算

企业支付给个人劳务报酬，应按税法规定代扣代缴个人所得税。支付劳务报酬并代扣个人所得税时，借“管理费用”“销售费用”等科目，贷“应交税费——代扣代缴个人所得税”“库存现金”等科目；代缴个人所得税时，借“应交税费——代扣代缴个人所得税”科目，贷“银行存款”科目。

【工作实例 5-5】李菲儿为美国公民，常年在美国生活，应邀为千百惠服饰公司（中国公司）进行新产品设计。合同规定：报酬 35 000 元，以银行存款支付，个人所得税由个人承担。千百惠服饰公司会计处理如下。

（1）支付报酬并代扣个人所得税。

千百惠服饰公司代扣个人所得税=35 000×（1-20%）×25%-2 660=4 340（元）

借：管理费用	35 000	
贷：应交税费——代扣代缴个人所得税		4 340
银行存款		30 660

（2）代缴个人所得税时。

借：应交税费——代扣代缴个人所得税	4 340	
贷：银行存款		4 340

三、稿酬所得应缴税额的核算

（一）稿酬所得计税依据的确定

稿酬所得以每次出版、发表取得的收入按次申报纳税。个人每次以图书、报刊方式出版、发表同一作品，不论出版单位是预付还是分笔支付稿酬，或者加印该作品后再付稿酬，均应合并其稿酬所得按一次计征个人所得税；在两处或两处以上出版、发表或再版同一作品而取得稿酬所得，则可分别计算各处取得的所得或再版所得按分次所得计算缴纳个人所得税；个人的同一作品在报刊上连载，以连载完成后取得的所有收入合并为一次计算缴纳个人所得税；连载之后又出书取得稿酬所得，或先出书后又连载取得稿酬所得，应视同再版稿酬分次计算缴纳个人所得税。

稿酬所得，以收入减除百分之二十的费用后的余额为收入额，其收入额减按百分之七十计算。

（二）稿酬所得应纳税额的计算

稿酬所得个人所得税应纳税额的计算公式如下。

应纳税额=应纳税所得额×适用税率-速算扣除数

=每次收入额×（1-20%）×（1-30%）适用税率-速算扣除数

（三）稿酬所得应纳税额的核算

单位支付稿酬并代扣代缴应纳个人所得税时，应按合同或协议约定的金额，借记“生产成本——稿酬”账户，按应代扣的个人所得税，贷记“应交税费——代扣代缴个人所得税”账户，按实际支付的金额，贷记“银行存款”等账户。实际上缴代扣税款时，借记“代扣代缴税费——应交个人所得税”账户，贷记“银行存款”账户。

【工作实例 5-6】史蒂夫为中国非居民，在白云出版社出版一本著作，按合同约定，出版社支付给史蒂夫 16 000 元稿费，并由该出版社代扣代缴个人所得税。该出版社做如下会计处理。

（1）支付稿酬并代扣个人所得税。

应扣个人所得税=16 000×（1-20%）×（1-30%）×10%-210=686（元）

借：生产成本——稿酬　　16 000

　　贷：应交税费——代扣代缴个人所得税　　686

　　　　银行存款　　15 314

（2）缴纳个人所得税时。

借：应交税费——代扣代缴个人所得税　　686

　　贷：银行存款　　686

四、特许权使用费应缴税额的核算

典型工作任务

核算特许权使用费所得应纳个人所得税

（一）特许权使用费所得计税依据的确定

特许权使用费所得，以收入减除百分之二十的费用后的余额为收入额。

（二）特许权使用费所得应纳税额的计算

特许权使用费所得应纳税额的计算公式如下。

应纳税额=应纳税所得额×适用税率=每次收入额×（1-20%）×适用税率-速算扣除数

请注意： 特许权使用费所得，以一项特许权的一次许可使用所取得的收入为一次。如果该次转让取得的收入是分笔支付的，则应将各笔收入相加为一次的收入，计算缴纳个人所得税。

边学边练
判断粤风集团是否涉及特许权使用费所得代扣代缴个人所得税业务

（三）特许权使用费所得应纳税额的核算

单位支付特许权使用费所得并代扣应纳个人所得税时，应按合同或协议约定的金额，借记“管理费用”“制造费用”等账户，按应代扣的个人所得税，贷记“应交税费——应交个人所得税”账户，按实际支付的金额，贷记“银行存款”等账户。实际上缴代扣税款时，借记“应交税费——应交个人所得税”账户，贷记“银行存款”账户。

【工作实例 5-7】 某电影制片厂买断非中国居民安娜的作品，按照合同约定以转账支票支付给安娜 80 000 元报酬，由该电影厂代扣代缴个人所得税。该电影厂做如下会计处理。

（1）支付特许权使用费并代扣个人所得税。

应扣个人所得税=80 000×（1-20%）×35%-7 160=15 240（元）

借：管理费用	80 000	
贷：应交税费——应交个人所得税		15 240
银行存款		64 760

（2）缴纳个人所得税。

借：应交税费——应交个人所得税	15 240	
贷：银行存款		15 240

模块四 经营所得应纳税额的核算

一、经营所得计税依据的确定

典型工作任务
核算个体工商户应纳个人所得税

个体工商户业主、个人独资企业投资者、合伙企业个人合伙人以及从事其他生产、经营活动的个人，以其每一纳税年度来源于个体工商户、个人独资企业、合伙企业以及其他生产、经营活动的所得，减除费用六万元、专项扣除、专项附加扣除以及依法确定的其他扣除后的余额，为应纳税所得额。专项附加扣除在办理汇算清缴时减除。纳税义务人未提供完整、准确的纳税资料，不能正确计算应纳税所得额的，由主管税务机关核定其应纳税所得额。

个人独资企业的投资者以全部的经营所得为应纳税所得额。

合伙企业的合伙人按照合伙企业的全部经营所得和合伙协议约定的分配比例，确定应纳税所得额；合伙协议没有约定分配比例或者约定不明确的，以合伙企业的全部经营所得和合伙人协商决定的分配比例确定应纳税所得额；合伙人协商不成的，以合伙企业的全部经营所得和合伙人的实缴出资比例确定应纳税所得额；无法确定实缴出资比例的，以合伙企业的全部经营所得和合伙人数量平均计算每个合伙人的应纳税所得额。

二、经营所得应纳税额的计算

对经营所得，其个人所得税应纳税额计算有以下两种办法。

> **相关链接**
> 个体工商户个人所得税计税办法

1．查账征收

实行查账征收，其个人所得税的计算公式如下：

应纳税额=应纳税所得额×适用税率−速算扣除数

=［收入总额−（成本+费用+损失+准予扣除的税金）−规定的费用减除标准］×适用税率−速算扣除数

这里的成本、费用，是指个体工商户、个人独资企业、合伙企业以及个人从事其他生产、经营活动发生的各项直接支出和分配计入成本的间接费用以及销售费用、管理费用、财务费用；而损失，是指个体工商户、个人独资企业、合伙企业以及个人从事其他生产经营活动发生的固定资产和存货的盘亏、毁损、报废损失，转让财产损失、坏账损失，自然灾害等不可抗力因素造成的损失以及其他损失。扣除项目的标准具体规定如下。

扣除项目的标准具体规定如下。

对经营所得依法计征个人所得税时，个体工商户业主等经营者的费用扣除标准统一确定为60 000元/年。

个体工商户业主等经营者实际支付给从业人员的、合理的工资薪金支出，准予扣除。个体工商户业主等经营者的工资薪金支出不得税前扣除。

个体工商户业主等经营者拨缴的工会经费、发生的职工福利费、职工教育经费支出分别在工资、薪金总额2%、14%和2.5%的标准内据实扣除。个体工商户业主本人等向当地工会组织缴纳的工会经费、实际发生的职工福利费支出、职工教育经费支出，以当地（地级市）上年度社会平均工资的3倍为计算基数，在前述规定比例内据实扣除。

个体工商户业主等经营者每一纳税年度发生的广告费和业务宣传费用不超过当年销售（营业）收入15%的部分，可据实扣除；超过部分，准予在以后纳税年度结转扣除。

个体工商户业主等经营者每一纳税年度发生的与其生产、经营业务直接相关的业务招待费支出，按照发生额的60%扣除，但最高不得超过当年销售（营业）收入的5‰。个体工商户业主等经营者自申请营业执照之日起至开始生产经营之日止所发生的业务招待费，按照实际发生额的60%计入个体工商户的开办费。

个体工商户业主等经营者在生产经营活动中发生的向金融企业借款的利息支出，准予扣除；向非金融企业和个人借款的利息支出，不超过按照金融企业同期同类贷款利率计算的数额的部分，准予扣除。

个体工商户业主等经营者在货币交易中，以及纳税年度终了时将人民币以外的货币性资产、负债按照期末即期人民币汇率中间价折算为人民币时产生的汇兑损失，除已经计入有关资产成本部分外，准予扣除。

个体工商户业主等经营者按照国务院有关主管部门或者省级人民政府规定的范围和标准为其业主和从业人员缴纳的基本养老保险费、基本医疗保险费、失业保险费、生育保险费、工伤保险费和住房公积金，准予扣除。

个体工商户业主等经营者为从业人员缴纳的补充养老保险费、补充医疗保险费，分别在不超过从业人员工资总额5%标准内的部分据实扣除；超过部分，不得扣除。个体工商户业主本人缴纳的补充养老保险费、补充医疗保险费，以当地（地级市）上年度社会平均工资的3倍为计算基数，分别在不超过该计算基数5%标准内的部分据实扣除；超过部分，不得扣除。

个体工商户业主等经营者本人或者为从业人员支付符合规定的商业健康保险费。允许在当年（月）计算应纳税所得额时予以税前扣除，扣除限额为2400元/年（200元/月）。

个体工商户业主等经营者在生产经营活动中发生的合理的不需要资本化的借款费用，准予扣除。

个体工商户业主等经营者为购置、建造固定资产、无形资产和经过 12 个月以上的建造才能达到预定可销售状态的存货发生借款的，在有关资产购置、建造期间发生的合理的借款费用，应当作为资本性支出计入有关资产的成本，并依照本办法的规定扣除。

个体工商户业主等经营者代其从业人员或者他人负担的税款，不得税前扣除。

个体工商户业主等经营者按照规定缴纳的摊位费、行政性收费、协会会费等，按实际发生数额扣除。

个体工商户业主等经营者以经营租赁方式租入固定资产发生的租赁费支出，按照租赁期限均匀扣除；以融资租赁方式租入固定资产发生的租赁费支出，按照规定构成融资租入固定资产价值的部分应当提取折旧费用，分期扣除。

个体工商户业主等经营者参加财产保险，按照规定缴纳的保险费，准予扣除。

个体工商户发生的合理的劳动保护支出，准予扣除。

个体工商户业主等经营者自申请营业执照之日起至开始生产经营之日止所发生符合本办法规定的费用，除为取得固定资产、无形资产的支出，以及应计入资产价值的汇兑损益、利息支出外，作为开办费，个体工商户可以选择在开始生产经营的当年一次性扣除，也可自生产经营月份起在不短于3年期限内摊销扣除，但一经选定，不得改变。开始生产经营之日为个体工商户取得第一笔销售（营业）收入的日期。

个体工商户业主等经营者通过公益性社会团体或者县级以上人民政府及其部门，用于《中华人民共和国公益事业捐赠法》规定的公益事业的捐赠，捐赠额不超过其应纳税所得额 30%的部分可以据实扣除。财政部、国家税务总局规定可以全额在税前扣除的捐赠支出项目，按有关规定执行。个体工商户业主等经营者直接对受益人的捐赠不得扣除。公益性社会团体的认定，按照财政部、国家税务总局、民政部有关规定执行。

个体工商户业主等经营者研究开发新产品、新技术、新工艺所发生的开发费用，以及研究开发新产品、新技术而购置单台价值在 10 万元以下的测试仪器和试验性装置的购置费准予直接扣除；单台价值在10万元以上（含10万元）的测试仪器和试验性装置，按固定资产管理，不得在当期直接扣除。

议一议：个体生产经营所得与企业所得在计算所得税时，有什么区别和联系？

2．核定征收

核定征收方式，包括定额征收、核定应税所得率征收以及其他合理的征收方式。

实行核定应税所得率征收方式的，应纳所得税额的计算公式如下：

应纳所得税额=应纳税所得额×适用税率-速算扣除数

应纳税所得额=收入总额×应税所得率

或=成本费用支出额÷（1-应税所得率）×应税所得率

个人所得税应税所得率按表5-10规定的标准执行。

表 5-10　　　　个人所得税应税所得率表

行业	应税所得率（%）
工业、交通运输业、商业	5～20
建筑业、房地产开发业	7～20
饮食服务业	7～25
娱乐业	20～40
其他行业	10～30

三、个体工商户的生产、经营所得应纳税额的核算

对采用自行申报缴纳个人所得税的纳税人，除实行查账征收的个体工商户等经营者外，一般不需进行会计处理。实行查账征收的个体工商户等经营者缴纳个人所得税应通过“所得税费用”和“应交税费——应交个人所得税”两个账户进行会计处理。

个体工商户等经营者取得生产经营所得按规定计算缴纳的所得税，借记“所得税费用”账户，贷记“应交税费——应交个人所得税”账户。实际上缴税款时，借记“应交税费——应交个人所得税”账户，贷记“银行存款”账户。

【工作实例 5-8】个体工商户李晓明 2019 年全年的经营性收入为 245 000 元，生产营业的成本费用总计 162 000 元。计算李晓明应纳个人所得税并做出会计处理如下。

（1）计算应纳个人所得税。

应纳个人所得税=（245 000−162 000−60 000）×5%=1 150（元）

借：所得税费用　　1 150

　　贷：应交税费——应交个人所得税　　1 150

（2）缴纳个人所得税。

借：应交税费——应交个人所得税　　1 150

　　贷：银行存款　　1 150

模块五　其他收入的个人所得税核算

一、利息、股息、红利应缴税额的核算

（一）利息、股息、红利所得计税依据的确定

利息、股息、红利所得，以每次收入额为应纳税所得额，不得从收入额中扣除任何费用。其中，每次收入是指支付单位或个人每次支付利息、股息、红利时，个人所取得的收入。

> **典型工作任务**
> 核算利息、股息、红利所得应纳个人所得税

> **边学边练**
> 判断粤风集团是否涉及利息、股息、红利所得代扣代缴个人所得税业务

对于股份制企业在分配股息、红利时，以股票形式向股东个人支付应得的股息、红利，应以派发红股的股票票面金额为收入额，计算征收个人所得税。个人从公开发行和转让市场取得的上市公司股票，持股期限在 1 个月以内（含 1 个月）的，其股息红利所得全额计入应纳税所得额；持股期限在 1 个月以上至 1 年（含 1 年）的，暂减按 50%计入应纳税所得额；持股期限超过 1 年的，股息红利所得暂免征收个人所得税。上述所得统一适用 20%的税率计征个人所得税。个人投资者持股时间越长，税负越低，以鼓励长期投资，抑制短期炒作，促进我国资本

市场长期健康发展。

（二）利息、股息、红利所得应纳税额的计算

利息、股息、红利所得应纳税额的计算公式如下：

应纳税额=应纳税所得额×适用税率=每次收入额×20%

> **请注意：**储蓄存款在 1999 年 10 月 31 日前孳生的利息所得，不征收个人所得税；储蓄存款在 1999 年 11 月 1 日至 2007 年 8 月 14 日前孳生的利息所得，按照 20%的比例税率征收个人所得税；储蓄存款在 2007 年 8 月 15 日后孳生的利息所得，按照 5%的比例税率征收个人所得税；储蓄存款在 2008 年 10 月 9 日后孳生的利息所得，暂免征收个人所得税；其他利息所得仍适用 20%的税率。

（三）利息、股息、红利所得应纳税额的核算

单位支付利息、股息、红利所得并代扣应纳个人所得税时，应按合同或协议约定的金额，借记“财务费用”“应付利息”“应付股利”“应付利润”等账户，按应代扣的个人所得税，贷记“应交税费——应交个人所得税”账户，按实际支付的金额，贷记“银行存款”等账户。实际上缴代扣税款时，借记“应交税费——应交个人所得税”账户，贷记“银行存款”账户。

【工作实例 5-9】董玥投资某上市公司股票，持有期一个月之内，当月获得该上市公司的股利分红 3 000 元，该上市公司以支票支付其分红并代扣代缴个人所得税。该上市公司做会计分录如下。

应纳税额=3 000×20%=600（元）

（1）支付股利。

借：应付股利	3 000	
贷：应交税费——应交个人所得税		600
银行存款		2 400

（2）代缴个人所得税款。

借：应交税费——应交个人所得税	6 00	
贷：银行存款		600

二、财产租赁应纳税额的核算

> **典型工作任务**
> 核算财产租赁应纳个人所得税

> **边学边练**
> 判断粤凤集团是否涉及财产租赁所得代扣代缴个人所得税业务

（一）财产租赁所得计税依据的确定

财产租赁所得一般以个人每次取得的收入定额定率减除规定费用后的余额为应纳税所得额。财产租赁所得以一个月内取得的收入为一次。个人出租财产取得的财产租赁收入，在计算缴纳个人所得税时，应依次扣除以下费用。

（1）财产租赁过程中缴纳的税费。在确定财产租赁的应纳税所得额时，纳税人在出租财产过程中缴纳的税金和教育费附加，可持完税（缴款）凭证，从其财产租赁收入中扣除。房产租赁涉及的可扣除的税费包括城市维护建设税、教育费附加、房产税和印花税。

（2）向出租方支付的租金（转租业务）。

（3）由纳税人负担的该出租财产实际开支的修缮费用。纳税人能提供有效、准确凭证，证明由其负担的该出租财产实际开支的修缮费用可以从其财产租赁收入中扣除。允许扣除的修缮费用，以每次 800 元为限，一次扣除不完的，准予在下一次继续扣除，直到扣完为止。

（4）税法规定的费用扣除标准。每次收入不超过4 000元的，定额减除费用800元；每次收入在4 000元以上的，定率减除20%的费用。

（二）财产租赁所得应纳税额的计算

财产租赁应纳税所得额的计算公式如下。

（1）每次（月）收入不超过4 000元的。

应纳税所得额=每次（月）收入额-准予扣除税费-修缮费用（800元为限）-800元

应纳税额=应纳税所得额×适用税率

（2）每次（月）收入超过4 000元的。

应纳税所得额=[每次（月）收入额-准予扣除税费-修缮费用（800元为限）]×（1-20%）

应纳税额=应纳税所得额×适用税率

> **请注意：**财产租赁所得适用20%的比例税率。但对个人按市场价格出租的居民住房取得的所得，暂减按10%的税率征收个人所得税。

（三）财产租赁所得应纳税额的核算

企业租用个人财产，应按税法规定代扣代缴个人所得税。按租金总额，借记“长期待摊费用”“管理费用”或“销售费用”等科目；按应代扣的个人所得税额，贷记“应交税费——应交个人所得税”；按实际支付金额，贷记“库存现金”或“银行存款”等科目。代缴税款时，借记“应交税费——应交个人所得税”科目，贷记“银行存款”科目。

【工作实例5-10】正大运输租用司机张飞的一台货车，每月租金3 000元，以现金支付，并代扣其个人所得税。正大运输公司的账务处理如下。

（1）支付租金并代扣个人所得税。

应纳税额=（3 000-800）×20%=440（元）

借：管理费用　3 000

　贷：应交税费——应交个人所得税　440

　　库存现金　2 560

（2）代缴个人所得税款。

借：应交税费——应交个人所得税　440

　贷：银行存款　440

三、财产转让应缴税额的核算

> **典型工作任务**
> 核算财产转让应纳个人所得税

（一）财产转让所得计税依据的确定

财产转让所得，以转让财产的收入额减除财产原值和合理费用后的余额，为应纳税所得额。

> **边学边练**
> 判断粤风集团是否涉及财产转让所得代扣代缴个人所得税业务

确定财产原值，有以下几种情况。

（1）有价证券，为买入价以及买入时按照规定缴纳的有关费用。

（2）建筑物，为建造费或者购进价格以及其他有关费用。

（3）土地使用权，为取得土地使用权所支付的金额、开发土地的费用以及其他有关费用。

（4）机器设备、车船，为购进价格、运输费、安装费以及其他有关费用。

（5）其他财产原值，参照以上 4 种办法确定。

上述财产原值的确定，个人必须提供有关的合法凭证；对未能提供完整、准确的财产原值合法凭证而不能正确计算财产原值的，税务部门可根据当地实际情况核定其财产原值或实行核定征收。例如，房产转让，如果纳税人不能准确提供房产原值和有关税费凭证，无法确定房产原值，税务机关可以综合考虑该项房产的坐落地、建造时间、当地房价等因素，按房产转让收入额的一定比例核定征收个人所得税。

合理费用是指个人在卖出财产时按有关规定所支付的费用，如税及其附加、中介服务费、资产评估费等。

请注意： 个人转让自用 5 年以上并且是唯一的家庭居住用房取得的所得暂免征收个人所得税。

（二）财产转让所得应纳税额的计算

财产转让所得应纳税额的计算公式如下：

应纳税所得额=每次转让财产收入额-财产原值-合理费用

应纳税额=应纳税所得额×20%

（三）财产转让所得应纳税额的核算

单位向个人支付财产转让费用并代扣应纳个人所得税时，应按合同或协议约定的金额，借记“固定资产”等账户，按应代扣的个人所得税，贷记“应交税费——应交个人所得税”账户，按实际支付的金额，贷记“银行存款”等账户。实际上缴代扣税款时，借记“应交税费——应交个人所得税”账户，贷记“银行存款”账户。

【工作实例 5-11】王小军将非家庭生活用房的自有房产卖给某单位，取得收入 50 万元，房产建造费用为 20 万元，办理产权转让手续时缴纳税金和其他费用共计 6 万元。由该单位代扣代缴个人所得税。该单位的会计处理如下。

（1）购买房产并代扣个人所得税。

应代扣个人所得税=（500 000-200 000-60 000）×20%=48 000（元）

借：固定资产	500 000	
贷：应交税费——应交个人所得税		48 000
银行存款		452 000

（2）缴纳个人所得税。

借：应交税费——应交个人所得税	48 000	
贷：银行存款		48 000

四、偶然所得应缴税额的核算

（一）偶然所得计税依据的确定

偶然所得，是指个人得奖、中奖、中彩以及其他偶然性质的所得。

偶然所得、其他所得，以每次取得该项收入为一次。以每次收入额为应纳税所得额。适用 20%的比例税率。

在具体执行过程中，有以下一些具体规定。

1．有奖储蓄中奖收入的计税规定

个人参加有奖储蓄取得的各种形式的中奖所得，属于机遇性的所得，应按照个人所得税法中“偶然所得”应税项目的规定征收个人所得税。

2．境外取得博彩所得的计税规定

从境外取得的博彩所得，属于“偶然所得”应税项目，适用比例税率为 20%。

3．个人因参加企业的有奖销售活动而取得的赠品所得的计税规定

个人因参加企业的有奖销售活动而取得的赠品所得，应按“偶然所得”项目计征个人所得税。税款由举办有奖销售活动的企业（单位）负责代扣代缴。

4．体育彩票中奖收入的计税规定

对个人购买体育彩票中奖收入的所得，凡一次中奖收入不超过 1 万元的，暂免征收个人所得税；超过 1 万元的，应按税法规定全额征收个人所得税。

5．中国福利赈灾彩票取得的计税规定

一次中奖收入在 1 万元以下的（含 1 万元）暂免征个人所得税，超过 1 万元的全额征收个人所得税。

6．社会福利有奖募捐奖券所得的计税规定

一次中奖收入不超过 1 万元的暂免征收个人所得税，对一次中奖收入超过 1 万元的，应按税法规定全额征税。

7．中国科学院院士奖金所得的计税规定

中国科学院院士荣誉奖金，应按《中华人民共和国个人所得税法》的“其他所得”应税项目，依 20%的比例税率计征个人所得税，税款由该基金会在颁发奖金时代扣代缴。

8．银行部门超过国家规定利率支付储户揽储奖金所得的计税规定

对银行部门以超过国家规定利率和保值贴补率支付储户的揽储奖金，应按“经国务院财政部门确定征税的其他所得”应税项目征收个人所得税。

9．未出险人所得利息的计税规定

对保险公司按投保金额，以分行同期储蓄存款利率支付给在保期内未出险的人寿保险户的利息（或以其他名义支付的类似收入），按“其他所得”征收个人所得税，税款由支付利息的保险公司代扣代缴。

10．个人取得无赔偿优待收入征税问题

对于个人因任职单位缴纳有关保险费用而取得的无赔偿优待收入，按照“其他所得”应税项目计征个人所得税。

对于个人自己缴纳有关商业保险费（保费全部返还个人的保险除外）而取得的无赔偿优待收入，不作为个人的应纳税收入，不征收个人所得税。

11．证券交易所付给大户股民回扣收入征税问题

对于股民个人从证券公司取得的回扣收入或交易手续费返还收入，应按照《中华人民共和国个人所得税法》第二条第十一项“经国务院财政部门确定征税的其他所得”项目征收个人所得税，税款由证券公司在向股民支付回扣收入或交易手续费返还收入时代扣代缴。

12．单位和部门在年终总结、各种庆典、业务往来及其他活动中，为其他单位和部门的有关人员发放现金、实物或有价证券的计税规定

单位和部门在年终总结、各种庆典、业务往来及其他活动中，为其他单位和部门的有关人员发放现金、实物或有价证券。对个人取得该项所得，应按照《中华人民共和国个人所得税法》中规定的“其他所得”项目计算缴纳个人所得税，税款由支付所得的单位代扣代缴。

（二）偶然所得应纳税额的计算

偶然所得的应纳税额的计算公式如下：

$$应纳税额=应纳税所得额\times适用税率=每次收入额\times20\%$$

典型工作任务

核算偶然所得应纳个人所得税

边学边练

判断粤风集团是否涉及偶然所得代扣代缴个人所得税业务

（三）偶然所得应纳税额的核算

发奖单位在支付奖金、奖品时，应按规定代扣代缴个人所得税，借记“管理费用”“销售费用”等科目，贷记“应交税费——应交个人所得税”“库存现金”科目，代缴个人所得税时，借记“应交税费——应交个人所得税”，贷记“银行存款”科目。

【**工作实例 5-12**】为庆祝五一劳动节，某电器城举办有奖销售活动，顾客周瑾中得二等奖，奖金 800 元，电器城以现金支付，并代扣代缴个人所得税。其会计处理如下。

（1）电器城发放奖金并代扣个人所得税。

电器城代扣个人所得税=800×20%=160（元）

借：销售费用　　800

　贷：应交税费——应交个人所得税　　160

　　　库存现金　　640

（2）电器城代缴个人所得税。

借：应交税费——应交个人所得税　　160

　贷：银行存款　　160

引例分析

粤风集团主营业务是电影、电视的制作与推广，报纸、杂志、书籍的出版与发行等。对其 12 月的各项业务分析如下。

【业务 1】Mark 为新聘外籍个人，在中国境内居住未满 183 天，为非居民纳税人，公司按其月收入额减除费用五千元后的余额为应纳税所得额计算缴纳个人所得税，其余员工为居民纳税人，公司每月向员工支付工资、薪金所得时，按照“累计预扣法”计算预扣预缴税款。

Mark12 月工资应纳税额=（12 000−5 000）×10%−210=490（元）

其他居民个人 12 月工资收入所得应预扣预缴税额的计算如表 5-11 所示。员工年终奖金如单独计税，则应纳个人所得税计算表如表 5-12 所示，居民员工的综合所得个税计算表如表 5-13 所示，但因该公司居民个人平日综合收入并不高，将年终奖并入综合所得，可减少居民员工个税负担，其综合所得个人所得税计算表如表 5-14 所示。

【业务 2】该业务涉及的是支付劳务报酬并预扣预缴个人所得税。

应纳税额=（3 000-800）×20%=440（元）

表 5-11　　12 月员工工资预缴个人所得税计算表

编制单位：粤风传媒　　2019 年 12 月 31 日　　单位：元

项目	累计应税工资	累计免税金额	累计专项扣除	专项附加扣除	累计专项附加扣除	累计其他扣除	累计应纳税所得额	预扣率	速算扣除数	累计减免税额	累计已预扣预缴税额	本期应预扣预缴税额
张立	114 000.00	60 000.00	23 370.00	2 000.00	24 000.00	0.00	6 630.00	3.00%	0.00	0.00	182.33	16.57
刘铭	100 800.00	60 000.00	20 664.00	2 000.00	24 000.00	0.00	(3 864.00)	0.00	0.00	0.00		0.00
李达	98 400.00	60 000.00	20 172.00	2 500.00	30 000.00	0.00	(11 772.00)	0.00	0.00	0.00		0.00
刘梅	96 000.00	60 000.00	19 680.00	2 000.00	24 000.00	0.00	(7 680.00)	0.00	0.00	0.00		0.00
吴启文	84 000.00	60 000.00	17 220.00	2 000.00	24 000.00	0.00	(17 220.00)	0.00	0.00	0.00		0.00
潘园	86 400.00	60 000.00	17 712.00	2 500.00	30 000.00	0.00	(21 312.00)	0.00	0.00	0.00		0.00

续表

项目	累计应税工资	累计免税金额	累计专项扣除	专项附加扣除	累计专项附加扣除	累计其他扣除	累计应纳税所得额	预扣率	速算扣除数	累计减免税额	累计已预扣预缴税额	本期应预扣预缴税额
徐蕾	84 000.00	60 000.00	17 220.00	1 900.00	22 800.00	0.00	(16 020.00)	0.00	0.00	0.00		0.00
陈飞	90 000.00	60 000.00	18 450.00	1 900.00	22 800.00	0.00	(11 250.00)	0.00	0.00	0.00		0.00
合计	75 3600.00	480 000.00	154 488.00	16 800.00	201 600.00	0.00						16.57

表 5-12　**粤风传媒年终奖金个人所得税计算表**

2019 年 12 月 31 日

序号	姓名	应发奖金/元	核算商数/元	税率/%	扣除数/元	应扣税额/元
1	Mark	24 000.00	2 000	3	0.00	720
2	张立	19 200.00	1 600	3	0.00	576
3	刘铭	19 200.00	1 600	3	0.00	576
4	李达	15 000.00	1 250	3	0.00	450
5	刘梅	16 800.00	1 400	3	0.00	504
6	吴启文	12 000.00	1 000	3	0.00	360
7	潘园	12 000.00	1 000	3	0.00	360
8	徐蕾	12 000.00	1 000	3	0.00	360
9	陈飞	15 000.00	1 250	3	0.00	450
合计		145 200				4356

【业务 3】该业务属于支付稿酬并预扣预缴个人所得税。

应纳税额=18 000×（1-20%）×20%×（1-30%）=2 016（元）

【业务 4】此笔业务属于支付特许权使用费并预扣预缴个人所得税。

应纳税额=100 000×（1-20%）×20%=16 000（元）

【业务 5】支付财产租赁租金并代扣个人所得税。

应纳税额=（2 000-800）×20%=240（元）

【业务 6】支付财产转让所得并代扣个人所得税。

应纳税额=（100 000-10 000）×20%=18 000（元）

【业务 7】支付偶然所得并代扣个人所得税。

应纳税额=1 000×20%=200（元）

【业务 8】支付投资人股利并代扣个人所得税。

应纳税额=25 000×20%=5 000（元）

【业务 9】该业务属于解缴 12 月个人所得税。

上述各笔业务的会计分录如下。

【业务 1】支付工资薪酬代扣个人所得税（不考虑居民个人的年终奖金个税）。

发放工资，代扣社会保险、住房公积金以及个人所得税。

借：应付职工薪酬——工资	74 800	
应付职工薪酬——工资——全年奖金	158 900	
贷：应交税费——应交个人所得税		1 226.57
其他应付款——社保公积金		12 874.00
银行存款		219 599.43

表 5-13 全年居民员工综合所得（不含年终奖）汇算清缴表

编制单位：粤风传媒　　2019 年 12 月 31 日　　单位：元

项目	综合所得（不含年终奖）	综合所得累计已预扣预缴税额	累计免税金额	累计专项扣除	累计专项附加扣除	累计其他扣除	综合所得应纳税所得额	综合所得适用税率	速算扣除数	综合所得应纳税额	应补、退税额
张立	125 200.00	2 438.90	60 000.00	23 370.00	24 000.00	0.00	17 830.00	3.00%	0.00	534.90	(1 904.00)
刘铭	115 900.00	3 020.00	60 000.00	20 664.00	24 000.00	0.00	11 236.00	3.00%	0.00	337.08	(2 682.92)
李达	115 860.00	3 492.00	60 000.00	20 172.00	30 000.00	0.00	5 688.00	3.00%	0.00	170.64	(3 321.36)
刘梅	108 968.00	2 593.60	60 000.00	19 680.00	24 000.00	0.00	5 288.00	3.00%	0.00	158.64	(2 434.96)
吴启文	97 090.00	2 618.00	60 000.00	17 220.00	24 000.00	0.00	（4 130.00）	3.00%	0.00	（123.90）	（2 741.90）
潘园	103 354.00	3 390.80	60 000.00	17 712.00	30 000.00	0.00	（4 358.00）	3.00%	0.00	（130.74）	（3 521.54）
徐蕾	99 540.00	3 108.00	60 000.00	17 220.00	22 800.00	0.00	(480.00)	3.00%	0.00	(14.40)	(3 122.40)
陈飞	111 319.00	4 263.80	60 000.00	18 450.00	22 800.00	0.00	10 069.00	3.00%	0.00	302.07	(3 961.73)

表 5-14 全年居民员工综合所得（含年终奖）汇算清缴表

编制单位：粤风传媒　　2019 年 12 月 31 日　　单位：元

项目	综合所得（含年终奖）	综合所得累计已预扣预缴税额	累计免税金额	累计专项扣除	累计专项附加扣除	累计其他扣除	综合所得应纳税所得额	综合所得适用税率	速算扣除数	综合所得应纳税额	应补、退税额
张立	144 400.00	2 438.90	60 000.00	23 370.00	24 000.00	0.00	34 591.10	3.00%	0.00	1037.73	（1 401.17）
刘铭	135 100.00	3 020.00	60 000.00	20 664.00	24 000.00	0.00	27 416.00	3.00%	0.00	822.48	（2 197.52）
李达	130 860.00	3 492.00	60 000.00	20 172.00	30 000.00	0.00	17 196.00	3.00%	0.00	515.88	（2 976.12）
刘梅	125 768.00	2 593.60	60 000.00	19 680.00	24 000.00	0.00	19 494.40	3.00%	0.00	584.83	（2 008.77）
吴启文	109 090.00	2 618.00	60 000.00	17 220.00	24 000.00	0.00	5 252.00	3.00%	0.00	157.56	（2 460.44）
潘园	115 354.00	3 390.80	60 000.00	17 712.00	30 000.00	0.00	4 251.20	3.00%	0.00	127.54	（3 263.26）
徐蕾	111 540.00	3 108.00	60 000.00	17 220.00	22 800.00	0.00	8 412.00	3.00%	0.00	252.36	（2 855.64）
陈飞	126 319.00	4 263.80	60 000.00	18 450.00	22 800.00	0.00	20 805.20	3.00%	0.00	624.16	（3 639.64）

【业务 2】支付劳务报酬预扣预缴个人所得税。

借：管理费用　3 000
　贷：应交税费——应交个人所得税　440
　　银行存款　2 560

【业务 3】支付稿酬预扣预缴个人所得税。

借：生产成本——稿酬　18 000
　贷：应交税费——应交个人所得税　2 016
　　银行存款　15 984

【业务 4】支付特许权使用费预扣预缴个人所得税。

借：管理费用　100 000
　贷：应交税费——应交个人所得税　16 000
　　银行存款　84 000

【业务 5】支付财产租赁租金代扣个人所得税。

借：管理费用　2 000
　贷：应交税费——应交个人所得税　240
　　库存现金　1 760

【业务 6】支付财产转让所得并代扣个人所得税。

借：固定资产　100 000
　贷：应交税费——应交个人所得税　18 000
　　银行存款　82 000

【业务 7】支付偶然所得代扣个税。

借：销售费用　1 000
　贷：应交税费——应交个人所得税　200
　　库存现金　800

【业务 8】支付投资人股利并代扣个人所得税。

借：应付股利　25 000
　贷：应交税费——应交个人所得税　5 000
　　银行存款　20 000

【业务 9】集团解缴全月个人所得税。

借：应交税费——应交个人所得税　43 122.57
　贷：银行存款　43 122.57

模块六　扣缴个人所得税报告表的填报

典型工作任务

填制扣缴个人所得税报告表

按照《中华人民共和国个人所得税法》，个人所得税代扣代缴人在申报当月个人所得税时，须根据填写的《扣缴个人所得税报告表》《支付个人收入明细表》向主管税务机关申报纳税。

代扣代缴，是指按照税法规定负有扣缴义务的单位或者个人，在向个人支付应纳税所得时，应计算应纳税额，从其所得中扣出，并于次月 7 日内缴入国库，同时向税务机关报送扣缴个人所得税报告表。

一、扣缴个人所得税报告表的填制

目前，我国扣缴义务人必须依法履行个人所得税全员全额扣缴申报义务，即扣缴义务人向个人支付应税所得时，不论其是否属于本单位人员、支付的应税所得是否达到纳税标准，扣缴义务人均应当在代扣税款的次月内，向主管税务机关报送其支付应税所得个人的基本信息、支付所得项目和数额、扣缴税款数额以及其他相关涉税信息。

> **边学边练**
> 填报粤风集团扣缴个人所得税报告表

实行个人所得税全员全额扣缴申报的应税所得包括：工资、薪金所得；劳务报酬所得；稿酬所得；特许权使用费所得；利息、股息、红利所得；财产租赁所得；财产转让所得；偶然所得。

居民个人取得综合所得，按年计算个人所得税；有扣缴义务人的，由扣缴义务人按月或者按次预扣预缴税款。

非居民个人取得工资、薪金所得，劳务报酬所得，稿酬所得和特许权使用费所得，有扣缴义务人的，由扣缴义务人按月或者按次代扣代缴税款，不办理汇算清缴。

扣缴义务人在进行初次扣缴申报时，应报送个人的基础信息。个人及基础信息发生变化时，扣缴义务人应在次月扣缴申报时，将变更信息报送主管税务机关。

扣缴义务人应向主管税务机关报送个人的以下基础信息：姓名、身份证照类型及号码、职务、户籍所在地、有效联系电话、有效通信地址及邮政编码等。

此外，对于非雇员（不含股东、投资者），还应该报送其工作单位名称；对于股东、投资者，还应该报送公司股本（投资）总额、个人股本（投资）额等；对于在中国境内无住所的个人（含雇员和非雇员），还应该报送外文姓名、国籍或地区、出生地（中、外文）、居留许可号码（或台胞证号码、回乡证号码）、劳动就业证号码、职业、境内职务、境外职务、入境时间、任职期限、预计在华时间、预计离境时间、境内任职单位名称及税务登记证号码、境内任职单位地址和邮政编码及联系电话、境外派遣单位名称（中、外文）、境外派遣单位地址（中、外文）、支付地（包括境内支付和境外支付）等。

储蓄机构向储户支付的储蓄存款利息所得、证券兑付机构向企业债券持有人兑付的企业债券利息所得和上市公司向股民支付的股息、红利所得，可暂报送以下信息：姓名、身份证照类型及号码、支付的利息（股息、红利）所得、扣缴税款等。

扣缴义务人在扣缴税款时，应按每个人逐栏、逐项填写《扣缴个人所得税报告表》（见表5-15）。

《扣缴个人所得税报告表》适用于扣缴义务人申报扣缴的所得税额。本表一式两份，一份扣缴义务人留存，一份报主管税务机关。扣缴义务人必须区分纳税人、所得项目逐人逐项明细填写本表。填写本表要用中文，也可用中、外两种文字填写。表 5-15 是依据引例中粤风传媒代扣代缴个人所得税情况进行的申报，数据来源于前文对引例的分析计算。

二、扣缴个人所得税报告表的报送

扣缴义务人可以直接到税务机关办理扣缴申报，也可以按照规定采取邮寄、数据电文或者其他方式办理扣缴申报。网上报送是目前最广泛的报送方式。具体申报步骤此处不再阐述。

表 5-15

扣缴个人所得税报告表

税款所属期：2018 年 12 月 1 日至 2018 年 12 月 31 日

扣缴义务人名称：粤风传媒　　　　扣缴义务人所属行业：□一般行业 □特定行业月份申报

扣缴义务人编码：□□□□□□□□□□□□□□□□□□　　　　金额单位：人民币元（列至角分）

序号	姓名	身份证件类型	身份证件号码	所得项目	所得期间	收入额	免税所得	税前扣除项目								减除费用	准予扣除的捐赠额	应纳税所得额	税率%	速算扣除数	应纳税额	减免税额	应扣缴税额	已扣缴税额	应补（退）税额	备注
								基本养老保险费	基本医疗保险费	失业保险费	住房公积金	财产原值	允许扣除的税费	其他	合计											
1	Mark	护照	略	工资薪金	2018.12	10 000	0								0	4 800	0	5 200	20	555	485	0	485	0	485	
2	冯刚	身份证	略	工资薪金	2018.12	7 500	0	150	600	37.50	750				1 537.50	3 500	0	2 462.5	10	105	141.25	0	141.25	0	141.25	
3	Mark	护照	略	工资薪金	2018	24 000	0								0		0	24 000	10	105	2 295	0	2 295	0	2 295	
4	冯刚	身份证	略	工资薪金	2018	19 200	0								0		0	19 200	10	105	1 815	0	1 815	0	1 815	
5	…					…	…																			
21	余某	身份证	略	劳务报酬	2018.12	3 000	0								0	800	0	2 200	20		440		440	0	440	
22	董某	身份证	略	稿酬所得	2018.12	18 000	0								0	3 600	0	14 400	20		2 016		2 016	0	2 016	
23	刘某	身份证	略	特许权使用费所得	2018.12	100 000	0								0	20 000	0	80 000	20		16 000		16 000	0	16 000	
24	叶某	身份证	略	财产租赁	2018.12	2 000	0								0	800	0	1 200	20		240		240	0	240	
25	郝某	身份证	略	财产转让	2018.12	100 000	0								0	10 000	0	90 000	20		18 000		18 000	0	18 000	
25	赵某	身份证	略	偶然所得	2018.12	1 000	0								0		0		20		200		200	0	200	
27	郭某	身份证	略	股利分红	2018.12	25 000	0								0		0		20		5 000		5 000	0	5 000	
合计						490 900	0	4 304	1 076	269	5 380	0	0	0	11 029	43 500	0	436 371		870	46 632.25	0	53 078.48	0	53 078.48	

谨声明：此扣缴报告表是根据《中华人民共和国中华人民共和国个人所得税法》及其实施条例和国家有关税收法律法规规定填写的，是真实的、完整的、可靠的。

法定代表人（负责人）签字：　　　年　月　日

扣缴义务人公章： 经办人：	代理机构（人）签章： 经办人： 经办人执业证件号码：	主管税务机关受理专用章： 受理人：
填表日期：　年　月　日	代理申报日期：　年　月　日	受理日期：　年　月　日

模块七　自行申报纳税申报表的填制

自行申报纳税，是指在税法规定的纳税期限内，由纳税人自行向税务机关申报取得的应税所得项目和数额，如实填写个人所得税纳税申报表，并按税法规定计算应纳税额的一种纳税方法。

我国目前规定自行申报纳税的有以下几种情况：取得综合所得的纳税人；取得经营所得的纳税人；非居民个人从中国境内两处或两处以上取得工资、薪金所得的；从中国境外取得所得的；取得应税所得，扣缴义务人未扣缴税款的纳税人；因移居境外注销中国户籍的纳税人；国务院规定的其他情形。

一、自行申报纳税申报表的填制

《个人所得税年度自行纳税申报表》如表 5-16 所示，需要自行申报的纳税人根据自己收入、费用扣除情况如实填报，计算应纳税款并进行税款的汇算清缴。

表 5–16　　个人所得税年度自行纳税申报表

税款所属期：　　年　　月　　日至　　年　　月　　日

纳税人姓名：

纳税人识别号：□□□□□□□□□□□□□□□□□□□□　　金额单位：人民币元（列至角分）

项目	行次	金额
一、收入合计（1=2+3+4+5）	1	
（一）工资、薪金所得	2	
（二）劳务报酬所得	3	
（三）稿酬所得	4	
（四）特许权使用费所得	5	
二、费用合计	6	
三、免税收入合计	7	
四、减除费用	8	
五、专项扣除合计（9=10+11+12+13）	9	
（一）基本养老保险费	10	
（二）基本医疗保险费	11	
（三）失业保险费	12	
（四）住房公积金	13	
六、专项附加扣除合计（14=15+16+17+18+19+20）	14	
（一）子女教育	15	
（二）继续教育	16	
（三）大病医疗	17	
（四）住房贷款利息	18	
（五）住房租金	19	
（六）赡养老人	20	
七、其他扣除合计（21=22+23+24+25+26）	21	
（一）年金	22	
（二）商业健康保险	23	
（三）税延养老保险	24	

续表

项目	行次	金额
（四）允许扣除的税费	25	
（五）其他	26	
八、准予扣除的捐赠额	27	
九、应纳税所得额（28=1-6-7-8-9-14-21-27）	28	
十、税率（%）	29	
十一、速算扣除数	30	
十二、应纳税额（31=28×29-30）	31	
十三、减免税额	32	
十四、已缴税额	33	
十五、应补/退税额（34=31-32-33）	34	

<table>
<tr><td colspan="4">无住所个人附报信息</td></tr>
<tr><td>在华停留天数</td><td></td><td>已在华停留年数</td><td></td></tr>
<tr><td colspan="4">谨声明：本表是根据国家税收法律法规及相关规定填报的，是真实的、可靠的、完整的。
纳税人签字：　　　　年　月　日</td></tr>
<tr><td colspan="2">经办人签字：
经办人身份证件号码：
代理机构签章：
代理机构统一社会信用代码：</td><td colspan="2">受理人：
受理税务机关（章）：
受理日期：　　　年　月　日</td></tr>
</table>

二、确定纳税时间

居民个人取得综合所得，按年计算个人所得税；需要办理汇算清缴的，应当在取得所得的次年3月1日至6月30日内办理汇算清缴。不能按照规定期限报送本表时，应当在规定的报送期限内提出申请，经当地税务机关批准，可以适当延期。

纳税人取得经营所得，按年计算个人所得税，由纳税人在月度或者季度终了后15日内向税务机关报送纳税申报表，并预缴税款；在取得所得的次年3月31日前办理汇算清缴。

居民个人从中国境外取得所得的，应当在取得所得的次年3月1日至6月30日内申报纳税。

非居民个人在中国境内从两处以上取得工资、薪金所得的，应当在取得所得的次月15日内申报纳税。

纳税人因移居境外注销中国户籍的，应当在注销中国户籍前办理税款清算。

纳税人办理汇算清缴退税或者扣缴义务人为纳税人办理汇算清缴退税的，税务机关审核后，按照国库管理的有关规定办理退税。

三、报送纳税申报表

纳税人填写好的纳税申报表（《个人所得税年度自行申报表》）必须在规定时间内送达税务机关缴纳税款，申报表的报送方式有邮寄、网上申报，或者由纳税人直接送到主管税务机关由税务机关工作人员签收。其中，网上申报是目前应用最为广泛也是最为快捷方便的一种报送方式。

除了由本人进行纳税申报以外，还可以委托有税务代理资质的中介机构、扣缴义务人或其他个人代为办理自行申报。

项目小结

个人所得税是国家对本国公民、居住在本国境内的个人的所得和境外个人来源于本国的所得征收的一种所得税。个人所得税的纳税义务人，既包括居民纳税义务人，也包括非居民纳税义务人。个人所得税的税率包括3种，即七级超额累进税率、五级超额累进税率和比例税率，对于劳务报酬一次收入畸高的可换算为按照三级超额累计税率计税。个人所得税采用源泉扣缴方式，一般由支付应税所得的单位代扣代缴个人所得税。企业作为个人所得税的扣缴义务人，应设置“应交税费——应交个人所得税”账户，核算企业代扣代缴职工或其他个人的个人所得税。实行查账征收的个体工商户、个人独资和合伙企业，其生产经营所得应缴纳的个人所得税，也应通过“应交税费——应交个人所得税”账户核算。

项目内容图示

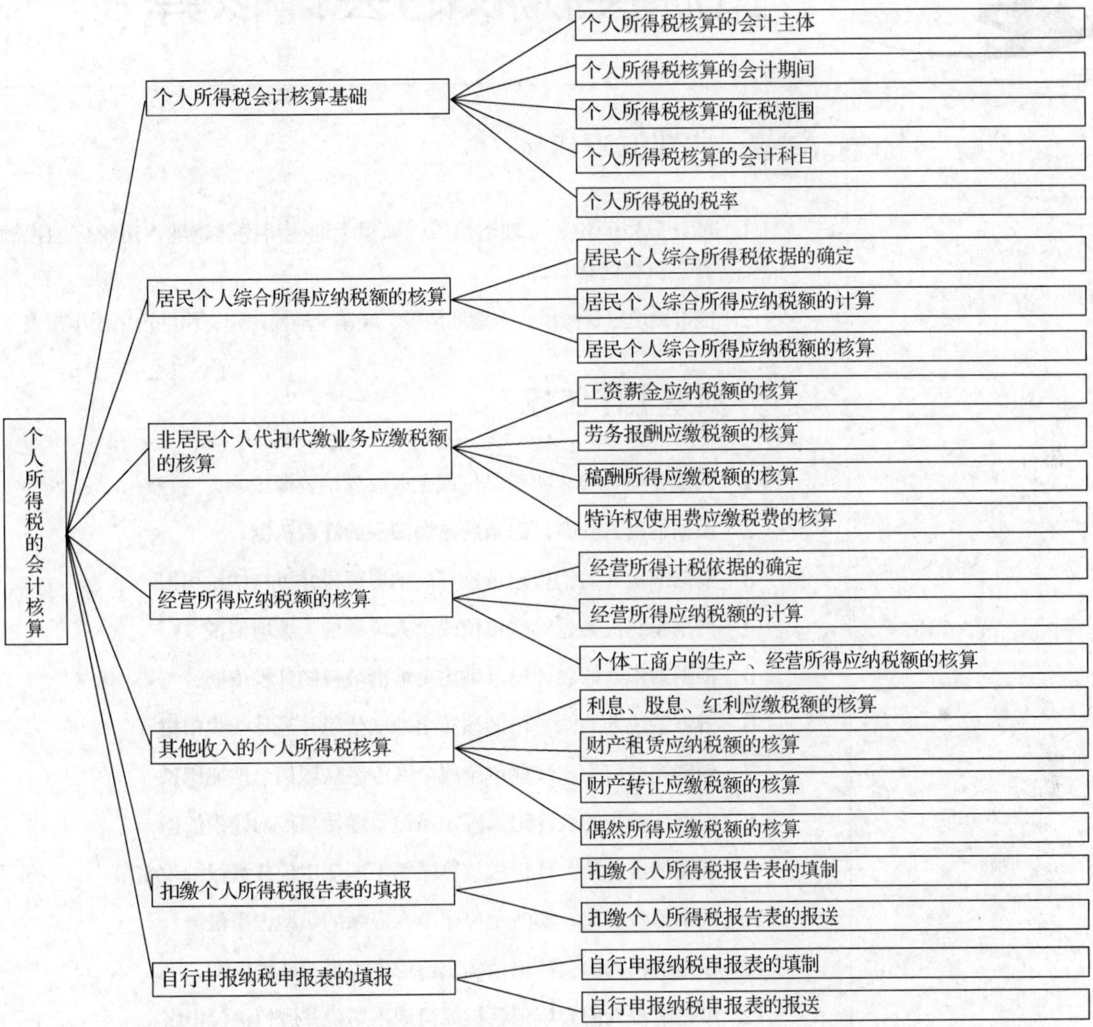

项目六
资源类税收的会计核算

职业能力目标

1 能计算资源税、土地增值税、城镇土地使用税、耕地占用税应纳税额并进行会计核算

2 能准确填写资源税、土地增值税、城镇土地使用税、耕地占用税申报表

典型工作任务

1 判别哪些货物、哪些单位或个人应缴纳资源税

2 根据纳税人的会计记录确定资源税的计税依据

3 根据纳税人的销售记录核算应纳资源税并进行纳税申报

4 判别哪些行为、哪些单位或个人应缴纳土地增值税

5 根据纳税人的会计记录确定土地增值税的计税依据

6 根据纳税人的销售记录核算土地增值税并进行纳税申报

7 判别哪些行为、哪些单位或个人应缴纳城镇土地使用税

8 根据纳税人的会计记录确定城镇土地使用税的计税依据

9 根据纳税人的会计记录核算城镇土地使用税并进行纳税申报

10 判别哪些行为、哪些单位或个人应缴纳耕地占用税

11 根据纳税人的会计记录确定耕地占用税的计税依据

12 根据纳税人的会计记录核算耕地占用税并进行纳税申报

项目引例 6-1

广东熊发矿业有限公司的资源税纳税申报工作

广东熊发矿业有限责任公司以生产、销售铅锌矿、铝土矿为主，公司注册地址和生产经营地址为梅州市华桥城路 661 号，注册类型为有限责任公司，其统一社会信用代码为 440104558613125633，开户银行为中国建设银行梅州市华侨城支行，账号：3213323521266215，联系电话：2870316，法定代表人为廖海森，会计主管为张华。2019 年 10 月，公司发生的各项业务如下。

【业务 1】10 月 8 日，外销铅精矿 50 吨（其中有 10 吨是在实际开采年限为 18 年的衰竭期矿山开采的），售价为 12 600 元/吨。

【业务 2】10 月 12 日，销售锌精矿 20 吨，售价为 9 500 元/吨。

【业务 3】10 月 13 日，销售铝土矿原矿 1 000 吨，售价 260 元/吨。

【业务 4】10 月 20 日，出售铅锌矿原矿 100 吨，售价为 5 600 元/吨。换算率为 1.2。

【业务 5】10 月 26 日，移送自采铅锌矿原矿 100 吨加工精矿产品。换算率为 1.2。

【业务 6】10 月 28 日，销售锌精矿 10 吨，售价为 9 500 元/吨。该锌精矿为公司从外单位外购的铅锌矿原矿加工所成，对方出售原矿时已交纳资源税。

【业务 7】10 月 29 日，以自产的铅精矿 5 吨抵偿前欠外单位货款。

当地资源税适用税率：铅锌矿（精矿）为 3%，铝土矿（原矿）为 5%。

项目引例 6-2

友谊房地产公司的土地增值税纳税申报工作

广州市友谊房地产有限责任公司地处广州天河北路 88 号，其统一社会信用代码为 440104618613684888，电脑编码为 4401040000001，开户银行为中国银行广州分行，账号：4201323521265630，联系电话：88888888，其会计主管为刘大伟，法人代表为陈明，税务会计为陈伟伟。公司有关房地产的相关信息如下。

【业务 1】公司自 2017 年 6 月起在广州市区内开发玉山普通住宅（土地使用证号码：玉国用〔2016〕第 486 号，项目代码：8008000，项目地址：广州市龙口东路），建成后于 2019 年 8 月 1 日开始销售，至 2019 年 12 月 25 日全部完成销售，取得全部销售收入 4 亿元，其中 2019 年 11 月取得销售收入 1 亿元。2019 年 11 月前因销售已预缴了土地增值税共计 350 万元。该公司为取得该项目的土地使用权共支付了 1.2 亿元。高级公寓的开发成本为 9 000 万元，其中，土地征用及拆迁补偿费 1 500 万元，前期工程费 1 400 万元，建筑安装工程费 4 000 万元，基础设施费 1 000 万元，公共配套设施费 500 万元，开发间接费用 600 万元。为建玉山普通住宅发生的房地产开发费用 2 200 万元，其中借款利息支出 600 万元，但不能提供金融机构贷款证明。该公司共计缴了增值税 2 000 万元，并按税法规定分别缴纳了城市维护建设税、教育费附加及地方教育附加，广州市天河区地方税务局按项目每月收入的 2%对该公司预征土地增值税。

【业务 2】2019 年 12 月 1 日，公司将其中一栋办公楼（500m^2）作价 1 000 万元（原建造成本为 600 万元，已提折旧 200 万元，经房地产评估部门评定，现在建造同样面积同样标准的房屋需要 900 万元，房子九成新，评估时共发生评估费用 2 万元）对广州华友房地产公司进行投资，参与被投资方的利润分配，共同承担投资风险。

项目引例 6-3

欣欣百货公司的城镇土地使用税纳税申报工作

张小燕为广州市欣欣百货公司的税务会计，该公司（查账征收纳税人）坐落在广州市商务区繁华地段北京路 233 号，其统一社会信用代码为 912368765439903028；该公司的开户银行为工商银行广州北京路支行（账号：2344879087709847798），其单位负责人为李小韦，财务负责人为许小诺。2019 年该公司土地使用证书上记载占用土地的面积为 5 400m^2，土地使用证号为国用（2009）字第 10 号，经确定属一级地段；该公司另设一个统一核算的分店坐落在广州市天河区五山街 221 号，土地使用证号为国用〔2011〕字第 90 号，经确定为三级地段，共占地 7 800m^2；该公司有一座仓库位于市郊广州番禺洛溪新城 212 号，土地使用证号为国用（2009）字第 30 号，属五级地段，占地面积为 1 000m^2；另外该百货公司在天河区五山街 223 号还自办了一间幼儿园，占地面积为 2 100 平方米，土地使用证号为国用〔2011〕字第 101 号，属三级地段，该幼儿园用地能与企业其他用地明确区分。

2019年9月20日，又到每年一度的城镇土地使用税交纳税款的最后时限，小张找出公司的相关土地使用证书，计算公司2019年应纳城镇土地使用税税额。

项目引例 6-4

粤华木业公司耕地占用税的纳税申报

粤华木业有限公司主要从事木制地板的生产及销售，统一社会信用代码为914401057330939209。2019年10月15日，粤华木业公司建设新厂房，占用10 000平方米耕地，土地管理部门通知该公司办理占用耕地手续，其所占耕地适用15元/平方米的计税标准，工程尚未完工，公司会计确认后，进行申报并开出转账支票支付。

上述业务为耕地占用税常见业务，应如何会计核算和申报呢？

模块一　资源税的会计核算

资源税是对自然资源，向在我国境内从事自然资源开发和利用的单位和个人征收的一种税。我国现行资源税的实施主要是依据《中华人民共和国资源税暂行条例》、《中华人民共和国资源税暂行条例实施细则》（自2011年11月1日起实施）、《关于调整岩金矿石等品目资源税税额标准的通知》（自2014年1月1日起实施）、《关于调整原油、天然气资源税有关政策的通知》（自2014年12月1日起实施）、《关于实施煤炭资源税改革的通知》（自2014年12月1日起实施）、《关于实施稀土、钨、钼资源税从价计征改革的通知》（自2015年5月1日起实施）、《关于全面推进资源税改革的通知》（自2016年7月1日起实施）及《扩大水资源税改革试点实施办法》（自2016年12月1日起实施）、《资源税征收管理规程》（自2018年7月1日起实施）。目的是促进国有资源的合理开采，节约使用，保证财政收入。

相关链接
《中华人民共和国资源税暂行条例》

一、资源税核算的会计主体

在中华人民共和国领域和管辖的其他海域开采矿产品或者生产盐的单位和个人，为资源税的纳税人，应当依法缴纳资源税。资源税的应税产品包括矿产品和盐，其中矿产品指原矿和选矿产品。资源税只针对原矿、原油、天然气等初始产品征收，所有加工或人造产品均不需缴纳资源税。

（1）原油，指天然原油。人造石油不征税；开采原油过程中用于加热、修井的原油免税，油田范围内运输原油过程中用于加热的原油、天然气，免征资源税。

（2）天然气，指专门开采的和与原油同时开采的天然气，自2016年7月1日起，煤层气（即煤矿生产的天然气）纳入资源税的征收范围。

相关链接
《中华人民共和国资源税暂行条例实施细则》

（3）煤炭，指原煤和以未税原煤加工的洗选煤。

（4）金属矿原矿、精矿，包括稀土、钨、钼、铁矿、金矿、铜矿、铝土矿、铅锌矿、镍矿、锡矿等。

（5）其他非金属矿原矿、精矿，包括石墨、高岭土、石灰石、硅藻土、萤石、硫铁矿、磷矿、氯化钾、硫酸钾、煤层（成）气、黏土、砂石、未列举名称的其他金属矿产品等。

（6）盐，包括湖盐、井矿盐、提取地下卤水晒制的盐和海水晒制的盐。

未列举名称且未确定具体适用税率的其他非金属矿原矿、精矿和金属矿原矿、精矿，由省、自治区、直辖市人民政府根据实际情况确定，报财政部和国家税务总局备案。

水资源改革试点工作：自 2016 年 7 月 1 日起，水资源税改革先在河北省试点，自 2017 年 12 月 1 日起，扩大至北京、天津、山西、内蒙古、河南、山东、四川、陕西、宁夏 9 个省区市。除水资源外，以后还要逐步将其他自然资源纳入征收范围。其中，森林、草场、滩涂等资源在各地区的市场开发利用情况不尽相同，对其全面开征资源税条件尚不成熟，各地区可以结合本地实际，探索对森林等自然资源征收资源税的政策。

依法应该缴纳资源税的单位和个人为资源税核算的会计主体，需要依法进行资源税的会计核算。资源税的纳税人是在中华人民共和国境内开采应税资源的矿产品或者生产盐的单位和个人。这里的单位和个人包括外商投资企业、外国企业和外籍人员。

独立矿山、联合企业收购未税矿产品的，按本单位应税产品税额、税率标准，依据收购的数量代扣代缴资源税。其他收购单位收购未税矿产品，按税务机关核定的应税产品税额、税率标准，依据收购的数量代扣代缴资源税。

知识窗

水资源税改革试点

自 2016 年 7 月 1 日起水资源税改革试点开始，改革要点如下。

（1）纳税人：利用取水工程或者设施直接从江河、湖泊（含水库）和地下取用地表水、地下水的单位和个人。

（2）征税对象：地表水和地下水。

（3）计税方式：从量计征。

应纳税额计算公式：

应纳税额=取水口所在地税额标准×实际取用水量

（4）税率：按地表水和地下水分类确定水资源税适用税额标准。

对水力发电和火力发电贯流式以外的取用水设置最低税额标准，地表水平均不低于每立方米 0.4 元，地下水平均不低于每立方米 1.5 元。

水力发电和火力发电贯流式取用水的税额标准为每千瓦小时 0.005 元。

具体取用水分类及适用税额标准由试点地区省人民政府提出建议，报财政部会同有关部门确定核准。

（5）纳税义务发生时间：纳税人取用水资源的当日。

（6）纳税期限：水资源税按季或按月征收，由主管税务机关根据实际情况确定。不能按固定期限计算纳税的，可以按次申报纳税。

（7）其他规定：对取用地下水、特种行业取用水、超计划或者超定额取用水从高制定税额标准；对超过规定限额的农业生产取用水，以及主要供农村人口生活用水的集中式饮水工程取用水、企业回收利用的采矿排水（疏干排水）和地温空调回用水从低制定税额标准；对规定限额内的农业生产取用水、对取用污水处理回用水、再生水等非常规水源，财政部、国家税务总局规定的情形，免征水资源税。

二、资源税核算的会计期间

典型工作任务

判别哪些货物、哪些单位或个人应缴纳资源税

（一）纳税期限

纳税人的纳税期限为 1 日、3 日、5 日、10 日、15 日或者 1 个月，由主管税务机关根据实际情况具体核定。不能按固定期限计算纳税的，可以按次计算纳税。

（二）缴纳期限

纳税人以 1 个月为一期纳税的，自期满之日起 10 日内申报纳税；以 1 日、3 日、5 日、10 日或者 15 日为一期纳税的，自期满之日起 5 日内预缴税款，于次月 1 日起 10 日内申报纳税并结清上月税款。

扣缴义务人的解缴税款期限，比照上述规定执行。

（三）纳税义务发生时间

（1）纳税人销售应税产品，其纳税义务发生时间分为以下 3 种情况。①采取分期收款结算方式，为销售合同规定的收款日期的当天；②采取预收货款结算方式的，为发出应税产品的当天；③采取其他结算方式的，为收讫销售款或取得索取销售款凭据的当天。

（2）纳税人自产自用应税产品的纳税义务发生时间，为移送使用应税产品的当天。

（3）扣缴义务人代扣代缴税款的纳税义务发生时间，为支付首笔货款或首次开具支付货款凭据的当天。

三、资源税纳税环节和纳税地点

（一）纳税环节

资源税在应税产品的销售或自用环节计算缴纳。以自采原矿加工精矿产品的，在原矿移送使用时不缴纳资源税，在精矿销售或自用时缴纳资源税。

纳税人以自采原矿直接加工为非应税产品的，视同原矿销售，在原矿移送环节计算缴纳资源税；纳税人以自采原矿洗选（加工）后的精矿连续生产非应税产品的，视同精矿销售，在精矿移送环节计算缴纳资源税；以应税产品投资、分配、抵债、赠与、以物易物等，视同应税产品销售。在应税产品所有权转移时计算缴纳资源税。

纳税人以自采原矿加工金锭的，在金锭销售或自用时缴纳资源税。纳税人销售自采原矿或者自采原矿加工的金精矿、粗金，在原矿或者金精矿、粗金销售时缴纳资源税，在移送使用时不缴纳资源税。

（二）纳税地点

纳税人应当向矿产品的开采地或盐的生产地缴纳资源税。纳税人在本省、自治区、直辖市范围开采或者生产应税产品，其纳税地点需要调整的，由省级地方税务机关决定。

四、资源税的税率

资源税实行从价定率和从量定额计征。资源条件好的，税率高一些；资源条件差的，税率低一些。国家资源税税目税率幅度如表 6-1 所示。

纳税人开采或者生产不同税目应税产品的，应当分别核算不同税目应税产品的销售额或者销售数量；未分别核算或者不能准确提供不同税目应税产品的销售额或者销售数量的，从高适用税率。

表 6-1　　资源税税目税率表

序号	税目		征税对象	税率幅度
1	一、原油			6%～10%
2	二、天然气			6%～10%
3	三、煤炭			2%～10%
4	四、金属矿	稀土矿	轻稀土精矿	按地区执行不同的适用税率，其中内蒙古为 11.5%、四川为 9.5%、山东为 7.5%

续表

序号	税目		征税对象	税率幅度
5	四、金属矿		中重稀土精矿	27%
6		钨矿	精矿	6.5%
7		钼矿	精矿	11%
8		铁矿	精矿	1%～6%
9		金矿	金锭	1%～4%
10		铜矿	精矿	2%～8%
11		铝土矿	原矿	3%～9%
12		铅锌矿、镍矿、锡矿	精矿	2%～6%
13		未列举名称的其他金属矿产品	原矿或精矿	税率不超过 20%
14	五、其他非金属矿	石墨	精矿	3%～10%
15		硅藻土、萤石、硫铁矿	精矿	1%～6%
16		高岭土、石灰石	原矿	1%～6%
17		磷矿	原矿	3%～8%
18		氯化钾	精矿	3%～8%
19		硫酸钾	精矿	6%～12%
20		井矿盐、湖盐	氯化钠初级产品	1%～6%
21		提取地下卤水晒制的盐	氯化钠初级产品	3%～15%
22		煤层（成）气	原矿	1%～2%
23		黏土、砂石	原矿	每吨或立方米 0.1～5 元
24		未列举名称的其他非金属矿产品	原矿或精矿	从量税率每吨或立方米不超过 30 元；从价税率不超过 20%
25	六、海盐		氯化钠初级产品	1%～5%

为促进共伴生矿的综合利用，纳税人开采销售共伴生矿，共伴生矿与主矿产品销售额分开核算的，对共伴生矿暂不计征资源税；没有分开核算的，共伴生矿按主矿产品的税目和适用税率计征资源税。财政部、国家税务总局另有规定的，从其规定。

五、资源税应纳税额的计算

资源税实行从价定率为主、从量定额为辅的计税办法。计税依据为应税产品的销售额或销售量。具体如下：

（1）纳税人销售原矿的，按照原矿的销售额或销售数量确定；

（2）纳税人销售选矿产品的，按照选矿产品的销售额或销售数量确定；

（3）纳税人销售盐的，按照盐的销售额或销售数量确定。

典型工作任务

根据纳税人的会计记录确定资源税的计税依据

（一）从价定率

按从价定率计税的公式如下：

应纳税额=销售额×适用税率

销售额为纳税人销售应税产品向购买方收取的全部价款和价外费用，但不包括收取的增值税销项税额、符合条件的代为收取的政府性基金或者行政事业性收费。

对同时符合以下条件的运杂费用，纳税人在计算应税产品计税销售额时，可予以扣减：

（1）包含在应税产品销售收入中；

（2）属于纳税人销售应税产品环节发生的运杂费用，具体是指运送应税产品从坑口或者洗选

（加工）地到车站、码头或者购买方指定地点的运杂费用；

（3）取得相关运杂费用发票或者其他合法有效凭据；

（4）将运杂费用与计税销售额分别进行核算。

凡未取得相应凭据或不能与销售额分别核算的，应当一并计征资源税。

纳税人扣减的运杂费用明显偏高导致应税产品价格偏低且无正当理由的，主管税务机关可以合理调整计税价格。

为公平原矿与精矿之间的税负，对同一种应税产品，征税对象为精矿的，纳税人销售原矿时，应将原矿销售额换算为精矿销售额缴纳资源税；征税对象为原矿的，纳税人销售自采原矿加工的精矿，应将精矿销售额折算为原矿销售额缴纳资源税。换算比或折算率原则上应通过原矿售价、精矿售价和选矿比计算，也可通过原矿销售额、加工环节平均成本和利润计算。计算公式如下：

精矿销售额=原矿销售额+原矿加工为精矿的成本（1+成本利润率）

或：　精矿销售额=原矿销售额×换算比

其中：　换算比=同类精矿单位价格÷（原矿单位价格×选矿比）

选矿比=加工精矿耗用的原矿数量÷精矿数量

金矿以标准金锭为征税对象，纳税人销售金原矿、金精矿的，应比照上述规定将其销售额换算为金锭销售额缴纳资源税。

换算比或折算率应按简便可行、公平合理的原则，由省级财税部门确定，并报财政部、国家税务总局备案。

（二）从量定额

按从量定额计税的公式如下：

应纳税额=课税数量×单位税额

代扣代缴应纳税额=收购未税矿产品的数量×单位税额

课税数量的确定方法如下。

1．基本方法

（1）纳税人开采或者生产应税产品销售的，以销售数量为课税数量。

（2）纳税人开采或者生产应税产品自用的，以自用（非生产用）数量为课税数量。

2．特殊方法

纳税人不能准确提供应税产品销售数量或移送使用数量的，以应税产品的产量或主管税务机关确定的折算比换算成的数量为课税数量。

纳税人以自采未税产品和外购已税产品混合销售或者混合加工为应税产品销售的，在计算应税产品计税销售额时，准予扣减已单独核算的已税产品购进金额；未单独核算的，一并计算缴纳资源税。已税产品购进金额当期不足扣减的可结转下期扣减。

外购原矿或者精矿形态的已税产品与本产品征税对象不同的，在计算应税产品计税销售额时，应对混合销售额或者外购已税产品的购进金额进行换算或者折算。

对依法在建筑物下、铁路下、水体下通过充填开采方式采出的矿产资源，资源税减征50%。充填开采是指随着回采工作面的推进，向采空区或离层带等空间充填废石、尾矿、废渣、建筑废料以及专用充填合格材料等采出矿产品的开采方法。

对实际开采年限在 15 年以上的衰竭期矿山开采的矿产资源，资源税减征 30%。衰竭期矿山是指剩余可采储量下降到原设计可采储量的 20%（含）以下或剩余服务年限不超过 5 年的矿山，以开采企业下属的单个矿山为单位确定。

对鼓励利用的低品位矿、废石、尾矿、废渣、废水、废气等提取的矿产品，由省级人民政府根据实际情况确定是否给予减税或免税。

典型工作任务

根据纳税人的销售记录核算应纳资源税

六、资源税应纳税额的会计核算

为了准确地反映企业资源税的计缴情况，需要缴纳资源税的企业，应在“应交税费”科目下增设“应交资源税”明细科目。企业对外销售应税产品应缴资源税，应借记“税金及附加”，贷记“应交税费——应交资源税”；自产自用应税产品应缴资源税，应借记“生产成本”“制造费用”“管理费用”等科目，贷记“应交税费——应交资源税”；企业实际缴纳资源税时，借记“应交税费——应交资源税”，贷记“银行存款”。具体核算内容如下。

边学边练

对华天煤矿公司2017年5月应纳资源税税额进行会计核算

（一）销售应税资源税产品的核算

【工作实例 6-1】金山矿业公司为增值税一般纳税人，现销售原煤2 000吨，开具增值税专用发票，注明价款114万元，增值税款为14.82万元；公司当月还销售在采煤中回收的煤层气5万立方米，开具增值税专用发票注明价款24万元，增值税款3.12万元。当地煤炭的适用税率为5%，煤层气适用税率为1%。以上业务涉及款项均已通过银行收付。该公司相关会计处理如下。

（1）出售原煤应纳税额=114×10 000×5%=57 000（元）

（2）出售煤层气应纳税额=24×10 000×1%=2 400（元）

（3）做会计分录如下。

① 出售原煤。

借：银行存款　　1 288 200

　　贷：主营业务收入　　1 140 000

　　　　应交税费——应交增值税（销项税额）　　148 200

② 出售煤层气。

借：银行存款　　271 200

　　贷：其他业务收入　　240 000

　　　　应交税费——应交增值税（销项税额）　　31 200

③ 计提资源税

借：税金及附加　　59 400

　　贷：应交税费——应交资源税　　59 400

（二）自产自用应税资源税产品的核算

【工作实例 6-2】金山矿业公司用自产原煤加工成洗煤140吨自用，入库成本为600元/吨，市场出售价格为850元/吨，该选煤的折算率为80%，该地区煤炭的适用税率为6%。其会计处理如下。

（1）洗选煤应纳资源税额=洗选煤销售额×折算率×适用税率=850×140×80%×6%=5 712（元）

洗选煤应纳增值税额= 850×140×1.2×13%=18 564（元）

（2）做会计分录如下。

借：生产成本　　89712

　　贷：库存商品　　84 000

　　　　应交税费——应交资源税　　5712

【工作实例 6-3】益精地矿公司为增值税一般纳税人，现销售铜矿石原矿 3 000 吨，每吨售价 3 600 元，用自产精矿生产非应税产品 4 000 吨，市每吨售价 5 800 元。换算比为 1.6，该公司适用 4%的资源税税率。其会计处理如下。

（1）铜矿目前按精矿计税，原矿应折算成精矿计税：

原矿应纳资源税额=3 000×3 600×1.6×4%=691 200（元）

（2）自用精矿应纳资源税额=4 000×5 800×4%=928 000（元）

（3）合计应纳资源税额=691 200+928 000=1 619200（元）

（4）做会计分录如下。

借：税金及附加　691 200

　　生产成本　928 000

　　贷：应交税费——应交资源税　1 619 200

（三）收购未税矿产品的核算

企业收购未税矿产品，按实际支付的收购款，借记“在途物资”“材料采购”“原材料”等，贷记“银行存款”等，按代扣代缴的资源税，借记“材料采购”“原材料”等科目，贷记“应交税费——应交资源税”科目；上缴资源税时，借记“应交税费——应交资源税”科目，贷记“银行存款”科目。

【工作实例 6-4】益精地矿公司收购外单位开采的铁矿石 5 000 吨，每吨收购价格 380 元，购进价款为 1 900 000 元（未含资源税），该铁矿石的换算比为 1.3，当地适用的铁矿（精矿）的资源税税率为 2%，增值税适用税率为 13%。企业代扣代缴资源税税款后用银行存款支付收购款，材料已验收入库。其会计处理如下。

（1）收购铁矿石。

资源税税款=1 900 000×1.3×2%=49 400（元）

增值税进项税额=（1 900 000+49 400）×13%=253 422（元）

应支付的款项=1 900 000+49 400+253 422-49 400=2 153 422（元）

借：原材料　1 949 400

　　应交税费——应交增值税（进项税额）　253 422

　　贷：银行存款　2 153 422

　　　　应交税费——应交资源税　49 400

（2）缴纳资源税。

借：应交税费——应交资源税　49 400

　　贷：银行存款　49 400

引例分析 6-1

广东熊发矿业有限责任公司以生产、销售铅锌矿、铝土矿为主，是资源税的纳税义务人，在 2019 年 10 月的业务中，【业务 1】、【业务 2】和【业务 3】可以直接计算应纳资源税，【业务 4】因铅锌矿是按精矿征税的，需折算成精矿后计缴资源税，【业务 5】以自采原矿加工精矿产品，在原矿移送使用时不缴纳资源税，在精矿销售或自用时缴纳资源税，【业务 6】购用已纳资源税的应税产品进一步加工的应税产品销售，不再缴纳资源税，【业务 7】10 月 29 日，以自产的铅精矿 5 吨抵偿前欠外单位货款，应视同销售计缴资源税。

上述业务相关资源税的会计分录分别如下。

【业务 1】10 月 8 日，销售铅精矿 50 吨。

其中 10 吨可享受税收优惠，减征 30%。

应纳资源税税额=50×12 600×3%=18 900（元）

减征资源税税额=10×12 600×3%×30%=1 134（元）

① 应纳资源税。

借：税金及附加　　18 900

　　贷：应交税费——应交资源税　　18 900

② 减免资源税。

借：应交税费——应交资源税　　1 134

　　贷：其他收益——政府减免　　1 134

【业务 2】10 月 12 日，销售锌精矿 20 吨。

应纳资源税税额=20×9 500×3%=5 700（元）

借：税金及附加　　5 700

　　贷：应交税费——应交资源税　　5 700

【业务 3】10 月 13 日，销售铝土矿原矿 1 000 吨。

应纳资源税税额=1 000×260×5%=13 000（元）

借：税金及附加　　13 000

　　贷：应交税费——应交资源税　　13 000

【业务 4】10 月 20 日，出售铅锌矿原矿 100 吨，售价为 5 600 元/吨。换算率为 56%。

铅锌矿的征税对象为精矿，原矿应折算成精矿后计缴资源税。

应纳资源税税额=100×5 600×1.2×3%=20160（元）

借：税金及附加　　20 160

　　贷：应交税费——应交资源税　　20 160

【业务 5】10 月 29 日，以自产的铅精矿 5 吨抵债。

以应税产品抵债，应视同销售计算缴纳资源税，按近期自售同类产品价格作为计税价格。

应纳资源税税额=5×12 600×3%=1 890（元）

借：税金及附加　　1 890

　　贷：应交税费——应交资源税　　1 890

七、资源税纳税申报表的填制

> **典型工作任务**
> 填制并报送资源税纳税申报表

资源税纳税申报需填写《资源税纳税申报表》及附表 3 份。具体填写内容以广东省熊发矿业有限责任公司 2019 年 10 月纳税申报内容为例，填写内容如表 6-2 ~ 表 6-5 所示。

八、资源税纳税申报表的报送

按照规定的格式填列的《资源税纳税申报表》应在规定的时间内报送主管税务机关。资源税申报表的报送可以采取直接报送和网上申报。直接报送是将纳税申报表直接送达主管税务局的办税服务大厅，由税务工作人员签收。

表 6-2

资源税纳税申报表

税款所属时间：自 2019 年 10 月 1 日至 2019 年 10 月 30 日

纳税人识别号（统一社会信用代码）：

纳税人名称：　　　　　　　　　　　　　　　　　　金额单位：人民币元（列至角分）

本期是否适用增值税小规模纳税人减征政策（减免性质代码：06049901）						是□　否□√		减征比例（%）			
税目	子目	折算率或换算比	计量单位	计税销售量	计税销售额	适用税率	本期应纳税额	本期减免税额	本期增值税小规模纳税人减征额	本期已缴税额	本期应补（退）税额
1	2	3	4	5	6	7	8①=6×7 8②=5×7	9	10	11	12=8–9–10–11
铅锌矿	铅精矿		吨	50	630 000	3%	18 900	1 134			17 766
铅锌矿	锌精矿		吨	20	190 000	3%	5 700				5 700
铝土矿	原矿		吨	1000	260 000	5%	13 000				13 000
铅锌矿	原矿	1.2	吨	100	672 000	3%	20 160				20 160
铅锌矿	铅精矿		吨	5	63 000	3%	1 890				1 890
合　计		—	—		1 815 000	—	59 650	1 134			58 516

谨声明：本纳税申报表是根据国家税收法律法规及相关规定填报的，是真实的、可靠的、完整的。

纳税人（签章）：　　　　年　月　日

经办人： 经办人身份证号： 代理机构签章： 代理机构统一社会信用代码：	受理人： 受理税务机关（章）： 受理日期：　年　月　日

本表一式两份，一份纳税人留存，一份税务机关留存。

表 6-3

资源税纳税申报表附表（一）

（原矿类税目适用）

纳税人识别号

纳税人名称：（公章）

税款所属时间：自 2019 年 10 月 1 日至 2019 年 10 月 30 日　　填表日期：2019 年 11 月 5 日　　金额单位：元至角分

序号	税目	子目	原矿销售额	精矿销售额	折算率	精矿折算为原矿的销售额	允许扣减的运杂费	允许扣减的外购矿购进金额	计税销售额	计量单位	原矿销售量	精矿销售量	平均选矿比	精矿换算为原矿的销售量	计税销售量
	1	2	3	4	5	6=4×5	7	8	9=3+6-7-8	10	11	12	13	14=12×13	15=11+14
1	铝土矿	原矿	260 000						260 000	吨	1 000				
2															
3															
4															
5															
6															
7															
8															
合计			260 000						260 000	吨	1 000				

表 6-4

资源税纳税申报表附表（二）

（精矿类税目适用）

纳税人识别号

纳税人名称：（公章）

税款所属时间：自 2019 年 10 月 1 日至 2019 年 10 月 30 日　　填表日期：2019 年 11 月 5 日　　金额单位：元至角分

序号	税目	子目	原矿销售额	精矿销售额	换算比	原矿换算为精矿的销售额	允许扣减的运杂费	允许扣减的外购矿购进金额	计税销售额	计量单位	原矿销售量	精矿销售量	平均选矿比	原矿换算为精矿的销售量	计税销售量
	1	2	3	4	5	6=3×5	7	8	9=4+6-7-8	10	11	12	13	14=11÷13	15=12+14
1	铅锌矿	铅精矿	0	630 000	1				630 000	吨		50	1		50
2	铅锌矿	锌精矿	0	190 000	1				190 000	吨		20	1		20
3	铅锌矿	精矿	560 000		1.2	672 000			672 000	吨		100		120	120
4	铅锌矿	精矿	0	95 000				95 000	0	吨		10			10
5	铅锌矿	铅精矿		63000	1				63 000	吨		5			5
6															
7															
8															
合计			560 000	978 000		672 000		95 000	1 555 000			185		120	205

广东省熊发矿业有限责任公司 公章

表 6-5

资源税纳税申报表附表（三）

（减免税明细）

纳税人识别号

纳税人名称：（公章）

税款所属时间：自 2019 年 10 月 1 日至 2019 年 10 月 30 日　　填表日期：2019 年 10 月 5 日　　金额单位：元至角分

序号	税目	子目	减免项目名称	计量单位	减免税销售量	减免税销售额	适用税率	减免性质代码	减征比例	本期减免税额
	1	2	3	4	5	6	7	8	9	10①=6×7×9；10②=5×7×9
1	铅锌矿	铅精矿	符合条件的衰竭期矿山	吨	10	126 000	3%		30%	1 134
2										
3										
4										
5										
6										
7										
8										
	合计		—	—	10	126 000	—	—	—	1 134

模块二　土地增值税的会计核算

土地增值税是对转让国有土地使用权、地上建筑物及其附着物并取得增值性收入的单位和个人，对出让集体土地使用权、地上的建筑物及其附着物，或以集体土地使用权、地上的建筑物及其附着物作价出资、入股的单位所征收的一种税。我国现行土地增值税是 1994 年税制改革设置的一个税种，目的是增强国家对房地产开发和房地产交易市场的调控，有利于国家抑制房地产炒买炒卖获得暴利的行为，并适当调节纳税人的收入分配，保障国家权益。

相关链接
《中华人民共和国土地增值税暂行条例》

一、土地增值税核算的会计主体

我国目前对有偿转让国有土地使用权及地上建筑物和其他附着物产权所取得的增值额的单位和个人征收土地增值税。

依法应该缴纳土地增值税的单位和个人为土地增值税核算的会计主体，需要依法进行土地增值税的会计核算。土地增值税的纳税人为转让国有土地使用权、地上建筑物及其附着物并取得收入的单位和个人。

典型工作任务
判别哪些行为、哪些单位或个人应缴纳土地增值税

二、土地增值税核算的会计期间

纳税人应在转让房地产合同签订之日起 7 日内向所在地税务机关办理纳税申报，并在税务机关核定的期限内缴纳土地增值税。纳税人因经常发生房地产转让而难以在每次转让后申报的，经税务机关同意，可以定期纳税，具体期限由税务机关分两种情况确定。

（1）对于转让房地产是一次性交割、付清价款的，在办理纳税申报后，并在办理过户、登记手续前，一次性缴纳全部土地增值税。

（2）对于以分期收款方式转让房地产的，可根据合同规定的收款日期确定纳税期限。

三、土地增值税的税率

土地增值税实行的是四级超率累进税率，即以纳税对象数额的相对率为累进依据，按超率方式计算应纳税额的税率。采用超率累进税率，需要确定以下两项因素：一是纳税对象数额的相对率，土地增值税的增值额与扣除项目金额的比即为相对率；二是把纳税对象的相对率从低到高划分为若干个级次。土地增值税按增值额与扣除项目金额的比率从低到高划分为 4 个级次，如表 6-6 所示。

表 6-6　土地增值税四级超率累进税率

级数	增值额与扣除项目金额的比率	税率/%	速算扣除系数/%
1	不超过 50%的部分	30	0
2	超过 50%未超过 100%的部分	40	5
3	超过 100%未超过 200%的部分	50	15
4	超过 200%的部分	60	35

四、土地增值税应纳税额的计算

典型工作任务
根据纳税人的会计记录确定土地增值税的计税依据

（一）土地增值税的计税依据

土地增值税的计税依据是纳税人转让房地产所取得的增值额，即纳税

人转让房地产的收入减去税法规定的扣除项目金额后的余额。其公式如下：

土地增值额=房地产转让收入-扣除项目金额

1．房地产转让收入

纳税人转让房地产所取得的收入，是指包括货币收入、实物收入和其他收入在内的全部价款及有关的经济收益，非货币收入要折合货币金额计入收入总额。注意：转让房地产取得的应税收入为不含增值税收入，免征增值税的，转让房地产取得的收入不扣减增值税额。

2．扣除项目金额

允许从房地产转让收入总额中扣除的项目及其金额，具体分为以下几项。

（1）取得土地使用权所支付的金额：是指纳税人为取得土地使用权所支付的地价款和按国家统一规定交纳的有关费用（适用于新建房转让和存量房转让）。

（2）开发成本：是指纳税人房地产开发项目实际发生的成本，包括土地征用及拆迁补偿费、前期工程费、建筑安装工程费、基础设施费、公共配套设施费和开发间接费用（适用于新建房转让）。

（3）房地产开发费用：是指与房地产开发项目有关的销售费用、管理费用、财务费用（适用于新建房转让）。

房地产开发费用的扣除限额可按照两种不同情形分别计算。

① 财务费用中的利息支出，凡能够按转让房地产项目计算分摊并提供金融机构证明的，允许据实扣除，但最高不能超过按商业银行同类同期贷款利率计算的金额。其他房地产开发费用，在按照“取得土地使用权所支付的金额”与“房地产开发成本”金额之和的5%以内计算扣除。公式如下：

开发费用=利息+（取得土地使用权所支付的金额+房地产开发成本）×5%以内

② 利息支出凡不能按转让房地产项目计算分摊利息支出或不能提供金融机构证明的，房地产开发费用按“取得土地使用权所支付的金额”与“房地产开发成本”金额之和的10%以内计算扣除。全部使用自有资金，没有利息支出的，也适用此方法计算扣除金额。公式如下：

开发费用=（取得土地使用权所支付的金额+房地产开发成本）×10%以内

计算扣除的具体比例，由各省、自治区、直辖市人民政府规定。

（4）与转让房地产有关的税金：是指在转让房地产时缴纳的城市维护建设税、印花税。因转让房地产缴纳的教育费附加和地方教育费附加也可视同税金予以扣除（适用于新建房转让和存量房转让）。

（5）财政部确定的其他扣除项目：为了抑制炒买炒卖房地产的投机行为，保护正常开发投资者的积极性，目前规定对从事房地产开发的纳税人，允许按取得土地使用权时所支付的金额和房地产开发成本之和的20%加计扣除（适用于房地产开发企业新建房转让）。

（6）旧房及建筑物的评估价格。纳税人转让旧房的，应按旧房及建筑物的评估价格、取得土地使用权所支付的地价款和按国家统一规定缴纳的有关费用及在转让环节缴纳的税金作为扣除项目计征土地增值税。计算公式如下：

评估价格=重置成本价×成新度折扣率

对取得土地使用权时未支付地价款或不能提供已支付的地价款凭据的，不允许扣除取得土地使用权所支付的金额。另外，纳税人转让旧房及建筑物时因计算纳税的需要而对房地产进行评估，其支付的评估费用允许在计算增值额时予以扣除。

计算扣除项目金额时，其实际发生的支出应当取得但未取得合法凭据的不得扣除，且扣除项目金额中所归集的各项成本和费用，必须是实际发生的。

（二）土地增值税应纳税额的确定

土地增值税的具体计算步骤如下。

第一步：计算增值额。计算公式如下。

增值额=房地产转让收入-扣除项目金额

第二步：计算增值额占扣除项目金额的比例。计算公式如下。

增值额占扣除项目金额的比率=增值税÷扣除项目金额×100%

第三步：计算应纳税额。

计算土地增值税应纳税额，一般采取速算扣除法计算。即按增值额乘以适用的税率减去扣除项目金额乘以速算扣除系数计算。具体公式如下。

边学边练

判断广州友谊房地产公司转让房地产收入的金额与扣除项目及金额

边学边练

计算广州友谊房地产公司转让房地产应缴纳的土地增值税税额

（1）增值额占扣除项目金额的比率≤50%，则

土地增值税税额=增值额×30%

（2）50%<增值额占扣除项目金额的比率≤100%，则

土地增值税税额=增值额×40%-扣除项目金额×5%

（3）100%<增值额占扣除项目金额的比率≤200%，则

土地增值税税额=增值额×50%-扣除项目金额×15%

（4）增值额占扣除项目金额的比率>200%，则

土地增值税税额=增值额×60%-扣除项目金额×35%

知识窗

税收优惠

（1）纳税人建造增值率不超过20%的保障性住房，免税。

（2）纳税人建造普通标准住宅并出售，增值额未超过扣除项目金额20%的，省级政府结合本地实际决定减征或免征。

（3）省级人民政府对房地产市场较不发达、地价水平较低地区集体房地产，决定减征或免征土地增值税。

（4）国家因建设需要依法征用、收回房地产，免税。

（5）自2008年11月1日起，对个人销售住房暂免征收土地增值税。

五、土地增值税应纳税额的会计核算

典型工作任务

根据纳税人的销售记录核算土地增值税

在会计核算中，房地产开发企业开发新房出售的收入额反映在“主营业务收入”账户的贷方，而旧房出售取得的收入额反映在“固定资产清理”账户的贷方。因转让房地产而需缴纳的土地增值税，通过“应交税费——应交土地增值税”进行核算，该科目贷方核算企业依法应缴纳的土地增值税，借方核算企业已缴纳或允许抵扣的土地增值税，贷方余额反映企业应缴而未缴的土地增值税额。具体核算内容如下。

边学边练

对广州友谊房地产公司转让房地产应缴纳的土地增值税税额进行会计核算

（一）房地产开发企业的会计核算

1．取得预售收入预缴土地增值税的核算

房地产开发企业取得预售收入，由于商品未转移给购买者，不满足收入确认条件，因此，收到预售款时不能确认收入，待预售房屋竣工并交付给购买方时，再确认收入。税法规定，房地产开发企业在其开发项目全部竣工结算前转让房地产取得的收入，应在次月10日前向主管税务机关申报预缴土地增值税。在预缴时，借记“应交税费——应交土地增值税”，贷记“银行存款”等科目，待该房地产营业收入实现时，再按收入实现处理。

【**工作实例6-5**】华泰地产公司在广州市市区开发一商品房项目，2019年5月取得预售许可

证，5 月取得预售收入 500 万元，当地开发商品房的土地增值税预征率为 2%，公司按规定预缴了 10 万元的土地增值税，并按规定缴纳相关税费。其会计处理如下。

（1）取得预售收入。

借：银行存款　　5 000 000

　　贷：预收账款　　5 000 000

（2）预缴土地增值税。

预缴土地增值税额=500×2%=10（万元）

借：应交税费——应交土地增值税　　100 000

　　贷：银行存款　　100 000

2．取得营业收入缴纳土地增值税的核算

房地产开发企业所开发的房屋竣工交付给购买者，符合收入确认条件，确认营业收入，应按当期营业收入负担的土地增值税，借记“税金及附加”，贷记“应交税费——应交土地增值税”，企业缴纳土地增值税时，借记“应交税费——应交土地增值税”，贷记“银行存款”；在开发项目全部竣工、办理结算后进行清算。

【工作实例 6-6】上述华泰地产公司在广州市市区开发的商品房项目，于 2019 年 9 月办理竣工手续，并全部销售完毕，取得收入 2 亿元，华泰地产公司为取得该项目的土地使用权而支付的地价款和按国家统一规定缴纳的有关费用为 5 000 万元，投入房地产开发成本为 4 000 万元，房地产开发费用共计 1 500 万元，其中的利息支出为 800 万元，但该利息支出不能按转让房地产项目计算分摊，也不能提供金融机构证明。该项目共计缴增值税额 1 000 万元，并计缴了其他相关税费。其会计处理如下。

（1）转让房地产取得的收入为 20 000 万元。

（2）转让房地产的扣除项目金额。

① 取得土地使用权所支付的金额 5 000 万元。

② 房地产开发成本 4 000 万元。

③ 房地产开发费用（5 000+4 000）×10%=900（万元）。

④ 应交城市维护建设税=实际缴纳增值税×7%=1 000×7%=70（万元）。

⑤ 应交教育费附加=实际缴纳增值税×3%=1 000×3%=30（万元）。

⑥ 应交地方教育费附加=实际缴纳增值税×2%=1 000×2%=20（万元）。

⑦ 从事房地产开发的加计扣除项目金额=（5 000+4 000）×20%=1 800（万元）。

⑧ 扣除项目的金额=5 000+4 000+900+70+30+20+1 800=11 820（万元）。

（3）转让房地产的增值额=20 000−11 820=8 180（万元）。

（4）增值率=8 180÷11 820×100%≈69.20%，适用税率为 40%，速算扣除数为 5%。

应纳土地增值税额=8 180×40%−11 820×5%=3 272−591=2 681（万元）

（5）做会计分录如下。

① 计算土地增值税税额。

借：税金及附加　　26 810 000

　　贷：应交税费——应交土地增值税　　26 810 000

② 清缴土地增值税。

清缴税额=应交税额-预缴税额=2 681−10=2 671（万元）

借：应交税费——应交土地增值税　　26 710 000

　　贷：银行存款　　26 710 000

（二）非房地产开发企业的会计核算

非房地产开发企业对于地上建筑物及其附着物连同国有土地使用权一并转让的业务通过“固定资产清理”等科目核算。转让时应缴纳的土地增值税，借记“固定资产清理”，贷记“应交税费——应交土地增值税”；缴纳税款时，借记“应交税费——应交土地增值税”，贷记“银行存款”。

【工作实例 6-7】丰华公司位于广州市市区，该公司 2019 年 8 月转让一栋楼房，取得转让收入 800 万元，该楼房购进时支付了 500 万元，经房地产评估部门评定，现在建造同样面积、标准、质量的楼房需要 400 万元，房屋八成新。该转让行为共计缴增值税 40 万元。其相关会计处理如下。

（1）转让房地产取得的收入为 800 万元。

（2）转让房地产的扣除项目金额。

① 评估价格=400×80%=320（万元）。

② 应交城市维护建设税=实际缴纳增值税×7%=40×7%=2.8（万元）。

③ 应交教育费附加=实际缴纳增值税×3%=40×3%=1.2（万元）。

④ 应交地方教育费附加=实际缴纳增值税×2%=40×2%=0.8（万元）。

⑤ 应交印花税=800×0.5‰=0.4（万元）。

⑥ 扣除项目的金额=320+2.8+1.2+0.8+0.4=325.2（万元）。

（3）转让房地产的增值额=800−325.2=474.8（万元）

（4）增值率=474.8÷325.2×100%≈146%，适用税率为 50%，速算扣除数为 15%

应纳土地增值税额=474.8×50%−325.2×15%=237.4−48.78=188.62（万元）

（5）计算土地增值税税额的会计分录。

借：固定资产清理　　1 886 200

　　贷：应交税费——应交土地增值税　　1 886 200

引例分析 6-2

广州市友谊房地产有限责任公司的主营业务是开发房地产，其出售房产的行为按规定应缴纳土地增值税。其中【业务 1】为开发商品房并出售，按规定在取得收入时应预缴土地增值税，在符合清算条件时应进行土地增值税的清缴；【业务 2】为对华友房地产公司进行投资，由于投资、联营的公司也是从事房地产开发的，属于土地增值税的征税范围，其相关会计处理如下。

【业务 1】玉山普通住宅开发项目。

（1）2019 年 11 月预缴土地增值税税额=10 000 万元×2%=200（万元）。

借：应交税费——应交土地增值税　　2 000 000

　　贷：银行存款　　2 000 000

（2）2019 年 12 月进行清缴。

① 全部销售收入 4 亿元。

② 玉山高级公寓开发项目各扣除项目金额。

A. 取得土地使用权支付的金额为 12 000 万元。

B. 房地产开发成本为 9 000 万元。

C. 房地产开发费用=（取得土地使用权支付的金额+开发成本）×10%=（12 000+9 000）×10%=2 100（万元）。

D. 与转让房地产相关的税金=城市维护建设税+教育费附加+地方教育费附加=2 000×7%+2 000×3%+2 000×2%=140+60+40=240（万元）。

E. 从事房地产开发企业的加计扣除数=（取得土地使用权所支付的金额+开发成本）×20%=

（12 000+9 000）×20%=4 200（万元）。

③ 扣除项目金额合计=12 000+9 000+2 100+240+4 200=27 540（万元）。

④ 增值额=40 000−27 540=12 460（万元）。

⑤ 增值额与扣除项目的比率=12 460÷27 540×100%≈45.24%。

⑥ 土地增值税税额=12 460×30%=3 738（万元）。

⑦ 清算时应补土地增值税税额=3 738−350−200=3 188（万元）。

（3）做相关会计分录如下。

① 计算各项税费。

借：税金及附加　　37 380 000

　　贷：应交税费——应交土地增值税　　37 380 000

② 清缴土地增值税。

借：应交税费——应交土地增值税　　31 880 000

　　贷：银行存款　　31 880 000

【业务 2】对广州华友房地产公司进行投资。

（1）收入额=双方确认价 1 000 万元。

（2）转让旧房，扣除项目金额。

① 评估价格 900×90%=810（万元）。

② 支付的评估费用 2 万元。

③ 产权转移书据立据人缴纳的印花税额 1 000×0.5‰=0.5（万元）。

注：由于投资方参与被投资方的利润分配，共同承担投资风险，因此不需要缴纳增值税，也就无须缴纳城市维护建设税和教育费附加。

（3）扣除项目金额合计=810+2+0.5=812.5（万元）。

（4）增值额=1 000−812.5=187.5（万元）。

（5）增值额与扣除项目的比率=187.5÷812.5×100%≈23.08%。

（6）土地增值税税额=187.5×30%=56.25（万元）。

借：固定资产清理　　562 500

　　贷：应交税费——应交土地增值税　　562 500

典型工作任务

填制并报送土地增值税纳税申报表

六、土地增值税纳税申报表的填制

（一）房地产开发企业土地增值税清算申报表的填列

房地产开发企业每月在其开发项目全部竣工结算前转让房地产取得的收入，应在次月 10 日前向主管税务机关申报预缴土地增值税。房地产项目竣工、完成销售后按实际面积清算，按清算后的实际应纳土地增值税进行多退少补。

土地增值税的预缴应填写《土地增值税纳税申报表（一）》（从事房地产开发的纳税人预征适用）；房地产开发企业办理土地增值税清算时须填报《土地增值税纳税申报表（二）》以及相关附表（略）。如广州市友谊房地产有限责任公司的土地增值税预缴与清算所填列的申报表如下。

（1）玉山普通住宅 2019 年 11 月的土地增值税预缴税额，填写《土地增值税纳税申报表（一）》（从事房地产开发的纳税人预征适用）（见表 6-7）。

（2）2019 年 12 月 25 日全部销售完后，进行土地增值税清算，清算后填写《土地增值税纳税申报表（二）》（从事房地产开发的纳税人清算适用）（见表 6-8）。

表 6-7

土地增值税纳税申报表（一）

（从事房地产开发的纳税人预征适用）

税款所属时间：2019 年 11 月 1 日至 2019 年 11 月 30 日　　填表日期：2019 年 12 月 10 日

项目名称：玉山普通住宅小区　　项目编号：8008000　　金额单位：元至角分；面积单位：平方米

纳税人识别号 | 4 | 4 | 0 | 1 | 0 | 4 | 6 | 1 | 8 | 6 | 1 | 3 | 6 | 8 | 4 | 8 | 8 | 8 | | |

房产类型	房产类型子目	收入				预征率（%）	应纳税额	税款缴纳	
		应税收入	货币收入	实物收入及其他收入	视同销售收入			本期已缴税额	本期应缴税额计算
	1	2=3+4+5	3	4	5	6	7=2×6	8	9=7−8
普通住宅		10 000 0000	100 000 000			2	2 000 000	0	2 000 000
非普通住宅									
其他类型房地产									
合计	—	100 000 000	100 000 000				2 000 000	0	2 000 000
以下由纳税人填写：									
纳税人声明	此纳税申报表是根据《中华人民共和国土地增值税暂行条例》及其实施细则和国家有关税收规定填报的，是真实的、可靠的、完整的。								
纳税人签章	公章	代理人签章				代理人身份证号			
以下由税务机关填写：									
受理人		受理日期		年　月　日		受理税务机关签章			

本表一式两份，一份纳税人留存，一份税务机关留存。

表 6-8

土地增值税纳税申报表（二）

（从事房地产开发的纳税人清算适用）

税款所属时间：2019 年 8 月 1 日至 2019 年 12 月 25 日　　填表日期：2019 年 12 月 30 日　　金额单位：元至角分　面积单位：平方米

纳税人识别号	4	4	0	1	0	4	6	1	8	6	1	3	6	8	4	8	8	8		

纳税人名称	广州友谊房地产有限责任公司	项目名称	玉山普通住宅小区	项目编号	8008000	项目地址	广州市龙口东路
所属行业	建筑开发	登记注册类型	私营	纳税人地址	广州市天河北路 88 号	邮政编码	520612
开户银行	中国银行广州分行	银行账号	4201323521265630	主管部门	广州市地方税务局天河分局	电　话	85456321

总可售面积		25 000		自用和出租面积		0	
已售面积	25 000	其中：普通住宅已售面积	25 000	其中：非普通住宅已售面积		其中：其他类型房地产已售面积	

	项目	行次	金额			
			普通住宅	非普通住宅	其他类型房地产	合计
	一、转让房地产收入总额　1=2+3+4	1	400 000 000.00			
其中	货币收入	2	40 000 0000.00			
	实物收入及其他收入	3	0			
	视同销售收入	4	0			
	二、扣除项目金额合计　5=6+7+14+17+21+22	5	275 400 000.00			
	1. 取得土地使用权所支付的金额	6	120 000 000.00			
	2. 房地产开发成本　7=8+9+10+11+12+13	7	90 000 000.00			
其中	土地征用及拆迁补偿费	8	15 000 000.00			
	前期工程费	9	14 000 000.00			
	建筑安装工程费	10	40 000 000.00			
	基础设施费	11	10 000 000.00			
	公共配套设施费	12	5 000 000.00			
	开发间接费用	13	6 000 000.00			
	3. 房地产开发费用　14=15+16	14	21 000 000.00			
其中	利息支出	15	0.00			
	其他房地产开发费用	16	21 000 000.00			
	4. 与转让房地产有关的税金等　17=18+19+20	17	2 400 000.00			

续表

项目			行次	金额 普通住宅	非普通住宅	其他类型房地产	合计
其中	营业税		18	0.00			
	城市维护建设税		19	1 400 000.00			
	教育费附加		20	1 000 000.00			
5. 财政部规定的其他扣除项目			21	42 000 000.00			
6. 代收费用			22	0.00			
三、增值额　23=1-5			23	124 600 000.00			
四、增值额与扣除项目金额之比（%）24=23÷5			24	45			
五、适用税率（%）			25	30			
六、速算扣除系数（%）			26	0			
七、应缴土地增值税税额　27=23×25-5×26			27	37 380 000.00			
八、减免税额　28=30+32+34			28	0			
其中	减免税（1）	减免性质代码（1）	29				
		减免税额（1）	30				
	减免税（2）	减免性质代码（2）	31				
		减免税额（2）	32				
	减免税（3）	减免性质代码（3）	33				
		减免税额（3）	34				
九、已缴土地增值税税额			35	5 500 000.00			
十、应补（退）土地增值税税额　36=27-28-35			36	31 880 000.00			

以下由纳税人填写：

纳税人声明	此纳税申报表是根据《中华人民共和国土地增值税暂行条例》及其实施细则和国家有关税收规定填报的，是真实的、可靠的、完整的。				
纳税人签章		代理人签章		代理人身份证号	

以下由税务机关填写：

受理人		受理日期	年　月　日	受理税务机关签章	

本表一式两份，一份纳税人留存，一份税务机关留存。

（二）非从事房地产开发的纳税人纳税申报表的填列

企业转让已使用一定时间或达到一定磨损程度的房产，属于转让旧房的行为，按规定应缴纳土地增值税，在签订转让房地产合同、契约后的7日内办理纳税申报，填写《土地增值税纳税申报表（三）》（非从事房地产开发的纳税人适用）（见表6-9），纳税人如果同时转让两个或两个以上房地产的，应分别填报申报表。对于广州市友谊房地产有限责任公司对广州华友房地产公司和的投资，按规定应填写《土地增值税纳税申报表（三）》，从事非房地产开发的纳税人应根据转让房地产项目作为填报对象。

表6-9　**土地增值税纳税申报表（三）**

（非从事房地产开发的纳税人适用）

税款所属时间：2019年12月1日至2019年12月1日　填表日期：2019年12月8日　金额单位：元至角分

面积单位：平方米

纳税人识别号　4 4 0 1 0 4 6 1 8 6 1 3 6 8 4 8 8 8

<table>
<tr><td>纳税人名称</td><td colspan="2">广州友谊房地产有限责任公司</td><td>项目名称</td><td colspan="2"></td><td>项目地址</td><td colspan="2"></td></tr>
<tr><td>所属行业</td><td>建筑开发</td><td>登记注册类型</td><td>私营</td><td>纳税人地址</td><td>广州市天河北路88号</td><td>邮政编码</td><td colspan="2">520 612</td></tr>
<tr><td>开户银行</td><td>中国银行广州分行</td><td>银行账号</td><td>4201323521265630</td><td>主管部门</td><td>广州市地方税务局天河分局</td><td>电话</td><td colspan="2">85456321</td></tr>
<tr><td colspan="6">项目</td><td>行次</td><td colspan="2">金额</td></tr>
<tr><td colspan="6">一、转让房地产收入总额 1=2+3+4</td><td>1</td><td colspan="2">10 000 000.00</td></tr>
<tr><td rowspan="3">其中</td><td colspan="5">货币收入</td><td>2</td><td colspan="2">10 000 000.00</td></tr>
<tr><td colspan="5">实物收入</td><td>3</td><td colspan="2"></td></tr>
<tr><td colspan="5">其他收入</td><td>4</td><td colspan="2"></td></tr>
<tr><td colspan="6">二、扣除项目金额合计
（1）5=6+7+10+15
（2）5=11+12+14+15</td><td>5</td><td colspan="2">8 125 000.00</td></tr>
<tr><td rowspan="5">（1）提供评估价格</td><td colspan="5">1. 取得土地使用权所支付的金额</td><td>6</td><td colspan="2"></td></tr>
<tr><td colspan="5">2. 旧房及建筑物的评估价格 7=8×9</td><td>7</td><td colspan="2">8 100 000.00</td></tr>
<tr><td rowspan="2">其中</td><td colspan="4">旧房及建筑物的重置成本价</td><td>8</td><td colspan="2">9 000 000.00</td></tr>
<tr><td colspan="4">成新度折扣率</td><td>9</td><td colspan="2">90%</td></tr>
<tr><td colspan="5">3. 评估费用</td><td>10</td><td colspan="2">20 000.00</td></tr>
<tr><td rowspan="5">（2）提供购房发票</td><td colspan="5">1. 购房发票金额</td><td>11</td><td colspan="2"></td></tr>
<tr><td colspan="5">2. 发票加计扣除金额 12=11×5%×13</td><td>12</td><td colspan="2"></td></tr>
<tr><td colspan="5">其中：房产实际持有年数</td><td>13</td><td colspan="2"></td></tr>
<tr><td colspan="5">3. 购房契税</td><td>14</td><td colspan="2"></td></tr>
<tr><td colspan="5">4. 与转让房地产有关的税金等 15=16+17+18+19</td><td>15</td><td colspan="2">5 000.00</td></tr>
<tr><td rowspan="4">其中</td><td colspan="5">营业税</td><td>16</td><td colspan="2"></td></tr>
<tr><td colspan="5">城市维护建设税</td><td>17</td><td colspan="2"></td></tr>
<tr><td colspan="5">印花税</td><td>18</td><td colspan="2">5 000.00</td></tr>
<tr><td colspan="5">教育费附加</td><td>19</td><td colspan="2"></td></tr>
</table>

续表

项目		行次	金额	
三、增值额 20=1-5		20	1 875 000.00	
四、增值额与扣除项目金额之比（%）21=20÷5		21	23.08	
五、适用税率（%）		22	30	
六、速算扣除系数（%）		23	0	
七、应缴土地增值税税额 24=20×22-5×23		24	562 500.00	
八、减免税额（减免性质代码：________）		25		
九、已缴土地增值税税额		26		
十、应补（退）土地增值税税额 27=24-25-26		27	562 500.00	
以下由纳税人填写：				
纳税人声明	此纳税申报表是根据《中华人民共和国土地增值税暂行条例》及其实施细则和国家有关税收规定填报的，是真实的、可靠的、完整的。			
纳税人签章		代理人签章	代理人身份证号	
以下由税务机关填写：				
受理人		受理日期	年　月　日	受理税务机关签章

本表一式两份，一份纳税人留存，一份税务机关留存。

七、土地增值税纳税申报表的报送

按照规定的格式填列的《土地增值税纳税申报表》应在规定的时间内报送主管税务局，目前主要的报送方式是直接报送和网上申报。直接报送是将填写好的纳税申报表送达主管税务局的办税服务大厅，由税务工作人员签收。房地产开发企业的土地增值税清算采取直接报送申报表的方式。而土地增值税预征则可采用网上申报。

模块三　城镇土地使用税的会计核算

城镇土地使用税是国家对在城市、县城、建制镇、工矿区范围内使用土地的单位和个人，以其实际占用的土地面积为计税依据，按规定的税额计算征收的一种税。

一、城镇土地使用税核算的会计主体

凡在城市、县城、建制镇、工矿区范围内使用土地的单位和个人，均是城镇土地使用税的纳税人。依法应该缴纳城镇土地使用税的单位和个人为城镇土地使用税核算的会计主体，需要依法进行城镇土地使用税的会计核算。根据现实经济生活中用地者的不同情况，具体包括以下几项。

（1）城镇土地使用税由拥有土地使用权的单位或个人缴纳。

（2）拥有土地使用权的纳税人不在土地所在地的，由代管人或实际使用人纳税。

（3）土地使用权未确定或权属纠纷未解决的，由实际使用人纳税。

（4）土地使用权共有的，由共有各方分别纳税。

（5）纳税单位无偿使用免税单位的土地，由纳税单位照章纳税。

> **边学边练**
> 判断欣欣百货公司拥有土地是否需要缴纳城镇土地使用税

知识窗

税收优惠

（1）国家机关、人民团体、军队自用的土地，免税。

（2）由国家财政部门拨付事业经费的单位自用的土地，免税。

（3）宗教寺庙、公园、名胜古迹自用的土地，免税。

（4）市政街道、广场、绿化地带等公共用地，免税。

（5）直接用于农、林、牧、渔的生产用地，免税。

（6）经批准开山填海整治的土地和改造的废弃土地，自使用的月份起免交土地使用税5年至10年。

（7）由财政部另行规定免税的能源、交通、水利设施用地和其他用地，免税。

（8）对在一个纳税年度内月平均实际安置残疾人就业人数占单位在职职工总数的比例高于 25%（含25%）且实际安置残疾人人数高于10人（含10人）的单位，可减征或免征该年度城镇土地使用税。

二、城镇土地使用税核算的会计期间

（一）纳税期限

城镇土地使用税实行按年计算、分期缴纳的征收方法，具体纳税期限由省、自治区、直辖市人民政府确定。一般分别确定按月、季或半年等不同的期限缴纳。

（二）纳税义务发生时间

（1）纳税人购置新建商品房，自房屋交付使用之次月起，缴纳城镇土地使用税。

（2）纳税人购置存量房，自办理房屋权属转移、变更登记手续，房地产权属登记机关签发房屋权属证书之次月起，缴纳城镇土地使用税。

（3）纳税人出租、出借房产，自交付出租、出借房产之次月起，缴纳城镇土地使用税。

（4）地产开发企业自用、出租、出借本企业建造的商品房，自房屋使用或交付之次月起，缴纳城镇土地使用税。

（5）纳税人新征用的耕地，自批准征用之日起满一年时开始缴纳土地使用税。

（6）纳税人新征用的非耕地，自批准征用次月起缴纳土地使用税。

（7）纳税人因房产、土地的实物或权利状态发生变化而依法终止城镇土地使用税纳税义务的，其应纳税款的计算应截止到房产、土地的实物或权利状态发生变化的当月末。

三、城镇土地使用税核算的会计科目

企业计算出应缴纳的城镇土地使用税时，借记“税金及附加”账户，贷记“应交税费——应交城镇土地使用税”账户；缴纳时，借记“应交税费——应交城镇土地使用税”账户，贷记“银行存款”账户。

四、城镇土地使用税的税率

> **边学边练**
> 判断欣欣百货公司城镇土地使用税税率。

城镇土地使用税采用有差别的幅度定额税率，按大、中、小城市和县城、建制镇、工矿区分别规定每平方米土地年应纳税额。《中华人民共和国城镇土地使用税暂行条例》规定定额幅度，但是，具体的实施办法由省、自治区、直辖市人民政府制订。城镇土地使用税税额如表6-10所示。

表 6–10　　**城镇土地使用税税额**

级别	人口/人	每年每平方米税额/元
大城市	100 万以上	1.5～30
中等城市	50 万～100 万	1.2～24
小城市	50 万以下	0.9～18
县城、建制镇、工矿区		0.6～12

知识窗

城镇土地使用税税率的差异

在同一个城镇，不同地段土地的“价值”也相去甚远，市中心商业街的土地显然与市郊的工业用地有很大差别。因此，各地方政府在确定城镇土地使用税的单位税额时，会充分考虑这一因素，根据土地不同的级别制定不同的单位税额。以广州市为例：自 2007 年 1 月 1 日起广州市行政区域内的土地等级分为六个等级，各等级的标准税额为（每平方米）：一级 27 元、二级 18 元、三级 10 元、四级 6 元、五级 4 元、六级 3 元。另外，从 2009 年 1 月 1 日起，广州市工业用地税率由六级调整为五级，对应的税额分别为 15 元、12 元、8 元、5 元和 3 元。

五、城镇土地使用税应纳税额的会计核算

城镇土地使用税是以纳税人实际占用的土地面积为计税依据，按照规定的适用税额计算征收的。其计算公式如下：

典型工作任务

根据纳税人的会计记录确定城镇土地使用税应纳税额、进行会计核算

年应纳税额=实际占用的应税土地面积×适用税额

纳税人实际占用的土地面积按下列方法确定。

（1）凡由省、自治区、直辖市人民政府确定的单位组织测定土地面积的，以测定的面积为准。

（2）尚未组织测量，但纳税人持有政府部门核发的土地使用证书的，以证书确定的土地面积为准。

（3）尚未核发土地使用证书的，应由纳税人申报土地面积以纳税，待核发土地使用证书以后再做调整。

【工作实例 6-8】广州市番禺爱迪公司使用一栋建筑物，该建筑物占用土地面积 1 000 平方米，建筑物面积 5 000 平方米。经税务机关核定，该土地为应税土地。每平方米税额为 4 元。其会计处理如下。

全年应纳城镇土地使用税额=1 000×4=4 000（元）

（1）计提。

借：税金及附加　　4 000

　　贷：应交税费——应交城镇土地使用税　　4 000

（2）缴纳。

借：应交税费——应交城镇土地使用税　　4 000

　　贷：银行存款　　4 000

引例分析 6-3

> **边学边练**
> 计算欣欣百货公司缴纳城镇土地使用税，并做会计分录

（1）广州市欣欣百货公司在市区、市郊均拥有土地，按规定属于城镇土地使用税的征税对象，具体如下。

① 坐落在广州市商务区繁华地段北京路 233 号的经营点，属于征税范围。

② 坐落在广州市天河区五山街 221 号的统一核算的分店，属于征税范围。

③ 位于市郊广州番禺洛溪新城 212 号的公司仓库，属于征税范围。

④ 天河区五山街 223 号自办的幼儿园，由于其用地能与企业其他用地明确区分，免征城镇土地使用税。

由于广州市欣欣百货公司拥有城镇土地使用权，因此是城镇土地使用税的纳税人。

（2）广州市欣欣百货公司在不同的地方拥有土地使用权，按广州市的标准，不同的办公地方适用不同的标准税额。

① 百货公司占地适用税率为 27 元/（平方米·年）。

② 分店占地适用税率为 10 元/（平方米·年）。

③ 仓库占地适用税率为 4 元/（平方米·年）。

（3）2019 年应纳税额的计算过程如下。

① 百货公司占地应纳税额=5 400×27=145 800（元）。

② 分店占地应纳税额=7 800×10=78 000（元）。

③ 仓库占地应纳税额=1 000×4=4 000（元）。

④ 百货公司自办幼儿园免税。

⑤ 该公司 2019 年应纳税额=145 800+78 000+4 000=227 800（元）。

（4）上述业务的会计分录如下。

① 百货公司占地应纳城镇土地使用税额。

借：税金及附加　　145 800

　　贷：应交税费——应交城镇土地使用税　　145 800

② 分店占地应纳城镇土地使用税额。

借：税金及附加　　78 000

　　贷：应交税费——应交城镇土地使用税　　78 000

③ 仓库占地应纳城镇土地使用税额。

借：税金及附加　　4 000

　　贷：应交税费——应交城镇土地使用税　　4 000

④ 百货公司自办幼儿园城镇土地使用免税。

> **典型工作任务**
> 填制并报送城镇土地使用税纳税申报表

六、城镇土地使用税纳税申报表的填制

小张按城镇土地使用税规定对广州市欣欣百货公司 2019 年应纳税额进行申报，填制《城镇土地使用税纳税申报表》，填写内容如表 6-11 所示。

表 6-11

城镇土地使用税纳税申报表

税款所属期：自 2019 年 1 月 1 日至 2019 年 12 月 31 日

纳税人识别号（统一社会信用代码）：

纳税人名称：　　　　金额单位：人民币元（列至角分）　　　　面积单位：平方米

本期是否适用增值税小规模纳税人减征政策（减免性质代码：10049901）	□是 □否√	本期适用增值税小规模纳税人减征政策起始时间	年　月	减征比例（%）	
		本期适用增值税小规模纳税人减征政策终止时间	年　月		
联系人				联系方式	

土地编号	宗地的地号	土地等级	税额标准	土地总面积	所属期起	所属期止	本期应纳税额	本期减免税额	本期增值税小规模纳税人减征额	本期已缴税额	本期应补（退）税额
*	北京路 233 号	一级土地	27	5 400	2019.01	2019.12	145 800	0		0	145 800
*	天河区五山街 221 号	三级土地	10	7 800	2019.01	2019.12	78 000	0		0	78 000
*	番禺洛溪新城 212	五级土地	4	1 000	2019.01	2019.12	4 000	0		0	4 000
*	天河区五山街 223 号	三级土地	10	2 100	2019.01	2019.12	21 000	21 000		0	0
*											
*											
*											
*											
*											
*											
合计			*	16 300	*	*	248 800	21 000		0	227 800

谨声明：本纳税申报表是根据国家税收法律法规及相关规定填报的，是真实的、可靠的、完整的。

纳税人（签章）：　　　　年　月　日

经办人：李小韦 经办人身份证号：440220197503091023 代理机构签章： 代理机构统一社会信用代码：	受理人： 受理税务机关（章）： 受理日期：　年　月　日

> 边学边练
> 填制欣欣百货公司城镇土地使用税纳税申报表

七、城镇土地使用税纳税申报表的报送

按照规定的格式填列的城镇土地使用税纳税申报表应在规定的时间内报送主管税务局，目前主要的报送方式是直接报送和网上申报。直接报送是将纳税申报表直接送达主管税务局的办税服务大厅，由税务工作人员签收。网上报送是目前广泛采用的经济快捷的报送方式，具体操作方法参照土地增值税网上申报办理。

纳税人无论有无销售额，均应按主管税务机关核定的纳税期限填报纳税申报表，并于次月 1 日至 15 日内，向当地税务机关申报纳税并结清上月应纳税款。

模块四 耕地占用税的会计核算

耕地占用税是对占用耕地建房或者从事非农业建设的单位或者个人，就其实际占用耕地面积所征收的一种税。耕地占用税的征收对强化耕地管理、促进农业可持续发展具有重要意义。

一、耕地占用税核算的会计主体

> 相关链接
> 中华人民共和国耕地占用税暂行条例

我国对占用国家所有和集体所有的耕地进行建房或从事其他非农业建设的行为征收耕地占用税。耕地是指种植农业作物的土地，包括菜地、园地。其中，园地包括花圃、苗圃、茶园、果园、桑园和其他种植经济林木的土地。占用鱼塘及其他农用土地建房或从事其他非农业建设，也视同占用耕地。在我国依法应该缴纳耕地占用税的单位和个人是指为建房或从事其他非农业建设的单位和个人。

依法应该缴纳耕地占用税的单位为耕地占用税核算的会计主体，需要依法进行耕地占用税的会计核算。

二、耕地占用税核算的会计期限

获准占用耕地的单位或者个人在收到土地管理部门的通知之日起 30 日内缴纳耕地占用税。土地管理所凭耕地占用税完税凭证或者免税凭证和其他有关文件发放建设用地批准证书。

三、耕地占用税核算的会计科目

由于耕地占用税是在实际占用耕地之前一次性缴纳的，不存在与征税机关清算和结算的问题，因此企业按规定交纳的耕地占用税，可以不通过“应交税费”科目核算。企业为购建固定资产而交纳的耕地占用税，作为固定资产价值的组成部分，记入“在建工程”账户。

四、耕地占用税的税率

耕地占用税采用地区差别定额税率。具体规定如下。

（1）人均耕地不超过1亩的地区，每平方米为10元至50元。

（2）人均耕地超过1亩但不超过2亩的地区，每平方米为8元至40元。

（3）人均耕地超过2亩但不超过3亩的地区，每平方米为6元至30元。

（4）人均耕地超过3亩的地区，每平方米为5元至25元。

经济特区、经济技术开发区和经济发达、人均耕地特别少的地区，适用税额可以适当提高，但最多不能超过当地适用税额的50%。

五、耕地占用税应纳税额的会计核算

耕地占用税的计算公式如下：

应纳税额=实际占用的耕地面积（平方米）×适用税率

企业征用耕地获得批准后，按规定交清耕地占用税，应借记“在建工程”科目，贷记“银行存款”科目。

新征用的耕地，凡是缴纳了耕地占用税的，从批准之日起满一年后才征收土地使用税。

> **边学边练**
> 粤华木业公司的业务应如何进行会计处理

引例分析 6-4

粤华木业有限公司建设新厂房，占用 10 000 平方米耕地，属于耕地占用税纳税人，应计交耕地占用税额=15×10 000=150 000元。会计分录如下。

借：在建工程　　150 000

　　贷：银行存款　　150 000

六、耕地占用税纳税申报表的填制

耕地占用税纳税人在纳税申报时应使用全国统一的《耕地占用税纳税申报表》。

引例中应填制的《耕地占用税纳税申报表》如表6-12所示。

> **典型工作任务**
> 计算耕地占用税的应纳税金额并进行会计核算

项目小结

资源税、土地增值税、城镇土地使用税及耕地占用税都是企业因开采或占用资源而产生的税金，资源税的计税方法包括从价、从量计算两种；土地增值税的显著特点是采用超率累进税率征收；城镇土地使用税是单位和个人因在城市、县城、建制镇、工矿区范围内使用土地而以其实际占用的土地面积为计税依据计算税款的一种税，耕地占用税是单位和个人因占用了国家所有和集体所有的耕地进行建房或从事其他非农业建设，需一次性缴纳的税款。

表 6-12

耕地占用税纳税申报表

纳税人识别号（统一社会信用代码）：9 1 4 4 0 1 0 5 7 3 3 0 9 3 9 2 0 9

纳税人名称：粤华木业有限公司　　　　金额单位：人民币元（列至角分）；面积单位：平方米

耕地占用信息								
	项目（批次）名称	关于广州市番禺区2019年度第30次城镇建设用地的请示	批准占地部门	广州市国土局	批准占地文号	穗国土规划办【2019】888号	批准日期	2019.6.6
	占地位置	小港镇前田村231号	占地用途	厂房建设	占地方式	划拨	占地日期	2019.6.6
	经批准占地面积	10000平方米	实际占地面积	10000平方米	经济开发区	□是 □否√	税额提高比例（%）	
	本期是否适用增值税小规模纳税人减征政策（减免性质代码：14049901）			□是 □否	减征比例（%）			

计税信息	项目类别	计税面积	其中：减税面积	其中：免税面积	适用税额	计征税额	减免性质代码	减税税额	免税税额	本期增值税小规模纳税人减征额	已缴税额	应缴税额
	总计	10 000			15	150 000					0	150 000
	耕地（基本农田）	10 000			15	150 000					0	150 000
	耕地（非基本农田）											
	园地											
	林地											
	牧草地											
	农田水利用地											
	养殖水面											
	渔业水域滩涂											
	草地											
	苇田											
	其他类型土地											

谨声明：本纳税申报表是根据国家税收法律法规及相关规定填报的，是真实的、可靠的、完整的。

纳税人（签章）：　　　年　月　日

经办人： 经办人身份证号： 代理机构签章： 代理机构统一社会信用代码：	受理人： 受理税务机关（章）： 受理日期：　　年　月　日

项目内容图示

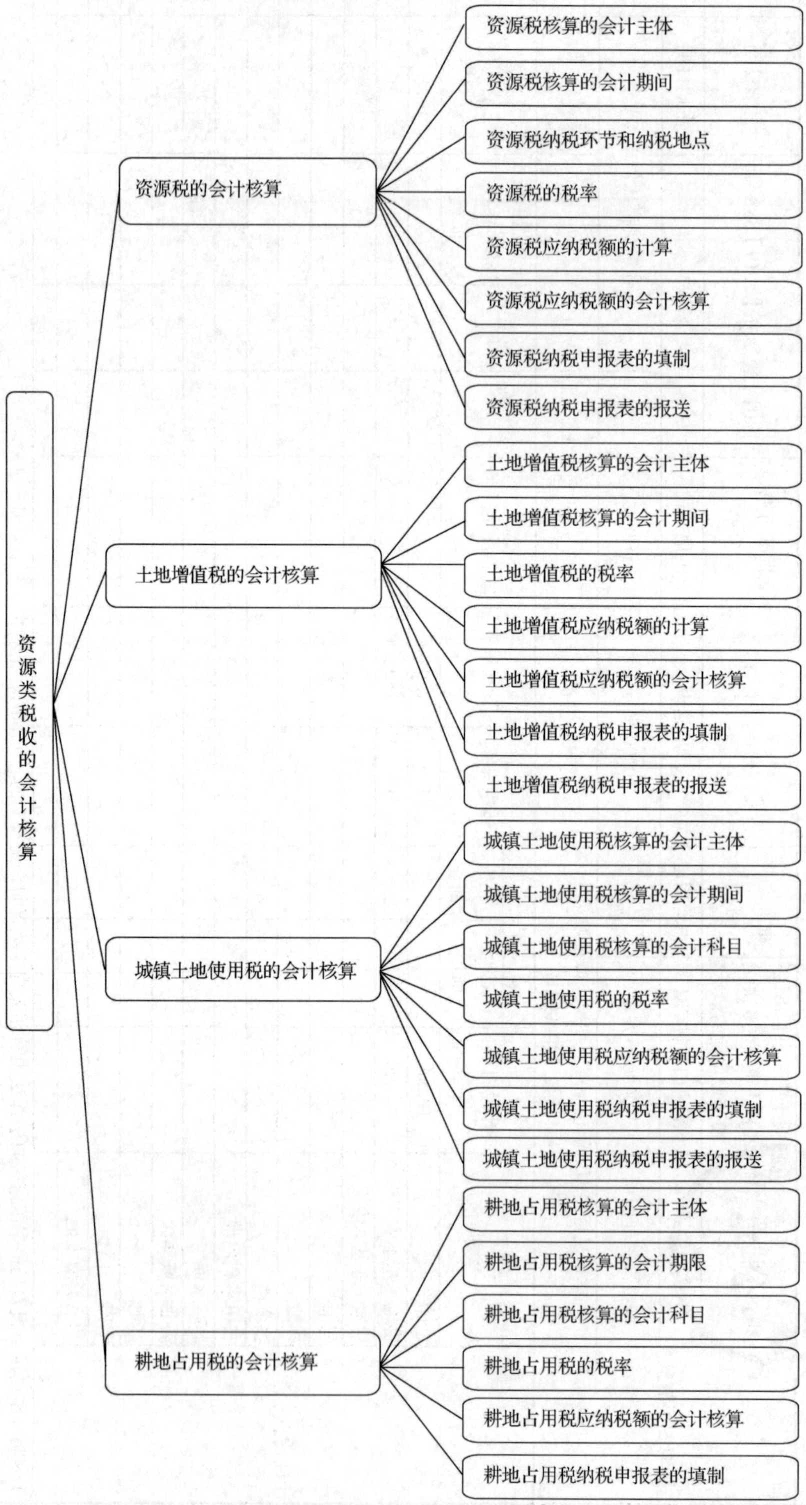
资源类税收的会计核算
资源税的会计核算
资源税核算的会计主体
资源税核算的会计期间
资源税纳税环节和纳税地点
资源税的税率
资源税应纳税额的计算
资源税应纳税额的会计核算
资源税纳税申报表的填制
资源税纳税申报表的报送
土地增值税的会计核算
土地增值税核算的会计主体
土地增值税核算的会计期间
土地增值税的税率
土地增值税应纳税额的计算
土地增值税应纳税额的会计核算
土地增值税纳税申报表的填制
土地增值税纳税申报表的报送
城镇土地使用税的会计核算
城镇土地使用税核算的会计主体
城镇土地使用税核算的会计期间
城镇土地使用税核算的会计科目
城镇土地使用税的税率
城镇土地使用税应纳税额的会计核算
城镇土地使用税纳税申报表的填制
城镇土地使用税纳税申报表的报送
耕地占用税的会计核算
耕地占用税核算的会计主体
耕地占用税核算的会计期限
耕地占用税核算的会计科目
耕地占用税的税率
耕地占用税应纳税额的会计核算
耕地占用税纳税申报表的填制

项目七
财产类税收的会计核算

职业能力目标

1 能计算房产税、契税、车船税、车辆购置税并进行会计核算

2 能准确填写房产税、契税、车船税、车辆购置税纳税申报表

典型工作任务

1 判别哪些货物、哪些单位或个人应缴纳房产税

2 根据纳税人的会计记录确定房产税的计税依据

3 根据纳税人的销售记录核算应纳房产税并进行纳税申报

4 判别哪些货物、哪些单位或个人应缴纳契税

5 根据纳税人的会计记录确定契税的计税依据

6 根据纳税人的销售记录核算应纳契税并进行纳税申报

7 判别哪些货物、哪些单位或个人应缴纳车船税

8 根据纳税人的会计记录确定车船税的计税依据

9 根据纳税人的销售记录核算应纳车船税并进行纳税申报

10 判别哪些货物、哪些单位或个人应缴纳车辆购置税

11 根据纳税人的会计记录确定车辆购置税的计税依据

12 根据纳税人的销售记录核算应纳车辆购置税并进行纳税申报

项目引例 7-1

广州吉胜集团公司的房产税纳税申报工作

小李是广州吉胜集团公司（有限责任公司）的会计，该公司基本资料如下。

企业地址及电话：广州番禺区迎宾路 19 号（511426）83347882

统一社会信用代码为：911200000057684208

计算机编码：0635897

开户银行及账号：中国工商银行广州迎宾路支行 4201658954235678

该公司主要经营家私展销，2019 年度公司共有房产原值 4 000 万元（65 000 平方

米展厅、2 000 平方米仓库），6 月 28 日起企业将原值 200 万元、占地面积 400 平方米的展厅出租给某家私生产企业，租期 1 年，每月租金 1.5 万元。

根据以上资料小李需要办理广州吉胜集团公司 2019 年度房产税申报业务。

项目引例 7-2

东方百货有限公司契税的纳税申报

东方百货有限公司主要从商品批发零售业务，统一社会信用代码为 913880104446673206。2019 年有如下涉及契税的业务。

【业务 1】4 月 13 日购买办公大楼一栋，总金额为 2 000 万元，分两期支付，适用 4%的契税税率，同日向地方税务局申报缴纳，收到电子缴税回单一份。

【业务 2】6 月 20 日购入土地一块，准备建设商场，支付 5 000 万元，适用 4%的契税税率，同日开出支票，向地方税务局申报缴纳。

上述业务是在契税业务中常见的业务，应该怎样进行会计核算呢？

项目引例 7-3

佳运运输公司的车船税纳税申报工作

华天天是广东省佳运运输公司的税务会计，该公司是一个大型运输公司，拥有载货汽车、挂车、客车以及载重非机动船，2019 年 1 月 1 日公司拥有的运输工具如下。

（1）拥有载货汽车 14 辆（其中 2 辆货车报停，货车载重净吨位全部为 5 吨）；载货 8 吨的机动车挂车 4 辆。

（2）大客车 35 辆（其中 32 座车 10 辆，28 座车 25 辆）；小客车 6 辆（均为 10 座车）。另公司购置了 2 辆 12 座的插电式纯电动客车用于客户接送专用。

（3）有载重吨位 655.4 吨的机动船 4 艘、载重吨位 1 044.6 吨的机动船 3 艘。

根据以上信息，华天天需要申报广东省佳运运输公司 2019 年的车船税应纳税额。

项目引例 7-4

东方外语有限公司车辆购置税的纳税申报

东方外语有限公司主要从事教育培训业务，统一社会信用代码：916628004446332202。2019 年 9 月 17 日购买一辆小汽车用于个人消费，支付价款 113 000 元（含增值税），另支付零配件价款 600 元，税款 78 元，车辆装饰费 1 000 元，税款 130 元，所支付的价款有汽车销售公司开具的机动车销售统一发票，车辆购置税适用税率为 10%，开出支票全额支付。

上述是在购买车辆时常见的业务，应该怎样进行会计核算呢？

模块一　房产税的会计核算

房产税是以房产为征税对象，按照房产价值或房产租金收入向房产所有人或经营人征收的一种税。

一、房产税核算的会计主体

在我国城市、县城、建制镇和工矿区拥有房屋产权的单位和个人，为房产税的纳税人。具体包括产权所有人、经营管理单位、承典人、房产代管人或使用人。

> **边学边练**
> 判断吉胜集团公司是否需要缴纳房产税?

（1）产权属于国家所有的，由经营管理单位纳税。

（2）产权属集体和个人所有的，集体单位和个人为纳税人。

（3）产权出典的，由承典人依照房产余值缴纳房产税。

（4）产权所有人、承典人不在房产所在地的，或者产权未确定及租典纠纷未解决的，由房产代管人或者使用人缴纳。

（5）纳税单位和个人无租使用房产管理部门、免税单位及纳税单位的房产，应由使用人依照房产余值代缴纳房产税。

（6）融资租赁的房产，由承租人缴纳房产税。

以人民币以外的货币为记账本位币的外资企业及外籍个人在缴纳房产税时，均应将其根据记账本位币计算的税款按照缴款上月最后一日的人民币汇率中间价折合成人民币。

知识窗

税收优惠

（1）国家机关、人民团体、军队自用的房产。但对出租房产以及非自身业务使用的生产、营业用房，不属于免税范围。

（2）由国家财政部门拨付事业经费的单位（全额或差额预算管理的事业单位），本身业务范围内使用的房产免征房产税。对于其所属的附属工厂、商店、招待所等不属单位公务、业务的用房，应照章纳税。

（3）宗教寺庙、公园、名胜古迹自用的房产免征房产税。但宗教寺庙、公园、名胜古迹中附设的营业单位，如影剧院、饮食部、茶社、照相馆等所使用的房产及出租的房产，不属于免税范围，应照章纳税。

（4）个人所有非营业用的房产免征房产税。对个人拥有的营业用房或者出租的房产，不属于免税房产，应照章纳税。

（5）央行（含外管局）所属分支机构自用的房产。

（6）对长江上游、黄河中上游地区，东北、内蒙古等国有林区天然林二期工程实施企业和单位专门用于天然林保护工程的房产、土地免征房产税、城镇土地使用税。对上述企业用于其他生产经营活动的房产、土地按规定征收房产税、城镇土地使用税。

二、房产税核算的会计期间

（一）纳税义务发生时间

（1）将原有房产用于生产经营，从生产经营之日起，计征房产税。

（2）自建的房屋用于生产经营的，自建成之日的次月起，计征房产税。

（3）委托施工企业建设的房屋，从办理验收手续之日的次月起，计征房产税。对于在办理验收手续前已使用或出租、出借的新建房屋，应从使用或出租、出借的当月起按规定计征房产税。

（4）购置新建商品房，自房屋交付使用之次月起计征房产税；购置存量房，自办理房屋权属转移、变更登记手续，房地产权属登记机关签发房屋权属证书之次月起计征房产税。

（5）出租、出借房产，自交付出租、出借之次月起计征房产税。

（6）房地产开发企业自用、出租、出借本企业建造的商品房，自房屋使用或交付之次月起计征房产税。

（7）纳税人因房产、土地的实物或权利状态发生变化而依法终止房产税纳税义务的，其应纳税款的计算应截止到房产、土地的实物或权利状态发生变化的当月末。

（二）缴纳期限

房产税按年征收、分期缴纳，具体纳税期限由省、自治区、直辖市人民政府确定。可分季缴纳，也可分上下半年两次缴纳。

三、房产税核算的会计科目

企业计算出应缴纳的房产税时，借记“税金及附加”账户，贷记“应交税费——应交房产税”账户；缴纳时，借记“应交税费——应交房产税”账户，贷记“银行存款”账户。房产租金收入缴纳的税金，通过“其他业务成本”和“应交税费——应交房产税”账户核算。

四、房产税的税率

我国现行房产税采用比例税率，依据房产的用途是自用还是出租，分为从价计征和从租计征，设置不同的税率。

（1）从价计征的，税率为 1.2%。

（2）从租计征的，税率为 12%。对个人按市场价格出租的居民住房，不区分用途，可暂减按 4%的税率征收房产税。对企事业单位、社会团体以及其他组织按市场价格向个人出租用于居住的住房，减按 4%的税率征收房产税。

边学边练

判断吉胜集团公司房产税税率

典型工作任务

根据纳税人的会计记录确定房产税应纳税额、进行会计核算

五、房产税应纳税额的会计核算

（1）根据《中华人民共和国房产税暂行条例》（国发〔1986〕90 号）第三条规定：“房产税依照房产原值一次减除 10%至 30%后的余值计算缴纳。具体减除幅度，由省、自治区、直辖市人民政府规定。没有房产原值作为依据的，由房产所在地税务机关参考同类房产核定。房产出租的，以房产租金收入为房产税的计税依据。”

房产原值应包括与房屋不可分割的各种附属设备或一般不单独计算价值的配套设施。

纳税人对原有房屋进行改建、扩建的，要相应增加房屋的原值。

投资联营的房产，如果共担风险、参与利润分红的，按房产余值计税；不承担风险，取得固定收入的，按出租计税。

（2）根据《财政部 国家税务总局关于房产税、城镇土地使用税有关问题的通知》（财税〔2009〕128 号）规定：“一、关于无租使用其他单位房产的房产税问题。无租使用其他单位房产的应税单位和个人，依照房产余值代缴纳房产税。二、关于出典房产的房产税问题。产权出典的房产，由承典人依照房产余值缴纳房产税。三、关于融资租赁房产的房产税问题。融资租赁的房产，由承租人自融资租赁合同约定开始日的次月起依照房产余值缴纳房产税。合同未约定开始日的，由承租人自合同签订的次月起依照房产余值缴纳房产税。”

【工作实例 7-1】广州市番禺正大公司的地面上经营用房原值为 3 000 万元，按照当地规定允许减除 20%以后计税，房产税适用税率为 1.2%。其会计处理如下。

全年应纳房产税额=3 000×（1−20%）×1.2%=28.8（万元）

（1）按月计提。

借：税金及附加　　24 000

　　贷：应交税费——应交房产税　　24 000

（2）按季缴纳。

借：应交税费——应交房产税　　72 000

　　贷：银行存款　　72 000

引例分析 7-1

（1）广州吉胜集团公司自有房产及出租房产，均应缴纳房产税。

（2）该公司房产原值 4 000 万元，应按照 1.2%的税率进行从价计征，同时将占地面积 400 平方米的展厅出租给某家私生产企业获得的租金收入需要按照 12%的税率进行计税。

（3）广州吉胜集团公司从价计征的房产原值 4 000 万元，税率为 1.2%，从租计征的房租收入为 1.5 万元，因此 2019 年该公司应缴纳的房产税=（4 000-200）×（1-30%）×1.2%+200×（1-30%）×1.2%÷12×6+1.5×6×12%=33.84（万元）。

（4）上述业务的会计分录如下。

① 从价计征。

借：税金及附加　　327 600

　　贷：应交税费——应交房产税　　327 600

② 从租计征。

借：税金及附加　　10 800

　　贷：应交税费——应交房产税　　10 800

知识窗

房产税改革试点

2011 年上海、重庆两地实施了房产税的改革试点工作，主要针对居民住房，改革要点如下。

上海试点

（1）本地户籍：新购家庭第二套以上住房；外地户籍：新购住房。

（2）计税价格：交易价格 70%，以后按评估价计算。

（3）税率：0.6%，低于平均价格 2 倍的 0.4%。

（4）免税额：人均 60 平方米（含）。

重庆试点

（1）别墅：存、增量征收；高档住房（高于平均价两倍）：增量征收。

（2）三无（无户口，无工作，无投资）：不管是否高档，第二套开始征收。

（3）税率：平均价格 3 倍以下 0.5%，3～4 倍 1%，4 倍以上 1.2%。

（4）计税价格：交易价格，以后按评估价。

六、房产税纳税申报表的填制

典型工作任务

填制并报送房产税纳税申报表

纳税义务人应根据税法要求，将现有房屋的坐落地点、结构、面积、原值、出租收入等情况，据实向当地税务机关办理纳税申报，并按规定纳税。如果纳税人住址发生变更、产权发生转移，以及出现新建、改建、扩建、拆除房屋等情况，而引起房产原值发生变化或者租金收入变化的，都要按规定及时向税务机关办理变更登记。

请注意： 融资租赁的房产，自融资租赁合同约定开始日的次月起依照房产余值缴纳房产税。合同未约定开始日的，由承租人自合同签订的次月起依照房产余值缴纳房产税。

小李按照房产税规定对广州吉胜集团公司 2018 年应交房产税进行申报，填制《房产税纳税申报表》（见表 7-1）。

表 7-1

房产税纳税申报表

税款所属期：自 2019 年 1 月 1 日至 2019 年 12 月 31 日　　填表日期：2020 年 1 月 10 日　　金额单位：元至角分；面积单位：平方米

纳税人识别号：| 1 | 2 | 0 | [illegible] | 0 | 0 | 0 | 0 | 5 | 7 | 6 | 8 | 4 | 2 | 1 | 2 | | | | |

广州吉胜集团有限责任公司 公章

纳税人信息				
纳税人信息	名称	广州吉胜集团公司	纳税人分类	单位☐　个人☐
	登记注册类型	有限责任公司	所属行业	制造业
	身份证件类型	身份证☐　护照☐　其他☐______	身份证件号码	440221198009091324
	联系人	李强	联系方式	020-83347882

一、从价计征房产税

	房产原值	其中：出租房产原值	计税比例	税率	所属期起	所属期止	本期应纳税额	本期减免税额	本期已缴税额	本期应补（退）税额
1	40 000 000	2 000 000	70%	1.2%	2019.1.1	2019.12.31	327 600	0	0	327 600
2										
合计	*	*	*	*	*	*	327 600	0	0	327 600

二、从租计征房产税

	本期申报租金收入	税率	本期应纳税额	本期减免税额	本期已缴税额	本期应补（退）税额
1	90 000	12%	10 800	0	0	10 800
2						
合计	90 000	*	10 800	0	0	10 800

以下由纳税人填写：					
纳税人声明	此纳税申报表是根据《中华人民共和国房产税暂行条例》和国家有关税收规定填报的，是真实的、可靠的、完整的。				
纳税人签章		代理人签章		代理人身份证号	
以下由税务机关填写：					
受理人		受理日期	年　月　日	受理税务机关签章	

本表一式两份，一份纳税人留存，一份税务机关留存。

七、房产税纳税申报表的报送

按照规定格式填列的房产税纳税申报表应在规定的时间内报送主管税务局，目前主要的报送方式是直接报送和网上申报。直接报送是将纳税申报表直接送达主管税务局的办税服务大厅，由税务工作人员签收。网上报送是目前广泛采用的经济快捷的报送方式。

模块二 契税的会计核算

契税是以在中华人民共和国境内转移土地、房屋权属为征税对象，向产权承受人征收的一种财产税。

> **相关链接**
> 中华人民共和国契税暂行条例

一、契税核算的会计主体

契税征税对象是境内转移的土地、房屋权属。具体包括以下5种情况：国有土地使用权出让、土地使用权的转让、房屋买卖、房屋赠与和房屋交换。

契税核算的会计主体就是依法缴纳契税的单位和个人。在我国，依法缴纳契税的单位和个人是境内转移土地、房屋权属，承受的单位和个人。

二、契税的纳税期限

纳税人应当自纳税义务发生之日起 10 日内，向土地、房屋所在地的契税征收机关办理纳税申报，并在契税征收机关核定的期限内缴纳税款。纳税人办理纳税事项后，征收机关会向纳税人开具完税凭证。纳税人持完税凭证和其他材料向土地管理部门、房产管理部门办理有关土地、房屋权属变更登记手续。

纳税义务发生的时间是纳税人签订土地、房屋权属转移合同的当天，或者纳税人取得其他具有土地、房屋权属转移合同性质凭证的当天。

2005 年 1 月 1 日之后，各级征收机关一律不得委托其他单位代征契税。

三、契税核算的会计科目

在进行会计核算时，应将契税计入相应的资产成本或费用中，通常涉及“固定资产”“无形资产”“管理费用”等科目。企业取得土地使用权、房屋按规定缴纳的契税，由于是一次性按实际取得的不动产的价格计税，不存在与税务机关结算或清算的问题，所以不需要通过“应交税费”科目核算。

四、契税的税率

契税采取幅度比例税率，税率幅度为 3%～5%。各省、自治区、直辖市人民政府可以在3%～5%的幅度税率规定范围内，按照本地区的实际情况决定。同时，城镇职工按规定第一次购买公有住房（含按政策经批准的集资房、房改房），免征契税；个人购买家庭唯一住房（家庭成员范围包括购房人、配偶以及未成年子女，下同），面积为 90 平方米及以下的，减按 1%税率征收契税；个人购买家庭唯一住房，面积为 90 平方米以上的，减按 1.5%税率征收契税；个人购买家庭第二套改善性住房，面积为 90 平方米及以下的（不含北京、上海、广州、深圳的住房），减按 1%税率征收契税；个人购买家庭第二套改善性住房，面积为 90 平方米以上的（不含北京、上海、广州、深圳的住房），减按 2%的税率征收契税。

五、契税应纳税额的计算

契税的计税依据为不动产价格。由于土地、房屋权属转移方式不同，定价方法也不同，契税的具体计税依据也不同，主要有以下几种。

（1）按成交价格计算。成交价格经双方协商，形成合同，税务机关以此为据，直接计税。这种方式主要适用于国有土地使用权出让、土地使用权出售、房屋买卖。

（2）按市场价格计算。这种方式主要适用于土地使用权赠送、房屋赠送，征税机关参照土地使用权出售、房屋买卖的市场价格核定。如北京 2008 年奥运会后，奥运村地价立即上涨，该地段土地使用权赠送、房屋赠送，定价依据就只能是市场价格，而不是土地或房屋原值。

（3）按土地、房屋交换差价定税。随着二手房市场的兴起，房屋交换更加频繁。价差是指土地使用权交换、房屋交换，为所交换的土地使用权、房屋的价格差额。当交换价格相等时，免征契税；交换价格不等时，由多交付货币、实物、无形资产或者其他经济利益的一方缴纳契税。

（4）按土地收益定价。对于以划拨方式取得的土地使用权，经批准转让房地产时，由房地产转让者补交契税。计税依据为补交的土地使用权出让费或土地收益。这种情形不常遇到。假设 2010 年国家以划拨方式，将甲单位土地使用权给了乙单位，3 年后，经许可，乙单位将该土地转让，那乙单位就需要补缴契税，纳税依据就是土地收益，即乙单位出让所得。

（5）房屋附属设施征收契税的依据：①采取分期付款方式购买房屋附属设施土地使用权、房屋所有权的，应按合同规定的总价款计征契税；②承受的房屋附属设施权属如为单独计价的，按照当时确定的适用税率征收契税；如与房屋统一计价的，适用与房屋相同的契税税率。

六、契税应纳税额的会计核算

典型工作任务

计算契税的应纳税金额并进行会计核算

契税应纳税额的公式如下：

契税的应纳税额=契税计税依据×适用税率

企业按规定计算缴纳的契税，借记“固定资产”“无形资产”“管理费用”等科目，贷记“银行存款”“库存现金”科目。

【**工作实例 7-2**】2019 年晓策公司购买办公大楼一栋，价值 10 000 000 元，契税税率为 4%，税金和价款用银行存款支付，会计处理如下。

借：固定资产——办公楼　　10 400 000

　　贷：银行存款　　10 400 000

【**工作实例 7-3**】2019 年晓策公司取得一块土地使用权，使用期限为 30 年，该土地的使用费为 8 000 000 元，契税税率为 3%，用银行存款支付，会计处理如下。

借：无形资产——土地使用权　　8 240 000

　　贷：银行存款　　8 240 000

引例分析 7-2

东方百货有限公司契税的纳税申报

东方百货有限公司购买境内的土地、房屋，属产权承受人，应缴交契税，会计处理如下。

（1）【业务 1】应纳税额=20 000 000×4%=800 000（元）

借：固定资产　　800 000

　　贷：银行存款　　800 000

（2）【业务 2】应纳税额=50 000 000×4%=2 000 000（元）

借：无形资产——土地使用权　　2 000 000

　　贷：银行存款　　2 000 000

七、契税纳税申报表的填报

契税纳税人在纳税申报时应使用全国统一的《契税纳税申报表》。

东方百货有限公司填报的《契税纳税申报表》如表 7-2 所示。

表 7-2

契税纳税申报表

填表日期：2019 年 4 月 20 日　　　　金额单位：元至角分；面积单位：平方米

纳税人识别号 | 9 | 1 | 3 | 8 | 8 | 0 | 1 | 0 | 4 | 4 | 4 | 6 | 6 | 7 | 3 | 2 | 0 | 6 | | |

承受方信息	名　称	东方百货有限公司			□单位　□个人			
	登记注册类型	有限责任公司			所属行业	商业		
	身份证件类型	身份证□　护照□　其他□			身份证件号码	440223198008080808		
	联系人	叶文敏			联系方式	020-83349999		
转让方信息	名　称	广州粤新集团公司			□单位　□个人			
	纳税人识别号	911200000057684221	登记注册类型		有限责任公司		所属行业	制造业
	身份证件类型	身份证	身份证件号码		420623199303030303		联系方式	020-83347822
土地房屋权属转移信息	合同签订日期	2019.4.13	土地房屋坐落地址		广州番禺区新华路 123 号		权属转移对象	设立下拉列框*
	权属转移方式	设立下拉列框	用途		设立下拉列框		家庭唯一普通住房	□90 平米以上 □90 平米及以下
	权属转移面积	2 000 平方米	成交价格		20 000 000		成交单价	10 000 元
税款征收信息	评估价格	20 000 000	计税价格		20 000 000		税率	4%
	计征税额	800 000	减免性质代码		减免税额		应纳税额	
以下由纳税人填写：								
纳税人声明	此纳税申报表是根据《中华人民共和国契税暂行条例》和国家有关税收规定填报的，是真实的、可靠的、完整的。							
纳税人签章		代理人签章			代理人身份证号			
以下由税务机关填写：								
受理人		受理日期	年　月　日		受理税务机关签章			

本表一式两份，一份纳税人留存，一份税务机关留存。

模块三　车船税的会计核算

车船税是国家对行驶于我国境内公共道路的车辆和航行于境内河流、湖泊或领海的船舶，按其种类、吨位或数量，向车船的所有人或者管理人依法实行定额征收的一种税。

一、车船税核算的会计主体

车船税的征税范围是依法应当在车船登记管理部门登记的机动车辆和船舶以及依法不需要在车船登记管理部门登记的在单位内部场所行驶或者作业的机动车辆和船舶，主要包括以下几类。

> **边学边练**
>
> 判断佳运运输公司是否缴纳车船税

（1）乘用车，是指在设计和技术特性上主要用于载运乘客及随身行李，核定载客人数包括驾驶员在内不超过 9 人的汽车。

（2）商用车，是指除乘用车外，在设计和技术特性上用于载运乘客、货物的汽车，划分为客车和货车。其中，半挂牵引车，是指装备有特殊装置用于牵引半挂车的商用车；三轮汽车，是指最高设计车速不超过每小时 50 千米，具有三个车轮的货车；低速载货汽车，是指以柴油机为动力，最高设计车速不超过每小时 70 千米，具有 4 个车轮的货车。

（3）挂车，是指就其设计和技术特性需由汽车或者拖拉机牵引，才能正常使用的一种无动力的道路车辆。

（4）摩托车，是指无论采用何种驱动方式，最高设计车速大于每小时 50 千米，或者使用内燃机，其排量大于 50 毫升的两轮或者三轮车辆。

（5）专用作业车，是指在其设计和技术特性上用于特殊工作的车辆。

（6）轮式专用机械车，是指有特殊结构和专门功能，装有橡胶车轮可以自行行驶，最高设计车速大于每小时 20 千米的轮式工程机械车。

（7）游艇，是指具备内置机械推进动力装置，长度在 90 米以下，主要用于游览观光、休闲娱乐、水上体育运动等活动，并应当具有船舶检验证书和适航证书的船舶。

（8）船舶，是指各类机动、非机动船舶以及其他水上移动装置，但是船舶上装备的救生艇筏和长度小于 5 米的艇筏除外。其中，机动船舶是指用机器推进的船舶；拖船是指专门用于拖（推）动运输船舶的专业作业船舶；非机动驳船，是指在船舶登记管理部门登记为驳船的非机动船舶。

知识窗

税收优惠

（1）捕捞、养殖渔船，指在渔业船舶登记管理部门登记为捕捞船或者养殖船的船舶，免税。

（2）军队、武装警察部队专用的车船，指按照规定在军队、武装警察部队车船登记管理部门登记，并领取军队、武警牌照的车船。

（3）警用车船，指公安机关、国家安全机关、监狱、劳动教养管理机关和人民法院、人民检察院领取警用牌照的车辆和执行警务的专用船舶。

（4）依照法律规定应当予以免税的外国驻华使领馆、国际组织驻华代表机构及其有关人员的车船。

（5）对节约能源、使用新能源的车船可以免征或者减半征收车船税。

（6）对受严重自然灾害影响纳税困难以及有其他特殊原因确需减税、免税的，可以减征或者免征车船税。

（7）对受地震、洪涝等严重自然灾害影响纳税困难以及其他特殊原因确需减免税的车船，可以在一定期限内减征或者免征车船税。

（8）省、自治区、直辖市人民政府根据当地实际情况，可以对公共交通车船，农村居民拥有并主要在农村地区使用的摩托车、三轮汽车和低速载货汽车定期减征或者免征车船税。

（9）按照规定缴纳船舶吨税的机动船舶，自车船税法实施之日起 5 年内免征车船税。依法不需要在车船登记管理部门登记的机场、港口、铁路站场内部行驶或者作业的车船，自车船税法实施之日起 5 年内免征车船税（自 2012 年 1 月 1 日起）。

二、车船税核算的会计期间

车船税纳税义务发生时间为取得车船所有权或者管理权的当月，所谓当月是指购买车船的发票或者其他证明文件所载日期的当月。购置的新车船，购置当年的应纳税额自纳税义务发生的当月起按月计算。应纳税额为年应纳税额除以 12 再乘以应纳税月份数。

车船税按年申报缴纳。纳税年度自公历 1 月 1 日起至 12 月 31 日止。具体申报纳税期限由省、自治区、直辖市人民政府确定。

三、车船税核算的会计科目

对车船税的会计处理，应通过“税金及附加”和“应交税费——应交车船使用税”账户进行核算。按月计提时，借记“税金及附加”账户，贷记“应交税费——应交车船使用税”账户；按季交纳时，借记“应交税费——应交车船使用税”账户，贷记“银行存款”账户。

四、车船税的税率

车船税实行有幅度的定额税率，即对各类车船分别规定一个最低到最高限度的年税额，同时授权国务院财政部门、税务主管部门可以根据实际情况，在法定的税目范围和税额幅度内，划分子税目，并明确车辆的子税目税额幅度和船舶的具体适用税额（见表 7-3）。车辆的具体适用税额由省、自治区、直辖市人民政府在规定的子税目税额幅度内确定，如广东省规定：1.0 升（含）以下排量的乘用车，每年需缴纳车船税为 180 元，比按旧车船税征收标准减少 60 元。挂车车船税相比以前征收标准每吨可减少 48 元。

表 7-3 车船税税目税额

税目		计税标准	每年税额	税目注释
乘用车	1.0 升（含）以下	每辆	60～360 元	核定载客人数 9 人（含）以下
	1.0 升以上至 1.6 升（含）		300～540 元	
	1.6 升以上至 2.0 升（含）		360～660 元	
	2.0 升以上至 2.5 升（含）		660～1 200 元	
	2.5 升以上至 3.0 升（含）		1 200～2 400 元	
	3.0 升以上至 4.0 升（含）		2 400～3 600 元	
	4.0 升以上		3 600～5 400 元	
商用车	核定载客人数 9 人以上		480～1 440 元	包括电车
货车		整备质量	16～120 元	包括半挂牵引车和三轮汽车以及低速载货汽车汽车

续表

税目		计税标准	每年税额	税目注释
挂车		整备质量	货车税额的 50%	
摩托车		每辆	36～180 元	
专项作业车		整备质量	16～120 元	不包括拖拉机
轮式专用机械车		每辆	36～180 元	
游艇		每米	600～2 000 元	按艇身长度
船舶	净吨位小于或者等于 200 吨的	净吨位每吨	3 元	拖船和非机动驳船分别按船舶税额的 50%计算
	净吨位 201～2 000 吨的		4 元	
	净吨位 2 001～10 000 吨的		5 元	
	净吨位 10 001 吨及其以上的		6 元	

（1）税法所涉及的排气量、整备质量、核定载客人数、净吨位、千瓦、艇身长度，以车船登记管理部门核发的车船登记证书或者行驶证所载数据为准。

（2）依法不需要办理登记的车船和依法应当登记而未办理登记或者不能提供车船登记证书、行驶证的车船，以车船出厂合格证明或者进口凭证标注的技术参数、数据为准；不能提供车船出厂合格证明或者进口凭证的，由主管税务机关参照国家相关标准核定，没有国家相关标准的参照同类车船核定。

（3）车辆自重尾数在 0.5 吨以下（含 0.5 吨）的，按照 0.5 吨计算；超过 0.5 吨的，按照 1 吨计算。船舶净吨位尾数在 0.5 吨以下（含 0.5 吨）的不予计算，超过 0.5 吨的按照 1 吨计算。1 吨以下的小型车船，一律按照 1 吨计算。

五、车船税应纳税额的会计核算

车船税根据各地车船税税目税额表从量计算，具体的计算公式如下。

典型工作任务

根据纳税人的会计记录确定车船税应纳税额、进行会计核算

（1）载客汽车、摩托车、轮式抓向机械车。

应纳税额=应税车辆数量×单位年税额

（2）货车、挂车、专项作业车和船舶。

应纳税额=车船的整备质量或净吨位×单位年税额

（3）游艇。

应纳税额=艇身长度×单位年税额

【工作实例 7-4】神舟出租汽车公司拥有出租小汽车 50 辆，大客车 10 辆，按规定这两种汽车车船税的年税额标准分别为每辆 400 元和 500 元，则其会计处理如下。

全年应纳车船税额=50×400+10×500=25 000（元）

（1）按月计提。

借：税金及附加　　2 083.33

　　贷：应交税费——应交车船使用税　　2 083.33

（2）缴纳。

借：应交税费——应交车船使用税　　25 000

　　贷：银行存款　　25 000

引例分析 7-3

（1）在佳运运输公司拥有的运输工具中，载货汽车、挂车、载人客车以及机动船都应当征收车船税。纯电动客车不需要征收车船税。

（2）该公司各种运输工具应纳车船税适用税率如下。

① 载货汽车为每吨 96 元。

② 挂车为每吨 48 元。

③ 乘人汽车核定载客大于 20 人的每辆每年 600 元。

④ 10 座的客车每辆每年应纳车船税为 480 元。

⑤ 机动船净吨位为 655.4 吨适用 4 元/吨。

⑥ 净吨位为 1 044.6 吨适用 4 元/吨。

（3）该公司各种运输工具应纳车船税税额计算如下。

① 载货汽车，挂车车船税核算。

载货汽车应纳税额=（14-2）×5×96=5 760（元）

挂车应纳税额=4×8×48=1 536（元）

② 客车应纳税额的核算。

客车应纳税额=35×600+6×480=23 880（元）

③ 机动船应纳税额的核算。

机动船应纳税额=655×4×4+1 045×4×3=23 020（元）

该公司应纳车船税共计=5 760+1 536+23 880+23 020=54 196（元）

（4）上述业务的会计分录如下。

① 载货汽车、挂车车船税应纳税额。

借：税金及附加　　7 296

　　贷：应交税费——应交车船使用税　　7 296

② 客车车船税应纳税额。

借：税金及附加　　23 880

　　贷：应交税费——应交车船使用税　　23 880

③ 机动船车船税应纳税额。

借：税金及附加　　23 030

　　贷：应交税费——应交车船使用税　　23 030

六、车船税纳税申报表的填制

典型工作任务

填制并报送车船税纳税申报表

车船税实行按年征收，一次缴纳，纳税期限为每年 1 月 1 日至 12 月 31 日。车船税纳税人应准确填写纳税申报表及各种附表，并且以网络或纸质的方式在规定的时间提交税务部门。

申报车船税应使用《车船税纳税申报表》(见表 7-4)。纳税人须携带“机动车行驶证”原件或复印件和填写好的纳税申报表到主管地税机关申报纳税。

请注意：公安机关交通管理部门在办理车辆相关登记和定期检验手续时，经核查，对没有提供依法纳税或者免税证明的，不予办理相关手续。

佳运运输公司填列的纳税申报表如表 7-4 所示。

表 7-4

车船税纳税申报表

税款所属期限：自 2019 年 1 月 1 日至 2019 年 12 月 31 日　　填表日期：2020 年 1 月 8 日　　金额单位：元至角分

纳税人识别号 | 9 | 1 | 1 | 2 | 0 | 0 | 0 | 0 | 0 | 0 | 5 | 7 | 6 | 8 | 4 | 2 | 0 | 9 | | |

纳税人名称			广东佳运运输公司				纳税人身份证照类型			组织机构代码		
纳税人身份证照号码			556321369328				居住（单位）地址			广州番禺区迎宾路 29 号		
联系人			李华				联系方式			020-83347883		
序号	（车辆）号牌号码/（船舶）登记号码	车船识别代码（车架号/船舶识别号）	征收品目	计税单位	计税单位的数量	单位税额	年应缴税额	本年减免税额	减免性质代码	减免税证明号	当年应缴税额	本年已缴税额	本期年应补（退）税额
	1	2	3	4	5	6	7=5*6	8	9	10	11=7-8	12	13=11-12
1	粤 AJ3532 等	LKD255645249819 等	核定载客人数 20 人（含）以上的大型客车	辆	35	600	21 000	0			21 000	0	21 000
2	粤 A6J322 等	LKD25564524983 等 7	核定载客人数 9 人以上 20 人以下的中型客车	辆	6	480	2 880	0			2 880	0	2 880
3	粤 A2923T 等	LJ11R9CE752384553 等	载货汽车	吨	76	96	7 296	0			7 296	0	7 296
4	50409000006	201112325	净吨位 201 吨至 2 000 吨船舶	吨	5755	4	23 020	0			2400	0	2400
合计	—	—	—	—	—	—	54 196		—	—			
申报车辆总数（辆）			56				申报船舶总数（艘）		7			
以下由申报人填写：												
纳税人声明	此纳税申报表是根据《中华人民共和国车船税法》和国家有关税收规定填报的，是真实的、可靠的、完整的。											
纳税人签章				代理人签章				代理人身份证号				
以下由税务机关填写：												
受理人				受理日期				受理税务机关（签章）				

本表一式两份，一份纳税人留存，一份税务机关留存。

七、车船税纳税申报表的报送

按照规定的格式填列的车船税纳税申报表应在规定的时间内报送主管税务局。目前主要的报送方式是直接报送和网上申报。直接报送是将纳税申报表直接送达主管税务局的办税服务大厅，由税务工作人员签收。网上报送是目前广泛采用的经济快捷的报送方式，网上申报的基本操作与房产税的网上申报相同。

模块四　车辆购置税的会计核算

车辆购置税是以在中国境内购置规定车辆为课税对象、在特定的环节向车辆购置者征收的一种税。

相关链接
中华人民共和国车辆购置税暂行条例

一、车辆购置税核算的会计主体

车辆购置税是以在中华人民共和国境内购置规定车辆为课税对象，在特定的环节向车辆购置者征收的一种税。车辆购置税以列举的车辆为征税对象，包括汽车、有轨电车、汽车挂车、排气量超过一百五十毫升的摩托车。而购置是指购买使用行为、进口使用行为、受赠使用行为、自产自用行为、获奖使用行为以及以拍卖、抵债、走私、罚没等方式取得并使用的行为，这些行为都属于车辆购置税的应税行为。

车辆购置税的纳税人是指在我国境内购置应税车辆的单位和个人。车辆购置税核算的会计主体就是依法缴纳车辆购置税的单位和个人。

地铁、轻轨等城市轨道交通车辆，装载机、平地机、挖掘机、推土机等轮式专用机械车，以及起重机（吊车）、叉车、电动摩托车，不属于应税车辆。

目前，下列车辆免征车辆购置税：

（1）依照法律规定应当予以免税的外国驻华使馆、领事馆和国际组织驻华机构及其有关人员自用的车辆；

（2）中国人民解放军和中国人民武装警察部队列入装备订货计划的车辆；

（3）悬挂应急救援专用号牌的国家综合性消防救援车辆；

（4）设有固定装置的非运输专用作业车辆；

（5）城市公交企业购置的公共汽电车辆。

二、车辆购置税核算的纳税期限

车辆购置税的纳税义务发生时间为纳税人购置应税车辆的当日。纳税人应当自纳税义务发生之日起六十日内申报缴纳车辆购置税。纳税人购买自用的应税车辆，自购买之日起 60 日内申报纳税；进口自用的应税车辆，应当自进口之日起 60 日内申报纳税；自产、受赠、获奖和以其他方式取得并自用的应税车辆，应当自取得之日起 60 日内申报纳税。上述的“购买之日”是指纳税人购车发票上注明的销售日期；“进口之日”是指纳税人报关进口的当天。纳税人应当在向公安机关交通管理部门办理车辆注册登记前，缴纳车辆购置税。

三、车辆购置税核算的会计科目

在进行会计核算时，购买车辆缴纳的车辆购置税应当计入固定资产成本，涉及“固定资产”账户。由于是一次支付，不存在与税务机关结算或清算的问题，所以不需要通过“应交税费”科目核算。

四、车辆购置税应纳税额的计算

车辆购置税采用从价定率、价外征收的方法计算应纳税额。实行统一比例税率，税率为10%。由于应税车辆的来源、应税行为的发生以及计税依据组成的不同，因而车辆购置税应纳税额的计算方法也有区别。

（一）购买自用应税车辆应纳税额的计算

纳税人购买自用应税车辆的计税价格，为纳税人实际支付给销售者的全部价款，不包括增值税税款。

（1）购买者随购买车辆支付的工具件和零部件价款应作为购车价款的一部分，并入计税依据中征收车辆购置税。

（2）支付的车辆装饰费应作为价外费用并入计税依据中计税。

（3）代收款项应区别征税。凡使用代收单位票据收取的款项，应视作代收单位价外费用，购买者支付的价费款，应并入计税依据中一并征税；凡使用委托方票据收取，受托方只履行代收义务和收取代收手续费的款项，应按其他税收政策规定征税。

（4）销售单位开给购买者的各种发票金额中包含增值税税款，因此，计算车辆购置税时，应换算为不含增值税的计算价格。

（5）购买者支付的控购费，是政府部门的行政性收费，不属于销售者的价外费用范围，不应并入计税价格计税。

（6）销售单位开展优质销售活动所开票收取的有关费用，应属于经营性收入，企业在代理过程中按规定支付给有关部门的费用，企业已作经营支出列支核算，其收取的各项费用并在一张发票上难以划分的，应作为价外收入计算征税。

> **典型工作任务**
> 计算车辆购置税的应纳税金额并进行会计核算

（二）进口自用应税车辆应纳税额的计算

纳税人进口自用的应税车辆应纳税额的计算公式如下：

应纳税额=（关税完税价格+关税+消费税）×税率

（三）自产自用应税车辆应纳税额的计算

纳税人自产自用应税车辆的计税价格，按照纳税人生产的同类应税车辆的销售价格确定，不包括增值税税款；没有同类应税车辆销售价格的，按照组成计税价格确定。组成计税价格计算公式如下：

组成计税价格=成本×（1+成本利润率）

属于应征消费税的应税车辆，其组成计税价格中应加计消费税税额。

（四）受赠、获奖或者其他方式取得自用应税车辆应纳税额的计算

纳税人以受赠、获奖或者其他方式取得自用应税车辆的计税价格，按照购置应税车辆时相关凭证载明的价格确定，不包括增值税税款。

五、车辆购置税应纳税额的会计核算

根据规定，外购固定资产的成本包括购买价款、相关税费、使固定资产达到预定可使用状态前所发生的可归属于该项资产的运输费、装卸费、安装费和专业人员服务费等。因此，购买车辆缴纳的车辆购置税应当计入固定资产成本。

【工作实例 7-5】汇家公司 2019 年 10 月 3 日购买一辆汽车（用于办公），价款为 226 000 元（含增值税），购买配件费用取得增值税专用发票，价款为 700 元，增值税税额为 91 元，车辆装饰费 1 000 元，增值税税额为 130 元。所支付的价款有汽车销售公司开具的“机动车销售统一发票”。做会计处理如下。

车辆购置税=[226 000÷（1+13%）+700+1 000]×10%=20 170（元）

小车入账价值=226 000÷（1+13%）+700+1 000+20 170=221 870（元）

借：固定资产——小车　　221 870

　　应交税费——应交增值税（进项税额）　　26 221

　　贷：银行存款　　248 091

【工作实例 7-6】汇家公司 2019 年 11 月 13 日收到晓策公司转让的一台全新小轿车，转让价为 128 000 元（含增值税），并于 12 月 1 日办理了车辆过户手续。国家税务总局最新核定该型车辆的车辆购置税最低计税价格为 180 000 元。汇家公司的会计处理如下。

由于转让价款低于国家税务总局最新核定同类型车辆的车辆购置税最低计税价格，因此，车辆购置税的计算按照国家税务总局最新核定的最低计税价格计算。

固定资产进项税额=128 000÷（1+13%）×13%≈14 725.66（元）

固定资产成本=（128 000−14 725.66）+180 000×10%=131 274.34（元）

借：固定资产——小车　　131 274.34

　　应交税费——应交增值税（进项税额）　　14 725.66

　　贷：银行存款　　146 000.00

> **请注意：**当购进的车辆进项税不能抵扣时，是计入车辆成本的，但计算车辆购置税时，不应包含增值税金额。

引例分析 7-4

东方外语有限公司购置车辆用于个人消费，属于车辆购置税纳税人，应在购车同时将支付的各项款项计入购车成本，做如下会计分录。

购车成本=113 000+678+1 130+（100 000+600+1 000）×10%=124 968（元）

借：固定资产——运输工具　　124 968

　　贷：银行存款　　124 968

六、车辆购置税纳税申报表的填报

车辆购置税纳税人在纳税申报时应使用全国统一的《车辆购置税纳税申报表》。《车辆购置税纳税申报表》如表 7-5 所示，表中的数据主要来源于“固定资产”账户的借方本月发生额合计。

表 7–5　　车辆购置税纳税申报表

填表日期：2019 年 11 月 1 日　　行业代码：　　注册类型代码：

纳税人名称：东方外语有限公司　　金额单位：元

纳税人证件名称	李正义		证件号码		380503197807220987
联系电话	131000009	邮政编码	432000	地址	华农镇向前村 112 号
车辆基本情况					
车辆类别	1. 汽车，2. 摩托车，3. 电车，4. 挂车，5. 农用运输车				
生产企业名称	越前汽车制造厂		机动车销售统一发票（或有效凭证）价格		101 600 元
厂牌型号	FD231		关税完税价格		
发动机号码	SA2315432		关税		0
车辆识别代号（车架号码）	YT2341		消费税		
购置日期	2019.9.17		免（减）税条件		无
申报计税价格	计税价格	税率	免税、减税额		应纳税额
1	2	3	4=2×3		5=1×3 或 2×3
101 600	101 600	10%	0		10160
申报人声明			授权声明		
此纳税申报表是根据《中华人民共和国车辆购置税暂行条例》的规定填报的，我相信它是真实的、可靠的、完整的。 声明人签字：			如果你已委托代理人申报，请填写以下资料： 为代理一切税务事宜，现授权（　　　　），地址（　　　　　　）为本纳税人的代理申报人，任何与本申报表有关的往来文件，都可寄予此人。 授权人签字：		
纳税人签名或盖章	如委托代理人的，代理人应填写以下各栏				
	代理人名称			代理人（章）	
	地址				
	经办人				
	电话				
接收人： 接收日期：			主管税务机关（章）：		

项目小结

房产税是以房屋为征税对象，按房屋的计税余值或租金收入，向产权所有人征收的一种财产税。房产税实行按年征收，分期缴纳。契税、车辆购置税等都是在购置资产时一次性缴纳的税收。其中契税是对购买土地、房屋权属征收的，车辆购置税是对购置车辆征收的，这些税金都涉及资产购置成本，一般是一次性缴纳，直接计入相关资产成本。车船税的征税范围包括车辆和船舶。 车船税采用定额税率，即对征税的车船规定单位固定税额。

项目内容图示

- 财产类税收的会计核算
  - 房产税的会计核算
    - 房产税核算的会计主体
    - 房产税核算的会计期间
    - 房产税核算的会计科目
    - 房产税的税率
    - 房产税应纳税额的会计核算
    - 房产税纳税申报表的填制
    - 房产税纳税申报表的报送
  - 契税的会计核算
    - 契税核算的会计主体
    - 契税的纳税期限
    - 契税核算的会计科目
    - 契税的税率
    - 契税应纳税额的计算
    - 契税应纳税额的会计核算
    - 契税纳税申报表的填报
  - 车船税的会计核算
    - 车船税核算的会计主体
    - 车船税核算的会计期间
    - 车船税核算的会计科目
    - 车船税的税率
    - 车船税应纳税额的会计核算
    - 车船税纳税申报表的填制
    - 车船税纳税申报表的报送
  - 车辆购置税的会计核算
    - 车辆购置税核算的会计主体
    - 车辆购置税核算的纳税期限
    - 车辆购置税核算的会计科目
    - 车辆购置税应纳税额的计算
    - 车辆购置税应纳税额的会计核算
    - 车辆购置税纳税申报表的填报

项目八
行为目的类税收的会计核算

职业能力目标

1. 熟悉印花税、环境保护税、烟叶税、城市维护建设税和教育费附加税法，能够准确判断纳税人、征税范围、计税依据并计算应纳税额
2. 能够对印花税、环境保护税、烟叶税、城市维护建设税和教育费附加的有关核算资料进行账务处理、填报纳税申报表和办理相关手续

典型工作任务

1. 计算印花税的应纳税金额并进行会计核算
2. 计算环境保护税的应纳税金额并进行会计核算
3. 计算烟叶税的应纳税金额并进行会计核算
4. 计算城市维护建设税的应纳税额并进行会计核算
5. 计算教育费附加的应纳金额并进行会计核算

项目引例 8-1

鑫瑞有限公司的印花税纳税申报工作

广东省鑫瑞有限公司于 2009 年成立，陈小兵是该公司的会计，2019 年该公司发生应税业务如下。

（1）年初启用新账簿 8 本。本年 5 月，资金账簿中登记本年增加实收资本 500 万元、资本公积 100 万元。

（2）与甲企业签订一份加工承揽合同，受托为其加工一批产品，双方约定由鑫瑞公司提供所需的原材料 200 万元、辅助材料 10 万元，另收取加工费 20 万元，各项金额均在加工承揽合同中分别记载。

（3）与乙企业签订一份建筑工程承包合同，记载金额 2 000 万元，将其中的 500 万元转包给另一工程公司。

（4）与丙企业签订仓储合同一份，货物金额为 500 万元，仓储保管费为 10 万元。

（5）与丁企业签订一份运输保管合同，记载金额共计 500 万元，其中货物价值 400 万元、运输费 50 万元、装卸费 30 万元、仓储保管费 20 万元。

陈小兵应如何为鑫瑞公司核算 2019 年应缴纳的印花税。

项目引例 8-2

广东番百化工有限公司环境保护税的纳税申报

广东番百化工有限公司（统一社会信用代码：91440105733093 8007），法定代表人为章三，会计主管为李四，公司地址为广州市番禺区天大街 666 号。该公司于 2019 年第二季度排放汞及其化合物分别为 4 月 30 千克、5 月 35 千克、6 月 35 千克，共计 100 千克。该公司适用的排污系数为 1。该公司应当缴纳多少环保税？

项目引例 8-3

广东百顺烟草公司烟叶税的纳税申报

广东百顺烟草公司（增值税一般纳税人）主要从事烟叶收购、调拨及卷烟的销售，统一社会信用代码为 91440000617400999N。2019 年 6 月 16 日收购烟叶 20 000 斤（1 斤=0.5 千克），烟叶收购价格 2.5 元/斤（含支付价外补贴 10%），总计 50 000 元，货款已全部支付。7 月初商品提回并验收入库。

上述业务为烟草公司常见业务，应如何进行会计核算和申报呢？

项目引例 8-4

博特尔泰公司的城市维护建设税及教育费附加的申报工作

上海博特尔泰有限公司是一家从事销售进口红酒的批发兼零售企业，同时拥有自己的酒吧，统一社会信用代码为 310153000450742424。法定代表人为赵佑波，会计主管为杨安，住所为上海市闵行区庙泾路 65 号 1547 室。该公司为增值税一般纳税人，该企业 2019 年 5 月的相关业务如下。

【业务 1】缴纳进口关税 50 万元，进口环节增值税 15 万元，进口环节消费税 26.47 万元。

【业务 2】实际缴纳增值税 36 万元，消费税 85 万元。

上述 4 家公司在生产经营活动中都需要按规定交纳相关税金及其他附加，企业在营业过程中缴纳的这些税费应该怎样进行会计核算呢？

模块一　印花税的会计核算

印花税是对经济活动和经济交往中书立、使用、领受具有法律效力的应税凭证的单位和个人征收的一种行为税。

一、印花税核算的会计主体

印花税的征税对象是应税凭证，包括纳税人以电子形式签订的各类应税凭证。列入应纳税凭证的具体范围有以下五大类。

1．各类经济技术合同

经济技术合同包括购销合同、加工承揽合同、建设工程勘察设计合同、建设安装工程承包合同、财产租赁合同、货物运输合同、仓储保管合同、借款合同、财产保险合同、技术合同等及具有合同性质的凭证（包括具有合同效力的协议、契约、合约、单据、确认书及其他各种名称的凭证）。

对于企业集团内具有平等法律地位的主体之间自愿订立、明确双方购销关系、据以供货和结算、具有合同性质的凭证，应按规定征收印花税。对于企业集团内部执行计划使用的、不具有合同性质的凭证，不征收印花税。

2．产权转移书据

产权转移书据是指单位和个人产权的买卖、继承、赠与、交换、分割等所立的书据，包括财产所有权和版权、商标专用权、专利权、专有技术使用权等转移书据。

对土地使用权出让合同、土地使用权转让合同按产权转移书据征收印花税。

对商品房销售合同按照产权转移书据征收印花税。

3．营业账簿

营业账簿是指单位和个人从事生产经营活动所设立的账册。包括单位和个人从事生产经济活动所设立的各种账册、生产经营用账册、记载资金的账簿等。

4．权利许可证照

此处的权利许可证照包括政府部门发给的房屋产权证、工商营业执照、商标注册证、专利证、土地使用证。

5．经财政部确定征税的其他凭证

由于我国目前暂时未开征证券交易税，因此国家税务总局、国家发改委规定：股份制试点企业向社会公开发行的股票，因购买、继承、赠与所书立的股权转让书据，均依书立时证券市场当时实际成交价格计算的金额，由立据双方当事人分别按一定的税率缴纳印花税。

印花税的纳税人是在境内书立、使用、领受应税凭证的单位和个人。具体包括立合同人、立据人、立账簿人、领受人和使用人。

（1）立合同人，是指对合同直接负有权利义务关系的当事人。当事人的代理人有代理纳税的义务。

（2）立据人，是指书立产权转移书据的单位和个人。

（3）立账簿人，是指开立并使用营业账簿的单位和个人。

（4）领受人，是指领取并持有权利许可证照的单位和个人。

（5）在国外书立或领受在国内使用的应税凭证，以使用人为纳税人。

自 2008 年 9 月 19 日起，调整证券（股票）交易印花税征收方式，将原来对买卖、继承、赠与所书立的 A 股、B 股股权转让书据对双方当事人征收证券（股票）交易印花税，调整为单边征税，即对买卖、继承、赠与所书立的 A 股、B 股股权转让书据的出让方征收证券（股票）交易印花税，税率为千分之一，对受让方不再征税。

对应税凭证凡由两方或两方以上当事人共同书立的，其当事人各方都是印花税的纳税人。

依法需缴纳印花税的纳税人为印花税核算的会计主体。

二、印花税核算的会计期间和缴纳方式

（一）纳税期限

印花税的纳税期限根据不同种类的凭证分别确定。经济合同和具有合同性质的凭证在合同正式签订时贴花；各种产权转移书据，在书据立具时贴花；各种营业账簿，在账簿正式启用时贴花；各种权利许可证照，在证照领受时贴花。

（二）税款的缴纳方式

印花税按照应纳税额大小、纳税次数多少及税源控管的需要，分别采用自行贴花、汇贴或汇缴、委托代征 3 种纳税方法。

1．自行贴花

在书立、领受应税凭证，发生纳税义务时，由纳税人按照凭证的性质、计税依据和适用税率自行计算出应纳税额，向税务机关购买印花税票，并将印花税票粘贴在应税凭证上，在每枚税票的骑缝处盖戳注销或者画销。即采用自行计算、自行购花、自行贴花、自行注销的“四自”纳税方法。这种方法适用于应税凭证较少或同一凭证缴纳次数较少的纳税人。

已经贴花的凭证，凡修改后所载金额有增加的，应补贴足印花税票。纳税人对已贴花的凭证，应按规定期限保管。

2．汇贴或汇缴

当一份凭证应纳税数额较大（税额超过 500 元）时，纳税人可向税务机关申请，用填开完税证或缴款书的办法纳税，不再贴花。采用这种方法的纳税人，应将其中一联缴款书或完税证粘贴在凭证上，或者由税务机关在凭证上加注完税标记代替贴花。

同一类凭证需频繁贴花的，纳税人可以向税务机关提出申请，采取按期汇总纳税的办法。税务机关对核准汇总缴纳印花税的单位，发给汇总许可证，确定汇总期限。期限最长不得超过一个月。

3．委托代征

凡通过国家有关部门发放、鉴证、公证或仲裁的应税凭证，可由税务机关委托这些部门代征。

三、印花税核算的会计科目

> **边学边练**
>
> 判断鑫瑞公司是否是印花税纳税人及其适用税率

企业缴纳的印花税可以不通过“应交税费”科目核算。缴纳时，可直接借记“税金及附加”“固定资产清理”“无形资产”“其他业务成本”等科目，贷记“银行存款”科目。由于印花税的适用范围较广，其应借记的科目应视业务的具体情况予以确定。

当进行固定资产或无形资产的购销、转让和租赁时，若作为购买方或承受方、承租方缴纳印花税，可直接借记“税金及附加”“固定资产清理”“无形资产”等科目；若作为销售方或转让方、出租方缴纳印花税，可直接借记“固定资产清理”“其他业务成本”等科目。

其他情况下，一般企业在缴纳印花税时，可直接借记“税金及附加”等科目。

四、印花税的税率

印花税税率表如表 8-1 所示。

表 8–1　　**印花税税率表**

税目	范围	税率	纳税人
购销合同	包括供应、预购、采购、购销、结合及协作、调剂、补偿、易货等合同	按购销金额 0.3‰贴花	立合同人
加工承揽合同	包括加工、定作、修缮、修理、印刷广告、测绘、测试等合同	按加工或承揽收入 0.5‰贴花	立合同人

续表

税目	范围	税率	纳税人
建设工程勘察设计合同	包括勘察、设计合同	按收取费用0.5‰贴花	立合同人
建筑安装工程承包合同	包括建筑、安装工程承包合同	按承包金额0.3‰贴花	立合同人
财产租赁合同	包括租赁房屋、船舶、飞机、机动车辆、机械、器具、设备等合同	按租赁金额1‰贴花。税额不足1元，按1元贴花	立合同人
货物运输合同	包括民用航空运输、铁路运输、海上运输、内河运输、公路运输和联运合同	按运输费用0.5‰贴花	立合同人
仓储保管合同	包括仓储、保管合同	按仓储保管费用1‰贴花	立合同人
借款合同	银行及其他金融组织和借款人（不包括银行同业拆借）所签订的借款合同	按借款金额0.05‰贴花	立合同人
财产保险合同	包括财产、责任、保证、信用等保险合同	按保险费收入1‰贴花	立合同人
技术合同	包括技术开发、转让、咨询、服务等合同	按所载金额0.3‰贴花	立合同人
产权转移书据	包括财产所有权和版权、商标专用权、专利权、专有技术使用权等转移书据	按所载金额0.5‰贴花	立据人
营业账簿	生产、经营用账册	记载资金的账簿，按实收资本和资本公积的合计金额0.5‰减半贴花，其他账簿免税	立账簿人
权利许可证照	包括政府部门发给的房屋产权证、工商营业执照、商标注册证、专利证、土地使用证	按件贴花5元	领受人

知识窗

税收优惠

（1）对已缴纳印花税的凭证的副本或者抄本免税；

（2）对财产所有人将财产赠送给政府、社会福利单位、学校所立的书据免税；

（3）对国家指定的收购部门与村民委员会、农民个人书立的农副产品收购合同免税；

（4）对无息、贴息贷款合同免税；

（5）对外国政府或者国际金融组织向我国政府及国家金融机构提供优惠贷款所书立的合同免税。

五、印花税应纳税额的会计核算

根据应税凭证种类，对计税依据分别规定如下。

（1）购销合同，计税依据为合同记载的购销金额。以物易物方式签订的购销合同，是包括购、销双重行为的合同，计税依据为合同所载的购、销金额合计数。

（2）加工承揽合同，计税依据为加工或承揽收入。由受托方提供原材料的，原材料金额与加工费在合同中分别列明的，原材料和辅料按购销合同计税，加工费按加工承揽合同计税，二者合计为应纳税额；原材料金额与加工费没有分别列明的，统一按加工承揽合同计税。由委托方提供原材料的，按加工费和辅料金额依加工承揽合同计税，原材料不交印花税。

> **典型工作任务**
> 根据纳税人的会计记录确定印花税应纳税额、进行会计核算

（3）建设工程勘察设计合同，计税依据为勘察、设计收取的费用。

（4）建筑安装工程承包合同，计税依据为承包金额，不得剔除任何费用。施工单位将自己承包的建设项目分包或转包给其他施工单位所签订的分包合同或转包合同，应以新的分包合同或转包合同所载金额为计税依据。

（5）财产租赁合同，计税依据为租赁金额。

（6）货物运输合同，计税依据为取得的运输费收入，不包括所运货物的金额、装卸费和保险费等。

（7）仓储保管合同，计税依据为仓储保管的费用。

（8）借款合同，计税依据为借款金额，即借款本金。特殊情况中应注意以下问题。

① 对银行及其他金融组织的融资租赁业务签订的融资租赁合同，应按合同所载租金总额，暂按借款合同计税。

② 抵押借款合同按借款合同贴花；在借款方无力偿还借款而将抵押财产转移给贷款方时，应再就双方书立的产权书据，按产权转移书据计税贴花。

（9）财产保险合同，计税依据为支付（收取）的保险费金额，不包括所保财产的金额。

（10）技术合同，计税依据为合同所载的价款、报酬或使用费。对技术开发合同，合同中所注明的研究开发经费可以从计税依据中扣除。

（11）产权转移书据，计税依据为书据中所载的金额。购买、继承、赠与所书立的股权转让书据，均以书立时证券市场当日实际成交价格为依据。

（12）记载资金的营业账簿，以实收资本和资本公积的两项合计金额为计税依据。凡“资金账簿”在次年度的实收资本和资本公积未增加的，对其不再计算贴花。

（13）权利许可证照，计税依据为应税凭证件数。

许可证照应纳印花税=件数×5 元

【工作实例 8-1】2019 年 10 月广州中天公司签订房屋出租合同数份，共计所载金额 30 000 元：企业的营业账簿中，“实收资本”科目载有资金 500 万元；此外，启用非资金账簿 5 本，同时领受工商营业执照、商标注册证、土地使用证、房产证各一件。则其会计处理如下。

房屋出租合同所载金额应纳税额=30 000×1‰=30（元）

营业账簿中“实收资本”所载资金应纳税额=5 000 000×0.5‰×50%=1 250（元）

根据国务院 2018 年 4 月 25 日会议中关于推出 7 项减税措施的决定，自 2018 年 5 月 1 日起，将对纳税人设立的资金账簿按实收资本和资本公积合计金额征收的印花税减半，对按件征收的其他账簿免征印花税，因此 5 本非资金账簿免征印花税。

领受权利许可证照应纳税额=4×5=20（元）

该公司本月共计应纳印花税额=30+1 250+20=1 300（元）

缴纳印花税。

借：其他业务成本	30	
税金及附加	1 270	
贷：银行存款		1 300

引例分析 8-1

（1）① 鑫瑞有限公司 2019 年启用新营业账簿需要征收印花税。

② 广东省鑫瑞有限公司签订的加工承揽合同，由受托方提供主要材料的，应当按购销合同计缴印花税；收取加工费应按照加工承揽合同缴纳印花税。

③ 签订建筑工程承包合同和转包合同应分别缴纳印花税。

④ 签订的仓储合同，应按保管费计缴印花税。

⑤ 签订的运输保管合同，应按所记载的运费金额按货物运输合同贴花；对仓储保管费应当按仓储保管合同计税。

（2）① 在引例中，鑫瑞有限公司2019年启用新账簿需按比例税额征收印花税，比例税率为0.5‰。

② 按照购销合同计缴印花税税率为0.3‰；加工承揽合同税率为0.5‰。

③ 签订建筑工程承包合同和转包合同印花税税率为0.3‰。

④ 签订的仓储合同，应按保管费计缴印花税，税率为1‰。

⑤ 签订的运输保管合同，应按所记载的运费金额按货物运输合同贴花，税率为0.5‰。

⑥ 对仓储保管费应当按仓储保管合同计税，税率为0.1%。

（3）① 该公司资金账簿应纳税额=（5 000 000+1 000 000）×0.5‰×50%=1 500（元）

② 该公司签订加工承揽合同应缴纳的印花税=（2 000 000+100 000）×0.3‰+200 000×0.5‰=730（元）

③ 该公司签订建筑工程承包合同应缴纳的印花税=（20 000 000+ 5 000 000）×0.3‰=7 500（元）

④ 该公司签订运输保管合同应缴纳的印花税=500 000×0.5‰+200 000×0.1‰=270（元）

⑤ 该公司签订仓储合同应缴纳的印花税=100 000×1‰=100（元）

（4）上述业务的会计分录如下。

① 加工承揽合同。

借：其他业务成本　　730

　　贷：银行存款　　730

② 建筑工程承包合同。

借：其他业务成本　　7 500

　　贷：银行存款　　7 500

③ 运输保管合同。

借：其他业务成本　　450

　　贷：银行存款　　450

④ 仓储合同。

借：其他业务成本　　100

　　贷：银行存款　　100

⑤ 营业账簿。

借：税金及附加　　1 500

　　贷：银行存款　　1 500

典型工作任务

填制并报送印花税纳税申报表

六、印花税纳税申报表的填报

以鑫瑞有限公司 2019 年需要缴纳印花税税额填写印花税纳税申报表，如表8-2所示。

表 8-2

印花税纳税申报（报告）表

税款所属期限：自　2019 年 8 月 1 日至 2019 年 8 月 31 日

纳税人识别号（统一社会信用代码）：| 9 | 1 | 1 | 2 | 0 | 0 | 0 | 0 | 0 | 0 | 5 | 6 | 6 | 3 | 3 | 2 | 2 | 3 | | |

纳税人名称：粤华木业有限公司　　金额单位：人民币元（列至角分）

本期是否适用增值税小规模纳税人减征政策(减免性质代码：09049901)					□是 □否√	减征比例（%）				
应税凭证	计税金额或件数	核定征收		适用税率	本期应纳税额	本期已缴税额	本期减免税额		本期增值税小规模纳税人减征额	本期应补（退）税额
		核定依据	核定比例				减免性质代码代码	减免税额		
	1	2	3	4	5 = 1 × 4+2 × 3 × 4	6	7	8	9	10 = 5 – 6 – 8–9
购销合同	2 100 000.00			0.3‰	630.00	0.00		0.00		630.00
加工承揽合同	200 000.00			0.5‰	100.00	0.00		0.00		100.00
建设工程勘察设计合同	0.00			0.5‰	0.00	0.00		0.00		0.00
建筑安装工程承包合同	25 000 000.00			0.3‰	7 500.00	0.00		0.00		7 500.00
财产租赁合同	0.00			1‰	0.00	0.00		0.00		0.00
货物运输合同	500 000.00			0.5‰	250.00	0.00		0.00		250.00
仓储保管合同	300 000.00			1‰	300.00	0.00		0.00		300.00
借款合同	0.00			0.05‰	0.00	0.00		0.00		0.00
财产保险合同	0.00			1‰	0.00	0.00		0.00		0.00
技术合同	0.00			0.3‰	0.00	0.00		0.00		0.00
产权转移书据	0.00			0.5‰	0.00	0.00		0.00		0.00
营业账簿（记载资金的账簿）	6 000 000.00	—		0.5‰	3 000.00	0.00		1 500.00		1 500.00
营业账簿（其他账簿）	8	—		5	40	0.00		40.00		0
权利、许可证照	0	—		5	0.00	0.00		0.00		0.00
合计	—	—		—	10 280.00	0.00		10 280.00		
谨声明：本纳税申报表是根据国家税收法律法规及相关规定填报的，是真实的、可靠的、完整的。 纳税人（签章）：　年　月　日										
经办人： 经办人身份证号： 代理机构签章： 代理机构统一社会信用代码：						受理人： 受理税务机关（章）： 受理日期：　年　月　日				

模块二 环境保护税的会计核算

为了保护和改善环境，减少污染物排放，推进生态文明建设，2016 年 12 月 25 日第十二届全国人民代表大会常务委员会第二十五次会议通过《中华人民共和国环境保护税法》，并将于2018 年 1 月 1 日起正式施行。

一、环境保护税核算的会计主体

在中华人民共和国领域和中华人民共和国管辖的其他海域，直接向环境排放应税污染物的企业事业单位和其他生产经营者为环境保护税的纳税人，其中污染物是指《环境保护税税目税额表》《应税污染物和当量值表》规定的大气污染物、水污染物、固体废物和噪声。这些企业事业单位和其他生产经营者也就是环保税核算的会计主体。

有下列情形之一的，不属于直接向环境排放污染物，不缴纳相应污染物的环境保护税，不属于环境保护税的会计主体：

（1）企业事业单位和其他生产经营者向依法设立的污水集中处理、生活垃圾集中处理场所排放应税污染物的；

（2）企业事业单位和其他生产经营者在符合国家和地方环境保护标准的设施、场所贮存或者处置固体废物的。

知识窗

税收减免

下列情形，暂予免征环境保护税：

（一）农业生产（不包括规模化养殖）排放应税污染物的；

（二）机动车、铁路机车、非道路移动机械、船舶和航空器等流动污染源排放应税污染物的；

（三）依法设立的城乡污水集中处理、生活垃圾集中处理场所排放相应应税污染物，不超过国家和地方规定的排放标准的；

（四）纳税人综合利用的固体废物，符合国家和地方环境保护标准的；

（五）国务院批准免税的其他情形（由国务院报全国人民代表大会常务委员会备案）。

纳税人排放应税大气污染物或者水污染物的浓度值低于国家和地方规定的污染物排放标准百分之三十的，减按百分之七十五征收环境保护税。纳税人排放应税大气污染物或者水污染物的浓度值低于国家和地方规定的污染物排放标准百分之五十的，减按百分之五十征收环境保护税。

二、环境保护税核算的会计期间

环境保护税的纳税义务发生时间为纳税人排放应税污染物的当日。环境保护税按月计算，按季申报缴纳，不能按固定期限计算缴纳的，可以按次申报缴纳。纳税人按季申报缴纳的，应当自季度终了之日起 15 日内，向税务机关办理纳税申报并缴纳税款；纳税人按次申报缴纳的，应当自纳税义务发生之日起 15 日内，向税务机关办理纳税申报并缴纳税款。纳税人应当向应税污染物排放地的税务机关提交相关资料申报缴纳环境保护税。

三、环境保护税核算的会计科目

企业计算出应缴纳的环保税时，借记“税金及附加”账户，贷记“应交税费——应交环境保护税”账户；缴纳时，借记“应交税费——应交环境保护税”账户，贷记“银行存款”账户。

四、环境保护税的税率

环境保护税采取定额税率计算，主要有大气污染物、水污染物、固体废物和噪声污染四大税目。具体税率如表 8-3 所示。

表 8-3　　环境保护税税目税额表

<table>
<tr><th colspan="2">税目</th><th>计税单位</th><th>税额</th></tr>
<tr><td colspan="2">大气污染物</td><td>每污染当量</td><td>1.2 元–12 元</td></tr>
<tr><td colspan="2">水污染物</td><td>每污染当量</td><td>1.4 元–14 元</td></tr>
<tr><td rowspan="4">固体废物</td><td>危险废物</td><td>每吨</td><td>1000 元</td></tr>
<tr><td>煤矸石</td><td>每吨</td><td>5 元</td></tr>
<tr><td>尾矿</td><td>每吨</td><td>15 元</td></tr>
<tr><td>冶炼渣、粉煤灰、炉渣、其他固体废物（含半固态、液态废物）</td><td>每吨</td><td>25 元</td></tr>
<tr><td rowspan="7">噪声污染</td><td>建筑施工噪声</td><td>建筑面积每平方米</td><td>万元</td></tr>
<tr><td rowspan="6">工业噪声</td><td>超标 1～3 分贝</td><td>每月 350 元</td></tr>
<tr><td>超标 4～6 分贝</td><td>每月 700 元</td></tr>
<tr><td>超标 7～9 分贝</td><td>每月 1 400 元</td></tr>
<tr><td>超标 10～12 分贝</td><td>每月 2 800 元</td></tr>
<tr><td>超标 13～15 分贝</td><td>每月 5 600 元</td></tr>
<tr><td>超标 16 分贝及以上</td><td>每月 11 200 元</td></tr>
</table>

五、环境保护税应纳税额的会计核算

环境保护税应纳税额按照下列方法计算：

（1）应税大气污染物的应纳税额为污染当量数乘以具体适用税额；

（2）应税水污染物的应纳税额为污染当量数乘以具体适用税额；

（3）应税固体废物的应纳税额为固体废物排放量乘以具体适用税额；

（4）应税噪声污染的应纳税额为超过国家规定标准的分贝数对应的具体适用税额。

其中，污染当量数的确定可以按照以下两种方式处理。

（1）应税大气污染物、水污染物的污染当量数，以该污染物的排放量除以该污染物的污染当量值计算；每种应税大气污染物、水污染物的具体污染当量值应参照《应税污染物和当量值表》。

（2）每一排放口或者没有排放口的应税大气污染物，按照污染当量数从大到小排序，对前三项污染物征收环境保护税；每一排放口的应税水污染物，按照《应税污染物和当量值表》，区分第一类水污染物和其他类水污染物，按照污染当量数从大到小排序，对第一类水污染物按照前五项征收环境保护税，对其他类水污染物按照前三项征收环境保护税。

排放量和分贝数按照下列方法和顺序计算：

（1）纳税人安装使用符合国家规定和监测规范的污染物自动监测设备的，按照污染物自动监测数据计算；

（2）纳税人未安装使用污染物自动监测设备的，按照监测机构出具的符合国家有关规定和监测规范的监测数据计算；

（3）因排放污染物种类多等原因不具备监测条件的，按照国务院环境保护主管部门规定的排污系数、物料衡算方法计算；

（4）不能按照以上方法计算的，按照省、自治区、直辖市人民政府环境保护主管部门规定的抽样测算的方法核定计算。

引例分析 8-2

查询《应税污染物和当量值表》（五）大气污染物污染当量值可知，汞及其化合物值（千克）为 0.000 1，使用税额为 1.2 元每污染当量。则：

（1）4 月计算应纳税额。

污染当量数=30÷0.000 1=300 000

环保税应纳税额=污染当量数×1.2=300 000×1.2=360 000（元）

借：税金及附加　　360 000

　　贷：应交税费——应交环境保护税　　360 000

5 月、6 月的计算及会计核算此处不再展开。

（2）7 月缴纳税款。

借：应交税费——应交环境保护税　　1 200 000

　　贷：银行存款　　1 200 000

应税污染物和当量值表如表 8-4 所示。

表 8-4　　应税污染物和当量值表

（一）第一类水污染物污染当量值

污染物	污染当量值（千克）	污染物	污染当量值（千克）
1. 总汞	0.000 5	6. 总铅	0.025
2. 总镉	0.005	7. 总镍	0.025
3. 总铬	0.04	8. 苯并（a）芘	0.000 000 3
4. 六价铬	0.02	9. 总铍	0.01
5. 总砷	0.02	10. 总银	0.02

（二）第二类水污染物污染当量值

污染物	污染当量值（千克）	污染物	污染当量值（千克）
11. 悬浮物（SS）	4	14. 总有机碳（TOC）	0.49
12. 生化需氧量（BOD5）	0.5	15. 石油类	0.1
13. 化学需氧量（COD）	1	16. 动植物油	0.16

续表

污染物	污染当量值（千克）	污染物	污染当量值（千克）
17. 挥发酚	0.08	40. 四氯化碳	0.04
18. 总氰化物	0.05	41. 三氯乙烯	0.04
19. 硫化物	0.125	42. 四氯乙烯	0.04
20. 氨氮	0.8	43. 苯	0.02
21. 氟化物	0.5	44. 甲苯	0.02
22. 甲醛	0.125	45. 乙苯	0.02
23. 苯胺类	0.2	46. 邻－二甲苯	0.02
24. 硝基苯类	0.2	47. 对－二甲苯	0.02
25. 阴离子表面活性剂（LAS）	0.2	48. 间－二甲苯	0.02
26. 总铜	0.1	49. 氯苯	0.02
27. 总锌	0.2	50. 邻二氯苯	0.02
28. 总锰	0.2	51. 对二氯苯	0.02
29. 彩色显影剂（CD-2）	0.2	52. 对硝基氯苯	0.02
30. 总磷	0.25	53. 2.4－二硝基氯苯	0.02
31. 元素磷（以P计）	0.05	54. 苯酚	0.02
32. 有机磷农药（以P计）	0.05	55. 间－甲酚	0.02
33. 乐果	0.05	56. 2.4－二氯酚	0.02
34. 甲基对硫磷	0.05	57. 2.4.6-三氯酚	0.02
35. 马拉硫磷	0.05	58. 邻苯二甲酸二丁脂	0.02
36. 对硫磷	0.05	59. 邻苯二甲酸二辛脂	0.02
37. 五氯酚及五氯酚钠（以五氯酚计）	0.25	60. 丙烯腈	0.125
38. 三氯甲烷	0.04	61. 总硒	0.02
39. 可吸附有机卤化物（AOX）（以Cl计）	0.25		

说明：1. 第一、二类污染物的分类依据为《污水综合排放标准》（GB 8978—1996）。

2. 同一排放口中的化学需氧量（COD）、生化需氧量（BOD5）和总有机碳（TOC），只征收一项。

（三）pH值、色度、大肠菌群数、余氯量污染当量值

污染物		污染当量值
1. pH值	1. 0～1，13～14	0.06 吨污水
	2. 1～2，12～13	0.125 吨污水
	3. 2～3，11～12	0.25 吨污水
	4. 3～4，10～11	0.5 吨污水
	5. 4～5，9～10	1 吨污水
	6. 5～6	5 吨污水
2. 色度		5 吨水·倍
3. 大肠菌群数（超标）		3.3 吨污水
4. 余氯量（用氯消毒的医院废水）		3.3 吨污水

说明：1. 大肠菌群数和总余氯只征收一项。

2. pH5～6 指大于等于 5，小于 6；pH9～10 指大于 9，小于等于 10，其余类推。

（四）禽畜养殖业、小型企业和第三产业污染当量值

<table>
<tr><th colspan="2">类型</th><th>污染当量值</th></tr>
<tr><td rowspan="3">禽畜养殖场</td><td>1. 牛</td><td>0.1头</td></tr>
<tr><td>2. 猪</td><td>1头</td></tr>
<tr><td>3. 鸡、鸭等家禽</td><td>30羽</td></tr>
<tr><td colspan="2">4. 小型企业</td><td>1.8吨污水</td></tr>
<tr><td colspan="2">5. 饮食娱乐服务业</td><td>0.5吨污水</td></tr>
<tr><td rowspan="4">6. 医院</td><td rowspan="2">消毒</td><td>0.14床</td></tr>
<tr><td>2.8吨污水</td></tr>
<tr><td rowspan="2">不消毒</td><td>0.07床</td></tr>
<tr><td>1.4吨污水</td></tr>
</table>

说明：1. 本表仅适用于计算无法进行实际监测或物料衡算的禽畜养殖业、小型企业和第三产业等小型排污者的污染当量数。

2. 仅对存栏规模大于50头牛、500头猪、5 000羽鸡、鸭等的禽畜养殖场征收。

3. 医院病床数大于20张的按本表计算污染当量。

（五）大气污染物污染当量值

污染物	污染当量值（千克）	污染物	污染当量值（千克）
1. 二氧化硫	0.95	23. 二甲苯	0.27
2. 氮氧化物	0.95	24. 苯并（a）芘	0.000 002
3. 一氧化碳	16.7	25. 甲醛	0.09
4. 氯气	0.34	26. 乙醛	0.45
5. 氯化氢	10.75	27. 丙烯醛	0.06
6. 氟化物	0.87	28. 甲醇	0.67
7. 氰化氢	0.005	29. 酚类	0.35
8. 硫酸雾	0.6	30. 沥青烟	0.19
9. 铬酸雾	0.000 7	31. 苯胺类	0.21
10. 汞及其化合物	0.000 1	32. 氯苯类	0.72
11. 一般性粉尘	4	33. 硝基苯	0.17
12. 石棉尘	0.53	34. 丙烯腈	0.22
13. 玻璃棉尘	2.13	35. 氯乙烯	0.55
14. 碳黑尘	0.59	36. 光气	0.04
15. 铅及其化合物	0.02	37. 硫化氢	0.29
16. 镉及其化合物	0.03	38. 氨	9.09
17. 铍及其化合物	0.000 4	39. 三甲胺	0.32
18. 镍及其化合物	0.13	40. 甲硫醇	0.04
19. 锡及其化合物	0.27	41. 甲硫醚	0.28
20. 烟尘	2.18	42. 二甲二硫	0.28
21. 苯	0.05	43. 苯乙烯	25
22. 甲苯	0.18	44. 二硫化碳	20

六、环境保护税纳税申报表的填报

环境保护税的纳税申报表应当在规定的时间填制，在规定的期限内报送主管税务机关。由项目引例8-2可填写环境保护税的纳税申报表，具体如表8-5和表8-6所示（5月、6月的月计算表此处略去）。

表 8–5

环境保护税纳税申报表（A 类）

税款所属期：自 2019 年月 1 日至 2019 年 6 月 30 日　　填表日期：2019 年 7 月 8 日　　金额单位：元至角分

*纳税人名称	广东番百华工有限公司（公章）				*统一社会信用代码（纳税人识别号）		91440105733O938007		
税源编号	*排放口名称或噪声源名称	*税目	*污染物名称	*计税依据或超标噪声综合系数	*单位税额	*本期应纳税额	本期减免税额	*本期已缴税额	*本期应补（退）税额
（1）	（2）	（3）	（4）	（5）	（6）	（7）=（5）×（6）	（8）	（9）	（10）=（7）-（8）-（9）
	废气排放口	大气污染物	汞及其化合物	1 000 000	1.2	1 200 000	0	0	1 200 000
合计	—	—	—	—	—	1 200 000	0	0	1 200 000
授权声明	如果你已委托代理人申报，请填写下列资料：为代理一切税务事宜，现授权（地址）（统一社会信用代码）为本纳税人的代理申报人，任何与本申报表有关的往来文件，都可寄予此人。授权人签字：				*申报人声明		本纳税申报表是根据国家税收法律法规及相关规定填写的，是真实的、可靠的、完整的。声明人签字：		

经办人：　　主管税务机关：　　受理人：　　受理日期：　　年　　月　　日

本表一式两份，一份纳税人留存，一份税务机关留存。

表 8-6

环境保护税按月计算报表

（大气污染物适用）

税款所属期：自 2019 年 4 月 1 日至 2019 年 4 月 30 日

纳税人名称：广东番百华工有限公司　　统一社会信用代码（纳税人识别号）：914401057330938007

*月份	*税源编号	*排放口名称	*污染物名称	*污染物排放量计算方法	监测计算		排污系数计算				*污染物排放量(千克)	*污染当量值（千克）	*污染当量数
					废气排放量（万标立方米）	实测浓度值（毫克/标立方米）	计算基数	产污系数	排污系数	污染物单位			
（1）	（2）	（3）	（4）	（5）	（6）	（7）	（8）	（9）	（10）	（11）	（12）=（6）×（7）÷100 （12）=（8）×（9）×N （12）=（8）×（10）×N	（13）	（14）=（12）÷（13）
4		废气排放口	汞及其化合物				30		1	千克	30	0.0001	300 000

模块三 烟叶税的会计核算

烟叶税是以纳税人收购烟叶的收购金额为计税依据征收的一种税，是国家对烟草实行“寓禁于征”政策的延续，能起到稳定地方财政收入的效果，也有利于充分调动地方政府发展特色经济的积极性。

一、烟叶税核算的会计主体

在中华人民共和国境内收购烟叶的单位为烟叶税的纳税人，所谓“收购烟叶的单位”，是指依照《中华人民共和国烟草专卖法》的规定有权收购烟叶的烟草公司或者受其委托收购烟叶的单位。收购烟叶的单位为烟叶税核算的会计主体。

二、烟叶税核算的会计期限

烟叶税的征收管理，依照《中华人民共和国税收征收管理法》及《烟叶税暂行条例》的有关规定执行。

纳税人收购烟叶，应当向烟叶收购地的主管税务机关申报纳税。烟叶收购地的主管税务机关是指烟叶收购地的县级地方税务局或者其所指定的税务分局、所。

烟叶税的纳税义务发生时间为纳税人收购烟叶的当天。收购烟叶的当天是指纳税人向烟叶销售者收购付讫收购烟叶款项或者开具收购烟叶凭据的当天。

纳税人应当自纳税义务发生之日起 30 日内申报纳税。具体纳税期限由主管税务机关核定。

三、烟叶税核算的会计科目

烟叶收购环节的涉税会计处理按现行的企业会计制度规定，涉及核算烟叶收购环节业务的会计科目主要有“材料采购”“材料成本差异”“在途物资”“原材料”“库存商品”“银行存款”和“应交税费”等。

四、烟叶税的税率

烟叶税实行比例税率，税率为 20%，烟叶税税率的调整，由国务院决定。

五、烟叶税应纳税额的会计核算

烟叶税的应纳税额按照纳税人收购烟叶的收购金额和规定的税率计算。应纳税额的计算公式如下。

应纳税额=烟叶收购金额×税率

所称“收购金额”，包括纳税人支付给烟叶销售者的烟叶收购价款和价外补贴。按照简化手续、方便征收的原则，对价外补贴统一暂按烟叶收购价款的 10%计入收购金额征税。

收购金额=收购价款×（1+10%）

引例分析 8-3

农产品目前适用的税率为 10%。烟草公司进行会计处理时涉及的进项税额是根据烟叶收购金额和烟叶税及法定扣除率 10%加以确定的。

由此可知，广东百顺烟草公司收购烟叶准予抵扣的增值税进项税额

=[50 000+50 000×20%]×10%=6 000（元）

烟叶税=50 000×20%=10 000（元）

烟叶尚未验收入库时，根据有关收购凭证等做账务处理：

借：在途物资　　54 000

　　应交税费——应缴增值税（进项税额）　　6 000

　　贷：银行存款　　50 000

　　　　应交税费——烟叶税　　10 000

2 月初，烟叶验收入库时，根据收货单等凭证做账务处理：

借：库存商品　　54 000

　　贷：在途物资　　54 000

六、烟叶税纳税申报表的填报

烟叶税纳税人在纳税申报时应使用《烟叶税纳税申报表》。

引例中应填制的《烟叶税纳税申报表》如表 8-7 所示。

表 8–7　　烟叶税纳税申报表

税款所属期限：自 2019 年 6 月 1 日至 2019 年 6 月 30 日　　填表日期：2019 年 7 月 8 日　　金额单位：元至角分

纳税人识别号：	9	1	4	4	0	0	0	0	6	1	7	4	0	0	9	9	N		

纳税人名称				
烟叶收购金额	税率	应纳税额	已纳税额	应入库税额
1	2	3=1×2	4	5=3−4
50 000	20%	10 000	0	10 000
烟叶购买金额	税率	应纳税额	已纳税额	应入库税额
	合计			
以下由申报人填写：				
纳税人声明	此纳税申报表是根据《中华人民共和国烟叶税暂行条例》和国家有关税收规定填报的，是真实的、可靠的、完整的。			
纳税人签章		代理人签章		代理人身份证号
以下由税务机关填写：				
受理人		受理日期		受理税务机关（签章）

本表一式两份，一份纳税人留存，一份税务机关留存。

广东百顺烟草有限公司 公章

模块四 城市维护建设税的会计核算

相关链接

《中华人民共和国城市维护建设税暂行条例》

城市维护建设税是国家对缴纳增值税、消费税（简称“两税”）的单位和个人以其实际缴纳的“两税”税额为计税依据而征收的一种税。我国现行城市维护建设税是 1985 年设置的一个税种，目的是加强城市的维护建设，扩大和稳定城市维护建设资金的来源，属于特定目的税。

一、城市维护建设税核算的会计主体

城市维护建设税是以纳税人实际缴纳的“两税”税额为计税依据，附加于“两税”税额，本身没有独立的征税对象。它的纳税义务人为缴纳增值税、消费税的单位和个人，包括国有企业、集体企业、私营企业、股份制企业、其他企业和行政单位、事业单位、军事单位、社会团体、其他单位，以及个体工商户及其他个人，也包括外商投资企业、外国企业及外籍个人。

依法应该缴纳城市维护建设税的单位和个人为城市维护建设税核算的会计主体，需要依法进行城市维护建设税的会计核算。

典型工作任务

判别哪些行为、哪些单位或个人应缴纳城市维护建设税

二、城市维护建设税核算的会计期间

城市维护建设税的纳税期限分别与“两税”的纳税期限一致，因此其会计核算期间也与“两税”核算期间一致。

三、城市维护建设税核算的会计科目

边学边练

判断上海博特尔泰有限公司是否需要缴纳城建税和教育费附加，并确定其应纳税费

为核算企业应交城市维护建设税的发生和缴纳情况，企业应当在“应交税费”科目下设置“应交城市维护建设税”明细账户。该账户的贷方反映应缴纳的城市维护建设税，借方反映实际缴纳的城市维护建设税，贷方余额反映应交而未交的城市维护建设税。

四、城市维护建设税的税率

城市维护建设税的税率，是指纳税人应缴纳的城市维护建设税税额与纳税人实际缴纳的“两税”税额之间的比率。城市维护建设税按纳税人所在地的不同，设置了三档地区差别比例税率，分别如下。

（1）纳税人所在地为市区的，税率为 7%；

（2）纳税人所在地为县城、镇的，税率为 5%；

（3）纳税人所在地不在市区、县城或镇的，税率为 1%。

典型工作任务

根据纳税人的会计记录确定城市维护建设税的计税依据

五、城市维护建设税应纳税额的计算

城市维护建设税纳税人的应纳税额是由纳税人实际缴纳的“两税”税额决定的，其计算公式如下：

应纳税额=（实纳增值税+实纳消费税）×税率

对“两税”实行先征后返、先征后退、即征即退办法的，除另有规定外，对随“两税”附征的城市维护建设税和教育费附加，一律不予退（返）还；对“两税”补罚时，城市维护建设税也要补罚，但“两税”的滞纳金和罚款不作为城市维护建设税的计税依据；纳税人在被查补“两税”和被处以罚款时，应同时对其城市维护建设税进行补税、征收滞纳金和罚款；对于因减免税而需要进行“两税”退库的，城市维护建设税也可同时退库。

另外，对出口产品不退还已缴纳的城市维护建设税，对进口货物不征收城建税（进口不征，出口不退）。

六、城市维护建设税应纳税额的会计核算

计算应缴纳的城市维护建设税时，应借记“税金及附加”，贷记“应交税费——应交城市维护建设税”；交纳税款时，借记“应交税费——应交城市维护建设税”，贷记“银行存款”。

> **典型工作任务**
> 根据纳税人的会计记录核算城市维护建设税

【工作实例 8-2】利华摩托车厂地处广州市市区，税务机关核定的纳税期限为一个月，2019 年 5 月生产销售摩托车 500 辆，每辆价格 4 000 元（不含增值税），当月可抵扣的进项税金为 30 万元，该摩托车消费税税率为 10%。其相关会计处理如下。

> **边学边练**
> 对上海博特尔泰有限公司应纳城建税和教育费附加进行会计核算

（1）应纳增值税额=500×4 000×16%−300 000=20 000（元）

（2）应纳消费税额=500×4 000×10%=200 000（元）

（3）应纳城市维护建设税额=（20 000+200 000）×7%=15 400（元）

（4）做会计分录如下。

① 计提应纳城市维护建设税。

借：税金及附加　　15 400

　　贷：应交税费——应交城市维护建设税　　15 400

② 交纳税款。

借：应交税费——应交城市维护建设税　　15 400

　　贷：银行存款　　15 400

七、教育费附加的会计核算

> **相关链接**
> 《征收教育费附加的暂行规定》

附随“两税”计征的还有另一种费用，即教育费附加。其纳税人、计税依据、缴纳期限、缴纳方式与方法均与城市维护建设税相同。

教育费附加是对缴纳增值税、消费税的单位和个人，以其实际缴纳的“两税”税额为计税依据而征收的一种附加费。其征收目的是为了扶持教育事业发展。自 2010 年 12 月 1 日起，内外资企业和个人，统一按增值税、消费税实际缴纳税额的 3%征收教育费附加；统一按增值税、消费税实际缴纳税额的 2%征收地方教育费附加。具体公式如下：

> **典型工作任务**
> 判别哪些行为、哪些单位或个人应缴纳教育费附加及地方教育费附加

教育费附加=（实纳增值税+实纳消费税）×3%

典型工作任务
根据纳税人的会计记录确定教育费附加及地方教育费附加的计税依据

地方教育费附加=（实纳增值税+实纳消费税）×2%

企业应设置“应交税费——应交教育费附加”核算教育费附加的计算和缴纳，设置“应交税费——应交地方教育费附加”核算地方教育费附加的计算和缴纳，计算应缴纳的教育费附加及地方教育费附加通过“税金及附加”进行处理。

典型工作任务
根据纳税人的会计记录核算教育费附加及地方教育费附加

【工作实例 8-3】上述利华摩托车厂 2018 年 5 月缴纳增值税 4 万元，消费税 20 万元，应缴纳教育费附加和地方教育费附加。其会计处理如下。

（1）应纳教育费附加=（4+20）×3%=0.72（万元）

（2）应纳地方教育费附加=（4+20）×2%=0.48（万元）

（3）做会计分录如下。

借：税金及附加	12 000	
贷：应交税费——应交教育费附加		7 200
应交税费——应交地方教育费附加		4 800

引例分析 8-4

上海博特尔泰有限公司的主营业务是进口红酒的批发兼零售，需缴纳增值税和消费税，在其 2018 年 5 月的经营业务中，【业务 1】缴纳了进口关税、进口环节增值税和消费税，按规定无须缴纳城市维护建设税和教育费附加，【业务 2】缴纳了增值税和消费税，按规定需要缴纳城市维护建设税和教育费附加，其相关会计处理如下。

（1）【业务 1】进口环节缴纳增值税与消费税，不影响城市维护建设税和教育费附加，无相关附加税费的账务处理。

（2）【业务 2】因本月实际缴纳了增值税和消费税，相应的城市维护建设税与教育费附加也应计缴。

城市维护建设税应纳税额=（36+85）×7%=8.47（万元）

教育费附加=（36+85）×3%=3.63（万元）

地方教育费附加=（36+85）×2%=2.42（万元）

借：税金及附加	145 200	
贷：应交税费——应交城市维护建设税		84 700
应交税费——应交教育费附加		36 300
应交税费——应交地方教育费附加		24 200

八、城市维护建设税纳税申报表的填制

典型工作任务
填制并报送城市维护建设税纳税申报表

《城市维护建设税纳税申报表》（见表 8-8）一式三联，第一联由纳税人保存；第二联为收执联，由主管税务机关留存；第三联留税务机关计财部门做税收会计凭证。如上海博特尔泰有限公司填写《城市维护建设税纳税申报表》如下。

表 8-8　城市维护建设税　教育费附加　地方教育附加申报表

税款所属期限：自 2019 年 5 月 1 日至 2019 年 5 月 31 日

纳税人识别号（统一社会信用代码）：| 3 | 1 | 0 | 1 | 5 | 3 | 0 | 0 | 0 | 4 | 5 | 0 | 7 | 4 | 2 | 4 | 2 | 4 |

纳税人名称：上海博特尔泰有限公司　　金额单位：人民币元（列至角分）

本期是否适用增值税小规模纳税人减征政策（减免性质代码_城市维护建设税：07049901，减免性质代码_教育费附加：61049901，减免性质代码_地方教育附加：99049901）	□是 □否√	减征比例_城市维护建设税（%）	
		减征比例_教育费附加（%）	
		减征比例_地方教育附加（%）	

税（费）种	计税（费）依据					税率（征收率）	本期应纳税（费）额	本期减免税（费）额		本期增值税小规模纳税人减征额	本期已缴税（费）额	本期应补（退）税（费）额
	增值税		消费税	营业税	合计			减免性质代码	减免税（费）额			
	一般增值税	免抵税额										
	1	2	3	4	5=1+2+3+4	6	7=5×6	8	9	10	11	12=7-9-10-11
城建税	360 000.00		850 000.00		1 210 000.00	7%	84 700.00				0	84 700.00
教育费附加												
地方教育附加												
—												
合计	—					—						

谨声明：本纳税申报表是根据国家税收法律法规及相关规定填报的，是真实的、可靠的、完整的。

纳税人（签章）：　　　　年　月　日

经办人：
经办人身份证号：
代理机构签章：
代理机构统一社会信用代码：

受理人：
受理税务机关（章）：
受理日期：　　年　月　日

（印章：上海博特尔泰有限公司 公章）

九、城市维护建设税纳税申报表的报送

按照规定的格式填列好的城市维护建设税纳税申报表应在规定的时间内报送主管税务机关，目前主要的报送方式是直接报送和网上申报。城市维护建设税是“两税”的附加税，属于地方税种，由地方税务局负责征收。

项目小结

印花税是单位和个人书立、领受的应税凭证征收的一种税。印花税实行从价计征和从量计征两种征收方式。环境保护税是为了保护和改善环境而征收的，它于 2018 年 1 月 1 日起正式施行。烟叶税是以纳税人收购烟叶的收购金额为计税依据征收的一种税，是国家对烟草实行“寓禁于征”政策的延续。城市维护建设税没有独立的征税对象或税基，而是以增值税、消费税这两种商品劳务税的实际缴纳的数额为计税依据附征。附随“两税”计征的还有教育费附加和地方教育费附加，是对缴纳增值税、消费税的单位和个人，以其实际缴纳的“两税”税额为计税依据而征收的一种附加费。

项目内容图示

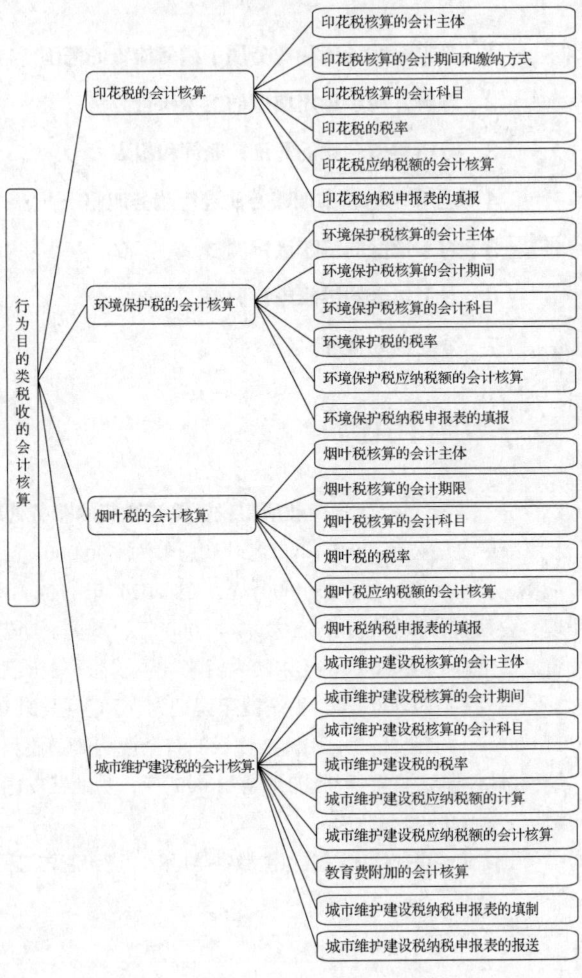

项目九
税务检查与账务调整

职业能力目标

1. 熟悉税务检查的范围和方法，具备协助、配合税务检查的能力
2. 能够按照税务部门的要求开展自查工作
3. 能够根据查账结果办理相关事项并调整账务

典型工作任务

1. 判别哪些场所和业务属于税务检查的范围
2. 理解并初步运用典型的纳税检查方法
3. 分析典型企业的凭证、账簿和报表
4. 运用 3 种基本调账方法进行账务调整
5. 对本年度的错账进行调整
6. 对上年度的错账进行调整
7. 分配错漏金额

项目引例

企业所得税汇算清缴后的账务处理

兴华股份公司 2019 年年度利润总额为 600 000 元，适用 25%的企业所得税税率，企业所得税为 150 000 元。在 2020 年的企业所得税汇算清缴检查中发现，公司年终多结转在产品成本 49 000 元，多提长期借款利息 85 000 元，固定资产清理净收益 56 000 元未转为资产处置损益。少摊无形资产 20 000 元，清理补交消费税 39 000 元，生产费用误记为在建工程 31 000 元，少提职工福利费 11 000 元。其他属于纳税调减项目的有企业购买国债利息收入 20 000 元；属于纳税调增项目的有：税收滞纳金 2 000 元，赞助费支出 20 000 元，固定资产多提折旧额 60 000 元。

上述业务是在所得税汇算清缴中常见的，应该怎样进行会计处理呢？

模块一 认知税务检查

纳税人应当按照税法所规定的要求计算应纳税额，并及时缴纳。为避免错漏，税务会计应定期对纳税期内的生产经营情况、会计处理情况以及税款的计算和缴纳情况进行审查。税务部门为核实纳税人履行纳税义务的情况，也会对纳税人应交税金的计算和缴纳情况进行审查。因此，税务检查的形式包括纳税人自查和税务机关审查两种形式。

一、了解税务检查的含义

税务检查是国家税务机关或税务会计根据国家税法和会计制度的规定，对纳税人履行纳税义务的情况进行审查和监督，以保证纳税人充分履行纳税义务的一种管理活动。

税务检查的主体是税务机关，但由于《中华人民共和国税收征收管理法》强化了纳税人依法履行纳税义务的责任，税务会计的自查已经成为税务机关审查的重要基础。同时，会计师事务所、税务师事务所等中介机构在税务检查工作中以代理人身份发挥着越来越重要的作用。

税务检查的对象是纳税人所从事的经济活动和各种应税行为，以及履行纳税义务的情况，同时包括代扣代缴义务人、代收代缴义务人、纳税担保人等履行相关义务的情况。

税务检查的目的是贯彻执行国家各项税收政策法令，加强税收征收管理，保证国家财政收入及时足额入库。同时也通过这项工作使纳税人的合法权益得到保护。

税务检查的依据是税法和会计准则。在纳税问题上，会计准则与税法发生冲突时，以税法为准。

二、熟悉税务检查的范围

税务检查一般包含以下范围。

（1）检查纳税人的账簿、记账凭证、报表和有关资料，检查扣缴义务人代扣代缴、代收代缴税款账簿、记账凭证和有关资料。

（2）到纳税人的生产、经营场所和货物存放地，检查纳税人应纳税的商品、货物或者其他财产，检查扣缴义务人与代扣代缴、代收代缴税款有关的经营情况。

（3）责成纳税人、扣缴义务人提供与纳税或者代扣代缴、代收代缴税款有关的文件、证明材料和有关资料。

（4）询问纳税人、扣缴义务人与纳税或者代扣代缴、代收代缴税款有关的问题和情况。

（5）到车站、码头、机场、邮政企业及其分支机构检查纳税人托运、邮寄应纳税商品、货物或者其他财产的有关单据、凭证和有关资料。

（6）经县以上税务局（分局）局长批准，凭全国统一格式的检查存款账户许可证明，查询从事生产、经营的纳税人、扣缴义务人在银行或者其他金融机构的存款账户。税务机关在调查税收违法案件时，经设区的市、自治州以上税务局（分局）局长批准，可以查询案件涉嫌人员的储蓄存款；税务机关查询所获得的资料，不得用于税收以外的用途。

三、理解税务检查的要求

税务检查有以下几点要求。

（1）纳税人、扣缴义务人必须接受税务机关依法进行的税务检查，如实反映情况，提供有关资料，不得拒绝、隐瞒。

（2）依法进行税务检查时，有关部门和单位应当支持、协助，向税务机关如实反映纳税人、扣缴义务人和其他当事人与纳税或者代扣代缴、代收代缴税款有关的情况，提供有关资料及证明材料。

（3）税务机关调查税务违法案件时，对与案件有关的情况和资料，可以记录、录音、录像、照相和复制。

（4）税务机关派出的人员进行税务检查时，应当出示税务检查证件，并有责任为被检查人保守秘密。税务机关发现纳税人税务登记的内容与实际情况不符的，可以责令其纠正，并按照实际情况征收税款。

四、熟悉税务检查的形式

税务检查的形式包括纳税人自查、税务机关审查两种。

（一）纳税人自查

纳税人自查是指纳税人在税务机关辅导、督促下，通过组织财会人员对本单位纳税情况自行审查的一种形式。

（二）税务机关审查

税务机关审查包括日常检查、专项检查、专案检查等几种不同的做法。日常检查是对通过一定方法筛选出来的检查对象履行纳税义务情况进行的综合性检查；专项检查是根据工作需要安排的单项检查，如单项税种的检查、发票检查、出口退税检查、关联企业转让定价检查等；专案检查是指对群众举报、上级交办、有关部门转办等案件的专项检查。

五、理解税务检查的基本方法

按不同的依据，税务检查可分为不同的方法。

（一）按检查的范围和详略不同，分为详查法和抽查法

所谓详查法，是对被查期内的全部凭证、账册、报表和其他会计资料，进行全面、系统、细致的检查的一种方法。

所谓抽查法，是对被查期内的凭证、账册和报表抽出部分有目的地进行重点检查的一种方法。例如，按照检查的要求以某些会计账户，或以某些费用项目，或以某项业务，或以随机的方法来确定以某一时期内的某些凭证账册作为抽查对象，有目的地进行重点检查。

（二）按查账的顺序不同，分为顺查法和逆查法

所谓顺查法，是依照会计核算的顺序，从检查会计凭证开始，由凭证到账簿进而到报表的一种检查方法。

逆查法与顺查法的检查顺序相反，是逆会计核算程序从检查报表开始到账册而后在凭证中落实检查内容的一种方法。

（三）按检查线索之间的相互关系不同，分为联系查法和侧面查法

联系查法，是对相关资料有联系的双方，如账证之间、账账之间、账表之间、工程成本和生产成本之间，进行相互对照检查的一种方法。

侧面查法，是根据平时掌握的征管、信访资料和职工群众反映的情况，对有关账簿记录进行核查的一种检查方法。

（四）按发现问题的方法不同，分为比较分析法和控制计算法

比较分析法，是将企业的会计报表与账面的数据，同企业的有关计划指标、历史资料或同类企业的相关数据进行对比，观察其经济活动的增减变化是否合理，从不合理中发现疑点，为税务检查提供线索的一种方法。

控制计算法，是根据事物之间存在的相互制约、相辅相成的必然联系，用科学测定的数据，来验证账面记录或申报纳税资料是否正确的一种查账方法。

六、熟悉税务检查的基本内容

税务检查有以下基本内容。

（一）资产负债表的审查分析

资产负债表的审查，首先应从资产负债表所反映的资金总体情况，按资产类和负债类的分类指标以及所有者权益来分析资金的使用和分布是否合理，经营状况和偿还能力如何，观察企业的筹资能力和经营状况的发展趋势。其次，结合平时掌握的情况，着重检查分析与纳税有关的项目，通过对项目的纵向或横向比较分析，从数额升降变动的异常现象中发现问题。一般来说，应注意以下项目的检查。

1．“应收账款”“预付账款”“应付账款”项目的审查

这些项目是根据期末余额填列的，它们都处于待结算的过程中，关系到资金的使用效果和税收、利润的真实性。审查时，如果发现应收、应付等结算款项在结算期发生突升突降的剧烈变化，应注意“应付账款”和“预收账款”中，有无隐匿已经实现的产品销售收入或其他业务收入情况发生。对坏账损失实行备抵的，应将“坏账准备”项目的金额同企业应收账款余额相比，看其是否超过了规定的坏账准备提取比例。

2．各项存货项目的审查

各项存货项目反映企业期末结存、在途和在加工过程中的各种存货的实际成本，包括原材料、包装物、低值易耗品、自制各种存货的实际成本。存货项目的发生额与税收关系极为密切。例如，原材料、低值易耗品、包装物的实际成本，既关系到生产成本的核算，又关系到增值税进项税额的扣除；自制半成品、产成品、分期收款发出商品，既关系到销售收入和销售税金的计算，又关系到销售成本和销售利润的核算；而期末“生产成本”所反映的在产品成本的高低，又关系到完工产品成本和销售成本的高低。正因如此，企业出于自身利益的需要，往往通过对这些项目的多转或少转，来调节生产成本和销售利润。这样，就必然会在期末存货有些项目中出现增减变化的异常情况。审查时，对期末存货结存成本升降变化不正常的项目，应结合有关账户收、发、存核算内容的查核，进一步核实所编报报表的正确性。

3．“应交税费”项目的审查

“应交税费”项目反映企业应缴未缴的各种税金。通过本项目的审查，可以了解企业应缴各税的发生、解缴情况，分析是否有逾期欠缴以及欠缴原因，协同企业合理安排资金，督促企业按期缴纳入库。

4．“长期待摊费用”“递延所得税资产”项目的审查

这些项目反映企业已经支出但应由以后分期摊销的各项费用。审查时，如果发生期初期末数额突增突减现象，应结合有关明细账户审查设立的项目是否符合制度规定，有无不属于项目规定范围的假借名义的立项；审查发生额是否与摊销项目经济内容一致，有无不属于成本费用列支范

围的其他项目的挤入；审查摊销额是否均衡，有无任意调节成本费用的现象。

5．固定资产的审查

固定资产的审查内容包括“固定资产”“累计折旧”“固定资产净值”“固定资产清理”等相关项目的审查。

（1）“固定资产”项目。通过固定资产原价增减变化的分析，主要审查增加固定资产形成过程中成本费用的开支和固定资产的使用情况，减少固定资产的退出手续、结算清理和费用列支情况；还应审查企业有无擅自提高固定资产原价的情况。

（2）“累计折旧”项目。它反映企业各种固定资产的累计折旧，是根据“累计折旧”账户的期末余额填列的。通过本项目的分析比较，主要审查折旧的计算依据、方式和规定，审定已提折旧额。

（3）“固定资产清理”项目。本项目反映企业因毁损、报废等原因转入清理但尚未清理完毕的固定资产净值，以及固定资产清理过程中所发生的清理费用和变价收入等各项金额的差额。它是根据“固定资产清理”账户的期末借方余额填列的。审查时，应结合资产处置损益的审查，审定固定资产清理的净收益或净损失。

6．“在建工程”项目的审查

本项目反映企业期末各项未完工程的实际支出，包括交付安装的设备价值、未完建筑安装工程耗用的材料、工资和费用支出、工程用料结存、预付出包工程的价款、已经建筑安装完毕但尚未交付使用的建筑安装工程成本等。它的各项支出属于固定资产原值的组成部分，不属于生产成本列支的范围，必须严格分清费用列支渠道。审查时，可根据实际开工的工程项目和工程进度与“在建工程”明细账户的金额、各工程项目成本核算资料的比较分析，来捕捉审查的重点项目，并可从这一侧面入手，进而考核生产成本的正确性。

（二）利润表的审查分析

通过对利润表进行审查分析，可以全面了解企业生产经营情况，掌握企业收入、成本、费用以及投入产出的比例关系，确定企业的盈亏和分析企业经济效益的好坏。通过对利润表所反映的营业利润、投资净收益和营业外收支等损益情况的分析，可以测定企业损益的发展变化趋势，预测企业未来收益能力。通过对利润表中指标的分析，可以了解企业实现利润的构成，影响利润增减变动的原因和企业盈利水平。

1．营业收入的审查

影响营业收入额变化的因素是销售数量和销售价格。审查时，应分别对销售数量和销售单价进行审查。对销售数量的审查，应结合当时的产销情况，看企业有无将销售产品收入不通过“营业收入”账户核算，漏报销售数量的情况；对销售价格的审查，可根据销售发票及相关账表中的销售价格进行审查，查明有无隐匿销售收入的问题。

2．营业成本的审查

审查销售成本的主要方法是审查期末库存产品成本是否正确，因为销售成本结转得不实必然导致库存产品数量和成本不实。审查时，可将核实后的期末结存数量按产品平均单位成本计算出期末应保留的库存产品成本，并与账面数相核对，如大于账面数，说明可能存在多转销售成本的问题，则需要进一步审核。

3．期间费用的审查

期间费用包括销售费用、管理费用和财务费用。对销售费用的审查，一般应注意以下几点：一是必须是销售业务有关的费用；二是必须是费用性质的，不属于购置固定资产或门市部的翻建装潢或奖金分配性质；三是必须符合规定的开支范围和开支标准。“管理费用”和“财务费用”项目，一般应根据账户的发生额分析比较和分费用项目进行审查。特别应注意费用的具体项目是否有突增和突降的情况发生。

知识窗

基建费用混成本　补税挨罚后悔迟

A 公司是一家成立于 20×2 年 2 月的民营纺织企业。公司成立后不断从全国的纺织企业中挖进许多生产、销售、供应和财务等方面的能人，特别是在销售方面挖进的几位销售高手，不仅使该企业的产品很快销往全国，还出口到非洲、欧洲和拉丁美洲的 10 多个国家。20×2 年度和 20×3 年度该企业分别实现了 1 008 万元和 4 516 万元的利润。为了今后的发展，该企业在 20×4 年 3 月决定再投资新建一万纱锭的前纺车间，仅土建部分的投资就将达到 19 600 多万元。如此大的基建投资不能一次性地在缴纳企业所得税前进行扣除，而企业每年还要缴纳上千万元的企业所得税，不由得使财务总监打起了企业所得税的主意。他决定一方面将外购的土建材料先全部记入“原材料”账户，然后再将部分土建费用混成生产费用，在领用时的会计凭证和账簿摘要栏里只写“领用材料”，不写领用哪种原材料，将基建工程领用的材料混入生产成本进行税前扣除；另一方面，在购进成套设备时，让销货方将成套的设备分成若干零配件开具增值税专用发票，在安装时以“领用”的名义混入生产成本。

20×6 年 8 月，当地国家税务局在税务检查时，通过对财务报表的分析发现，该纺织公司自 20×4 年 10 月以后，产品单位生产成本增长异常，利润不断下降，甚至有的月份出现巨额亏损的现象，这与其实际生产经营情况明显相悖。于是，稽查人员重点对 20×4 年 10 月以后生产成本中材料领用情况进行逐笔审查，发现大量的基建材料如圆钢、木材等直接打进生产成本，20×4 年度混入生产成本的基建材料共 1 086 万元，20×5 年度混入生产成本的基建材料高达 5 072 万元。稽查人员还通过对生产成本中材料领用情况的逐笔审查发现，该企业领用的“机器配件”的数量十分蹊跷，一批领用的配件恰巧可以组成一台或者数台设备或生产线。为了得到进一步的证实，稽查人员不远千里到达南方某市，在该市国税部门的大力配合下，稽查人员终于从该纺织公司购进所谓“机器配件”的供应商处得到了纺织公司让供应商将成套设备“化整为零”开具发票的证据。经过统计和计算，20×4 年度该纺织公司将购进的成套设备以机器配件的名义混入生产成本达 868 万元，20×5 年度将购进的成套设备以机器配件的名义混入生产成本达 3 758 万元。

经过计算，该纺织公司采用将基建材料混入生产成本和将成套设备“化整为零”以机器配件的名义混入生产成本的方法，在 20×4 年度共偷逃增值税 332.18 万元，偷逃企业所得税 644.82 万元；20×5 年偷逃增值税 1 501.10 万元，偷逃企业所得税 2 913.90 万元。

（资料来源：张玮，周建新，刘登林. 中国税务报. 2016-10-16.）

4．税金及附加的审查

税金及附加的分析审查一般应注意以下两点：一是查核账面已实现销售收入计缴销售税金的正确性；二是查核列支税金的组成内容。审查时，可通过计算“平均单位税金”数额与上年数额进行比较，如果有较大差异且税率和产品结构没有变动，则说明税金计算可能有错误，应进一步查明原因。

5．利润构成的审查

（1）“营业利润”是利润总额的主要组成部分，应审查利润表中的计算是否正确，与计划和历史比较是否异常。审查时，可将本期的销售利润率与上期、上年同期的销售利润率进行比较，如变化较大，而企业生产经营规模并无多大变化，就有可能存在收入、成本计算不实在的问题，应做进一步审查。

（2）“投资收益”是指企业以各种方式对外投资所取得的收益，包括分得的投资利润、债券投资利息收入，以及购买股票应得的股利和收回投资时发生的收益等项目。审查时，应根据“投资收益”账户发生额分项进行审查。

（3）“营业外收入”和“营业外支出”审查时，应对其具体内容逐项进行严格审查，特别要注意营业外收支的合法性。如果营业外收入项目金额过大，就要注意是否有将应列入“营业收入”的收入直接列为营业外收入，导致漏报销售税金。对营业外支出项目，则应重点审查是否严格按国家规定的项目、范围和标准列支，有无将不应列营业外支出的费用列作营业外支出。

（4）“利润总额”是反映企业生产经营成果的一项综合性指标，对利润总额的审查，除分析其有无突增或突减的变化外，还可以根据需要运用资本利润率、销售利润率和成本费用利润率等来分析考察企业在一定时期内利润的变化情况，为进一步审查找出线索。

（三）现金流量表的审查分析

通过审查分析现金流量表，可以了解企业一定期间内现金流入和流出的原因，可以了解企业的偿债能力。在某些情况下，虽然企业利润表上反映的经营业绩很可观，但可能存在财务困难，不能偿还到期债务；还有些企业虽然利润表上反映的经营成果并不可观，但却有足够的偿付能力。分析审查现金流量表可以为判断企业是否可能发生欠税等行为提供依据。

（四）序时账的审查分析

1．审查序时账的完整性和真实性

序时账一般是订本式账簿，应检查账簿有无缺页、造假、更改数字的现象，是否按照经济业务发生时间的先后顺序进行登记。对于记账日期与会计凭证不符或顺序颠倒的账目，应当查明凭证是否合法。

2．审查序时账内容的合理性和合法性

审阅摘要说明和对应账户，分析资金的来源和去向、经济业务内容及账务处理是否合理合法。对借方和贷方中数字较大的经济业务要认真审查，查明有无转移销售收入、转移利润或挪用公款等问题。审查库存现金与现金日记账是否一致，看有无以白条抵库的问题。

3．审查银行存款账的发生额和余额是否与总账及银行对账单相符

将银行对账单的收入方与银行存款账户收入方核对，审查企业当期的收入是否全部入账。审查企业有几个存款户头，查明账外存款的来源及用途，有无私设“小金库”的情况。

（五）总分类账的审查分析

（1）将各账户期初、期末余额分别与前期、本期会计报表进行核对，看数字是否相符，以验证报表有关金额和项目是否正确。特别是对涉及税收的有关账户，更应认真审查核对。

（2）将本期各账户发生额和余额与上期进行比较，看有无突增或突减变化和异常情况，从中发现疑点，为深入审查提供方向、重点。

（3）将总分类账本期发生额和期末余额所辖明细分类账金额相加之和逐一核对，看记账内容、方向和数额是否相符。

（4）分析各个账户之间的对应关系，发现问题，找出疑点。应注意在总分类账中，资产类或费用类、成本类账户是否有贷方余额，负债类、所有者权益类或收入类账户是否有借方余额，如有这种情况，应认真查明原因。

（六）明细分类账的审查

（1）审查明细分类账记载的经济业务内容是否真实和合法。一般可逐项查看摘要栏，注意可疑的事项和突出的数据，并记录下来，以便进一步审查会计凭证，核实问题。

（2）审查各账户年初余额与上年年末余额，每月月初余额与上月月末余额是否一致。注意企业可能利用年初立新账、月初转账的机会，采取合并或分设账户的办法，随意增减账户结存余额，弄虚作假进行偷税。审查时，对结算往来类、负债类及所有者权益类账户要特别注意。

（3）审查账户余额是否合理，有无异常现象。在会计核算中，除个别账户外，每个账户的余额应在哪一方，都是有规律的。如资产类账户的余额应在借方，负债类和所有者权益类的账户余额应在贷方，如果出现反常余额，就应引起注意，查看是否是核算错误或弄虚作假造成的。

（4）审查以数量和金额核算的实物明细分类账，看有无红字余额，对原材料、库存商品、委托加工物资，在账页上分别设置收入、发出、结存的数量和金额进行明细核算。审查时，要查看摘要栏的记录，看收入栏和发出栏的单价是否接近，采用加权平均计价方法的，发出栏与结存栏的单价是否一致，如出现相差悬殊的情况，则应抽查复核，简述计算、验证。

（七）原始凭证的审查

1．外来原始凭证的审查

外来原始凭证包括进货发票、进账单、汇款单、运费发票等。对外来原始凭证审查时，一般应注意以下几个方面。

（1）审查凭证的合法性。看是否符合政策、法令和财务制度规定，有无违反规定和乱支乱用等违法现象。

（2）审查凭证的真实性。查看经济内容是否真实，数据、文字有无伪造、涂改、重复、大头小尾，各联次之间的数额是否相符等情况。

（3）审查凭证的完整性。各项指标是否完整，名称、商品规格、计量单位、数量、单价、大小写金额和日期的填写是否清晰，计算是否正确。

（4）审查凭证手续是否完备。有无经办人员、验收人员、批准人员和填制单位的签字盖章，审批手续是否健全。

（5）对多联式发票，要注意是否系报销联，防止用其他联作为报销发票。

2．自制原始凭证的审查

自制原始凭证包括各种报销和支付款项的凭证，其中对外自制原始凭证有现金收据、实物收据等；对内自制原始凭证有收料单、领料单、支出证明单、差旅费报销单、成本计算单等。审查时要注意以下几点。

（1）审查自制原始凭证的种类、格式、使用是否符合有关主管机关和财务制度的规定，审批手续是否齐全，有无利用白条代替凭证的现象。例如，在对收款凭证要注意其印刷、保管、审批手续是否严密，号码是否连接。如发现缺本、审批手续不全的，应进一步查明原因。

（2）审查自制原始凭证的内容是否真实，处理是否符合规定，有无瞒报产量、扩大开支、虚报损耗、隐匿财产等现象。

（3）审查原始凭证手续是否完备，应备附件是否齐全，如差旅费报销单位与所附车船票、住宿单位核对，内容、金额、张数是否相符。

（4）审查自制支出凭证的报销金额是否遵守制度规定的开支标准和开支范围。

（八）记账凭证的审查

（1）记账凭证是否附有原始凭证，两者的内容是否一致。

（2）会计账户及其对应关系是否正确。

（3）会计记录所反映的经济内容是否完整，处理是否及时。

（九）账户侧重点的审查

账户侧重点的审查，一是指与税收的征纳有着密切联系的重点账户；二是根据账户的性质，按其账户结构与纳税关系密切的方面来确定借、贷、余三方，以其中某一方或几方为审查的侧重点；三是因为纳税义务的发生，既反映在这一账户的这一方，又反映在那一账户的那一方，所以应从与纳税关系密切的重点账户的相关账户中确定审查的重点账户。

1．侧重审查借方发生额的账户

（1）“生产成本”“制造费用”“工程施工”“研发支出”账户。

审查时，主要查核有无将不符合开支范围和标准或违反财经纪律的支出计入成本费用，有无将应属下期产品成本负担的成本费用提前由本期产品负担等情况。

（2）“管理费用”“销售费用”“财务费用”“其他业务成本”“营业外支出”账户。审查时，应划清期间费用和产品费用的界限，有无不属期间费用的支出，有无扩大其他业务成本和营业外支出的情况。

（3）“待处理财产损溢”账户。审查时，注意有无不实的财产损溢，尤其注意有无涉及贪污、盗窃，因保管不善而人为造成的毁损、短缺、私占、私运财产物资，未经认真查处就记入“待处理财产损溢”账户。该账户贷方转出数是否严格按照规定履行了审批手续。

（4）“在建工程”账户。审查时，主要通过工程费用支出的审查，进一步考证生产成本的正确性，有无发生的基本建设支出挤占生产成本的情况。

2．侧重审查贷方发生额的账户

这类账户主要是收入类的“主营业务收入”“其他业务收入”“投资收益”“营业外收入”等账户。这类账户的贷方发生额，既关系到企业是否正确计征商品劳务税，又关系到所得税的计税依据。审查时，既要查核这些账户的账面记录，看这类账户的贷方发生额与企业申报数是否相符，还要通过“库存商品”“应付账款”“其他应付款”等账户，查核应转未转、漏记的营业收入。

3．侧重审查余额的账户

（1）“原材料”“库存商品”“贵金属”账户。审查时，应将账面结存数量与盘存数量核对，看是否相符。如发现账实不符或账面出现红字余额必须进一步审查，这种情况往往意味着多转材料成本或产品销售成本。

（2）“应付账款”“其他应付款”“预付账款”账户。通常情况下，这些账户一般不直接反映纳税义务的发生和履行情况，这样就往往被企业用来隐瞒已经实现的销售收入，从而逃避税收负担。审查时，应按有关明细账户，查明其经济内容和有无隐瞒收入情况。同时，对应付款项的核销或转销，应查阅有关批准手续和文件。此外，还应根据其余额的大小和增减变化的情况以及账龄时间的长短，逐笔逐项进行审查，查明有无将某些收入、收益长期挂在这类账户上。

4．借方、贷方、余额三方面均需审查的账户

（1）“长期待摊费用”及各项准备金账户。待摊费用的特点是先支后摊，均衡摊销。审查时，主要看其借方发生额是否符合成本开支范围，划清本期和下期的成本界限；贷方发生额摊销是否均衡、合理，有无出现红字的反常现象。各项准备金的特点是余额逐月递增，冲抵时转销。审查时，主要看其贷方发生额是否属于规定的项目并归本期成本负担，预提标准是否符合规定；借方支付的费用项目是否与预提项目一致，有无乱支情况；余额应在贷方。如果余额过大并长期累存，就应注意有无只提不支或随意多提重提等问题。

（2）“应交税费”账户。审查时，应注意贷方发生额是否有漏提、少提、多提的情况；借方发生额与相应的贷方发生额是否相等；存在余额是缴纳期末到还是逾期未交。如果发现余额逐月增加，则应查明是欠缴，还是多提。

模块二　账务调整

一、了解账务调整的基本原则

随着会计准则的不断改进，有关会计要素的确认和计量原则不断发生着新的变化。同时，国家在税制改革过程中，根据市场经济的发展和企业的现实情况也对企业所得税法进行了不断调整。这些变化使得会计准则中就收益、费用和损失的确认、计量标准与企业所得税法的规定产生的差异不断发生新的变化。

企业在会计核算时，应当按照会计准则的规定对各项会计要素进行确认、计量、记录和报告。按照会计准则规定的确认、计量标准与税法不一致的，不需按照税法的要求调整会计账簿记录和会计报表相关项目的金额。企业在计算当期应交所得税时，应在按照会计准则计算的利润总额的基础上，加上（或减去）会计准则与税法规定就某项收益、费用或损失确认和计量等的差异后，调整为应纳税所得额，并据以计算当期应交所得税。

根据上述原则，在税务检查之后，应将有关账务处理对税收的影响进行区分，确认是否需要调整账务。

（1）会计核算不符合会计准则和税收规定的要求，致使纳税人的会计利润、应纳税所得额和其他应缴的税额发生错误的会计处理，必须进行账务调整。例如，将收入挂账，在成本费用中列支职工福利开支、多提折旧、多摊成本费用等。

（2）会计核算完全符合会计准则的要求，但同国家有关税收规定不一致，致使应纳税所得额发生错误的会计处理，不需要进行账务调整。应依照税收规定，在申报纳税时，作纳税调整，只调整应纳税所得额。例如，广告支出、业务招待费支出、公益及救济性捐赠支出超出规定的标准等。

（3）虽然会计核算不符合准则的要求，但其核算结果对会计利润、应纳税所得额和各种税款均不影响的，不进行账务调整。例如，应在“管理费用”中的支出，记入“销售费用”“财务费用”等。

二、熟悉账务调整的基本方法

对于税务检查中发现的错漏问题根据上述原则需要进行账务调整的，应于补交税款的同时，及时调整错误的账务处理。账务调整根据调账的内容不同，可以分别采用红字更正法、补充登记法和综合调整法。

（一）红字更正法

红字更正法，就是对错误的会计处理，先用红字编制一套内容相同的分录予以冲销，然后再用蓝字编制一套正确的分录进行调整的方法。红字更正法符合会计核算程序，易于理解和掌握，所以红字更正法的适用范围比较广，尤其是错用会计科目或多记金额的错账。但如果错误的会计处理涉及的分录较多，则不宜采用这种方法。

【工作实例 9-1】某企业以银行存款缴纳消费税税额 25 000 元，缴纳拖欠消费税的滞纳金 1 000 元。企业做相关账务处理如下。

借：税金及附加　25 000
　　财务费用　1 000
　　贷：银行存款　26 000

更正时，先用红字冲销如下。

借：税金及附加　[25 000]
　　财务费用　[1 000]
　　贷：银行存款　[26 000]

然后用蓝字编制正确的会计分录如下。

借：应交税费——应交消费税　25 000
　　营业外支出　1 000
　　贷：银行存款　26 000

在实际应用中，当错账只是多记金额而会计科目运用正确时，也可以只就多记金额部分进行红字更正。

【工作实例 9-2】某税务所检查人员在对某工业企业进行检查时，发现该企业将自制产品用作本企业办公用品，所用产品的成本为 3 000 元，不含税售价为 4 000 元，增值税税率为 13%。企业做账务处理如下。

借：管理费用　4 520
　　贷：库存商品　4 000
　　　　应交税费——应交增值税（销项税额）　520

企业将自制产品用于非应税项目，应视同销售按其对外售价计算销项税额，按会计制度规定在结转产品成本时应按成本价，此笔账会计科目运用正确，错误在于多记金额。做调整分录如下。

借：管理费用　[1 000]
　　贷：库存商品　[1 000]

（二）补充登记法

补充登记法是对遗漏经济事项或少记金额，按照会计核算程序用蓝字编制一套补充遗漏事项或少记金额的会计分录进行调整的方法。它适用于漏记或错账所涉及的会计科目没有错误，而实际记账金额小于应记金额的情况。采用这种方法，可按会计核算程序用蓝字编制补充遗漏事项或少记金额的分录进行调整。

【工作实例 9-3】检查人员在对某工业企业进行日常检查时，发现该企业本月应申报印花税3 000元，实际申报1 000元，少申报2 000元。

企业的账务处理所涉及的会计科目的对应关系没有错误，但核算金额小于应记金额，用补充登记法做调账分录如下。

借：税金及附加　　2 000

　　贷：应交税费　　2 000

【工作实例 9-4】某玻璃厂将一批自产玻璃用于本企业的基本建设工程，已知该批玻璃的生产成本为30 000元，同类产品的销售价格为33 000元。企业做会计处理如下。

借：在建工程　　30 000

　　贷：库存商品　　30 000

企业将自产的货物用于非应税项目的，应视同销售，于移送使用环节纳税。所以，在发现此问题后，应调整会计账目如下。

应纳增值税销项税额=33 000×13%=4290（元）

借：在建工程　　4 290

　　贷：应交税费——应交增值税（销项税额）　　4 290

（三）综合调整法

综合调整法，是红字更正法和补充登记法的综合运用。企业会计处理发生错误，主要是错用了会计科目，一方面，是应该使用的会计科目没有使用；另一方面，是使用了不应该使用的会计科目。综合调整法就是对应该使用而未使用的会计账户采用补充登记，对不应该使用而使用了的会计账户采用反方向冲销进行调整的方法。这种方法主要适用于用错了会计科目并多记或少记金额的错账。

【工作实例 9-5】某企业将职工福利领用原材料列入管理费用 30 000 元。企业做账务处理如下。

借：管理费用　　30 000

　　贷：原材料　　30 000

上述会计分录借方错用会计科目，按会计准则规定职工福利领用原材料应记入“应付职工薪酬”账户。调整分录如下。

借：应付职工薪酬　　33 900

　　贷：管理费用　　30 000

　　　　应交税费——应交增值税（进项税额转出）　　3 900

三、账务调整方法的运用

（一）本年度错账的调账方法

在日常税务检查中，发现属于本年度的错误会计处理，可根据会计核算程序，采用红字更正法、补充登记法和综合调整法予以调整。由于本年度发生的错误会计处理，只影响本年度的税收，所以，只需调整本年度的会计账目。

【工作实例 9-6】某公司于 2019 年 9 月发现，当年 1 月购入的一项管理用低值易耗品，价值

1 000 元，误记为固定资产，并已提折旧 100 元。由于该项差错在当年发现，有关账务处理如下。（假定不考虑低值易耗品价值摊销）

借：周转材料——低值易耗品　　1 000

　　贷：固定资产　　1 000

借：累计折旧　　100

　　贷：管理费用　　100

【工作实例 9-7】2019 年 12 月，经审核发现该厂当年将基本建设工程领用的材料 6 000 元，错计入了生产成本。经确认后，企业予以剔除。

（1）若工程尚未竣工，应做调账分录如下。

借：在建工程　　6 000

　　贷：生产成本　　6 000

（2）若工程已经完工，应做调账分录如下。

借：固定资产　　6 000

　　贷：生产成本　　6 000

（3）增值税进项税额转出，应做调账分录如下。

借：在建工程（或固定资产）　　780

　　贷：应交税费——应交增值税（进项税额转出）　　780

（4）补缴所得税时（税率为 25%），应做调账分录如下。

借：所得税费用　　1 500

　　贷：应交税费——应交所得税　　1 500

借：应交税费——应交所得税　　1 500

　　贷：银行存款　　1 500

（二）上年度错账的调账方法

（1）属于上年度的错账，但不影响上年度的税收，只与本年度税收计算有关的，则根据上年度错账影响本年度的情况，调整本年度有关账目。

【工作实例 9-8】某企业 2019 年 12 月完工入库产品一批，实际成本为 890 000 元，但尚未实现销售。次年 1 月在进行纳税审查时发现误按 980 000 结转，多转成本 90 000 元。则该企业调整账务如下。

借：库存商品　　90 000

　　贷：生产成本　　90 000

【工作实例 9-9】在对某企业 2019 年度纳税情况进行检查时发现该企业 12 月将应该由福利费负担的人员工资 10 000 元计入 A 产品成本中，A 产品已于当年完工入库，并于次年度全部售出。

这一错误虚增了 2019 年 12 月的产品生产成本，由于在当年 A 产品尚未售出，不需结转产品销售成本，故未对 2019 年度税收发生影响。但是由于在次年全部售出，此时虚增的生产成本就会转化为虚增的销售成本，从而影响次年的税收。由于税务检查时，上一年度账项已结平，这时可直接调整本年度的“营业成本”账户，做调整分录如下。

借：应付职工薪酬　　10 000

　　贷：营业成本　　10 000

（2）属于上年度的错账，并且对上年度税收发生直接影响的，可以按如下情况分别处理：如果在上年度决算编报之前发现的，可以直接调整上年度有关账目；如果在上年度决算编报之后发现的，因为上年度有关损益类账户已轧账结平，不能直接进行调整，所以应通过“以前年度损益调整”账户进行调整。

【工作实例 9-10】某商业批发企业 2019 年 12 月购进一批商品，增值税专用发票上标明的商品进价 7 000 元，进项税额 910 元，已入账。当月销售时收取银行存款销售 10 000 元，增值税销项税额 1 300 元。误记为销售收入 1 000 元，增值税销项税额 130 元。

由于上年度“营业收入”账户已轧平，故只能将未入账的商品销售收入记入“以前年度损益”账户。

借：银行存款　　10 170
　　贷：以前年度损益调整　　9 000
　　　　应交税费——应交增值税（销项税额）　　1 170

计算应补缴上年所得税（暂不考虑城市维护建设税和教育费附加，企业所得税税率为 25% 时），应做如下处理。

借：以前年度损益调整　　2 250
　　贷：应交税费——应交所得税　　2 250

将“以前年度损益调整”账户余额转入未分配利润。

借：以前年度损益调整　　6 750
　　贷：利润分配——未分配利润　　6 750

引例分析

根据上述情况，进行汇算清缴中的涉税账务调整如下。

（1）少计收益、多计费用，调增利润会计处理。

借：生产成本　　49 000
　　长期借款——应计利息　　85 000
　　固定资产清理　　56 000
　　贷：以前年度损益调整　　190 000

（2）多计收益、少计费用，调减利润会计处理。

借：以前年度损益调整　　101 000
　　贷：累计摊销　　20 000
　　　　应交税费——应交消费税　　39 000
　　　　在建工程　　31 000
　　　　应付职工薪酬　　11 000

（3）永久性或暂时性差额的纳税调整。

按照会计方法计算的税前会计利润（或亏损）与按照税收法规规定计算的纳税所得（或亏损）之间存在内容和时间的差异，由此导致的永久性或暂时性差额都应做纳税调整。

国债利息收入 20 000 元、滞纳金 2 000 元、赞助费支出 20 000 元，都属于永久性差异；固定资产加速折旧多提折旧额 60 000 元属于暂时性差异。由此两种差异引起的纳税调整，一般是在所得税汇算清缴时，将调整的差异额与会计利润合并后计算应纳税所得额，只做纳税调整，而在账务上不做调整。因此，要特别注意纳税调整与账务调整的区别。

纳税调整后的应纳税所得额计算如下。

应纳税所得额=利润总额+账务调增利润额-账务调减利润额+纳税调整额=600 000+190 000-101 000 +（2 000 +20 000-20 000 +60 000）=751 000（元）

应纳所得税额=751 000×25% = 187 750（元）

应补所得税额=187 750-150 000 =37 750（元）

四、错漏金额的分配

税务检查中发现的错漏问题，有的直接表现为实现的利润，不需要对其进行分配，直接调整有关账户；有的不能直接表现为实现的利润，需要计算分配，将错误的数额分配记入相应的有关账户中，才能确定应调整的利润数额。后一种情况主要是在材料采购成本、原材料成本的结转、生产成本的核算中发生的错误，如果尚未完成一个生产周期，其错漏金额会依次递延至原材料、在产品、产成品、销售成本（或利润）中，导致利润虚假，多缴或少缴所得税。因此，应将错漏金额根据具体情况在期末原材料、在产品、产成品和本期销售成本之间进行分配。

计算分摊时应按产品成本核算过程逐步分环节剔除各因素，即将检查出的需分配的错误数额，按材料、自制半成品、在产品、产成品、产品销售成本等核算环节的程序，一步一步地往下分配。将计算出的各环节应分摊的成本数额，分别调整有关账户，在期末结账后，当期销售产品应分摊的错误数额应直接调整利润数。为简化计算，在实际工作中一般较多地采用“比例分摊法”。其计算步骤如下。

第一步：计算分摊率。计算公式如下：

分摊率=检查出的错误金额÷（期末材料结存成本+期末在产品结存成本+期末产成品结存成本+本期产品销售成本）×100%

上述公式是基本计算公式，具体运用时，应根据错误发生的环节，相应地选择某几个项目进行计算分摊，不涉及的项目则不能加以分摊。

（1）在“生产成本”账户贷方、“库存商品”账户借方查出的数额，只需在期末产成品、本期产品销售成本之间分摊。

（2）在“原材料”账户贷方、“生产成本”账户借方查出的错误金额，即多转或少转材料成本的问题，应在公式后3个项目之间分摊。

（3）在“原材料”账户借方查出的错误金额，即多记或少记材料采购成本，要在公式中的后4个项目之间进行分摊。

第二步：计算分摊额。计算公式如下：

期末材料应分摊的数额=期末材料成本×分摊率

期末在产品应分摊的数额=期末在产品成本×分摊率

期末产成品应分摊的数额=期末产成品成本×分摊率

本期销售产品应分摊的数额=本期销售产品成本×分摊率

第三步：调整相关账户。

将计算出的各环节应分摊的成本数额，分别调整有关账户，在期末结账后，销售产品应分摊的错误数额应直接调整利润。

【工作实例 9-11】在对某企业进行税务检查时，发现该企业某月将职工宿舍基建工程领用的生产用原材料 30 000 元计入生产成本。由于当期期末既有期末在产品，也有完工产品，完工产品当月对外销售一部分，因此，多计入生产成本的 30 000 元，已随企业的生产经营过程分别计入了生产成本、产成品、产品销售成本之中。经核实，期末在产品成本为 150 000 元，产成品成本为 150 000 元，产品销售成本为 300 000 元。则可按以下步骤计算各环节的错误数额，并做相应的调账处理。

第一步：计算分摊率。

分摊率=多计生产成本数额÷（期末在产品结存成本+期末产成品结存成本+本期产品销售成本）×100%=30 000÷（150 000+150 000+300 000）×100%=5%

第二步：计算各环节的分摊数额。

在产品应分摊数额=150 000×5%=7 500（元）

产成品应分摊数额=150 000×5%=7 500（元）

本期产品销售成本应分摊数额=300 000×5%=15 000（元）

第三步：调整相关账户。

若审查期在当年，则调整如下。

	借方	贷方
借：在建工程	33 900	
贷：生产成本		7 500
库存商品		7 500
本年利润		15 000
应交税费——应交增值税（进项税额转出）		3 900

若审查期在以后年度，则调账如下。

	借方	贷方
借：在建工程	34 800	
贷：生产成本		7 500
库存商品		7 500
以前年度损益调整		15 000
应交税费——应交增值税（进项税额转出）		3 900

在此基础上，再按照如前所述的方法，补缴少缴的所得税。

项目小结

税务检查是国家税务机关或税务会计根据国家税法和会计准则的规定，对纳税人履行纳税义务的情况进行审查和监督，以保证纳税人充分履行纳税义务的一种管理活动。税务检查的形式分纳税人自查和税务机关审查两种。税务检查的基本方法按检查的范围和详略不同可分为详查法和抽查法；按查账的顺序不同可分为顺查法和逆查法；按检查线索之间的相互关系不同可分为联系查法和侧面查法；按发现问题的方法不同可分为比较分析法和控制计算法。税务检查的基本内容包括对会计报表的审查分析、对账簿记录的审查分析和对记账凭证的审查。在审查过程中，不同类型的账户有不同的侧重点。税务检查之后，对需要进行账务调整的事项，还要区分当年的问题或上年的问题，采用不同的方法进行账务调整。

项目内容图示

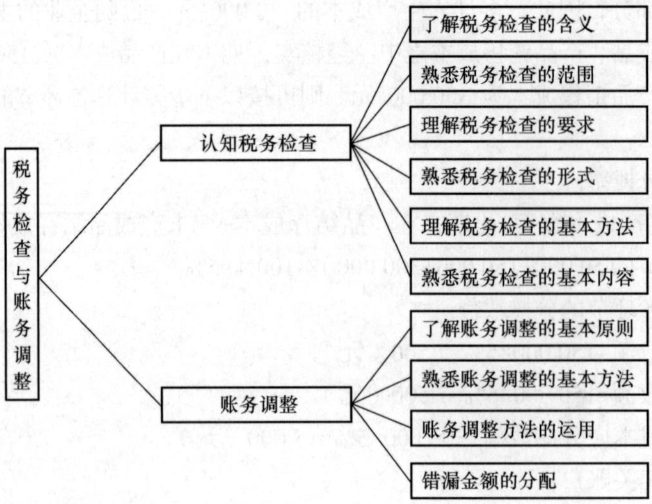
税务检查与账务调整
认知税务检查
了解税务检查的含义
熟悉税务检查的范围
理解税务检查的要求
熟悉税务检查的形式
理解税务检查的基本方法
熟悉税务检查的基本内容
账务调整
了解账务调整的基本原则
熟悉账务调整的基本方法
账务调整方法的运用
错漏金额的分配